BIBLIOTHÈQUE SOCIOLOGIQUE — N° 22

# LOUISE MICHEL

# LA
# COMMUNE

DEUXIÈME ÉDITION

PARIS
P.-V. STOCK, ÉDITEUR
8, 9, 10, 11, GALERIE DU THÉÂTRE-FRANÇAIS
PALAIS-ROYAL

—

1898

# LA COMMUNE

BIBLIOTHÈQUE SOCIOLOGIQUE — N° 22

# LOUISE MICHEL

# LA COMMUNE

## DEUXIÈME ÉDITION

PARIS

P.-V. STOCK, ÉDITEUR

8, 9, 10, 11, GALERIE DU THÉATRE-FRANÇAIS

**PALAIS-ROYAL**

—

1898

*Il a été tiré à part, de cet ouvrage, 5 exemplaires
sur papier de Hollande, numérotés à la presse.*

28 janvier 1905

Du mur des fusillés de mai 71, j'aurais voulu saluer les morts des hécatombes nouvelles, les martyrs de Montjuich, les égorgés d'Arménie, les foules écrasées d'Espagne, les multitudes fauchées à Milan et ailleurs, la Grèce vaincue, Cuba se relevant sans cesse, le généreux peuple des Etats-Unis qui, pour aider à la délivrance de l'île héroïque, fait la guerre de liberté.

Puisqu'il n'est plus permis d'y parler hautement, c'est ce livre que je leur dédie ; de chaque feuillet soulevé comme la pierre d'une tombe s'échappe le souvenir des morts.

L. MICHEL.

Paris, le 10 juin 1898.

# LA COMMUNE

## AVANT-PROPOS

Quand la foule aujourd'hui muette,
Comme l'Océan grondera,
Qu'à mourir elle sera prête,
La Commune se lèvera.

Nous reviendrons foule sans nombre,
Nous viendrons par tous les chemins,
Spectres vengeurs sortant de l'ombre,
Nous viendrons nous serrant les mains.

La mort portera la bannière ;
Le drapeau noir crêpe de sang ;
Et pourpre fleurira la terre,
Libre sous le ciel flamboyant.

(L. M. *Chanson des prisons*, mai 71.)

La Commune à l'heure actuelle est au point pour l'histoire.

Les faits, à cette distance de vingt-cinq années, se dessinent, se groupent sous leur véritable aspect.

Dans les lointains de l'horizon, les événements s'amoncellent de la même manière aujourd'hui avec cette différence, qu'alors, surtout la France s'éveillait, et qu'aujourd'hui c'est le monde.

Quelques années avant sa fin, l'Empire râlant s'accrochait à tout, à la touffe d'herbe comme au rocher ; le rocher lui-même croulait ; l'Empire, les griffes saignantes, s'accrochait toujours, n'ayant plus au-dessous de lui que l'abîme, il durait encore.

1

La défaite, fut la montagne qui tombant avec lui l'écrasa.

Entre Sedan et le temps où nous sommes, les choses sont spectrales et nous-mêmes sommes des spectres ayant vécu à travers tant de morts.

Cette époque est le prologue du drame où changera l'axe des sociétés humaines. Nos langues imparfaites ne peuvent rendre l'impression magnifique et terrible du passé qui disparaît mêlé à l'avenir qui se lève. J'ai cherché surtout dans ce livre à faire revivre le drame de 71.

Un monde naissant sur les décombres d'un monde à son heure dernière.

Oui, le temps présent est bien semblable à la fin de l'Empire, avec un grandissement farouche des répressions, une plus féroce acuité de sanglantes horreurs, exhumées du cruel passé.

Comme si quoi que ce soit pouvait empêcher l'éternelle attirance du progrès ! On ne peut pas tuer l'idée à coups de canon ni lui mettre les poucettes.

La fin se hâte d'autant plus que l'idéal réel apparaît, puissant et beau, davantage que toutes les fictions qui l'ont précédé.

Plus aussi, le présent sera lourd, écrasant les foules, plus la hâte d'en sortir sera grande.

Ecrire ce livre, c'est revivre les jours terribles où la liberté nous frôlant de son aile s'envola de l'abattoir ; c'est rouvrir la fosse sanglante où, sous le dôme tragique de l'incendie s'endormit la

Commune belle pour ses noces avec la mort, les noces rouges du martyre.

Dans cette grandeur terrible, pour son courage à l'heure suprème lui seront pardonnés les scrupules, les hésitations de son honnêteté profonde.

Dans les luttes à venir on ne retrouvera plus ces généreux scrupules, car à chaque défaite populaire, la foule est saignée comme les bêtes d'abattoir; ce qu'on trouvera, ce sera l'implacable devoir.

Les morts, du côté de Versailles furent une infime poignée dont chacun'eut des milliers de victimes, immolées à ses mânes ; du côté de la Commune les victimes furent sans nom et sans nombre; on ne pouvait évaluer les monceaux de cadavres; les listes officielles en avouèrent trente mille, mais cent mille, et plus serait moins loin de la vérité.

Quoiqu'on fit disparaître les morts par charretées, il y en avait sans cesse de nouveaux amoncellements ; pareils à des tas de blé prêts pour les semailles, ils étaient enfouis à la hâte. Seuls, les vols de mouches des charniers emplissant l'abattoir, épouvantèrent les égorgeurs.

Un instant, on avait espéré dans la paix de la délivrance, la Marianne de nos pères, la belle, que disaient-ils, la terre attendait et qu'elle attend toujours ; nous l'espérons plus belle encore ayant tant tardé.

Rudes sont les étapes, elles ne seront point éternelles ; ce qui est éternel c'est le progrès, mettant sur l'horizon un idéal nouveau, quand a été atteint celui qui la veille semblait utopie.

Aussi notre temps horrible eût semblé paradisiaque à ceux qui disputaient aux grands fauves la proie et le repaire.

Comme le temps des cavernes a passé, le nôtre sombrera ; d'hier ou d'aujourd'hui, ils sont aussi morts l'un que l'autre.

Nous aimions en nos veillées des armes parler des luttes pour la liberté, aussi, à l'heure présente dans l'attente d'un germinal nouveau, nous dirons les jours de la Commune et les vingt-cinq ans qui semblent plus d'un siècle, de l'hécatombe de 71 à l'aube qui se lève.

Des temps héroïques commencent ; les foules s'assemblent, comme au printemps les essaims d'abeilles ; les bardes se lèvent chantant l'épopée nouvelle, c'est bien la veillée des armes où parlera le spectre de mai.

Londres, 20 mai 1898.

# PREMIÈRE PARTIE

## L'AGONIE DE L'EMPIRE

---

## I

### LE RÉVEIL

*L'empire s'achevait, il tuait à son aise.*
*Dans sa chambre, où le seuil avait l'odeur du sang,*
*Il régnait; mais dans l'air soufflait la Marseillaise,*
*Rouge était le soleil levant.*

> (L. M. *Chansons des geôles.*)

Dans la nuit d'épouvante qui depuis décembre couvrait le troisième empire, la France semblait morte; mais aux époques où les nations dorment comme en des sépulcres, la vie en silence grandit et ramifie; les événements s'appellent, se répondent pareils à des échos; de la même manière qu'une corde en vibrant en fait vibrer une autre.

Des réveils grandioses succèdent à ces morts apparentes alors et éclatent les transformations résultées des lentes évolutions.

Alors des effluves enveloppent les êtres, les groupent, les portent, si réellement que l'action semble précéder la volonté; les événements se précipitent, c'est l'heure où se trempent les cœurs comme dans la fournaise l'acier des épées.

Là-bas, par les cyclones, quand le ciel et la terre sont une seule nuit, où râlent comme des poitrines humaines les flots lançant, furieuses, aux rochers leurs griffes

blanches d'écume, sous les hurlements du vent, on se sent
vivre au fond des temps dans les éléments déchaînés.

Par les tourmentes révolutionnaires au contraire
l'attirance est en avant.

L'épigraphe de ce chapitre rend l'Impression qu'é-
prouvaient à la fin de l'empire ceux qui se jetaient
dans la lutte pour la liberté.

> L'empire s'achevait, il tuait à son aise.
> Dans sa chambre, où le seuil avait l'odeur du sang,
> Il régnait ; mais dans l'air soufflait la *Marseillaise*,
>     Rouge était le soleil levant.

La liberté passait sur le monde, l'internationale était
sa voix criant par dessus les frontières les revendications des déshérités.

Les complots policiers montraient leur trame ourdie
chez Bonaparte : la république romaine égorgée, les
expéditions de la Chine et du Mexique découvrant leurs
hideux dessous; le souvenir des morts du coup d'état,
tout cela, constituait un triste cortège à celui que
Victor Hugo appelait Napoléon le Petit : il avait du
sang jusqu'au ventre de son cheval.

De partout, en raz marée, la misère montait, et ce
n'étaient pas les prêts de la société du prince impérial, qui y pouvaient grand'chose; Paris, pourtant,
payait pour cette société de lourds impôts, et doit peut-
être encore deux millions.

La terreur entourant l'Elysée en fête, la légende du
premier empire, les fameux sept millions de voix arrachés par la peur et la corruption formaient autour
de Napoléon III un rempart réputé inaccessible.

L'homme aux yeux louches espérait durer toujours,
le rempart pourtant se trouait de brèches, par celle de
Sedan enfin passa la révolution.

Nul parmi nous ne pensait alors que rien pût égaler
les crimes de l'empire.

Ce temps et le nôtre se ressemblent suivant l'expression de Rochefort comme deux gouttes de sang. Dans cet enfer, comme aujourd'hui, les poètes chantaient l'épopée qu'on allait vivre et mourir; les uns en strophes ardentes, les autres avec un rire amer.

Combien de nos chansons d'alors seraient d'actualité.

> Le pain est cher, l'argent est rare,
> Haussmann fait hausser les loyers,
> Le gouvernement est avare,
> Seuls, les mouchards sont bien payés !
> Fatigués de ce long carême
> Qui pèse sur les pauvres gens,
> Il se pourrait bien, tout de même,
> Que nous prenions le mors aux dents !
>     Dansons la Bonaparte,
> Ce n'est pas nous qui régalons,
>     Dansons la Bonaparte !
>       Nous mettrons sur la carte
>         Les violons.
>
>             J.-B. Clément.

Les mots ne faisaient pas peur pour jeter à la face du pouvoir ses ignominies.

La chanson de la Badinguette fit hurler de fureur les bandes impériales.

>     Amis du pouvoir,
>     Voulez-vous savoir
>     Comment Badinguette,
>     D'un coup de baguette,
>     Devint, par hasard,
>     Madame César ?
> La belle au fin fond de l'Espagne
>         Habitait.
> Ah ! la buveuse de Champagne
>         Qu'elle était !
>     Amis du pouvoir, etc.

. . . . . . . . . . . . . . . . . . . . . . . . . . . .

Que mon peuple crie ou blasphème,
            Je m'en fous !
Qui fut mouchard en Angleterre,
            Puis bourreau,
Peut bien, sans déroger, se faire
            Maquer...
    Amis du pouvoir, etc.

                        Henri ROCHEFORT.

Parmi les souvenirs joyeux de nos prisons, est la chanson de la Badinguette chantée un soir à pleines voix par cette masse de prisonnières que nous étions aux chantiers de Versailles ; entre les deux lampes fumeuses qui éclairaient nos corps étendus à terre contre les murs.

Les soldats qui nous gardaient et pour qui l'Empire durait encore, eurent à la fois épouvante et fureur. Nous aurions, hurlaient-ils, une punition exemplaire pour insulte à S. M. l'*Empereur !*

Un autre refrain, celui-là ramassé par la foule, en secouant les loques impériales, avait également le pouvoir de mettre en rage nos vainqueurs.

        A deux sous tout l' paquet :
        L' pèr', la mèr' Badingue
        Et l' petit Badinguet !

La conviction de la durée de l'Empire était si forte encore dans l'armée de Versailles, que comme certainement bien d'autres, j'en pus lire sur l'ordre de mise en jugement qui me fut signifié à la correction de Versailles :

« Vu le rapport et l'avis de M. le rapporteur et les conclusions de M. le *Commissaire Impérial*, tendant au renvoi devant le 6° conseil de guerre, etc. »

Le gouvernement ne pensait pas que ce fût la peine de changer la formule.

Longtemps, la résignation des foules à souffrir nous

indigna pendant les dernières années tourmentées de Napoléon III. Nous les enthousiastes de la délivrance, nous la vîmes si longtemps d'avance que notre impatience était plus grande. Des fragments me sont restés de cette époque.

### A CEUX QUI VEULENT RESTER ESCLAVES

Puisque le peuple veut que l'aigle impériale
    Plane sur son abjection,
Puisqu'il dort, écrasé sous la froide rafale
    De l'éternelle oppression ;

Puisqu'ils veulent toujours, eux tous que l'on égorge,
    Tendre la poitrine au couteau,
Forçons, ô mes amis, l'horrible coupe-gorge,
    Nous délivrerons le troupeau !

Un seul est légion quand il donne sa vie,
    Quand à tous il a dit adieu :
Seul à seul nous irons, l'audace terrifie,
    Nous avons le fer et le feu !

Assez de lâchetés, les lâches sont des traîtres ;
    Foule vile, bois, mange et dors ;
Puisque tu veux attendre, attends, léchant tes maîtres.
    N'as-tu donc pas assez de morts ?

Le sang de tes enfants fait la terre vermeille,
    Dors dans le charnier aux murs sourds.
Dors, voici s'amasser, abeille par abeille,
    L'héroïque essaim des faubourgs !

Montmartre, Belleville, ô légions vaillantes,
    Venez, c'est l'heure d'en finir.
Debout ! la honte est lourde et pesantes les chaînes,
    Debout ! il est beau de mourir !

                                        L. M.

Oh ! combien il y avait longtemps qu'on eût voulu arracher son cœur saignant de sa poitrine pour le jeter à la face du monstre impérial !

Combien il y avait longtemps qu'on disait, froidement résolus, ces vers des *Châtiments :*

> Harmodius, c'est l'heure,
> Tu peux frapper cet homme avec tranquillité.

Ainsi on l'eût fait, comme on ôterait des rails une
pierre encombrante.

La tyrannie alors n'avait qu'une tête, le songe de
l'avenir nous enveloppait, l'Homme de Décembre nous
semblait le seul obstacle à la liberté.

## II

### LA LITTÉRATURE A LA FIN DE L'EMPIRE
### MANIFESTATIONS DE LA PAIX

> Venez, corbeaux. Venez sans nombre.
> Vous serez tous rassasiés.
>
> (L. M. *Chansons de* 78.)

Les colères entassées fermentant dans le silence
depuis vingt ans, grondaient de toutes parts ; la pensée
se déchaînait, les livres qui d'ordinaire n'entraient en
France que secrètement, commençaient à s'éditer à
Paris. L'Empire effrayé mettait un masque, il se faisait appeler *libéral ;* mais personne n'y croyait, et
chaque fois qu'il évoquait 89 on pensait à 52.

L'*Echéance de 69* de Rogeart résumait dès 66, le
sentiment général.

La déchéance de 69, disait-il, est une date fatidique ;
il n'y a qu'une voix pour la chute de l'empire en 69.
On attend la liberté comme les millénaires attendaient
le retour du Messie. On le sait comme un astronome
sait la loi d'une éclipse ; il ne s'agit que de tirer sa
montre et de regarder passer le phéhomène en comp-

tant les minutes qui « séparent encore la France de la lumière. »

« Les causes profondes, disait encore Rogeart, dans ce livre, sont dans l'opposition constante et irrémédiable entre les tendances des gouvernements, et celles de la société; la violation permanente de tous les intérêts des gouvernés, la contradiction entre le dire et le faire des gouvernants.

» L'ostentation des principes de 89, et l'application de ceux de 52.

» La nécessité pour les gouvernants, de la guerre et surtout de la guerre de conquête, principe vital d'une monarchie militaire et l'impopularité de la guerre de conquête, d'annexion, de pillage et d'invasion, dans un siècle travailleur, industriel, instruit, et un peu plus raisonnable que ses aînés.

» La nécessité de la police politique et de la magistrature politique, dans un pays où le gouvernement est en lutte avec la nation, nécessité qui déshonore la magistrature et la police, console les malfaiteurs et décourage les honnêtes gens. »

(Rogeart, *Echéance de 69*, chez V. Parent, 10, Montagne de Sion, 1866.)

Rogeart ajoute dans le même ouvrage : « Il y a une immense expansion du sentiment populaire, en même temps qu'une recrudescence de la répression impériale; or, si la compression augmente d'un côté pendant que l'expansion augmente de l'autre, il est clair que la machine va sauter.

» Je vois comme vous cette agonie, et je ne veux pas attendre.

» L'opinion monte, c'est vrai, rapide, irrésistible, j'en conviens, mais pourquoi dire au flot : tu n'iras pas plus vite?

» L'empire se meurt, l'empire est mort, c'est avec cela qu'on le fait durer; il s'agit de l'achever, et non

:outer râler ; il ne faut pas lui tâter le pouls,
ui sonner la dernière charge. »

(ROGEART. Même livre.)

nin Dubost, depuis garde des sceaux, ministre
ustice de la 3ᵉ République, rapporteur de la loi
te, écrivait alors dans *les Suspects*, ouvrage re-
les crimes de l'empire :

écrivant leurs noms, il nous semblait voir leurs
omber une à une sous la hache du bourreau. En
vrant à cet acte de réparation, nous avons voulu
: la mémoire des morts.

heure était venue, où sans motif, sans explica-
ans jugement ils allaient être jetés dans les
du pouvoir et transportés à Cayenne ou en
e. »                  (Antonin DUBOST, 1868.)

financiers auxquels Napoléon III avait livré le
ie, espéraient d'une autre guerre de conquête de
les proies à dévorer. La guerre donna le coup
:e à l'empire. Il y eut des entraînements d'hom-
omme on fait pour les meutes, à l'époque des
s ; mais les fanfares des cuivres, les promesses
ée n'éveillaient pas les masses ; l'Empire alors,
a la *Marseillaise*. Elles se mirent debout, in-
:ntes, elles chantaient croyant qu'avec la *Mar-*
e elles auraient la liberté.

mouchards et des imbéciles hurlaient : A Berlin,
n !

erlin ! répétaient les naïfs, s'imaginant qu'ils
là en chantant le *Rhin Allemand ;* mais cette
ne tint pas dans notre verre et ce fut notre
ù se marquèrent les pieds des chevaux.

financiers rentraient en scène ; l'un d'eux, Jecker
: plus connu. Rochefort parle ainsi de lui, dans
*ntures de ma vie.*

: sait, ou on ne sait peut-être plus, que ce finan-
éreux comme du reste tous les financiers, avait

prêté à un taux trois ou quatre cents fois usuraire, tout au plus quinze cent mille francs au gouvernement du général Miramon, qui lui avait en échange reconnu soixante-quinze millions.

» Lorsque le président de la République mexicaine, Juarez arriva au pouvoir, il refusa naturellement le paiement des billets à ordre dont les signatures avaient été aussi effrontément extorquées.

» Jecker, muni de ses soixante-quinze millions en papier, alla trouver Morny, auquel il promit trente pour cent de commission s'il arrivait à persuader à l'Empereur d'exiger de Juarez l'exécution du traité passé avec Miramon.

» En 1870, chargé de dépouiller les papiers trouvés aux Tuileries, laissées vides par la fuite de l'Impératrice et de ses serviteurs, dont la plupart avaient juré de mourir pour elle, j'ai eu la preuve matérielle de cette complicité de Morny, qui moyennant la promesse à lui faite par Jecker de lui remettre vingt-deux millions sur les soixante-quinze, nous engagea dans une guerre liberticide, qui devait nous coûter plus d'un milliard et préparer Sedan.

» Ce Jecker, qui était suisse, avait du jour au lendemain obtenu des lettres de naturalisation française, et c'est en son nom que la réclamation avait été présentée à l'intrépide Juarez. L'affaire a été du reste à peu près exactement recommencée sous couleur d'expédition Tunisienne. »

(H. ROCHEFORT, *Aventures de ma vie*, 1ᵉʳ vol.)

Un duel à l'américaine entre le journaliste Odysse Barot et le financier Jecker fit, quelque temps après la guerre du Mexique, d'autant plus de bruit que Barot qui était considéré d'avance comme mort ayant reçu une balle en pleine poitrine, se trouva tout à coup mieux et enfin se rétablit tout à fait pour proclamer que les ennemis de l'Empire avaient la vie dure. On vit depuis des entreprises financières plus monstrueuses encore que celles de ce temps. En face des entraînements pour la guerre, il y avait des manifestations pour la paix, composées d'étudiants, d'internationaux, de révolutionnaires.

Les vers suivants écrits une nuit après l'assommade en donnent l'idée.

### MANIFESTATION DE LA PAIX

C'est le soir, on s'en va marchant en longues files,
Le long des boulevards, disant : la paix ! la paix !
Dans l'ombre on est guetté par les meutes serviles.
O liberté ! ton jour ne viendra-t-il jamais ?

Et les pavés, frappés par les lourds coups de canne,
Résonnent sourdement, le bandit veut durer ; .
Pour rafraîchir de sang son laurier qui se fane,
Il lui faut des combats, dût la France sombrer.

Maudit ! de ton palais, sens-tu passer ces hommes ?
C'est ta fin ! Les vois-tu, dans un songe effrayant,
S'en aller dans Paris, pareils à des fantômes ?
Entends-tu ? dans Paris dont tu boiras le sang.

Et la marche, scandée avec son rythme étrange,
A travers l'assommade, ainsi qu'un grand troupeau,
Passe ; et César brandit, centuple, sa phalange
Et pour frapper la France il fourbit son couteau.

Puisqu'il faut des combats, puisque l'on veut la guerre,
Peuples, le front courbé, plus tristes que la mort,
C'est contre les tyrans qu'ensemble il faut la faire :
Bonaparte et Guillaume auront le même sort.

                        (L. M. 1870.)

Rochefort ayant écrit dans *la Marseillaise* que la route jusqu'à Berlin ne serait pas une simple promenade militaire, les presses de ce journal furent brisées, par les agents vêtus en travailleurs, que l'on appelait *les blouses blanches* et qui avec eux entraînaient des inconscients.

Pourtant, le cri : La paix ! la paix ! couvrit parfois celui des bandes impériales : A Berlin, à Berlin !

Paris de plus en plus se détachait de Bonaparte ; l'aigle avait du plomb dans l'aile.

La révolution appelait tous ceux qui étaient jeunes, ardents, intelligents. — Oh! comme alors la République était belle !

*La Lanterne* de Rochefort errant à travers le coupe-gorge, en éclairait les profondeurs. Sur tout cela passait dans l'air la voix d'airain des *Châtiments :*

> Sonne aujourd'hui le glas, bourdon de Notre-Dame,
> Sonne aujourd'hui le glas et demain le tocsin.

Malon a tracé des derniers temps de l'Empire un tableau d'une grande réalité.

« Alors, dit-il, la camisole de force dans laquelle étouffait l'humanité craquait de toutes parts; un frisson inconnu agite les deux mondes. Le peuple indien se révolte contre les capitalistes anglais. L'Amérique du Nord combat et triomphe pour l'affranchissement des noirs. L'Irlande et la Hongrie s'agitent.

» La Pologne est levée. L'opinion libérale en Russie, impose un commencement d'affranchissement des paysans slaves. Tandis que la jeune Russie enthousiasmée par les accents de Tchernichenski, de Herzen, de Bakounine, se fait propagandiste de la révolution sociale, l'Allemagne, qu'ont agitée Carl Marx, Lassale, Bœcker, Bebel, Liebknecht, entre dans le mouvement socialiste. Les ouvriers anglais, conservant le souvenir d'Ernest Jones et d'Oven sont en plein mouvement d'association. En Belgique, en Suisse, en Italie, en Espagne, les ouvriers s'aperçoivent que leurs politiciens les trompent et cherchent les moyens d'améliorer leur sort.

» Les ouvriers français reviennent de la torpeur où les avaient plongés juin et décembre. — De toutes parts

le mouvement s'accentue et les prolétaires s'unissent
pour aider à la revendication de leurs aspirations vagues encore, mais ardentes. »

    (J.-B. MALON, *3ᵉ Défaite du prolétariat*, page 2)

Tous les hommes intelligents combattaient la guerre ;
Michelet écrivit à un journaliste de ses amis la lettre
suivante pour être publiée :

    Cher Ami,

« Personne ne veut de la guerre, on va la faire et
faire croire à l'Europe que nous la voulons.

» Ceci est un coup de surprise et d'escamotage.

» Des millions de paysans ont voté hier à l'aveugle.
Pourquoi ? croyant éviter une secousse qui les effrayait,
est-ce qu'ils ont cru voter la guerre, la mort de leurs
enfants ?

» Il est horrible qu'on abuse de ce vote irréfléchi.

» Mais le comble de la honte, la mort de la morale
serait que la France se laissât faire à ce point contre
tous ses sentiments, contre tous ses intérêts. Faisons
notre plébiscite et celui-ci sérieux ; consultons à l'aise
des classes les plus riches aux classes les plus pauvres ; des urbains aux paysans ; consultons la nation,
prenons ceux qui tout à l'heure, ont fait cette majorité
oublieuse de ses promesses ; à chacun d'eux, on a dit :
Oui ! mais surtout point de guerre !

» Ils ne s'en souviennent pas, la France s'en souvient ; elle signera avec nous une adresse de fraternité
pour l'Europe, de respect pour l'indépendance espagnole.

» Plantons le drapeau de la paix. Guerre à ceux-là
seuls qui pourraient vouloir la guerre en ce monde. »

    (MICHELET, 10 juillet 1870)

Le grand historien ne pouvait l'ignorer, ceux qui
possèdent la force n'ont pas coutume de se rendre au
raisonnement. La force employée au service du droit

contre Napoléon III et Bismark, pouvait seule arrêter leur complot contre tant de vies humaines jetées en pâture aux corbeaux.

Le 15 juillet, la guerre était déclarée! Le maréchal Lebeuf annonçait le lendemain que rien ne manquait à l'armée, pas même un bouton de guêtre !

## III

### L'INTERNATIONALE. — FONDATION ET PROCÈS. — PROTESTATIONS DES INTERNATIONAUX CONTRE LA GUERRE

> Les Polonais souffrent, mais il y a par le monde une grande nation plus opprimée, c'est le prolétariat.
>
> (Meeting du 28 septembre 1864.)

Le 28 septembre 1864, à Saint-Martin-Hall, à Londres, eut lieu un meeting convoqué à l'occasion de la Pologne; des délégués de toutes les parties du monde firent de la détresse des travailleurs un tableau tel que la résolution fut prise de considérer les douleurs générales de l'humanité comme rentrant dans la cause commune des déshérités.

Ainsi naquit l'Internationale à son heure ; et, grâce à ses procès pendant les dernières années de l'Empire, elle se développa avec rapidité.

Quand, tout près de 71, on montait l'escalier poussiéreux de cette maison de la Corderie du Temple, où les sections de l'Internationale se réunissaient, il semblait gravir les degrés d'un temple. C'était un temple, en effet, celui de la paix du monde dans la liberté.

L'Internationale avait publié ses manifestes dans tous les journaux d'Europe et d'Amérique. Mais l'Empire inquiet, comme s'il se fût jugé lui-même, s'avisa de la considérer comme société secrète.

Elle l'était si peu, que les sections s'étaient publiquement organisées, ce qui fut quand même qualifié de groupement clandestin.

Les internationaux, déclarés des malfaiteurs, ennemis de l'Etat, comparurent pour la première fois le 26 mars 1868, devant le tribunal correctionnel de Paris, 6° chambre, sous la présidence de Delesveaux. Les accusés étaient au nombre de quinze :

Chémalé, Tolain, Héligon, Murat, Camélinat, Perrachon, Fournaise, Dantier, Gautier, Bellamy, Gérardin, Bastier, Guyard, Delahaye, Delorme.

Les pièces saisies paraissaient extrêmement dangereusés pour la sûreté de l'Etat. Malheureusement, il n'en était rien. Tolain présenta ainsi les conclusions générales des accusés.

« Ce que vous venez d'entendre de la part du Ministère public est la preuve la plus grande du danger que courent les travailleurs, quand ils cherchent à étudier les questions qui embrassent leurs plus chers intérêts, à s'éclairer mutuellement ; enfin, à reconnaître les voies dans lesquelles ils marchent en aveugles.

» Quoi qu'ils fassent, de quelques précautions qu'ils s'entourent, quelles que soient leur prudence et leur bonne foi, ils sont toujours menacés, poursuivis, et tombent sous l'application de la loi. »

Ils y tombèrent cette fois-là, comme toujours, mais la condamnation fut relativement douce, comparée à celles qui suivirent.

Chacun des accusés eut cent francs d'amende et l'Internationale fut déclarée dissoute, ce·qui était le meilleur moyen de la multiplier.

On en rappelait, à cette époque, des jugements, les tribunaux étant la seule tribune en France ; à ces appels étaient exposés les principes de l'Internationale ; ses adhérents déclaraient ne plus vouloir em-

ployer leur énergie à faire le triage des maîtres ni
combattre pour le choix des tyrans; chaque individu
y était libre dans le libre groupement.

Ce fut une chose émouvante que ces quelques hommes se dressant devant l'Empire en ses tribunaux.
Tolain, qui présentait d'ordinaire les conclusions, termina ainsi cette fois :

« Le mot d'arbitraire, dit-il, vous blesse. Eh bien,
pourtant, que nous est-il arrivé? Un jour, un fonctionnaire s'est levé avec l'esprit morose, un incident
a rappelé à sa mémoire l'Association internationale, et
même ce jour-là il voyait tout en noir, d'innocents que
nous étions la veille, nous sommes devenus coupables
sans le savoir; alors, au milieu de la nuit, on a envahi
le domicile de ceux qu'on supposait être les chefs,
comme si nous conduisions nos adhérents, tandis qu'au
contraire, tous nos efforts tendent à nous inspirer de
leur esprit, et à exécuter leurs décisions, on a tout
fouillé et saisi ce qui pouvait être suspecté; on n'a
rien trouvé qui pût servir de base à une accusation
quelconque.

» On ne trouve sur le compte de l'Internationale
que ce qui était connu de tout le monde, ce qui a été
jeté aux quatre vents de la publicité.

» Avouez donc qu'en ce moment on nous fait un
procès de tendance, non pour les délits que nous avons
commis, mais pour ceux qu'on croit que nous pourrions
commettre. »

Ne croirait-on pas assister aux procès modernes de
libertaires, dits également procès de malfaiteurs?

Le jugement fut confirmé, quoique à la connaissance
de tous les documents considérés comme secrets eussent tous été publiés.

La propagande faite par le tribunal rendit l'Internationale plus populaire encore, et le 23 mai suivant,
de nouveaux prévenus comparurent sous les mêmes

accusations, atteignant presque les perfidies de la loi scélérate.

C'étaient Varlin, Malon, Humber, Grandjean, Bourdon, Charbonneau, Combault, Sandrin, Moilin.

Ils déclarèrent appartenir à l'Internationale dont ils étaient actifs propagateurs, et Combault affirma que, dans ses convictions, les travailleurs avaient le droit de s'occuper de leurs propres affaires. Delesveaux s'écria : « C'est la lutte contre la justice ! — C'est, au contraire, la lutte pour la justice », répondit Combault, approuvé par ses coaccusés. Les citations prises par les juges dans les papiers saisis se retournaient contre eux ; telle fut la lettre du docteur Pallay de l'Université d'Oxford, disant que la misère ne doit pas disparaître par l'extinction des malheureux, mais par la participation de tous à la vie. « L'antiquité, disait-il, est morte d'avoir conservé dans ses flancs la plaie de l'esclavage. L'ère moderne fera son temps, si elle persiste à croire que tous doivent travailler et s'imposer des privations, pour procurer le luxe à quelques-uns. »

L'Internationale ayant été, comme d'ordinaire, déclarée dissoute et les accusés condamnés chacun à trois mois de prison et cent francs d'amende, on pressentait un autre procès. Les registres de l'Internationale avaient été gardés par le juge d'instruction. Combault, Murat et Tolain rétablirent de mémoire leur comptabilité, dans une lettre publiée par le *Réveil* (circonstance aggravante servant à prouver que l'Internationale s'entourait de mystères, et disposait de la publicité). Voici maintenant les grands procès.

Le nombre des internationaux augmentant en raison directe de chaque dissolution de la société, il y eut au dernier trente-sept accusés, quoique par je ne sais quel penchant aux séries exactes, on l'appelât le procès des trente.

Ils étaient divisés en deux catégories, ceux qui étaient considérés comme les chefs et ceux qu'on regardait comme affiliés, sans qu'on se rendît bien compte pourquoi, puisque les accusations signalaient les mêmes faits.

La première catégorie se composait de Varlin, Malon, Murat, Johannard, Pindy, Combault, Héligon, Avrial, Sabourdy, Colmia dit Franquin, Passedouet, Rocher, Assi, Langevin, Pagnerre, Robin, Leblanc Carle, Allard,

La seconde : Theisz, Collot, Germain-Casse, Ducauquie, Flahaut, Landeck, Chalain, Ansel, Berthin, Boyer, Cirode, Delacour, Durand, Duval, Fournaise, Frankel, Girot, Malzieux.

L'avocat général était Aulois. Les défenseurs Lachaux, Bigot, Lenté, Rousselle, Laurier qui devait présenter les considérations générales. ·

On entendit de *terribles* détails sur les résultats des perquisitions ; le *danger* qu'il y avait à *laisser impunis* les *criminels* qui menaçaient l'*État*, la *famille ;* la *propriété*, la *patrie* et Napoléon III par dessus le marché.

Il y avait eu discours violents, rapports sur les grèves insérés à la *Marseillaise, Moniteur de l'insurrection.*

Varlin avait dit, le 29 avril 70, salle de la *Marseillaise :* « Déjà l'Internationale a vaincu les préjugés de peuple à peuple. Nous savons à quoi nous en tenir sur la Providence qui a toujours penché du côté des millions. Le bon Dieu a fait son temps, en voilà assez ; nous faisons appel à tous ceux qui souffrent et qui luttent ; nous sommes la force et le droit ; nous devons nous suffire à nous-mêmes.

« C'est contre l'ordre juridique, économique et religieux que doivent tendre nos efforts. »

Les accusés approuvèrent. Combault s'écria : « Nous voulons la révolution sociale et toutes ses conséquences ! »

Les trois mille personnes entassées dans la salle se levèrent et applaudirent, et le tribunal affolé fit une effrayante mixture des mots de *picrate de potasse, nitro-glycérine, bombes*, etc., entre les mains d'une poignée d'*individus*, etc.

« L'Internationale dit Avrial, est non une poignée d'*individus*, mais la grande *masse ouvrière* revendiquant ses droits ; c'est l'âpreté de l'exploitation qui nous pousse à la révolte. »

Il y avait dans certaines lettres saisies des appréciations qui furent confondues avec les accusations sans que l'on comprît bien ce que cela signifiait.

Dans une lettre de Hins se trouvait le passage suivant, qui était prophétique :

« Je ne comprends pas cette course au clocher des pouvoirs de la part des sections de l'Internationale. Pourquoi voulez-vous entrer dans ces gouvernements ? Compagnons, ne suivons pas cette marche. »

Des adhésions eurent lieu à la face du tribunal. « Je ne suis pas de l'Internationale, déclare Assi, mais j'espère bien en faire partie un jour. » Ce fut son admission.

Une accusation de complot contre la vie de Napoléon III fut abandonnée par prudence ; l'idée était dans l'air, on craignait d'évoquer l'événement.

Le trouble du procureur général était si grand qu'il traita de signes mystérieux les mots de métier employés dans une lettre saisie par le cabinet noir ; le mot *compagnons* usité en Belgique fut incriminé. Germain Casse et Combault exprimèrent la pensée générale des accusés.

« Nous ne chercherons pas par un mensonge, dit Germain Casse, à échapper à quelques mois de prison ; la loi n'est plus qu'une arme mise au service de la vengeance et de la passion ; elle n'a pas droit au respect. Nous la voulons soumise à la justice et à

l'égalité ». Il termine ainsi : « Permettez-moi, monsieur l'avocat général, de vous retourner le mot de
mon ami Mallet, ne touchez pas à la hache, l'arme
est lourde, votre main est débile et notre tronc est
noueux ».

Combault réfutant l'assertion du tribunal, qu'il y
avait dans l'Internationale des chefs et des dirigés dit :
« Chacun de nous est libre et agit librement; il n'y a
aucune pression de pensée, entre les Internationaux...
J'ai d'autant plus de peine à comprendre la persistance
du ministère public à nous accuser de ce que nous n'a-
vons pas fait, qu'il pourrait largement nous accuser
avec ce que nous reconnaissons avoir fait. La propagande de l'Internationale, en dépit des articles 291 et
292, que nous violons ouvertement, la dissolution de
la société ayant été décrétée. Malgré cette dissolution
le bureau de Paris continue à se réunir.

» Pour ma part, je ne me suis jamais trouvé aussi
fréquemment avec les membres de ce bureau que dans
les trois mois écoulés entre le 15 juillet et le 15 octobre 1868.

» Chacun de nous agissait de son côté; nous n'avons
pas de chaînes; chacun développe individuellement ses
forces. »

Ce procès fut passionnant entre tous. Chalin pré-
sentant la défense collective, affirma que condamner
l'Internationale, c'était se heurter au prolétariat du
monde entier.

Des centaines de mille adhérents nouveaux ont répondu à l'appel, en quelques semaines, au moment
où tous les délégués étaient prisonniers ou proscrits.

« Il y a, en ce moment, dit-il, une sorte de sainte
alliance des gouvernements et des réactionnaires contre l'Internationale.

» Que les monarchistes et les conservateurs le sa-
chent bien, elle est l'expression d'une revendication

sociale trop juste, et trop conforme aux aspirations contemporaines pour tomber avant d'avoir atteint son but.

» Les prolétaires sont las de la résignation, ils sont las de voir leurs tentatives d'émancipation toujours réprimées, toujours suivies de répressions ; ils sont las d'être les victimes du parasitisme, de se voir condamner au travail sans espoir, à une subalternisation sans limites, de voir toute leur vie dévorée par la fatigue et les privations, las de ramasser quelques miettes d'un banquet dont ils font tous les frais.

» Ce que veut le peuple, c'est d'abord de se gouverner lui-même sans intermédiaire et surtout sans sauveur, c'est la liberté complète.

» Quel que soit votre verdict, nous continuerons comme par le passé à conformer ouvertement nos acte à nos convictions. »

Après les insultes de l'avocat impérial, Combaults ajoute : « C'est un duel à mort entre nous et la loi : la loi succombera, parce qu'elle est mauvaise. Si en 68, alors que nous étions en petit nombre, vous n'avez pas réussi à nous tuer, croyez-vous pouvoir le faire, maintenant que nous sommes des milliers ? Vous pouvez frapper les hommes, vous n'éteindrez pas l'idée, parce que l'idée survit à toute espèce de persécutions. »

Les condamnations suivirent :

A un an de prison et 100 francs d'amende Varlin, Malon, Pindy, Combault, Héligon, Murat, Johannard. A deux mois de prison et 25 francs d'amende, Avrial, Sabourdy, Colmia dit Franquin, Passedouet, Rocher, Langevin, Pagnerie, Robin, Leblanc, Carle, Allard, Theisz, Collot, Germain Casse, Chalain, Mangold, Ansel, Bertin, Royer, Cirode, Delacour, Durand, Duval, Fournaise, Giot, Malezieux.

Assi, Ducanquie, Flahaut et Landeck furent acquittés.

Tous solidairement privés de leurs droits civils et condamnés aux dépens.

Ceux des internationaux qui avaient à subir une année d'emprisonnement ne l'achevèrent pas, les événements les délivrèrent.

Ces hommes si fermes devant la justice impériale devaient avec les révolutionnaires, blanquistes et orateurs des clubs, composer la Commune, où la légalité, le fardeau du pouvoir, anéantirent leur énergie, jusqu'au moment où, redevenus libres par la lutte suprême, ils reprirent leur puissance de volonté.

La France était déjà sous l'Empire le pays le moins libre de l'Europe.

Tolain, délégué en 68 au congrès de Bruxelles, dit avec raison qu'il fallait beaucoup de prudence dans une contrée où n'existait « ni liberté de réunion, ni liberté d'association ; mais, ajoute-t-il, si l'Internationale n'existe plus officiellement à Paris, tous nous restons membres de la grande association, dussions-nous y être affiliés isolément à Londres, à Bruxelles ou à Genève ; nous espérons que du congrès de Bruxelles, sortira une alliance solennelle des travailleurs de tous les pays, contre la guerre qui n'a jamais été faite qu'à l'avantage des tyrans contre la liberté des peuples. »

Partout, en effet, des protestations étaient faites contre la guerre. Les internationaux français envoyèrent aux travailleurs allemands, celle qui suit :

« Frères d'Allemagne,

» Au nom de la paix, n'écoutez pas les voix stipendiées ou serviles qui chercheraient à vous tromper sur le véritable esprit de la France.

» Restez sourds à des provocations insensées, car la guerre entre nous serait une guerre fratricide.

» Restez calmes comme peut le faire sans compromettre sa dignité un grand peuple courageux.

2

» Nos divisions n'amèneraient des deux côtés du Rhin que le triomphe complet du despotisme.

» Frères d'Espagne, nous aussi, il y a vingt ans, nous crûmes voir poindre l'aube de la liberté ; que l'histoire de nos fautes vous serve au moins d'exemple. Maîtres aujourd'hui de vos destinées, ne vous courbez pas comme nous sous une nouvelle tutelle.

» L'indépendance que vous avez conquise déjà scellée de notre sang, est le souverain bien, sa perte, croyez-nous, est pour les peuples majeurs la cause des regrets les plus poignants.

» Travailleurs de tous les pays, quoi qu'il arrive de nos efforts communs, nous, membres de l'Internationale des travailleurs, qui ne connaissons plus de frontières, nous vous adressons, comme un gage de solidarité indissoluble les vœux et les saluts des travailleurs de France.

» *Les Internationaux français.* »

Les internationaux allemands répondirent :

« Frères de France,

» Nous aussi, nous voulons la paix, le travail et la liberté, c'est pourquoi nous nous associons de tout notre cœur à votre protestation, inspirée d'un ardent enthousiasme contre tous les obstacles mis à notre développement pacifique, principalement par les sauvages guerres. Animés de sentiments fraternels, nous unissons nos mains aux vôtres et nous vous affirmons comme des hommes d'honneur qui ne savent pas mentir, qu'il ne se trouve pas dans nos cœurs la moindre haine nationale, que nous subissons la force, et n'entrons que contraints et forcés dans les bandes guerrières qui vont répandre la misère et la ruine dans les champs paisibles de nos pays.

» Nous aussi, nous sommes hommes de combat, mais nous voulons combattre en travaillant pacifiquement et de toutes nos forces pour le bien des nôtres et de l'humanité ; nous voulons combattre pour la liberté, l'égalité et la fraternité, combattre contre le despotisme des tyrans qui oppriment la sainte liberté, contre le mensonge et la perfidie, de quelque part qu'ils viennent.

» Solennellement, nous vous promettons, que ni le bruit des tambours, ni le tonnerre des canons ; ni victoire, ni défaite, ne nous détourneront de notre travail pour l'union des prolétaires de tous les pays.

» Nous aussi, nous ne connaissons plus de frontières parce que nous savons que des deux côtés du Rhin, que dans la vieille Europe, comme dans la jeune Amérique, vivent nos frères, avec lesquels nous sommes prêts à aller à la mort, pour le but de nos efforts : la république sociale. Vivent la paix, le travail, la liberté !

» Au nom des membres de l'association internationale des travailleurs à Berlin.

» Gustave Kwasniewski. »

Au manifeste des travailleurs français était joint cet autre :

« AUX TRAVAILLEURS DE TOUS LES PAYS

» Travailleurs,

» Nous protestons contre la destruction systématique de la race humaine, contre la dilapidation de l'or du peuple qui ne doit servir qu'à féconder le sol et l'industrie, contre le sang répandu pour la satisfaction odieuse de vanité, d'amour-propre, d'ambitions monarchiques froissées et inassouvies.

» Oui, de toute notre énergie nous protestons contre la guerre comme hommes, comme citoyens, comme travailleurs.

» La guerre, c'est le réveil des instincts sauvages et des haines nationales.

» La guerre, c'est le moyen détourné des gouvernants pour étouffer les libertés publiques.

» *Les Internationaux français.* »

Ces justes revendications furent étouffées par les
clameurs guerrières des bandes impériales des deux
pays, poussant devant elles vers l'abattoir commun,
le troupeau français et le troupeau allemand.

Puisse le sang des prolétaires des deux pays cimen-
ter l'alliance des peuples contre leurs oppresseurs !

## IV

### ENTERREMENT DE VICTOR NOIR. — L'AFFAIRE RACONTÉE PAR ROCHEFORT

> Nous étions trois cent mille étouffant nos sanglots,
> Prêts à mourir debout devant les chassepots.
>
> (*Chanson* de Victor Noir, 1870.)

L'an 70 s'ouvre tragique sur l'assassinat de Victor
Noir par Pierre Bonaparte à sa maison d'Auteuil où il
s'était rendu avec Ulrich de Fonvielle comme témoin
de Paschal Grousset.

Ce crime froidement accompli mit le comble à l'horreur qu'inspiraient les Bonaparte.

Comme le taureau du cirque remue sa peau percée
de dards, la foule frissonnait.

Les funérailles de Victor Noir semblaient indiquées
pour amener la solution. Le meurtre était un de ces
événements fatidiques qui abattent la tyrannie la plus
fortement assise.

Presque tous ceux qui se rendirent aux funérailles, pensaient rentrer chez eux ou en république ou n'y
pas rentrer du tout.

On s'était armé de tout ce qui pouvait servir pour

une lutte à mort, depuis le revolver jusqu'au compas.

Il semblait qu'on allât enfin se jeter à la gorge du monstre impérial.

J'avais pour ma part un poignard volé chez mon oncle, il y avait quelque temps déjà, en rêvant d'Harmodius, et j'étais en homme pour ne pas gêner ni être gênée.

Les blanquistes, bon nombre de révolutionnaires, tous ceux de Montmartre étaient armés; la mort passait dans l'air, on voyait la délivrance prochaine.

Du côté de l'Empire, toutes les forces avaient été appelées; semblable déplacement n'avait point été vu depuis décembre.

Le cortège s'allongeait immense, répandant autour de lui une sorte de terreur; à certains endroits d'étranges impressions passaient; on avait froid et les yeux brûlaient comme s'ils eussent été de flamme; il semblait être une force à laquelle rien ne résisterait; déjà on voyait la république triomphante.

Mais pendant le trajet, le vieux Delescluze qui pourtant sut mourir héroïquement quelques mois après, se souvint de décembre, et craignant le sacrifice inutile de tant de milliers d'hommes, il dissuada Rochefort de promener le corps dans Paris, se rattachant à l'opinion de ceux qui voulaient le conduire au cimetière. Qui peut dire si le sacrifice eût été inutile ? Tous croyaient que l'Empire attaquait et se tenaient prêts.

La moitié des délégués des chambres syndicales était d'opinion de porter le corps dans Paris jusqu'à la *Marseillaise*, l'autre moitié de suivre la route du cimetière.

Louis Noir qu'on croyait pencher pour la vengeance immédiate, trancha la question en déclarant qu'il ne voulait pas pour son frère de funérailles sanglantes.

Ceux qui voulaient porter le corps dans Paris se refusèrent d'abord à obéir.

2.

Les volontés étaient si partagées qu'il y eut un moment où la foule moutonna, les vagues humaines montaient l'une sur l'autre formant entre elles de larges
vides.

La tête basse, on rentra, toujours sous l'Empire;
quelques-uns songeaient à se tuer, puis ils réfléchirent
que la multiplicité des crimes impériaux multiplierait
aussi les occasions de délivrance.

Celle-là était bien belle, mais l'opinion la plus générale fut que l'égorgement eût résulté de cette tentative désespérée, toutes les forces impériales étant
prêtes.

Varlin, brave autant que Delescluze, écrivit de sa
prison que si la lutte eût été engagée ce jour-là, les
plus ardents soldats de la révolution eussent péri et
félicita Rochefort et Delescluze de s'être rangés à cet
avis.

Pierre Bonaparte fut mis en jugement à Tours en
juin 70, jugement de comédie, où fut rendu l'arrêt dé-
risoire de 25,000 francs d'indemnité à la famille de
Victor Noir, ce qui ajoute encore à l'horreur du crime.

Plus que qui que ce soit, Rochefort fut mêlé à l'affaire Victor Noir; c'est pourquoi son récit sera plus intéressant.

La brouille de Pierre Bonaparte avec la famille de
Napoléon III n'était pas un secret. Badingue avait insulté son parent besoigneux, qui le suppliait d'acheter
sa propriété de Corse et lui avait reproché l'illégitimité
de ses enfants.

Pierre Bonaparte s'était vengé en insultant à l'alliance de son cousin avec mademoiselle de Montijo.

« Le monde politique, dit Rochefort, était parfaitement au courant de cette haine de famille et il (Pierre
Bonaparte) en était presque devenu intéressant. Aussi
fus-je très surpris de recevoir à mon journal *La Marseillaise* une lettre ainsi conçue :

« Monsieur,

» Après avoir outragé l'un après l'autre chacun des miens et n'avoir épargné ni les femmes ni les enfants, vous m'insultez par la plume d'un de vos manœuvres, c'est tout naturel et mon tour devait arriver.

» Seulement, j'ai peut-être un avantage sur la plupart de ceux qui portent mon nom, c'est d'être un simple particulier tout en étant un Bonaparte.

» Je viens donc vous demander si votre encrier est garanti par votre poitrine et je vous avoue que je n'ai qu'une médiocre confiance dans l'issue de ma démarche.

» J'apprends, en effet, par les journaux, que vos électeurs vous ont donné le mandat impératif de refuser toute réparation d'honneur et de conserver votre précieuse existence.

» Néanmoins, j'ose tenter l'aventure, dans l'espoir qu'un faible reste de sentiments français vous fera départir en ma faveur des mesures de précautions dans lesquelles vous vous êtes réfugié.

» Si donc, par hasard, vous consentez à tirer les verrous protecteurs qui rendent votre honorable personne deux fois inviolable, vous ne me trouverez ni dans un palais ni dans un château.

» J'habite tout bonnement 59, rue d'Auteuil, et je vous promets que si vous vous présentez, on ne vous dira pas que je suis sorti.

» En attendant votre réponse, monsieur, j'ai encore l'honneur de vous saluer.

» Pierre-Napoléon BONAPARTE. »

« Cette lettre, en même temps que très injurieuse, était tout à fait incorrecte au point de vue de ce qu'on est convenu d'appeler une provocation. L'article qui l'avait motivée n'était pas de moi, mais d'un de mes collaborateurs, Ernest Lavigne; il répondait en termes

presque modérés à un passage d'un document signé
Pierre Bonaparte et où on lisait cette phrase ignoble
au sujet des républicains :

» Que de vaillants soldats, d'adroits chasseurs, de
hardis marins, de laborieux agriculteurs la Corse ne
compte-t-elle pas qui abominent les sacrilèges et qui
leur eussent déjà mis les tripes aux champs si on ne
les eût retenus !

» En second lieu, quand on désire une satisfaction
par les armes, on écrit à son insulteur :

« Je me considère comme offensé par tel ou tel ali-
néa de votre article et je vous envoie deux de mes
amis que je vous prie de vouloir bien mettre en rapport avec les vôtres.

» Pierre Bonaparte, qui avait été à Rome condamné
pour un meurtre commis en Italie, s'était battu assez
souvent pour savoir que les affaires d'honneur se rè-
glent par l'entremise de témoins et non entre les adversaires eux-mêmes.

» Cette étrange façon de m'attirer chez lui, où je
n'avais rien à faire, en ayant soin de m'indiquer [que
je ne le trouverais ni dans un palais, ni dans un château, ressemblait à un guet-apens dans lequel, à force
d'outrages, il avait évidemment espéré me faire tomber.

» En effet, ses impertinences n'avaient aucune raison d'être, attendu que je n'avais jamais refusé de me
battre et que c'était précisément parce que je m'étais
trop battu, que dans une réunion électorale à laquelle
je n'assistais même pas, les électeurs avaient voté un
ordre du jour m'enjoignant de ne pas recommencer.

» Comme il était particulier que le Bonaparte qui
me demandait raison au nom de sa famille, fût celui
qui avait lui-même reproché injurieusement à Napoléon III sa mésalliance, c'est-à-dire son mariage avec
mademoiselle de Montijo.

» D'où venait donc ce revirement subit? Il est facile de le deviner. Le prince Pierre ne s'était que momentanément drapé dans sa dignité de proscrit; il avait eu assez de brouet noir et, avec un grand bon sens, avait pensé que le procédé le plus sûr pour se raccommoder avec son cousin était de le débarrasser de moi.

» Mais j'étais jeune et leste, je tirais sinon bien, au moins assez dangereusement l'épée. Il était lui-même fort épaissi, souffrant de la goutte, et si je l'avais « mouché », comme on dit, c'eût été, comme on dit encore, un sale coup pour la fanfare bonapartiste.

» Le fait est, — et c'est là pour sa mémoire le point grave de l'aventure — qu'après m'avoir adressé directement la plus violente des provocations, il n'avait pas même constitué ses témoins. Donc, ce qu'il attendait à son domicile, où il m'appelait, ce n'étaient pas les miens, c'était moi-même.

» C'est seulement plus tard, en relisant sa lettre après l'assassinat de Noir, que je compris tout ce qu'elle dissimulait de perfidie; mais, au premier moment, je n'y vis qu'une bordée d'injures et je demandais à Millière et Arthur Arnould, mes deux collaborateurs, d'aller s'aboucher avec lui pour une rencontre immédiate.

» J'aurais compris que M. Ernest Lavigne, auteur et signataire de la lettre que je ne connaissais même pas, prétendît se substituer à moi, ce que je lui aurais d'ailleurs refusé; mais je me suis souvent demandé à quelle obsession a obéi notre collaborateur Paschal Grousset, en adressant à son tour ses témoins au prince Pierre Bonaparte qui ne l'avait pas nommé et n'avait aucune raison de s'occuper de lui.

» C'était, paraît-il, comme correspondant du journal corse la *Revanche* mis en cause par le cousin de l'Empereur que Paschal Grousset avait pris sur lui de ris-

quer cette démarche qui ne pouvait aboutir, attendu
que c'était bien évidemment à ma personnalité et à
nulle autre qu'en voulait le prince qui s'improvisait
le vengeur de toute sa famille.

» Victor Noir qui fut assassiné n'était donc pas,
comme on l'a généralement cru et souvent répété, mon
témoin, mais celui de notre collaborateur Grousset qui
l'avait envoyé à Auteuil avec Ulrich de Fonvielle sans
même m'en prévenir.

» Ce fut seulement dans la journée que j'appris cette
démarche qui retardait et contrecarrait la mienne.
Cependant, comme j'étais sûr que Pierre Bonaparte ne
tiendrait aucun compte de cette nouvelle demande de
réparation, j'attendais au corps législatif le retour de
mes témoins Millière et Arnould qui devaient tout décider avec ceux du prince pour le duel du lendemain.

» Je montrai à plusieurs membres de la gauche la
lettre de provocation qu'il m'avait adressée et Emmanuel Arago y soupçonna tout de suite un traquenard.

» Prenez bien vos précautions sur le terrain, me dit-
il, et surtout n'allez pas vous-même chez lui; il a déjà
eu de fâcheuses affaires.

» L'affaire eût été fâcheuse en effet, car les témoins
de Paschal Grousset le trouvèrent dans son salon attendant en robe de chambre, un revolver tout armé dans
la poche, non pas eux mais moi, en m'invitant dans
les termes qu'on a lus à me présenter chez lui ; il
avait certainement compté que ses insultes exaspére-
raient la violence qu'il me supposait et dont je venais
de donner la preuve en souffletant l'imprimeur Rochette.

» Il était donc là toujours sans témoins quand il
aurait dû régulièrement en choisir avant même de
m'avoir écrit sa lettre provocatrice, et que, en tout
cas, il eût été tenu de les désigner aussitôt après.
Quelle eût été, en effet, sa posture si je lui avais envoyé mes amis pour lui dire, comme c'était d'ailleurs

mon intention et mon habitude, n'ayant jamais fait
traîner ces choses-là :

» Partons tout de suite.

» Il eût donc été contraint de répondre : Attendez,
il faut d'abord que je cherche deux personnes déci-
dées à m'assister.

» Ce qui, après ses bravades, eût été pour lui à la
fois honteux et ridicule.

» Ma conviction, dès que l'événement se fut produit,
se forma sans hésitation aucune; il n'avait jamais
voulu se battre avec moi et avait tout carrément décidé
de me tuer pour rentrer dans les bonnes grâces de
l'Empereur et surtout de l'Impératrice.

» Après le 4 septembre, un ancien serviteur du château des Tuileries me confia même, que non pas Napoléon III mais sa femme était au courant des projets de
son cousin par alliance.

» Ce familier me nomma un autre membre de la
famille qui avait servi d'intermédiaire entre l'Espagne
et le prince corse. Toutefois, cette information, à la
rigueur vraisemblable, n'ayant été corroborée par
aucun autre témoignage ni preuve écrite, je n'y ai
attaché qu'une importance minime.

» Vers cinq heures du soir je me disposais à quitter
le palais Bourbon pour aller me dégourdir un peu la
main dans une salle d'armes, quand je reçus de Paschal
Grousset ce télégramme :

» Victor Noir a reçu du prince Pierre Bonaparte un
coup de revolver, il est mort.

» J'ignorais que ses témoins eussent devancé les
miens à la maison d'Auteuil de sorte qu'au premier
abord cette dépêche me parut inexplicable. C'est seu
lement aux bureaux de la *Marseillaise* où j'arrivai précipitamment que je connus en détail toutes les phases
de l'affaire.

» Victor Noir était un grand et fort jeune homme

d'à peu près vingt-et-un ans, à l'esprit très gai, très primesautier et très expansif, qui nous donnait assez souvent des filets et des nouvelles à la main pour notre journal.

» Toujours prêt d'ailleurs à se mêler à nous dans les circonstances périlleuses. Enfin un véritable ami de la maison.

» Sa fin tragique à laquelle il semblait si peu destiné nous bouleversa au point de nous étrangler tous d'une rage folle. Millière et Arnould qui étaient arrivés à la maison du crime dix minutes après Noir et Fonvielle, furent empêchés par la foule qui se pressait déjà devant le 59 de la rue d'Auteuil.

» — N'entrez pas ici, leur cria-t-on, on y assassine !

» Ils virent le pauvre Victor Noir étendu sur le trottoir, la poitrine trouée, et ramassèrent son chapeau qui s'était échappé de sa main.

» Très déçu par l'arrivée d'étrangers qu'il n'attendait pas au lieu de celui qu'il espérait, Pierre Bonaparte, après un court dialogue avec eux, avait tiré de sa robe de chambre, un revolver à dix coups, pensant probablement que si le premier ratait, il se rattraperait sur les neuf autres ; puis il avait fait feu à bout portant sur Victor Noir, avec cette arme multiple qui au point de vue de l'armurerie française était ce qu'on pouvait appeler le dernier cri, le cri de mort.

» Après avoir également tiré sur Ulrich de Fonvielle deux balles qui heureusement se perdirent dans le vêtement, il inventa pour expliquer son agression sur Victor Noir, la fable qu'il avait indubitablement préparée pour moi. Il prétendit que sa victime lui avait donné un soufflet, comme si je m'étais rendu chez lui à la suite de son invite, il aurait soutenu que je l'avais frappé.

» J'avais été condamné à quatre mois de prison pour

agression sur l'imprimeur Rochette, il eût donc été facile de persuader aux jurés spécialement triés, lesquels ne demandaient qu'à se laisser convaincre de l'innocence de leur accusé, que je m'étais laissé aller à mon emportement ordinaire à l'égard du prince qui s'était trouvé dans le cas de légitime défense.

» Cette imposture n'eût pas expliqué pourquoi le prince au revolver à dix coups le portait dans la poche de sa robe de chambre pour se promener dans son salon, et pourquoi surtout, en vue d'une rencontre inévitable et qu'il avait lui-même cherchée, il s'était abstenu de constituer des témoins ; mais j'étais l'ennemi, et les conseillers généraux dont on composa la haute cour chargée de juger le meurtrier n'auraient pas manqué de mettre l'acquittement de celui-ci aux pieds de l'Empereur.

» L'Impératrice eut même, à la nouvelle de l'assassinat, un mot qui peignait son état d'âme et celui de tout son entourage :

» — Ah le bon parent! s'écria-t-elle en parlant de l'assassin sans plus se préoccuper de l'assassiné.

» Les journaux officieux, avec la candeur de la platitude, ne firent même aucune difficulté de rapporter en lui en faisant honneur cette exclamation accusatrice.

» La commotion produite dans Paris par ce coup de Jarnac fut incommensurable. J'ignore s'il raccommoda Pierre Bonaparte avec les Tuileries, mais il brouilla à jamais les Tuileries avec la France.

» J'avais été avisé du crime à cinq heures du soir. A six heures je rédigeais cet article qui était plutôt un placard, étant donné le caractère dans lequel nous l'imprimâmes :

» J'ai eu la faiblesse de croire qu'un Bonaparte pouvait être autre chose qu'un assassin !

3

» J'ai osé m'imaginer qu'un duel loyal était possible
dans cette famille où le meurtre et le guet-apens sont
de tradition et d'usage.

» Notre collaborateur Paschal Grousset a partagé
mon erreur et aujourd'hui nous pleurons notre pauvre
et cher ami Victor Noir, assassiné par le bandit Pierre-
Napoléon Bonaparte.

» Voilà dix-huit ans que la France est entre les
mains ensanglantées de ces coupe-jarrets qui, non
contents de mitrailler les républicains dans les rues,
les attirent dans des pièges immondes pour les égorger
à domicile.

» Peuple français, est-ce que décidément tu ne
trouves pas qu'en voilà assez?

» Henri Rochefort. »

« Cette sonnerie du tocsin fut incontinent déférée
aux tribunaux comme constituant un appel aux armes,
bien qu'elle pût être aussi bien un appel au suffrage
universel.

» En même temps qu'on me punissait ainsi de mon
mauvais vouloir à me laisser revolvériser, on arrêtait
le meurtrier pour donner une ombre de satisfaction
à l'opinion publique soulevée; Pierre Bonaparte fut
installé à la Conciergerie, dans les appartements du
directeur à la table duquel il mangeait.

» Tout de suite, le coup de revolver tiré, le Prince
avait envoyé chercher un médecin qui, naturellement,
s'était empressé de constater sur la joue du meurtrier
la trace d'un soufflet, les médecins constatant tout ce
qu'on veut et délivrant tous les jours à de petites
actrices des certificats de maladies qui les ont empê-
chées de jouer le soir, mais non d'aller souper dans le
plus cher des restaurants.

» En second lieu, on ne doutera pas que si Victor
Noir, choisi comme témoin par Paschal Grousset, avec

la mission que comporte ce titre, s'était oublié au point de souffleter l'adversaire de son client, j'eusse été personnellement renseigné sur cet acte de violence et les motifs qui l'avaient amené.

» Ulrich de Fonvielle, sur qui Pierre Bonaparte avait tiré deux balles qui se perdirent, aurait pu avoir un intérêt à nier devant la justice le prétendu soufflet ; mais à moi, son collaborateur et son rédacteur en chef, il n'avait rien à cacher. Or il m'a toujours affirmé, j'en donne ici ma parole d'honneur, que non seulement notre ami n'a jamais donné le moindre soufflet, mais que tenant son chapeau de sa main gantée, il a toujours gardé l'attitude la plus calme et n'a, à aucun moment, esquissé le moindre geste pouvant laisser supposer une intention agressive. Au surplus, personne ne se trompa à cette imposture, ni les conseillers généraux qui acquittèrent par ordre, ni le procureur-général Grandperret qui mentit à bouche que veux-tu, ni l'infâme Emile Ollivier qui, dans cette affaire comme depuis dans la question de la guerre franco-allemande, se montra le plus bas complice des vengeances napoléoniennes.

» Le misérable ministre n'eut pas un mot de blâme à l'adresse de l'assassin, pas un mot de regret pour la jeune et loyale victime. Il poussa jusqu'aux plus extrêmes limites de l'abjection le servilisme envers son nouveau maître.

» Si, au lieu d'écouter sa vanité de dindon, il avait, à la suite de ce crime, jeté résolument son portefeuille aux pieds de l'empereur, l'imbécile se serait créé une situation superbe, même chez les modérés qu'il rêvait de s'attacher, et se fut en même temps épargné les responsabilités des désastres ultérieurs. Sa démission le soir même de la mort de Victor Noir lui eût évité, à quelques mois de là, une révocation honteuse et l'horreur de toute une nation.

» Mais le triste sire avait fait trop longtemps antichambre pour se décider à sortir du salon où on lui
avait enfin permis d'entrer et de s'asseoir.

» A la foudroyante nouvelle de l'attentat, de nombreuses réunions publiques de protestation s'organi-
sèrent dans la soirée. Amouroux, qui fut depuis membre de la Commune, condamné aux travaux forcés par
les conseils de guerre versaillais, et mourut membre
du conseil municipal de Paris, étendit un large voile
noir sur la tribune. Des cris de fureur éclatèrent dans
les rues. Des groupes se formaient pour aller enlever
le corps, déposé à Neuilly dans une maison particu-
lière, et le ramener dans Paris même au bureau de
mon journal, *La Marseillaise*, d'où le convoi funèbre
serait parti. C'était un véritable délire de vengeance.

» En réalité, l'arrestation du meurtrier n'avait eu
d'autre but que de l'arracher à la foule qui l'aurait
certainement lynché. On parlait d'aller attaquer la
Conciergerie et d'y égorger le pseudo-prisonnier.

» L'insuccès du complot avait, m'a-t-on raconté après
le 4 septembre, affolé le monde des Tuileries, lequel
tenait à ma mort et pas du tout à celle du jeune Victor
Noir, qui allait la faire payer si cher au gouvernement.

» Le lendemain, quand j'entrai tout pâle et tout
défait dans la salle des séances du Corps législatif, j'y
fus accueilli par un silence plus inquiétant pour l'Empire que pour moi.

» Je savais déjà que j'étais déféré par Ollivier à ses
domestiques correctionnels, et je l'entendis dans les
couloirs répondre à un député qui lui faisait remarquer
tout le danger de cette poursuite :

» — Il faut en finir, il est impossible de gouverner
avec M. Rochefort. »

» Je demandai immédiatement la parole et je repro-
duis d'après l'*Officiel* l'incident qui s'ensuivit.

» M. Henri Rochefort. — Je désire adresser une question à M. le ministre de la Justice.

» M. le président Schneider. — Lui en avez-vous donné avis?

» M. Rochefort. — Non, monsieur le président.

» M. le président Schneider. — Vous avez la parole; monsieur le ministre appréciera s'il veut répondre immédiatement.

» M. Emile Ollivier, ministre de la Justice. — Oui, immédiatement.

» M. Henri Rochefort. — Un assassinat a été commis hier sur un jeune homme couvert par un mandat sacré, celui de témoin, c'est-à-dire de parlementaire. L'assassin est un membre de la famille impériale.

» Je demande à M. le ministre de la Justice s'il a l'intention d'opposer au jugement, à la condamnation probable, des fins de non-recevoir comme celles qu'on oppose aux citoyens qui ont été frustrés ou même bâtonnés par de hauts dignitaires de l'Empire. La situation est grave, l'agitation est énorme. (Interruptions). L'assassiné est un enfant du peuple... (Bruit).

» M. le président Schneider. — Hier, il a bien été convenu que les questions introduites devaient être posées sommairement, sans développements. Votre question a été posée, elle est claire et nette; c'est au ministre maintenant à dire s'il veut y répondre dès aujourd'hui. (C'est cela!)

» M. Henri Rochefort. — Je dis que l'assassiné est un enfant du peuple. Le peuple demande à juger lui-même l'assassin... Il demande que le jury ordinaire... (Interruption et bruit).

» M. le président Schneider. — Nous sommes tous ici les enfants du peuple; tout le monde est égal devant la loi. Il ne vous appartient pas d'établir des distinctions. (Très bien!)

» M. Henri Rochefort. — Alors, pourquoi donner des juges dévoués à la famille?

» M. le président Schneider. — Vous mettez en suspicion des juges que vous ne connaissez pas. Je vous invite, quant à présent, à vous renfermer dans votre question. Je ne puis pas permettre autre chose.

» M. Henri Rochefort. — Eh bien! je me demande, devant un fait comme celui d'hier, devant les faits qui se passent depuis longtemps, si nous sommes en présence des Bonaparte ou des Borgia. (Exclamations; cris : A l'ordre! à l'ordre!) J'invite tous les citoyens à s'armer et à se faire justice eux-mêmes.

» Le pleutre Ollivier se hâta de faire signe au président Schneider de clôturer le débat, qui commençait à mettre le feu aux tribunes, et, après avoir demandé la parole, il appela le crime de la veille « l'événement douloureux. » — Dites : « l'assassinat! » lui cria Raspail. Et le ministre de la justice expliquait que la loi, spécialement faite pour les membres de la famille Bonaparte, et datant de 1852, ne permettait pas de traduire le prince Pierre devant le jury, qui l'eût condamné sans rémission; que tout ce qu'on pouvait faire était de le déférer à une haute cour dont naturellement on choisirait un à un les jurés, avec promesse pour eux de toutes sortes de faveurs et de décorations en échange d'un verdict d'absolution.

» Et l'Ollivier, après avoir vanté son respect pour l'égalité, terminait par ces menaces à notre adresse :

» — Nous sommes la modération, nous sommes la liberté et, si vous nous y contraignez, nous serons la force.

» Cette levée de baïonnettes avait été reçue par les plus vifs applaudissements de la part de cette majorité qui quelques mois plus tard allait s'effondrer dans la boue, le silence et le remords, au point que les mem-

bres se prosternaient alors devant moi en me répétant :
Comme vous étiez dans le vrai !

» Raspail indigné demanda la parole pour répondre
aux bravos de la tourbe ministérielle.

» — Il s'est commis, dit-il, un assassinat tel que les
crimes de Troppman (qu'on jugeait alors) n'ont pas
produit une pareille impression, et cependant, la justice à laquelle vous le déférez n'est pas la justice ; ce
qu'il nous faut, c'est un jury qui ne soit pas choisi
parmi les ennemis de la cause populaire.

» Et comme on lui rappelait l'indépendance de la
magistrature il s'écriait :

» — Je les connais vos hautes cours, j'y ai passé.
Dans l'une on a trouvé jusqu'à un homme condamné
aux galères.

» Raspail fut interrompu par le président annonçant
qu'il recevait à l'instant du procureur général Grandperret une demande en autorisation de poursuites contre moi pour offenses envers l'Empereur, excitation
à la révolte et provocation à la guerre civile.

» Cinq minutes auparavant, Emile Ollivier déclarait
qu'il dédaignait mes attaques. Ce n'était pas précisément là du dédain.

» J'ai tenu à conserver pour le public la physionomie
de cette partie de la séance, où Raspail et moi fûmes
seuls en scène.

» On a pu remarquer que pas un membre de la
gauche n'y intervint, pas plus Gambetta que Jules
Favre ou Ernest Picard ; cet abandon donnait aux in-
solences du cynique Ollivier une autorité considérable
sur le troupeau des majoritards. Le ministre avait
ainsi le droit, dont il usait et abusait, de faire observer que tous mes collègues de l'opposition sauf un seul
et unique, refusaient de se solidariser avec moi.

» Les obsèques avaient été fixées au lendemain et
la journée s'annonça comme devant être affreusement

mouvementée. Dès le matin la maison de la rue du
Marché à Neuilly où la bière repose sur deux chaises
a été envahie par une foule qui grossit au ·point de
rendre toute circulation à peu près impraticable. Comment parviendra-t-on à faire avancer le corbillard
jusqu'à la porte? C'est là un problème qui paraît inso-
luble.

» J'arrive exténué, n'ayant ni mangé depuis trois
jours ni dormi depuis trois nuits, tant les émotions de
toute nature m'avaient étreint et ballotté. On me fait
passer à bout de bras jusqu'à l'entrée de la maison
où je monte et où je trouve Delescluze et Louis Noir
le romancier bien connu, frère de la victime.

» Bientôt Flourens arrive et une première bataille
s'engage entre les partisans de l'enterrement dans
Paris même au Père·Lachaise où on amènerait le corps,
et l'ensevelissement à Neuilly.

» Cent mille hommes tant d'infanterie que de cavalerie avaient été mobilisés de toutes les garnisons environnantes pour noyer dans le sang toute tentative
d'insurrection. D'ailleurs la foule était sans armes ; surprise par le coup de foudre parti de la maison d'Auteuil, elle n'avait eu le temps ni de s'organiser ni de
s'entendre.

» Mue par un même sentiment de colère, elle était
venue spontanément manifester contre deux assassins,
celui des Tuileries et l'autre.

» Nous avions Delescluze et moi harangué nos amis
et l'immense majorité des assistants était décidée à
nous écouter et à nous suivre, quand, au milieu de la
route qui conduit au cimetière d'Auteuil, Flourens, et
plusieurs des hommes qui l'entouraient et dont malheureusement avec sa crédulité généreuse il ne con-
trôlait pas toujours suffisamment les accointances, se
jetèrent à la tête des chevaux qu'ils essayèrent de
faire retourner du côté de Paris. Puis le cocher des

pompes funèbres se refusant à ce changement de route ils se mirent en devoir de couper les traits afin de s'atteler eux-mêmes à la sinistre voiture.

» Je conduisais le deuil ou plutôt le deuil me conduisait, et serré de près par une mer humaine qui m'écrasait en m'escortant, j'avais été à plusieurs reprises projeté sur les roues qui au moindre recul auraient fini par me passer sur le corps.

» On me hissa donc sur le corbillard même où je m'assis les jambes pendantes à côté du cercueil. Du haut de ce lugubre observatoire je voyais des remous se produire, des gens tomber, se relever, d'autres passer presque sous les pieds des chevaux ou sous la voiture, en danger continuel de se faire broyer.

» J'avais beau leur crier désespérément de se garer, mes appels dans le brouhaha de la marche ne leur arrivaient même pas. Pour comble d'énervement, le grand air auquel j'étais exposé avait creusé mon estomac à peu près vide depuis trois jours et y développait subitement une fringale qui m'enleva mes dernières forces. Tout à coup, sans motif apparent, la tête me tourna et je tombai inanimé en bas du corbillard.

» Quand je rouvris les yeux j'étais dans un fiacre avec Jules Vallès et deux rédacteurs de la *Marseillaise*. Mon premier mot fut : — Qu'on aille vite me chercher quelque chose à manger, je meurs de faim.

» Vallès lui-même descendit et courut à un boulanger où il prit un pain de deux livres dont je me mis à dévorer la moitié et une bouteille de vin dont je bus une gorgée. Nous étions alors dans Paris au bout de l'avenue des Champs-Elysées près de la barrière de l'Etoile.

» Je me rappelai vaguement avoir été mené chez un épicier qui m'avait frotté les tempes avec du vinaigre et avait fait appeler le fiacre dans lequel je m'étais réveillé.

» Telle est l'histoire de cet évanouissement que la réaction bonapartiste me reprocha beaucoup et qui en réalité fut dû à l'étrange délabrement où m'avaient mis soixante-quinze heures de surmenage passées sans nourriture et sans sommeil. Les forces humaines ont des limites; ces limites chez moi avaient été dépassées et il m'avait été impossible de me tenir plus longtemps debout ou même assis.

» Cette explication, la seule vraie et aussi la seule plausible, puisque je ne pouvais courir aucun risque au milieu de deux cent mille accompagnateurs parmi lesquels on n'en aurait pas trouvé un qui ne me fût dévoué, n'empêcha pas les officieux de m'accuser de faiblesse. Il n'y avait pour moi, je le répète, absolument rien à craindre; après quelques instants de lutte, en effet, le bon sens avait pris le dessus et l'inhumation, selon le désir de Delescluze et le mien, avait eu lieu au cimetière de Neuilly.

» Ce fut au contraire dans Paris que le péril se corsa. Après la cérémonie nombre d'entre nous étaient rentrés à pied par l'Arc-de-Triomphe. A la hauteur du rond point des Champs-Eylsées se tenaient sabre au clair plusieurs escadrons de cavalerie chargés de disperser la foule, quoique, en réalité, ils n'eussent devant eux que des hommes qui revenant d'un enterrement étaient bien obligés de rentrer par la seule route qui les menât chez eux.

» Mais l'imbécile Ollivier voulait prouver qu'il était la force, comme il l'avait annoncé, et je vois tout à coup s'avancer au devant de mon fiacre un commissaire de police à l'abdomen tricolore, qui nous annonce qu'il va faire charger après trois sommations.

» Premier roulement.

» Réconforté par mon repas aussi frugal qu'improvisé, je saute de ma voiture et je m'avance vers le commissaire de police à qui je crie ces mots que je retrouve dans un numéro de la *Marseillaise* relatant cette journée :

» — Monsieur, les citoyens qui m'entourent prennent pour revenir de l'enterrement le chemin qu'ils avaient pris pour y aller, prétendez-vous leur barrer le passage ?

» Second roulement.

» — Tout ce que vous direz et rien sera inutile, me répond l'abdomen, retirez-vous, on va faire usage de la force, vous allez être sabrés.

» — Je suis député, répliquai-je en montrant ma médaille, veuillez me laisser passer.

» — Non, dit-il, vous serez sabré tout le premier.

» A ce moment je me retourne, l'avenue était presque vide, la plupart des manifestants s'étant retirés sur les bas côtés.

» — Ecartez-vous, dis-je aux autres, il est inutile de vous faire massacrer inutilement. D'ailleurs quoi qu'il fasse maintenant, l'empire a reçu le coup de grâce.

» Tout le monde m'obéit et ce fut sur les arbres des Champs-Elysées que la cavalerie qui n'en démordant pas, exécuta sa charge. Un des cavaliers roula même au bas de son cheval et resta étendu sans mouvement, ce qui fit beaucoup rire le public qui se tenait hors de la portée des sabres ; car le cadavre d'un ennemi sent toujours bon.

» Mais si le procès du locataire de la Conciergerie marchait à pas lents, le mien allait un train d'enfer ; la discussion des poursuites demandées contre moi eut lieu le lendemain même du dépôt de la proposition. Ollivier qui la soutenait déclara qu'il ne voulait pas de journées.

» — Et la journée du 2 décembre, vous en voulez bien de celle-là, lui criai-je de ma place. »

(Henri ROCHEFORT. *Les Aventures de ma vie.*)

V

### LE PROCÈS DE BLOIS

> Partout va rampant le policier louche,
> Tout est embuscade, on erre farouche
> Dans les guets-apens.
>
> (L. M. *le Coupe-Gorge*.)

Comme les gouvernants qui ont besoin de détourner d'eux l'opinion publique l'Empire faisait autour de lui un bruit continuel; complots, qu'il échafaudait lui-même; bombes, données par des mouchards; scandales; crimes, découverts en temps opportun, que depuis longtemps on connaissait et tenait en réserve, ils abondent à certaines fins de règne.

Ce n'était pas difficile d'envelopper les plus braves révolutionnaires dans quelques-unes de ces machinations. Le policier qui eût offert des projectiles eût trouvé cent mains, plutôt qu'une, tendues pour les recevoir, mais les choses proposées ainsi, par les mouchards, ne sont jamais à propos, — la ficelle passe sous le pantin, le temps arrivant où n'aurait pas été de trop un véritable complot à ciel ouvert, grand comme la France, comme le monde. Le traître Guérin et autres n'eurent pas de peine à fournir à leurs maîtres les apparences d'une conspiration.

Dans la tourmente qui s'amassait grondant sur l'Empire, on tailla le procès de Blois.

Guérin ayant donné les bombes savait où les retrouver; il les indiqua aux perquisitions.

Mais, le scenario avait été pauvrement charpenté vu la grandeur des éléments, on aurait pu, sur cette donnée géante, bâtir une pièce capable d'enthousiasmer l'homme de décembre lui-même. Les mouchards d'ordinaire manquent de souffle; le scenario fut absurde.

Le théâtre choisi pour mettre en scène l'accusation qui devait terrifier le monde, en faisant voir les agissements révolutionnaires, était la salle des états de Blois.

L'Empire voulait un grand éclat ; il l'eut en raison inverse de ses désirs.

Nous trouvions nous que la grandeur du décor allait bien à ceux qui représentaient à la barre de l'Empire la lutte pour la justice ; en effet ils s'y sentirent à l'aise, et y jetèrent la vérité au visage des juges.

Les accusés étaient : Bertrand, Drain, Th. Ferré, Ruisseau, Grosnier, Meusnier, Ramey, Godinot, Chassaigne, Jarrige, Grenier, Greffier, Vité, Cellier, Fontaine, Prost, Benel, *Guérin*, Claeys, Lyon, Sapia, Mégy, Villeneuve, Dupont, Lerenard, Tony Moilin, Perriquet, Blaizot, Letouze, Cayol, Beaury, Berger, Launay, Dereure, Laygues, Mabille, Razoua, Notril, Ochs, Rondet, Biré, Evilleneuve, Gareau, Carme, Pehian, Joly, Ballot, Cournet, Pasquelin, Verdier, Pellerin, Bailly.

Les avocats Protot, Floquet, à qui l'on attribuait l'apostrophe au tzar (Vive la Pologne, monsieur !) étaient au nombre des défenseurs.

Quelques prévenus qui ne s'étaient jamais vus, auparavant, nouèrent là de solides amitiés.

Comme pour les procès de l'Internationale dits associations de malfaiteurs, les accusés furent divisés en deux catégories quoique tous avouassent hautement leur haine et leur mépris pour l'Empire et leur amour de la République.

Les juges furieux perdaient la tête ; peut-être voyaient-ils, eux aussi, venir la révolution dont les accusés parlaient audacieusement.

Il y eut des condamnations à la prison, d'autres aux travaux forcés sans motifs pour l'une ou pour l'autre.

Les accusations tenaient si peu debout, que dans le même dossier une chose en faisait crouler une autre.

Il y eut donc forcément quelques acquittés parmi
lesquels Ferré, qui avait insulté le tribunal, mais contre lequel les faits avaient été si maladroitement entassés qu'ils tombaient d'eux-mêmes devant l'auditoire
stupéfait, ce qu'on lui attribuait n'ayant pas existé et
les témoignages contradictoires ne découvrant que la
main stupide de la police.

Ceux d'entre les condamnés qui devaient être déportés n'eurent pas le temps de partir.

L'Empire avait en vain compté sur le procès de Blois
placé le 15 juillet en face de la déclaration de guerre,
pour faire passer cette guerre, résultat d'une entente
entre despotes, comme nécessaire et glorieuse, en
même temps qu'il motiverait les persécutions contre
les révolutionnaires.

Les hommes du procès de Blois étaient capables de
combattre et de conspirer contre Napoléon III ; mais
ils ne l'avaient pas fait de la façon indiquée par les policiers ; c'étaient des audacieux, on n'avait pas su leur
faire des rôles allant à leur caractère. Entre la terreur
de la révolution et la marche triomphale à Berlin, Napoléon III congratulé par Zangiacommi, qui le félici-
tait d'avoir échappé au complot dirigé contre sa vie, se
demandait si les machinations policières ne finiraient
pas par aider à éclore un complot véritable.

Pendant ce temps les vieux burgraves Bismark et
Guillaume rêvaient de l'empire d'Occident, de Charlemagne et de ses pairs.

Le traître Guérin comparut avec les autres, mais sa
louche attitude, les maladresses de la haute cour, d'anciens doutes à son égard, réveillés par l'interrogatoire,
fixèrent l'opinion sur la mission odieuse qu'il avait accomplie.

Comme nous n'aurons plus l'occasion de parler de
cet individu, plaçons ici la phase dernière de son existence.

Ne pouvant plus servir la préfecture puisqu'il était brûlé, il la trouva ingrate.

Guérin ne sachant comment gagner sa vie, ni que devenir, vint à Londres, au moment où des proscrits de la Commune y avaient cherché asile.

Il se faisait passer pour réfugié politique, chez ceux qui ne le connaissaient pas, ayant eu soin de changer de nom et cherchait du travail.

Dans ces conditions, Guérin se présenta chez l'un des proscrits, Varlet qui ne l'avait jamais vu, lui demandant de l'aider à trouver un emploi.

Emu de la détresse de cet homme que personne ne connaissait, Varlet l'adresse à un ami, également proscrit.

A peine Guérin fut-il entré dans la maison qu'il s'enfuit épouvanté : il venait de reconnaître la voix de Mallet, lequel avait contre lui des preuves indéniables.

Guérin est maintenant un vieillard sordide, aux allures inquiètes.

Tournant fréquemment la tête comme pour voir quelque chose derrière lui, ce qu'il voit, ainsi, c'est sa trahison.

## VI

### LA GUERRE. — DÉPÊCHES OFFICIELLES

Napoléon III ayant eu le 2 décembre son 18 Brumaire, voulait son Austerlitz ; c'est pourquoi dès le commencement toutes les défaites s'appelaient des victoires.

Alors ceux qui, sous l'assommade avaient crié : la paix, la paix! ceux qui avaient écrit : on n'ira pas à Berlin en promenade militaire, se levèrent, ne voulant pas de l'invasion.

Le sentiment populaire était avec eux, devinant sous les impostures officielles la vérité qui depuis, éclata au grand jour de la publication des dépêches officielles.

Dans l'enquête officielle sur la guerre de 71 apparaît la vérité telle qu'on la jugeait à travers tout.

Voici quels étaient les renseignements envoyés des provinces de l'Est au ministère de la guerre, lequel assurait que pas un bouton de guêtres ne manquait à l'armée et faisait bon marché des réclamations.

« Metz, 19 juillet 1870.

» Le général de Failly me prévient que les 17e bataillons de son corps d'armée sont arrivés et je transcris ci-après sa dépêche qui a un caractère d'urgence.

» Aucunes ressources, point d'argent dans les caisses, ou dans les corps, je réclame de l'argent sonnant. Nous avons besoin de tout sous tous les rapports. Envoyez des voitures pour les états-majors ; personne n'en a, envoyez aussi les cantines d'ambulance. »

Le 20 juillet suivant, l'intendant général Blondeau, directeur administratif de la guerre, écrivait à Paris.

« Metz, le 20 juillet 1870, 9 heures 50 du matin.

» Il n'y a à Metz ni sucre ni café, ni riz ni eau-de-vie, ni sel ; peu de lard et de biscuit. Envoyez d'urgence au moins un million de rations sur Thionville. »

Le général Ducrot, le même jour écrivait au ministère de la guerre.

« Strasbourg, 20 juillet 1870, 7 heures 30 du soir.

» Demain, il y aura à peine cinquante hommes pour garder la place de Neuf-Brissac et le fort Mortier. — La Petite Pierre et Lichlemberg sont également dégarnis ; c'est la conséquence des ordres que nous exécutons. Il paraît positif que les Prussiens sont déjà maîtres de tous les défilés de la Forêt Noire. »

Dans les premiers jours d'août moins de deux cent vingt mille hommes gardaient les frontières.

La garde mobile dont jusqu'alors on n'avait fait usage qu'aux jours d'émeute pour mitrailler et qui, en temps de paix, ne figurait que sur les registres du ministère de la guerre fut équipée.

Paris apprenait on ne sait comment qu'un certain général n'avait pu trouver ses troupes. Mais personne ne pouvait croire. cette plaisanterie ; il fallut, bien longtemps plus tard, reconnaître, que la chose était vraie, en lisant dans l'enquête sur la guerre de 70.

« Général Michel à Guerre, Paris.

» Suis arrivé à Belfort, « pas trouvé ma brigade », pas trouvé général de division, que dois-je faire ? Sait pas où sont mes régiments. »

Toujours d'après les dépêches officielles, les envois, demandés d'urgence par le général Blondeau, le 20 juillet, n'étaient pas arrivés à Thionville le 24, état de choses attesté par le général commandant le 4ᵉ corps au major général à Paris.

« Thionville, ce 24 juillet 1870, 9 heures 12 du matin.

» Le 4ᵉ corps n'a encore ni cantines ni ambulances, ni voitures d'équipages pour les corps et les états-majors ; tout est complètement dégarni. »

L'incroyable oubli continue.

« Intendant 3ᵉ corps à Guerre.

» Metz, le 24 juillet 1870, 7 heures du soir.

» Le troisième corps quitte demain, je n'ai ni infirmiers, ni ouvriers d'administration, ni caissons d'ambulances, ni foins de campagne, ni trains, ni instruments de pesage et à la 4ᵉ division de cavalerie, je n'ai pas même un fonctionnaire. »

La série se continue, en juillet et août, sans interruption ; y eut-il fatalité, affolement, ignorance ? Les dépêches avouent l'incurie..

» Sous-intendant à guerre, 6ᵉ division, bureau des subsistances, Paris.

» Mézières, 25 juillet 1870, 9 heures 20 du matin.

» Il n'existe aujourd'hui dans la place de Mézières ni biscuits, ni salaisons. »

« Colonel directeur Parc, 3ᵉ corps,
à directeur artillerie, ministère de la guerre. Paris.

» Les munitions de canons à balles n'arrivent pas. »

» Major général à guerre, Paris.

» Metz, le 27 juillet 1870, 1 h. 1/4 du soir.

» Les détachements qui rejoignent l'armée continuent à arriver sans cartouches et sans campement. »

» Major général à guerre, Paris.

» Metz, le 29 juillet 1870, 5 h. 36 matin.

» Je manque de biscuits pour marcher en avant. »

« Le Maréchal Bazaine, au général Ladmirault,
à Thionville.

» Boulay, 30 juillet 1870.

» Vous devez avoir reçu la feuille de renseignements nº 5, par laquelle on vous avise de grands mouvements de troupes sur la Sarre, et de l'arrivée du roi de Prusse, à Coblentz. J'ai vu hier l'empereur à Saint-Cloud ; rien n'est encore arrêté sur les opérations que doit entreprendre l'armée française. Il semble cependant que l'on penche vers un mouvement offensif en avant du 3ᵉ corps. »

C'était à ce moment même que Rouher disait à son souverain : Grâce à vos soins, sire, la France est prête !

Presque aussitôt on s'aperçut qu'il n'y avait rien de prêt, pas la dixième partie du nécessaire.

Pendant que ces dépêches, alors secrètes, étaient échangées, la poignée d'hommes disséminés sur l'étendue des frontières, disparaissait sous le nombre des soldats de Guillaume.

Quarante mille Prussiens, suivant les bords de la Lauter, y rencontrèrent des bandes éparses qu'ils broyèrent en passant; c'était la division du général Douay.

A Frœschwiller, Mac-Mahon, appuyé d'un côté sur Reichshoffen, de l'autre sur Elsanhaussen, attendait paisiblement de Failly, qui ne venait pas, sans s'apercevoir que peu à peu, par insignifiantes poignées, des soldats prussiens montaient, s'entassant dans la plaine; c'était l'armée de Frédéric de Prusse. Quand il y eut environ cent vingt mille hommes traînant quatre cents canons, ils attaquèrent, défonçant les deux ailes des Français à la fois.

Mac-Mahon fut ainsi surpris, avec quarante mille hommes; alors, comme jadis, les cuirassiers se sacrifièrent, c'est ce qu'on appelle la charge de Reichshoffen.

Le même jour à Forbach défaite du 2° corps.

La débâcle allait vite.

Les dépêches se succédaient lamentables.

« Général subdivision à général division Metz.

« Verdun, 7 août 1870, 5 h. 45 minutes du soir.

'» Il manque à Verdum comme approvisionnements : vins, eau-de-vie, sucre et café; lard, légumes secs, viande fraîche, prière de pourvoir d'urgence pour les quatre mille mobiles sans armes. »

Rien ne pouvait être envoyé comme le prouve ce qui suit.

« Intendant 6° corps à guerre. Paris

» Camp de Châlons, le 8 août 1870,
10 h. 52 minutes matin.

» Je reçois de l'intendant en chef de l'armée du Rhin la demande de 500,000 rations de vivres de campagne.

» Je n'ai pas une ration de biscuit ni de vivres de campagne, à l'exception de sucre et du café.

La déclaration sur la situation par le général Frossard, ne laisse aucun doute.

« L'effectif total atteignait, dit-il, à peine 200,000 hommes, au commencement, après l'arrivée des contin-
gents divers, il put s'élever à 250,000, mais ne dépassa
jamais ce chiffre. — Le grand état-major général accuse 243,171 hommes au 1er août 1870.

» L'organisation matérielle était incomplète, les
commandants de corps d'armée n'avaient encore connaissance d'aucun plan de campagne. Nous savions
seulement que nous allions nous trouver en présence
de forces allemandes d'environ 250,000 hommes pouvant en très peu de temps être portées au double. » .

On lit dans *les Forteresses françaises pendant la
guerre de 1870*, par le lieutenant-colonel Prévost, un
témoignage non moins terrible :

« Lorsqu'on eut déclaré la guerre à la Prusse,
aucune des villes voisines de la frontière allemande
ne possédait l'armement convenable, surtout, en fait
d'affûts ; les pièces rayées, les canons nouveaux y
étaient rares ; il en était de même pour les munitions
et les vivres, les approvisionnements de toutes sortes. »

On trouve dans les ouvrages du général de Palikao
cette lettre d'un officier général.

« Dès mon arrivée à Strasbourg (il y a environ douze
jours), j'ai été frappé de l'insuffisance de l'administration et de l'artillerie. Vous aurez peine à croire qu'à
Strasbourg dans ce grand arsenal de l'Est, il a été impossible de trouver des aiguilles, des rondelles et des
têtes mobiles pour nos fusils.

» La première chose que nous disaient les commandants de batteries de mitrailleuses, c'est qu'il faudrait ménager les munitions parce qu'il n'y en avait
pas.

» En effet, à la bataille du 7, les batteries de mitrailleuses et autres ont quitté pendant longtemps le champ

de bataille pour aller chercher de nouvelles provisions au parc de réserve, lequel était lui-même assez pauvre.

» Le 6, l'ordre ayant été donné de faire sauter un pont, il ne s'est pas trouvé de poudre de mine, dans tout le corps d'armée ni au génie, ni à l'artillerie.

Les Prussiens entrèrent en France à la fois par Nancy, Toul et Lunéville.

Frédéric marchait sur Paris à la poursuite de Mac-Mahon, qui simple et têtu, invoquait Notre-Dame d'Auray; ou peut-être, de concert avec Eugénie, qui appelait *sa guerre* cette désastreuse suite de défaites, implorait quelque madone andalouse.

Le jeune Bonaparte, que nous appelions le petit Badingue, et que les vieilles culottes de peau nommaient par avance Napoléon IV, ramassait niaisement des balles dans les champs, après la bataille, à l'âge où tant d'héroïques enfants, combattirent comme des hommes, aux jours de mai.

Le grotesque se mêlait à l'horrible.

## VII

### L'AFFAIRE DE LA VILLETTE. — SEDAN

> Nous disions : En avant, Vive la République!
> Tout Paris répondra. Tout Paris soulevé,
> Tout Paris sublime, héroïque,
> Dans son sang généreux de l'empire lavé.
>   La grande ville fut muette,
> Chaque volet fut clos et la rue est déserte.
> Et vous avec fureur on criait : Au Prussien !
>                         L. M.

La République seule pouvait délivrer la France de l'invasion, la laver des vingt ans d'empire qu'elle avait subis, ouvrir toutes grandes les portes de l'avenir fermées par des monceaux de cadavres.

Dans Montmartre, Belleville, au quartier Latin, les esprits révolutionnaires et par dessus tous les autres les Blanquistes, criaient aux armes.

On savait l'écrasement dont le gouvernement n'avouait qu'une seule chose : la charge des cuirassiers.

On savait que quatre mille cadavres, et le reste prisonnier, c'était tout ce qui restait du corps d'armée de Frossard.

On savait les Prussiens établis en France. — Mais plus terrible était la situation, plus grands étaient les courages. La République fermerait les plaies, grandirait les âmes.

La République ! ce n'était point assez de vivre pour elle, on y voulait mourir.

C'est dans ces aspirations que le 14 août 70 eut lieu l'affaire de la Villette.

Les Blanquistes surtout croyaient pouvoir proclamer la République avant que l'empire vermoulu s'écroulât de lui-même.

Pour cela, il fallait des armes, et, comme on n'en avait pas assez, on voulut commencer par prendre la caserne des pompiers, boulevard de la Villette, au 141, je crois, dont on aurait pris les armes.

Un pompier, a-t-on dit, avait été tué ; il n'était que blessé et l'a fait connaître lui-même depuis. Le poste était nombreux, bien armé. La police, prévenue on ne sait comment, tomba sur les révolutionnaires. Ceux de Montmartre, arrivés tard, virent sur le boulevard désert, dont les volets s'étaient fermés avec bruit, la voiture dans laquelle avaient été jetés Eudes et Brideau, prisonniers, entourée de mouchards et d'imbéciles qui criaient : aux Prussiens !

Tout était fini pour cette fois encore, mais l'occasion reviendrait.

Le 16 août, une sorte d'avantage remporté par Bazaine à Borny, et grandi à dessein par le gouvernement afin de le brandir devant la crédulité populaire, semblait retarder encore la marche de l'armée française.

Les combats de Gravelotte, Rézonville, Vionville, Mars-la-Tour, furent les derniers avant la jonction des deux armées prussiennes qui entourèrent d'un demi-cercle l'armée française.

Bientôt le cercle allait se fermer. Le gouvernement continuait à annoncer des victoires.

Ces bruits de victoires rendirent plus facile la condamnation à mort d'Eudes et de Brideau.

Certains radicaux, eux-mêmes, appelèrent bandits les héros de la Villette. Gambetta avait tout d'abord proposé contre eux l'exécution immédiate et sans jugement !

Le complot de la Villette fut pendant quelque temps, à l'ordre du jour de la terreur bourgeoise.

Les révolutionnaires, cependant, n'étaient pas les seuls à juger la situation et les hommes à leur juste valeur.

Il y avait dans l'armée même quelques officiers républicains. L'un d'eux, Nathaniel Rossel, écrivait à son père (en ce même 14 août où l'on tenta de proclamer la République, à Paris) la lettre suivante, conservée dans ses papiers posthumes :

« J'ai eu, depuis le début de la guerre, des aventures étranges et assez nombreuses ; mais un trait particulier qui t'étonnera, c'est que je n'ai jamais été envoyé au feu ; j'y suis allé quelquefois, mais pour mon seul agrément, et j'ai couru peu de dangers.

» A Metz, je n'ai pas tardé à reconnaître l'incapacité de nos chefs, généraux et états-majors ; incapacité sans remède confessée par toute l'armée, et comme j'ai l'habitude de pousser les déductions jusqu'au bout, je rêvais, avant même le 14, aux moyens d'expulser toute cette clique.

» J'en avais imaginé pour cela qui ne seraient pas

impraticables. Je me rappelle que le soir, avec mon camarade X, esprit généreux et résolu qui était tout à fait gagné à mes idées, nous nous promenions devant ces hôtels bruyants de la rue des Clercs, remplis à toute heure de chevaux, de voitures, d'intendants couverts de galons et de tout le tumulte d'un état-major insolent et viveur. Nous examinions les entrées, comment étaient placées les portes et comment, avec cinquante hommes résolus, on pouvait enlever ces gaillards-là, et nous cherchions ces cinquante hommes et nous n'en avons pas trouvé dix.

» Le 14 août, vers le soir, nous vîmes du haut des remparts de Serpenoise l'horizon depuis Saint-Julien jusqu'à Queuleu illuminé des feux de la bataille. Le 16, l'armée avait passé la Moselle et trouvait l'ennemi devant elle. Aussitôt que je fus débarrassé de mon service, les convois de blessés qui arrivaient annonçaient une grande bataille. Je courus à cheval par Moulins et Chatel jusqu'au plateau de Gravelotte où j'assistai à une partie de l'action à côté d'une batterie de mitrailleuses magnifiquement commandée.

» (J'ai revu une fois depuis, le jour de la capitulation, le capitaine de cette batterie.) Le 18, j'allai encore le soir voir la bataille et je rencontrai le général Grenier ; il en revenait ayant perdu sa division qui se débandait tranquillement, ayant combattu sept heures sans être relevé. Le lendemain, le blocus fut complété.

» Je n'en continuai pas moins à chercher des ennemis à ces ineptes généraux.

» Le 31 août et le 1er septembre, ils essayèrent de livrer une bataille et ne savaient même pas engager leurs troupes.

» Le malheureux Lebœuf chercha, dit-on, à se faire tuer et réussit seulement à faire tuer sottement beaucoup de braves gens.

» J'allai le soir du 31 voir la bataille au fort de Saint-Julien et le lendemain 1ᵉʳ septembre, à la queue du champ de bataille, j'y rencontrai en particulier Saillard, devenu chef d'escadron, qui attendait avec deux batteries le moment de s'engager.

» J'ai rarement éprouvé un plus grand serrement de cœur, qu'en voyant les dernières chances qui nous restaient aussi honteusement abandonnées, car chaque fois qu'on se battait je reprenais confiance. »

(Papiers posthumes de Rossel recueillis par Jules Amigues.)

N'était-ce pas une chose étrange que ces hommes inconnus les uns aux autres songeant *à la fois* à la même heure néfaste, où les despotes achevaient leur œuvre — les uns à proclamer la République libératrice, les autres, à débarrasser l'armée des états-majors insolents et viveurs de l'Empire.

Tandis que les victoires par dépêches continuaient, sonnaient leurs trompes sur toutes les défaites, on eût exécuté Eudes et Brideau sans les retards apportés à cette exécution par une lettre de Michelet couverte de milliers de signatures protestant contre cette criminelle mesure.

Un tel vent d'effroi passait sur Paris pendant cette dernière phase de l'agonie impériale que plusieurs de ceux qui avaient d'abord, avec enthousiasme donné leur signature, venaient la redemander (il y allait, disaient-ils, de leur tête !)

Comme il y allait surtout de la tête de nos amis Eudes et Brideau, j'avoue pour ma part n'avoir voulu rendre aucune de ces signatures sur les listes qui m'étaient confiées.

Nous fûmes chargées, Adèle Esquiros, André Leo et moi, de porter le volumineux dossier chez le gouverneur de Paris. — C'était le général Trochu.

Ce n'était pas chose facile d'y parvenir, mais on

4

avait eu raison de compter sur l'audace féminine.

Plus on nous disait qu'il était impossible de pénétrer chez le gouverneur, plus nous avancions.

Nous parvînmes à entrer d'assaut dans une sorte d'antichambre entourée de banquettes appuyées contre les murs.

Au milieu, une petite table couverte de papiers — là attendaient d'ordinaire ceux qui voulaient voir le gouverneur; — nous étions seules.

On espérait nous chasser poliment, mais après nous être assises sur une des banquettes, nous déclarâmes que nous venions de la part du peuple de Paris pour remettre en mains propres au général Trochu des papiers dont il fallait qu'il eût connaissance.

Ces mots de la part du peuple firent un peu réfléchir, on n'osait pas nous jeter dehors et la douceur fut employée pour nous faire déposer notre dossier sur la table, cela fut impossible à obtenir de nous.

L'un de ceux qui étaient là se détacha alors et revint avec un individu qu'on nous dit être le secrétaire de Trochu.

Celui-ci entra en pourparlers avec nous, dit que Trochu étant absent, il avait l'ordre de recevoir à sa place ce qui était adressé au général ; — il voulut bien consigner sur un registre le dépôt du dossier que nous lui remîmes, après des preuves que nous n'étions pas trompées.

Ce secrétaire ne semblait pas hostile à ce que nous demandions et il trouva naturelles les précautions prises par nous.

Le temps pressait, et malgré l'assurance du secrétaire que le gouverneur de Paris avait un grand respect pour la volonté populaire nous vivions en continuelles craintes d'apprendre l'exécution faite tout à coup, dans quelque accès de délire impérialiste.

Une armée allemande descendant la Meuse, les Français se replièrent sur Sedan.

On lit à ce propos dans le rapport officiel du général Ducrot, — celui qui ne devait rentrer que mort ou victorieux, mais ne fut ni l'un ni l'autre : « Cette place de Sedan avait son importance stratégique puisque, se ralliant à tous par Mézières et l'embranchement d'Huson, elle était l'unique moyen de ravitaillement d'une armée opérant par le nord sur Metz, était à peine à l'abri d'un coup de main ; ni vivres ni munitions, ni approvisionnements d'aucune sorte ; — quelques pièces avaient trente coups à tirer, d'autres six, mais la plupart manquaient d'écouvillons. »

Le 1er septembre, les Français furent enveloppés et broyés comme en un creuset par l'artillerie allemande qui occupait les hauteurs.

Deux généraux tombèrent : Treillard tué, Margueritte mortellement blessé.

Baufremont alors, sur l'ordre de Ducrot, entraîna toutes les divisions contre l'armée prussienne.

Il y avait le 1er hussards et le 6e chasseurs, brigade Tillard,

Les 1er, 2e et 4e chasseurs d'Afrique, brigade Margueritte.

Ce fut horrible et beau ; c'est ce qu'on appelle la charge de Sedan.

L'impression en fut si grande que le vieux Guillaume s'écria : O les braves gens !

La boucherie fut telle, que la ville et les champs environnants étaient couverts de cadavres.

A ce lac de sang les empereurs de France et d'Allemagne eussent pu largement étancher leur soif.

Le 2 septembre, dans la brume du soir, l'armée victorieuse debout sur les hauteurs chanta un cantique d'actions de grâces au dieu des armées, qu'invoquaient également Bonaparte et Trochu.

Les mélodieuses voix allemandes, toutes pleines de rêve, planèrent inconscientes sur le sang versé.

Napoléon III ne voulut pas des chances du désespoir, il se rendit et avec lui plus de quatre-vingt mille hommes, les armes, les drapeaux, cent mille chevaux, 650 pièces de canon.

L'Empire était fini et si profondément enseveli, que rien jamais n'en peut revenir.

L'homme de décembre aboutissant à l'homme de Sedan entraînait avec lui toute la dynastie.

C'en est fait désormais, on ne pourra jamais remuer que la cendre de la légende impériale.

Il semble, sur le vallon de Sedan, voir pareille à un vol de fantômes passer la fête impériale menée avec les dieux d'Offenbach par l'orchestre railleur de la *Belle Hélène*; tandis que spectral monte l'océan des morts.

On a depuis attribué à Gallifet ce que fit Baufremont, pour diminuer l'inoubliable horreur de l'égorgement de Paris; nous savons que Gallifet était à Sedan puisqu'il y ramassa le chapeau à plumes blanches de Margueritte, cela ne fait absolument rien, au sang dont il est couvert, et qui ne s'effacera jamais.

Les prisonniers de Sedan furent conduits en Allemagne.

Six mois après, la commission d'assainissement des champs de bataille fit déblayer les fossés dans lesquels à la hâte, les morts avaient été entassés. On versa sur eux de la poix et à l'aide de bois de mélèze on alluma un bûcher.

Sur les débris, pour que tout fût consumé, on jeta de la chaux vive.

Elle fut, ces années-là, la chaux vive, une terrible mangeuse d'hommes.

FIN DE LA PREMIÈRE PARTIE

# DEUXIÈME PARTIE

## RÉPUBLIQUE DU 4 SEPTEMBRE

---

### I

#### LE 4 SEPTEMBRE

> Amis, sous l'Empire maudit
> Que la République était belle !
> (L. M. *Chanson des Geôles.*

A travers l'effroi qu'inspirait l'Empire, l'idée qu'il était à sa fin se répandait dans Paris, et nous, enthousiastes, nous rêvions la révolution sociale dans la plus haute acception d'idées qu'il fût possible.

Les anciens braillards à « Berlin », tout en soutenant encore que l'armée française était partout victorieuse, laissaient échapper de lâches tendances vers la reddition, qu'on leur faisait rentrer dans la gorge, en disant, que Paris mourrait plutôt que de se rendre, et qu'on jetterait à la Seine ceux qui en répandraient l'idée ; ils allaient ramper ailleurs.

Le 2 septembre au soir, des bruits de victoires venant de source suspecte, c'est-à-dire du gouvernement, nous firent penser que tout était perdu.

Une foule houleuse emplit les rues tout le jour, la nuit, elle augmenta encore.

Le 3 il y eut séance de nuit au corps législatif, sur la demande de Palikao, qui avouait des dépêches graves.

4.

La place de la Concorde était pleine de groupes ;
d'autres suivaient les boulevards, parlant gravement
entre eux : il y avait de l'anxiété dans l'air.

Dès le matin, un jeune homme qui l'un des premiers
avait lu l'affiche du gouvernement la racontait avec
des gestes de stupeur ; il fut immédiatement entouré
de gens qui criaient aux Prussiens, et conduit au poste
de Bonne-Nouvelle où un agent se jetant sur lui le
blessa mortellement.

Un autre, affirmant qu'il venait de lire le désastre
sur l'affiche, allait être assommé sur place, quand un
des assaillants, qui, celui-là, était de bonne foi, levant
par hasard les yeux, aperçut la proclamation suivante
que tout Paris lisait en ce moment avec stupeur.

« LE CONSEIL DES MINISTRES AU PEUPLE FRANÇAIS.

» Un grand malheur a frappé la patrie. Après trois
jours d'une lutte héroïque soutenue par l'armée du
maréchal Mac-Mahon, contre trois cent mille ennemis,
quarante mille homme ont été faits prisonniers !

» Le général Wimpfen qui avait pris le commandement de l'armée en remplacement du maréchal Mac-
Mahon, *gravement blessé*, a signé une capitulation : ce
cruel revers n'ébranle pas notre courage.

» Paris est aujourd'hui en état de défense, les forces
militaires du pays s'organisent ; avant peu de jours,
une armée nouvelle sera sous les murs de Paris.

» Une autre armée se forme sur les rives de la
Loire.

» Votre patriotisme, votre union, votre énergie,
sauveront la France.

» L'Empereur a été fait prisonnier pendant la
lutte.

» Le gouvernement, d'accord avec les pouvoirs publics prend toutes les mesures que comporte la gravité
des événements.

» *Le Conseil des Ministres,*

» Comte de PALIKAO, Henri CHEVREAU, Amiral
RIGAULT DE GENOUILLY, Jules BRAME, LATOUR-
D'AUVERGNE, GRANDPERRET, Clément DUVERNOIS,
MAGNE, BUSSON, BILLOT, Jérôme DAVID. »

Quelque habile que fût cette proclamation, l'idée
ne vint à personne que l'Empire pouvait survivre à la
reddition d'une armée avec ses canons, ses armes, son
équipement, de quoi lutter et vaincre.

Paris ne s'attarda pas à s'inquiéter de Napoléon III,
la République existait avant d'être proclamée.

Et plus haut que la défaite dont la honte était à
l'Empire, l'évocation de la République mettait une .
lueur sur tous les visages, l'avenir s'ouvrait dans une
gloire.

Une mer humaine emplissait la place de la Concorde.

Au fond étaient en ordre de bataille les derniers
défenseurs de l'Empire, gardes municipaux et sergents
de ville se croyant obligés d'obéir à la discipline du
coup d'Etat, mais on savait bien qu'ils ne pourraient
le réveiller d'entre les morts.

Vers midi, arrivèrent, par la rue Royale, des gardes
nationaux armés.

Devant eux, les municipaux sabre au clair se formèrent en bataillon serré; — ils se replièrent avec les
sergents de ville quand les gardes nationaux s'avan-
cèrent baïonnette au canon.

Alors il y eut un grand cri dans la foule, une
clameur monta jusqu'au ciel comme semée dans le
vent :

Vive la République !

Les sergents de ville et les municipaux entouraient
le corps législatif, mais la foule envahissante, allait
jusqu'aux grilles criant : Vive la République !

La République! c'était comme une vision de rêve! Elle allait donc venir?

Les sabres des sergents de ville volent en l'air, les grilles sont brisées, la foule et les gardes nationaux entrent au corps législatif.

Le bruit des discussions se répand jusqu'au dehors, coupé de temps à autre par le cri : Vive la République! Ceux qui sont entrés jettent par les fenêtres, des papiers sur lesquels sont les noms proposé des membres du gouvernement provisoire.

La foule chante la *Marseillaise*. Mais l'Empire l'a profanée, nous, les révoltés, nous ne la disons plus.

La chanson du *Bonhomme* passe coupant l'air avec ses refrains vibrants :

> Bonhomme, bonhomme
> Aiguise bien ta faux !

nous sentons que nous-mêmes sommes la révolte et nous la voulons.

On continue de passer des noms ; à certains, tels que Ferry, il y a des murmures, d'autres disent : Qu'importe! puisqu'on a la République on changera ceux qui ne valent rien. — Ce sont les gouvernants qui font les listes. Sur la dernière, il y a : Arago, Crémieux, Jules Favre, Jules Ferry, Gambetta, Garnier-Pagès, Glais-Bizoin, Eugène Pelletan, Ernest Picard, Jules Simon, Trochu, gouverneur de Paris.

La foule crie : Rochefort! On le met sur la liste; c'est la foule qui commande maintenant.

Une nouvelle clameur s'élève à l'hôtel de ville! C'était déjà beau devant le corps législatif, c'est bien plus beau dehors! La foule roule vers l'hôtel de ville; elle est dans ses jours de splendeur.

Le gouvernement provisoire est déjà là; un seul a l'écharpe rouge, Rochefort, qui sort de prison.

Encore des cris : Vive la République !

On respire la délivrance ! pense-t-on.

Rochefort, Eudes, Brideau, quatre malheureux qui grâce aux faux rapports des agents avaient été condamnés pour l'affaire de la Villette (dont ils ne savaient rien), les condamnés du procès de Blois, et quelques autres que poursuivait l'Empire, étaient rendus à la liberté.

Le 5 septembre, Blanqui, Flotte, Rigaud, Th. Ferré, Breullé, Granger, Verlet (Henri Place), Ranvier, et tous les autres attendaient à leur sortie Eudes et Brideau, dont Eugène Pelletan était allé signer la levée d'écrou à la prison du Cherche-Midi.

On croyait qu'avec la République on aurait la victoire et la liberté.

Qui eût parlé de se rendre eût été broyé.

Paris dressait sous le soleil de septembre quinze forts, pareils à des navires de guerre, montés par de hardis marins ; quelle armée d'invasion oserait les prendre à l'abordage.

Du reste, au lieu d'un long siège à subir, il y aurait des sorties en masse ; ce n'était plus Badingue, c'était la République.

> La république universelle
> Se lève dans les cieux ardents,
> Couvrant les peuples de son aile
> Comme une mère ses enfants.
>
> A l'orient blanchit l'aurore !
> L'aurore du siècle géant,
> Debout ! pourquoi dormir encore !
> Debout, Peuple, sois fort et grand !

Le gouvernement jurait qu'on ne se rendrait jamais.

Toutes les bonnes volontés s'offraient dévouées jusqu'à la mort ; on eût voulu avoir mille existences pour les offrir.

Les révolutionnaires étaient partout, se multipliaient ;

on se sentait une puissance de vie énorme, il semblait qu'on fût la révolution même.

On allait *Marseillaise* vivante, remplaçant celle que l'Empire avait profanée.

Cela ne durera pas, disait le vieux Miot, qui se souvenait de 48.

Un jour, sur la porte de l'hôtel de ville, Jules Favre nous serra trois dans ses grands bras, Rigaud, Ferré et moi, en nous appelant ses chers enfants.

Pour ma part je le connaissais depuis longtemps; il avait été, comme Eugène Pelletan, président de la société pour l'instruction élémentaire, et rue Hautefeuille où avaient lieu les cours, on criait vive la République bien avant la fin de l'Empire.

Je songeais à cela pendant les jours de mai à Satory, devant la mare sanglante où les vainqueurs lavaient leurs mains, seule eau qui fut donnée à boire aux prisonniers, couchés dans la pluie, dans la boue sanglante de la cour.

## II

### LA RÉFORME NATIONALE

> Amis, l'on a la République.
> Le sombre passé va finir.
> Debout tous, c'est l'heure héroïque,
> Fort est celui qui sait mourir.
>
> (L. M. *Respublica*.)

Etait-ce donc le pouvoir qui changeait ainsi les hommes de septembre?

Eux que nous avons vus fiers devant l'Empire étaient pris d'épouvante de la révolution.

Devant le gouffre à franchir ils refusaient de prendre leur élan, ils promettaient, juraient, contemplaient la situation, et y voulaient rester éternellement renfermés.

Avec d'autres sentiments nous aussi, nous nous rendions compte.

Guillaume approchait, tant mieux! Paris en sortie torrentielle écraserait l'invasion! Les armées de province se rejoindraient, n'avait-on pas la République?

Et la paix reconquise, elle ne serait pas la République guerroyeuse, agressive aux autres peuples, l'Internationale remplirait le monde sous la brûlante poussée du germinal social.

Et dans la conviction profonde du devoir on demandait des armes que le gouvernement refusait. Peut-être craignait-il d'armer les révolutionnaires ; peut-être en manquait-il réellement ; on avait des promesses, c'était tout. Les Prussiens continuaient d'avancer, ils étaient au point où le chemin de fer cessait de fonctionner pour Paris ; plus près, toujours plus près.

Mais en même temps que les journaux publiaient la marche des Prussiens, une note officielle donnant le chiffre des approvisionnements rassurait la foule.

Dans les parcs, le Luxembourg, le Bois de Boulogne 200,000 moutons, 40,000 bœufs, 12,000 porcs entassés mouraient de faim et de tristesse, les pauvres bêtes! mais donnaient une espérance visible aux yeux de ceux qui s'inquiétaient.

La provision de farine réunie à celles des boulangers était de plus de 500,000 quintaux, il y en avait environ cent mille de riz, dix mille de café, trente à quarante mille de viandes salées, sans compter l'énorme quantité de denrées que faisaient venir les spéculateurs comptant au centuple le prix, qui en cas désespéré eussent certainement passé avec les autres provisions pour la vie générale.

Les gares, les halles, tous les monuments étaient remplis.

Au nouvel Opéra dont le gros œuvre était achevé, l'architecte Garnier fit forer la couche de béton sur

laquelle reposaient les fondations, un courant qui descend de Montmartre s'en échappa : on aurait de l'eau.

Mieux eût valu que tout manquât, le provisoire à ses premiers jours, n'eût pas entravé l'élan héroïque de Paris; on aurait pu vaincre encore l'invasion.

Quelques maires marchaient d'accord avec la population de Paris; Malon aux Batignolles, Clémenceau à Montmartre furent ouvertement révolutionnaires.

La mairie de Montmartre avec Jaclard, Dereure, Lafont pour adjoints de Clemenceau, fit par instants trembler la réaction.

Elle se rassura bientôt; les plus fiers courages devenaient inutiles dans les vieux engrenages de l'Empire où sous des noms nouveaux on continuait à moudre les déshérités.

Les Prussiens gagnaient du terrain; le 18 septembre ils étaient sous les forts, le 19 ils s'établissaient au plateau de Châtillon. Mais plutôt que de se rendre, Paris s'allumerait comme jadis Moscou.

Des bruits de trahison du gouvernement commençaient à circuler, il n'était qu'incapable. Le pouvoir faisait son œuvre éternelle, il la fera tant que la force soutiendra le privilège.

Le moment était venu où si les gouvernants eussent tourné contre les révolutionnaires les gueules des canons, ils n'en eussent été nullement étonnés.

Mais plus la situation empirait, plus grandissait l'ardeur de la lutte.

L'élan était si général, que tous sentaient le besoin d'en finir.

Le *Siècle* lui-même, publia le 5 septembre un article intitulé *Appel aux audacieux*, et commençant ainsi :

« A nous les audacieux. Dans les circonstances difficiles, il faut l'intelligence prompte et les hardiesses inconnues.

» A nous les jeunes. Les téméraires, les audacieux

indisciplinés deviennent nos hommes. L'idée et l'action doivent être libres. Ne vous gênez plus, ne réglementez plus, débarrassez-vous une bonne fois des vieux colliers et des vieilles cordes : c'est le conseil que donnait l'autre jour notre ami Joigneaux et ce conseil-là c'est le salut. »

(Le *Sièc'e* du 7 septembre 1870.)

Ils vinrent en foule les audacieux, on n'avait pas besoin de les appeler, c'était la République ! Bientôt le lent fonctionnement des administrations, les mêmes que sous l'Empire, eut tout paralysé.

Rien n'était changé puisque tous les rouages n'avaient que pris des noms nouveaux, ils avaient un masque, c'était tout.

Les munitions falsifiées, les fournitures par écrit, le manque de tout ce qui était de première nécessité pour le combat, le gain scandaleux des fournisseurs, l'armement insuffisant ne faisaient aucun doute : c'était la même chose.

De l'aveu du Ministre de la guerre, le seul bataillon complètement armé était celui des employés des ministères.

« Ne me parlez pas de cette stupidité », disait le général Guyard en parlant de ceux se chargeant par la culasse.

Il est vrai que les plus mauvais eussent été bons employés dans l'élan du désespoir par des hommes décidés à reconquérir leur liberté.

Félix Pyat, trop soupçonneux (mais payé pour l'être) et les échappés de juin et de décembre, revoyaient les jours qu'ils avaient vécus déjà ; les révolutionnaires, espérant se passer pour vaincre du gouvernement, s'adressaient surtout au peuple de Paris dans les comités de vigilance et les clubs.

Strasbourg investie le 13 août, ne s'était pas encore rendue le 18 septembre. Comme on était ce jour-là

5

dans Paris plus angoissé, sentant l'agonie de Strasbourg qui, blessée, bombardée de toutes parts, ne
voulait pas mourir, l'idée nous vint à quelques-uns,
plutôt quelques-unes, car nous étions en majorité des
femmes, d'obtenir des armes et de partir à travers tout
pour aider Strasbourg à se défendre ou mourir avec elle.

Notre petit groupe prit la direction de l'Hôtel-de-
Ville en criant : « A Strasbourg, à Strasbourg ! des
volontaires pour Strasbourg ! »

A chaque pas venaient de nouveaux manifestants,
les femmes et les jeunes gens, la plupart étudiants
dominaient.

Il y eut bientôt une masse considérable.

Sur les genoux de la statue de Strasbourg était
ouvert un livre, nous y allâmes signer notre engagement volontaire.

De là, en silence on se dirigea vers l'Hôtel-de-Ville ;
nous étions toute une petite armée.

Bon nombre d'institutrices étaient venues; il y en
avait de la rue du Faubourg-du-Temple que j'ai revues
depuis, j'y rencontrai pour la première fois madame
Vincent qui peut-être garda de cette manifestation
l'idée de groupements féminins.

On nous délégua, André Leo et moi, pour réclamer
des armes.

A notre grand étonnement on nous reçut sans difficulté et nous regardions la demande comme accueillie,
quand ayant été conduites dans une vaste salle où il
n'y avait que des banquettes, on ferma la porte sur
nous.

Il y avait déjà deux prisonniers, un étudiant appartenant à la manifestation et qui se nommait, je crois,
Senart, et une vieille femme qui ayant traversé la
place en tenant la burette d'huile qu'elle venait d'acheter, avait été arrêtée elle ne savait pourquoi et ceux
qui l'avaient prise n'en savaient pas davantage. Elle

tremblait si fort que l'huile tombait tout autour d'elle
et arrosait sa robe.

Au bout de trois ou quatre heures, un colonel vint
nous interroger, mais nous ne voulûmes rien répondre
avant que la pauvre vieille eût été mise en liberté ; sa
frayeur et la burette d'huile vacillant dans ses mains,
témoignaient assez qu'elle n'avait pas manifesté.

On finit par se comprendre, elle sortit tremblant sur
ses jambes, essayant de ne pas laisser tomber sa burette dont l'huile continuait à se répandre.

Alors on procéda à notre interrogatoire, et comme
nous saisissions l'occasion pour exposer notre demande
d'armes pour notre bataillon de volontaires, l'officier
qui ne paraissait pas comprendre s'écria stupidement :
« Qu'est-ce que cela vous fait que Strasbourg périsse
puisque vous n'y êtes pas ! »

C'était un gros homme, de figure régulière et bête,
carré des épaules, bien campé, un exemplaire doré
sur tranches du grade de colonel.

Il n'y avait rien à répondre qu'à le regarder en face.

Comme je disais tout haut le numéro de son képi, il
comprit peut-être ce qu'il venait de dire et s'en alla.

Quelques heures plus tard, un membre du gouvernement arrivant à l'Hôtel-de-Ville nous fit mettre en
liberté l'étudiant, André Leo et moi.

Moitié par la force, moitié avec des mensonges, la
manifestation avait été dispersée.

Ce jour-là même Strasbourg succombait.

On parlait beaucoup de l'armée de la Loire, —
Guillaume, disait-on, se trouverait pris entre cette
armée et une formidable sortie des Parisiens.

La confiance au gouvernement diminuait de jour en
jour ; on le jugeait incapable, comme tout gouvernement, du reste, mais on comptait sur l'élan de Paris.

En attendant, chacun trouvait du temps pour s'exercer au tir dans les baraques ; j'y étais pour ma part

devenue assez forte, ce que nous avons pu constater
plus tard aux compagnies de marche de la Commune.

Paris voulant se défendre veillait lui-même.

Le conseil fédéral de l'Internationale siégeait à la
Corderie du Temple; là se réunissaient les délégués
des clubs; ainsi fut formé le comité central des vingt
arrondissements, qui à son tour créa dans chaque
arrondissement des comités de vigilance formés d'ardents révolutionnaires.

Un des premiers actes du comité central fut d'exposer au gouvernement la volonté de Paris; elle était
exprimée en peu de mots sur une affiche rouge qui fut
déchirée dans le centre de Paris, par les gens de l'ordre, acclamée dans les faubourgs, et bêtement attribuée par le gouvernement à des agents prussiens;
c'était chez eux une obsession. Voici cette affiche :

### LA LEVÉE EN MASSE !
### L'ACCÉLÉRATION DE L'ARMEMENT !
### LE RATIONNEMENT!

Les signataires étaient Avrial, Beslay, Briosne, Cha-
lain, Combault, Camélinat, Chardon, Demay, Duval,
Dereure, Frankel, Th. Ferré, Flourens, Johannard,
Jaclard, Lefrançais, Langevin, Longuet, Malon, Oudet,
Pottier, Pindy, Ranvier, Régère, Rigaud, Serrailler,
Tridon, Theisz, Trinquet, Vaillant, Varlin, Vallès.

En réponse à l'affiche qui bien réellement était la
volonté de Paris, des bruits de victoire se répandirent
comme sous l'Empire, annonçant la prochaine arrivée
de l'armée de la Loire.

Ce n'était pas l'armée de la Loire qui arrivait, mais
la nouvelle de la défaite du Bourget et de la reddition
de Metz par le maréchal Bazaine, livrant à l'ennemi
une place de guerre que nul avant n'avait pu prendre,
les forts, les munitions, cent mille hommes, laissant
sans défense le Nord et l'Est.

Le 4 septembre, lorsque André Leo et moi nous parcourions Paris, une dame nous ayant invitées à monter dans sa voiture, nous raconta que l'armée était à bout de vivres, de munitions, de tout, répondant d'avance à l'accusation qui devait être formulée après la prise de Metz, assurant que Bazaine ne trahirait jamais. C'était sa sœur.

Peut-être fut-il plus lâche que traître, le résultat est identique.

Le journal *le Combat*, de Félix Pyat, le 27 octobre, annonçait la reddition de Metz. La nouvelle, disait-il, venait de source certaine; en effet, elle venait de Rochefort, qui imposé par la foule au gouvernement, le 4 septembre, ne pouvait sans trahir garder le silence et l'avait dit à Flourens, commandant des bataillons de Belleville. Celui-ci le transmit à Félix Pyat, qui le publia dans le *Combat*.

Aussitôt, la nouvelle fut démentie et les presses du *Combat* brisées par les gens de l'ordre, mais chaque instant apportait des preuves nouvelles. Pelletan non plus n'avait pas gardé le silence sur la reddition de Metz.

Les autres membres de la défense nationale hypnotisés par leur mauvais génie, le nain Foutriquet qui rentrait dans Paris après avoir préparé la reddition chez tous les souverains de l'Europe, continuaient à nier, affolés entre la défaite et la marée populaire.

Une note parut dans le *Journal Officiel*, annonçant presque qu'il était question de livrer Félix Pyat à une cour martiale.

Voici cette note datée du 28 octobre 1870 :

« Le gouvernement a tenu à honneur de respecter la liberté de la presse. Malgré les inconvénients qu'elle peut quelquefois présenter dans une ville assiégée, il aurait pu, au nom du salut public, la supprimer ou la restreindre ; il a mieux aimé en référer à l'opinion

publique qui est sa vraie force. C'est à elle qu'il dé_
nonce les lignes odieuses qui suivent et qui sont écrites
dans le journal *le Combat*, dirigé par M. Félix Pyat.

» La reddition de Bazaine, fait vrai, sûr et certain
que le gouvernement de la défense nationale retient
par devers lui comme un secret d'état et que nous
dénonçons à l'indignation de la France comme une
haute trahison.

» Le maréchal Bazaine a envoyé un colonel au roi
de Prusse pour traiter de la reddition de Metz et de la
paix au nom de Sa Majesté l'empereur Napoléon III.
(*Le Combat.*)

» L'auteur de cette infàme calomnie n'a pas osé faire
connaître son nom, il a signé : le *Combat*. C'est à coup
sûr le combat de la Prusse contre la France, car à défaut d'une balle qui aille au cœur du pays, il dirige
contre ceux qui le défendent une double accusation
aussi infàme qu'elle est fausse, il affirme que le gouvernement trompe le public en lui cachant d'importantes
nouvelles et que le glorieux soldat de Metz déshonore
son pays par une trahison.

» Nous donnons à ces deux inventions le démenti le
plus net.

» Dénoncées à un conseil de guerre, elles expose-
raient leur fabricateur au châtiment le plus sévère.
Nous croyons celui de l'opinion le plus efficace ; elle
flétrira comme ils le méritent ces prétendus patriotes
dont le métier est de semer les défiances en face de
l'ennemi et de ruiner par leurs mensonges l'autorité
de ceux qui le combattent.

» Depuis le 17 août aucune dépêche directe du maréchal Bazaine n'a pu franchir les lignes. Mais nous
savons que, loin de songer à la félonie qu'on ne rougit
pas de lui imputer, le maréchal n'a cessé de harceler
l'ennemi par de brillantes sorties.

» Le général Bourbaki a pu s'échapper, et ses relations avec la délégation de Tours, son acceptation d'un commandement important démontrent suffisamment les nouvelles fabriquées que nous livrons à l'indignation de tous les honnêtes gens. »

(*Journal officiel du gouvernement*, 28 octobre 1870.)

Le lendemain 29, la déclaration du gouvernement insérée dans le *Combat* était suivie de cette note :

« C'est le citoyen Flourens qui m'a dénoncé pour le salut du peuple le plan Bazaine et qui m'a dit le tenir directement du citoyen Rochefort, membre du gouvernement provisoire de la défense nationale.

» Félix PYAT. »

(Le *Combat*, 29 octobre 1870.)

Il ne s'agissait plus seulement du plan Trochu, déposé suivant la chanson et suivant l'histoire aussi, chez Mᵉ Duclou, son notaire, mais encore du plan Bazaine lequel consistait à lâcher tout.

Une dépêche officielle affichée à Paris le 29 octobre annonçait avec des précautions infinies la prise du Bourget; — devant le rapport signé Schmidt, les policiers pouvaient entendre les réflexions des Parisiens peu favorables au gouvernement.

Les imbéciles prétendaient que la dépêche était fausse et les gens de l'ordre s'empressaient pour gagner du temps d'appuyer cette opinion insensée. Le 30 au soir, une nouvelle dépêche avouait presque tel qu'il avait été le massacre du Bourget.

Le lendemain matin, on lisait l'affiche suivante :

« M. Thiers est arrivé aujourd'hui à Paris; il s'est transporté sur-le-champ au ministère des affaires étrangères, il a rendu compte au gouvernement de sa mission. — Grâce à la forte impression produite en Europe par la résistance de Paris, quatre grandes puissances neutres, l'Angleterre, la Suisse, l'Autriche et l'Italie se sont ralliées à une idée commune. Elles proposent aux belligérants un armistice qui aurait pour objet la convocation d'une assemblée nationale.

» Il est bien entendu qu'un tel armistice devrait avoir pour conditions le ravitaillement proportionné à sa durée pour le pays tout entier.

> » *Le ministre des affaires étrangères chargé par intérim du ministère de l'intérieur.*
>
> » Jules FAVRE. »

Suivait la nouvelle de la capitulation de Metz et de l'abandon du Bourget.

« Nous ne pouvions, dit Jules Favre, dans son *Histoire de la Défense nationale*, retarder la divulgation des deux premières nouvelles. L'arrivée de M. Thiers ayant été annoncée, il fallait dire au public ce qu'il allait faire à Versailles.

» L'évacuation du Bourget avait été sue à Paris dès le matin du 30 ; le soir, tout le monde à Paris la connaissait. L'hésitation n'était permise que pour Metz ; nous n'avions pas un rapport officiel, mais malheureusement nous ne pouvions douter. Il nous parut que nous n'avions pas le droit de garder le silence. Nous aurions donné raison aux calomnies du journal *le Combat*. Conformément à notre décision, l'*Officiel* du 31 publiait ce qui suit :

« Le gouvernement vient d'apprendre la douloureuse nouvelle de la reddition de Metz. Le maréchal Bazaine et son armée ont dû se rendre après d'héroïques efforts que le manque de vivres et de munitions ne leur permettait plus de continuer ; ils sont prisonniers de guerre.

» Cette cruelle issue d'une lutte de près de trois mois, causera dans toute la France une profonde et pénible émotion, mais elle n'abattra pas notre courage. Pleine de reconnaissance pour les braves soldats, pour la généreuse population qui a combattu pied à pied pour la patrie, la ville de Paris voudra être digne d'eux, elle sera soutenue par leur exemple et par l'espoir de les venger. »

Enfin le rapport militaire annonçait dans les termes suivants le désastre et l'abandon du Bourget.

« 30 octobre, une heure et demie du soir.

» Le Bourget, village en avant de nos lignes, qui avait été occupé par nos troupes a été canonné pendant toute la journée d'hier sans succès pour l'ennemi.

» Ce matin de bonne heure des masses d'infanterie évaluées à plus de dix-huit mille hommes se sont présentées de front avec une nombreuse artillerie, tandis que d'autres colonnes ont tourné le village venant de Dugny et Blanc-Mesnil.

» Certain nombre d'hommes qui étaient dans la partie nord du Bourget ont été coupés du corps principal et sont restés entre les mains de l'ennemi ; on n'en connait pas exactement le nombre ; il sera précis demain.

» Le village de Drancey occupé depuis 24 heures seulement, ne se trouvait plus occupé à sa gauche et le temps a manqué pour le mettre en état respectable de défense.

» L'évacuation en a été ordonnée pour ne pas compromettre les troupes qui s'y trouvaient. Le village du Bourget ne faisait pas partie de notre système général de défense, son occupation était d'une importance bien secondaire et les bruits qui attribuent de la gravité aux incidents qui viennent d'être exposés sont sans gravité. »

L'*Officiel* du 31 octobre, cité par Jules Favre dans le 1er volume de l'*Histoire de la Défense nationale*.

C'est avec ces flots d'eau bénite de cour que fut avouée la catastrophe. Des farouches tribuns qui combattaient l'Empire, plus rien ne restait : ils étaient entrés comme des écureuils dans la loge où avant eux d'autres couraient, tournant inutilement la même roue

5.

que d'autres avaient tournée avant eux, que d'autres tourneront après.

Cette roue-là c'est le pouvoir écrasant éternellement les déshérités.

## III

### LE 31 OCTOBRE

La confiance est morte au fond des cœurs farouches,
Homme, tu mens, soleil, cieux, vous mentez !
Soufflez, vents de la nuit, emportez, emportez
L'honneur et la vertu, cette sombre chimère.

(Victor Hugo.)

Les nouvelles des défaites, l'incroyable mystère dont le gouvernement avait voulu les couvrir, la résolution de ne jamais se rendre et la certitude qu'on le rendait en secret firent l'effet d'un courant glacé précipité dans un volcan en ignition. On respirait du feu, de la fumée ardente.

Paris, qui ne voulait ni se rendre ni être rendu et qui en avait assez des mensonges officiels, se leva.

Alors comme on criait au 4 septembre : Vive la République ! on cria au 31 octobre : Vive la Commune !

Ceux qui le 4 septembre s'étaient dirigés sur la chambre allèrent vers l'Hôtel-de-Ville ; parfois sur le chemin, on rencontrait quelque troupeau moutonnier, racontant que l'armée prussienne avait manqué être coupée en deux ou trois tronçons, je ne sais plus par qui ; ou bien déplorant que les officiers français n'eussent pas connu un petit chemin qui les eût menés droit au cœur de l'ennemi ; d'autres encore ajoutaient : Nous tenons toutes les routes. — Les trois tronçons, c'étaient trois armées allemandes et c'étaient elles qui tenaient toutes les routes.

Quelques gobeurs entraînés par des mouchards con-

tinuaient à hurler devant les affiches du gouvernement
que c'étaient de fausses dépêches fabriquées par Félix Pyat, Rochefort et Flourens pour apporter le trouble et l'émeute devant l'ennemi, ce qui était depuis le
commencement de la guerre, et fut pendant tout le
temps, qu'elle dura, la phrase consacrée pour entraver
la résistance et arrêter tous les généreux élans.

Les courants suivaient la marche vers l'Hôtel-de-Ville.
Venant de tous les côtés, on bousculait les gobeurs et
les mouchards, la mer humaine grossissait.

La garde nationale se massait devant la grille ; des
placards étaient promenés à travers la foule.

PAS D'ARMISTICE
LA COMMUNE
RÉSISTANCE A MORT
VIVE LA RÉPUBLIQUE !

La foule applaudissait et parfois, sentant l'ennemi,
poussait en clameurs formidables le cri : A bas Thiers !
on eût dit qu'elle hurlait à la mort. Beaucoup de ceux
qui avaient été trompés criaient plus fort que les autres : Trahison ! trahison !

De premiers délégués furent éconduits avec les ordi-
naires serments que Paris ne serait jamais rendu.

Trochu essaya de parler, affirmant qu'il ne restait
plus qu'à battre et chasser les Prussiens avec le patriotisme et l'union.

On ne le laissa pas continuer et toujours comme au
4 septembre un seul cri montait jusqu'au ciel : La Commune ! Vive la Commune !

Une poussée énorme précipite les manifestants sur
l'hôtel-de-ville, où les mobiles bretons étaient entassés
dans les escaliers. Lefrançais entre comme un coin au
milieu d'eux et le vieux Beslay faisant monter sur
ses épaules, Lacour de la chambre syndicale des re-

lieurs, le fait passer par une petite fenêtre près de la
grande porte, des volontaires de Tibaldi s'y précipitent, la porte est ouverte et engloutit la foule tant
qu'elle y peut tenir.

Autour de la table, dans la grande salle étaient
Trochu, Jules Favre, Jules Simon, à qui sévèrement
des hommes du peuple demandaient compte de la lâcheté du gouvernement.

Trochu, par phrases interrompues de cris indignés,
expliqua qu'il avait été avantageux pour la France
d'abandonner les places prises la veille par l'armée
allemande, étant donné les circonstances!

L'entêté breton continuait quand même, lorsque tout
à coup il pâlit; on venait de lui passer un papier sur
lequel étaient écrites les volontés populaires.

Déchéance du gouvernement.

La Commune.

Résistance à mort.

Pas d'amnistie.

C'est la fin de la France! dit Trochu profondément
convaincu.

Il comprenait enfin ce que depuis plusieurs heures
on ne cessait de lui répéter, la déchéance du gouvernement de la défense nationale.

A ce moment, Trochu détacha une décoration qu'il
portait et la passa à un officier des mobiles bretons.

— Ceci est un signal! s'écria Cipriani, le compagnon de Flourens.

Se sentant deviné, Trochu regarda autour de lui où
les réactionnaires en grand nombre commençaient à
se glisser, il parut se rassurer.

Les membres du gouvernement se retirèrent pour
délibérer et, sur leur demande, Rochefort consentit à
annoncer la nomination de la Commune, car personne
ne les croyait plus, il se mit à l'une des fenêtres de
l'Hôtel-de-Ville, fit part à la foule de la promesse du

gouvernement, déposa sa démission sur la table et fut emmené par des révolutionnaires à Belleville où, disaient-ils, on le demandait.

Autour de Trochu se rangeaient les Bretons, comme lui, naïfs et têtus, le gardant, ainsi qu'ils auraient fait d'une Notre-Dame dans les landes d'Armorique; ils attendaient ses ordres, mais Trochu n'en donna pas.

Pendant ce temps, quelques membres du gouvernement, escomptant la bonne foi de Flourens et des gardes nationaux, sortirent sous divers prétextes et mirent pour trahir le temps à profit.

Picard faisait battre le rappel et le 106e bataillon de la garde nationale composé entièrement de réactionnaire, vint sous la conduite d'Ibos, dont le courage était digne d'une meilleure cause, se ranger à la grille de l'Hôtel-de-Ville.

Le 106e criant : Vive la Commune! on le laissa entrer.

Bientôt 40,000 hommes entourèrent l'Hôtel-de-Ville et « pour éviter un conflit », dit Jules Ferry, les *conventions étant faites* les compagnies de Flourens devaient se retirer.

Moins naïf que les autres, le capitaine Greffier, avait arrêté Ibos, mais Trochu, Jules Favre et Jules Ferry donnant de nouveau *leur parole* de la *nomination* de la *Commune* promirent en outre que la liberté serait garantie à tous, *quelle que fût l'issue des événements.*

Les membres du gouvernement restés à l'Hôtel-de-Ville se groupèrent dans l'embrasure d'une fenêtre d'où l'on voyait rangés les hommes du 106e bataillon.

Millière à ce moment ayant l'idée d'une trahison probable, voulait faire appel aux gardes nationaux des faubourgs, mais Flourens refusa, disant que c'était une défiance inutile, la parole étant donnée. — Millière se rangeant à son avis, renvoya son bataillon qui était venu se ranger sur la grève.

La foule s'était calmée devant l'affiche qu'on placardait annonçant la nomination de la Commune par voie d'élection; ceux qui confiants rentrèrent chez eux apprirent le lendemain avec stupeur la nouvelle trahison du gouvernement.

Ferry, qui était allé rejoindre Picard, revint à la tête de colonnes nombreuses qui se rangèrent en bataille.

En même temps, par le souterrain qui allait de la caserne Napoléon à l'Hôtel-de-Ville arrivaient de nouveaux renforts de mobiles bretons. — Trochu l'avait dit, ils allaient :

> Monsieur de Charette a dit à ceux de chez nous :
>> Venez tous ;
> Il faut combattre les loups.

Le gaz ayant été éteint pour le guet-apens, les Bretons, baïonnette en avant, se glissaient par le souterrain, tandis que les bataillons de l'ordre conduits par Jules Ferry entraient par la grille.

Blanqui ne se doutant pas qu'on pouvait manquer ainsi à sa parole, fit remettre à Constant Martin l'ordre d'installer à la mairie du 1ᵉʳ arrondissement le docteur Pilot en remplacement du maire Tenaille-Saligny. A la porte de la mairie un soldat croise la baïonnette, Constant Martin relève le fusil et entre avec ses amis. A la salle du conseil, Méline épouvanté va chercher le maire non moins épouvanté ; il remet les sceaux et le coffre-fort aux envoyés de Blanqui. Mais le soir la mairie était reprise. — Flourens était sorti avec le vieux Tamisier entre deux haies de soldats; Blanqui et Millière sortirent également, le gouvernement n'osant pas d'abord montrer son mépris de la parole donnée ; — le soir même du 31 octobre avait lieu à la Bourse une réunion des officiers de la garde nationale à propos des événements des trois derniers jours.

Comme on criait du dehors : Tous les officiers à leurs

postes, un homme tenant une affiche blanche s'élança au bureau, la générale battait dans Paris; l'affiche, c'était le décret de convocation pour le lendemain afin de nommer la Commune!

— Vive la Commune! crièrent les gardes nationaux présents. — Mieux eût valu, dit une voix, la Commune révolutionnaire nommée par la foule.

— Qu'importe! s'écria Rochebrune, pourvu qu'elle laisse Paris se défendre de l'envahissement.

Il émit alors cette idée, la même que Lullier proposait quelques semaines auparavant, que Paris investi n'aurait jamais sur un seul point de l'enceinte, que quelques milliers d'hommes, dont une sortie de deux cent mille pouvait et devait avoir raison.

Des acclamations s'élèvent; on veut nommer Rochebrune général de la garde nationale, mais il s'écrie : — La Commune d'abord!

Alors un nouveau venu s'élance à la tribune, il raconte que le 106e bataillon a délivré le gouvernement, que l'affiche a menti, que la défense nationale a menti, que plus que jamais le plan de Trochu réglait la marche et l'ordre des défaites et que Paris devait plus que jamais veiller lui-même à n'être pas livré. On crie : Vive la Commune!

Un gros homme qui attend on ne sait pourquoi sur la place se mêle aux gardes nationaux et cherche à exprimer son opinion : — Il faut toujours des chefs, dit-il, il faut toujours un gouvernement pour vous mener.

Ce doit être un orateur de la réaction, on a bien autre chose à faire que de l'écouter.

Oui. L'affiche avait menti, le gouvernement avait menti.

Paris ne nommait pas sa Commune.

Tous ceux qui la veille avaient été acclamés étaient décrétés d'accusation : Blanqui, Millière, Flourens,

Jaclard, Vermorel, Félix Pyat, Lefrançais, Eudes, Levrault, Tridon, Ranvier, Razoua, Tibaldi, Goupil, Pillot,
Vesinier, Régère, Cyrille, Maurice Joly, Eugène Cha-
telain.

Quelques-uns déjà étaient prisonniers. Félix Pyat,
Vésinier, Vermorel, Tibaldi, Lefrançais, Goupil, Tridon, Ranvier, Jaclard, Baüer étaient déjà arrêtés; les
prisons s'emplissaient contenant parmi les révolutionnaires bon nombre de pauvres gens arrêtés comme
toujours par méprise, et qui n'avaient rien fait, — ces
tristes figurants ne manquent jamais dans toutes les
révoltes. Quelques-uns y apprennent pourquoi il y a
des révoltés.

L'affaire du 31 octobre fut ainsi libellée par les juges
au service de la défense nationale.

Un attentat, dont le but était d'exciter à la guerre
civile en armant les citoyens les uns contre les autres;
comprenant séquestration arbitraire et menaces sous
conditions.

L'Empire va-t-il donc revenir? disaient les naïfs.
Il n'était jamais disparu, ses lois n'ont pas cessé encore
d'exister, elles se sont aggravées même, mais le recul
des flots rend plus terribles les tempêtes.

Les juges chargés du dossier du 31 octobre étaient
Quesenet, ancien juge de l'Empire, Henri Didier, procureur de la République.

Leblond procureur général, (ce même Leblond qui
avait défendu l'un des accusés de la haute cour de
Blois, il se récusa presque, il est vrai, disant qu'il
n'était que le mandataire de Jules Favre et d'Emmanuel Arago.)

Edmond Adam, préfet de police, donna sa démission,
ne voulant pas opérer les arrestations qui lui étaient
ordonnées.

A l'Hôtel-de-Ville, les mobiles bretons, leurs yeux
bleus fixés dans le vague, se demandaient si M. Tro-

chu ne débarrasserait pas bientôt la France des criminels qui y causaient tant de désastres afin qu'il
leur fût permis de revoir la mer, les rochers de granit
durs comme leurs crânes, les landes où s'ébattent les
poulpiquets et de danser aux pardons les jours où ar-
mor est en fête.

## IV

### DU 31 OCTOBRE AU 22 JANVIER

> Les voilà revêtus du linceul de l'empire,
> S'y ensevelissant et la France avec eux,
> Et le nain fontriquet, le gnome fatidique
> Cousant le voile horrible avec ses doigts hideux.
>
> (L. M. *Les Spectres.*)

Oui, c'était bien l'Empire ! les prisons pleines, la
peur et les délations à l'ordre du jour, les défaites
changées en victoires sur les affiches.

Les sorties refusées ; le nom du vieux Blanqui secoué comme un épouvantail devant la bêtise humaine.

Les généraux, si lents devant l'invasion, se hâtant
de menacer la foule.

Juin et décembre à l'horizon, plus épouvantables que
par le passé.

Jules Favre, qu'on ne peut accuser de forcer le tableau dans des vues révolutionnaires, raconte ainsi la
situation vis-à-vis de l'armée.

« Le général Ducrot qui occupait (le 31 octobre) la
porte Maillot, apprenant l'échec du gouvernement
n'attendit pas les ordres, il fit prendre les armes à sa
troupe, atteler ses canons et se mit en marche vers
Paris ; il ne rétrograda que quand ce fut fini. »

Ducrot pour cette fois n'était pas en retard, aussi il
s'agissait de la foule.

Jules Favre, dans le même livre, dit à propos de la

théorie soutenue par Trochu à propos des places abandonnées par l'armée.

— Quant à la perte du Bourget, le général déclara
qu'elle n'avait *aucune signification militaire* et que la
population de Paris s'en était *émue* fort *mal à propos*.
L'occupation du village avait eu lieu sans ordre et
*contrairement* au *système général arrêté* par le gouvernement de Paris et le comité de la défense : il aurait
*toujours* fallu se retirer.

> (Jules FAVRE, *Le Gouvernement de la Défense
> nationale*, 1er volume.)

C'était bien le même Jules Favre qui sous l'Empire
avait dit audacieusement : Ce procès peut être regardé
comme un fragment d'un miroir brisé où le pays peut
se voir tout entier — (il s'agissait des corruptions du
régime impérial); mais nul homme ne résiste au pouvoir, il faut qu'il tombe.

La République de septembre en était aux plébiscites. — Or, tout plébiscite, grâce à l'apeurement, à l'i-
gnorance, donne toujours la majorité contre le droit,
c'est-à-dire au gouvernement qui l'invoque.

Les soldats, les marins, les réfugiés des environs de
Paris votèrent militairement et peut-être on ajouta les
trois cent mille Parisiens qui s'abstinrent, de sorte que
la défense nationale compta 321,373 oui.

Les bruits de victoires ne cessaient pas. Le général
Cambriel avait accompli tant d'exploits qu'on ne
croyait pas à un seul.

La légende courait que les malfaiteurs du 31 octobre avaient emporté de l'Hôtel-de-Ville l'argenterie et
les sceaux de l'Etat.

Après le plébiscite du 3 novembre, le gouvernement
annonça qu'il allait remplir ses promesses et procéder
à des élections municipales.

Pendant ce temps, les prévenus du 31 octobre
étaient toujours en prison, mais lorsqu'ils comparu-

rent trois mois après devant un conseil de guerre, il fallut acquitter tous ceux qui étaient présents ; l'accusation leur ayant reproché « d'avoir été les adversaires de l'Empire » puisqu'on se prétendait en République l'accusation tombait d'elle-même. Constant Martin avait été oublié cette fois-là, on devait se rattraper vingt-six ans après.

Une partie de ceux qui avaient été inculpés furent élus comme protestation dans les diverses mairies de Paris, les maires et adjoints républicains furent réélus.

Il y eut aux diverses mairies, comme maires ou adjoints : Ranvier, Flourens, Lefrançais, Dereure, Jaclard, Millière, Malon, Poirier, Héligon, Tolain, Murat, Clemenceau, Lafont. (Ranvier, Flourens, Lefrançais, Millière Jaclard, étaient toujours prisonniers.)

Montmartre, mairie, comités de vigilance, clubs, habitants étaient, avec Belleville, l'épouvantail des gens de l'ordre.

On avait l'habitude dans les quartiers populaires de ne pas trop s'inquiéter des gouvernants ; la meneuse c'était la liberté ; elle ne capitulerait pas.

Aux comités de vigilance se réunissaient les hommes absolument dévoués à la révolution, promis d'avance à la mort ; là se retrempaient les courages.

On s'y sentait libres, regardant à la fois le passé sans trop copier 93, et l'avenir sans craindre l'inconnu.

On y venait par attirance ayant les caractères s'harmonisant ensemble, les enthousiastes et les sceptiques, fanatiques tous, de la révolution, la voulant belle, idéalement grande !

Une fois réunis au 41 de la Chaussée Clignancourt, où l'on se chauffait plus souvent du feu de l'idée que de bûches ou de charbon, ne jetant que dans les grandes occasions un dictionnaire ou une chaise dans la cheminée quand on recevait quelque délégué, on avait peine à en sortir.

Vers cinq ou six heures du soir, tous arrivaient, on résumait le travail fait dans la journée, celui à faire, le lendemain ; on causait et arrachant jusqu'à la dernière minute, chacun partait à huit heures à son club respectif.

Parfois on allait plusieurs ensemble tomber dans quelque club réactionnaire, faire de la propagande républicaine.

Au comité de vigilance de Montmartre et à la Patrie en danger, j'ai passé mes plus belles heures du siège ; on y vivait un peu en avant, avec une joie de se sentir dans son élément au milieu de la lutte intense pour la liberté.

Plusieurs clubs étaient présidés par des membres du comité de vigilance, celui de la Reine-Blanche l'était par Burlot, un autre par Avronsart, celui de la salle Perot par Ferré et celui de la justice de paix par moi ; on nommait ces deux derniers, clubs de la Révolution « district des Grandes Carrières », appellation particulièrement désagréable aux gens qui s'imaginaient y voir passer 93.

Le mot *présider* ne s'entendait pas alors, par une fonction honorifique, mais par l'acceptation devant le gouvernement, de la responsabilité, ce qui se traduisait par la prison, et par le devoir de rester à son poste en maintenant la liberté de la réunion malgré les bataillons réactionnaires qui venaient jusqu'au bureau menacer et injurier les orateurs.

Je déposais d'ordinaire près de moi sur le bureau un petit vieux pistolet sans chien, qui habilement placé et saisi au bon moment arrêta souvent les gens de l'ordre, qui arrivaient, frappant à terre leurs fusils ornés de la baïonnette.

Les clubs du quartier Latin, ceux des arrondissements populaires étaient d'accord.

Un jeune homme disait, le 13 janvier, rue d'Arras :

« La situation est désespérée, mais la Commune fera appel au courage, à la science, à l'énergie, à la jeunesse; elle repoussera les Prussiens avec une indomptable énergie, mais qu'ils acceptent la République sociale, nous leur tendrons la main et nous marquerons l'ère du bonheur des peuples. »

Malgré l'insistance de Paris à réclamer des sorties, ce fut le 19 janvier seulement que le gouvernement consentit à laisser la garde nationale tenter de reprendre Montretout et Buzenval.

D'abord ces places furent emportées, mais les hommes entrant jusqu'aux chevilles dans la boue détrempée ne purent monter les pièces sur les collines, il fallut se replier.

Là restèrent par centaines, jetant bravement leur vie, des gardes nationaux, hommes du peuple, artistes, jeunes gens; la terre but le sang de cette première hécatombe parisienne, elle en devait être saturée.

Laissons raconter à Cipriani, qui faisait partie du 19e régiment commandé par Rochebrune, la bataille de Montretout :

« Nous quittâmes Paris, dit-il, dans la matinée du 18, le soir, nous campions aux environs de Montretout.

» Le 19, à cinq heures du matin, après avoir mangé un morceau de pain et bu un verre de vin, nous nous mîmes en marche pour le champ de bataille; à 7 heures nous entrions en ligne.

» On se battait déjà depuis deux heures.

» Rochebrune s'avance rapidement au plus fort du combat, un bataillon commandé par de Boulen resta à la ferme de la Fouilleuse, deux compagnies prirent place au pavillon de Chayne; le reste du régiment se porta hardiment en première ligne. On se battit encore pendant deux heures. Alors Rochebrune se tournant vers moi, me dit :

» — Allez chercher le bataillon resté à la Fouilleuse.

» Arrivé à cet endroit, je communiquai l'ordre au major de Boulen.

» — Il me faut, répondit-il, un ordre du major commandant pour marcher.

» — Comment, lui dis-je, votre colonel le demande, parce que le combat l'exige et vous refusez.

» — Je ne puis, dit-il.

» Je dus porter cette lâche réponse à Rochebrune qui en l'entendant se mordit les mains de rage en s'écriant : Trahison partout, et montant debout sur le mur qui fermait de ce côté, il commanda de le suivre. Mais en même temps il tombait frappé mortellement.

» J'ai pris part à quelques batailles, mais dans aucune je n'ai vu de soldats se trouver en si grande perdition que les braves gardes nationaux dans cette journée du 19 janvier.

» Ils étaient mitraillés en face par les Prussiens, derrière par le Mont-Valérien qui envoyait ses obus sur nous, croyant viser l'armée ennemie. Là s'était renfermé le fameux gouverneur de Paris qui ne se rend pas ; sur la droite nous étions mitraillés encore par une batterie française placée à Rueil qui trouvait le moyen de nous prendre pour les Prussiens.

» Malgré cela, pas un ne bougeait de sa place et ceux qui avaient épuisé leurs cartouches prenaient celles des morts.

» A quatre heures de l'après-midi, comme on combattait depuis neuf heures, arriva un ordre de Ducrot de battre en retraite.

» Nous refusâmes, continuant la fusillade jusqu'à dix heures du soir. Nous aurions pu continuer toujours, car les premiers qui avaient déjà plié bagage n'avaient nulle envie de nous surprendre. Donc ce 19 janvier, sans la trahison ou l'imbécillité, *la trouée était faite, Paris dégagé, la France délivrée.*

» Trochu, Ducrot, Vinoy et *tutti quanti* ne l'ont pas

voulu — la République victorieuse eût refoulé loin dans
le passé les espérances de l'Empire et prouvé à jamais
l'incapacité des généraux de Napoléon III ; il fallait
pour une Restauration impériale que la République
sombrât et c'est ce qui fut tenté.

» Pendant tout le temps que dura la bataille de Montretout, je vis Ducrot caché derrière un mur, un prêtre
à son côté, et devant eux étendu à leurs pieds un nègre
qui avait eu la tête emportée par un obus du Mont-Valérien.

» Cette bataille coûta la vie à quelques milliers
d'hommes.

» Vers onze heures du soir, les débris du 19e régiment se mettaient en marche sur Paris pour l'enterrement de Rochebrune.

» La nouvelle de la défaite de Montretout avait
agité les Parisiens à un tel point que le vaillant Trochu
n'osa plus s'y montrer ; Vinoy prit sa place.

» Le lendemain 20 janvier, nous fûmes convoqués
Boulevard Richard le Noir, pour assister aux funérailles de notre pauvre ami Rochebrune.

» Partout on entendait dire qu'il fallait se débarrasser de ceux qui avaient trahi jusqu'à ce jour.

» On parlait de s'emparer du corps de Rochebrune et
de marcher à l'Hôtel-de-Ville. Le temps avait manqué
pour avertir les membres de la légion garibaldienne,
de la ligue républicaine et de l'Internationale, disséminés dans tous les bataillons de la garde nationale ; une
poignée d'hommes résolus se trouvaient au rendez-
vous, mais poignée d'autant plus insuffisante que ceux
en qui la foule avait confiance se trouvaient en prison.

» L'enterrement de Rochebrune se passa donc sans
aucun incident, si ce n'est que je vis de Boulen, lequel
m'apercevant voulut me donnner une poignée de main
en m'appelant un brave, je refusai en lui répondant :

» — Cela se peut, mais vous ne pouvez pas le

savoir, car vous vous êtes caché ; vous êtes un traître.

» Pour en finir avec ce misérable, je dirai que quelques jours après, je le rencontrai de nouveau ; à ma grande stupéfaction je le vis décoré de la légion d'honneur et colonel : c'était le prix de sa trahison.

» Un autre aussi fut décoré, c'est le capitaine D... qui n'avait pas paru tout le temps de la bataille.

» Voilà les deux seuls fuyards que j'aie vus à Montretout, ils furent faits chevaliers de la légion d'honneur.

» Amilcare Cipriani. »

A Montretout fut tué, entre autres, Gustave Lambert qui peu de temps avant la guerre organisait une expédition pour le pôle nord par le détroit de Béering.

On s'occupa beaucoup ces années-là des pôles ; il avait été question aussi en 70 de la tenter en ballon.

Cette même année 70-71, les explorateurs étaient au nombre de trois, chacun par un chemin différent ; il y avait un Américain, un Anglais, un Français.

Ce dernier seul, qui était Lambert, ne partit pas. Ces passionnantes expéditions trouvaient parmi nous des enthousiastes.

Aujourd'hui semblables voyages se préparent, les explorateurs sont trois également : un Américain, Peary, un Anglais, Jakson.

Un Norvégien, Jansen.

Un autre Norvégien, Nansen, de retour en ce moment raconte son voyage sur l'indestructible navire *Le Fram*.

Et comme il y a vingt-cinq ans, grand nombre d'entre nous songent au temps ardemment désiré où dans la grande paix de l'humanité la terre sera connue, la science familière à tous, où des flottes traverseront l'air et glisseront sous les flots, parmi les coraux, les forêts sous-marines qui recouvrent tant d'épaves, où

les éléments seront domptés, l'âpre nature adoucie
pour l'être conscient et libre qui nous succédera.

Souvent, au fond de ma pensée passe l'appel des
noms au club de la révolution — c'est l'appel des spectres, mais voir le progrès éternel c'est en quelques
heures vivre éternellement.


## V

### LE 22 JANVIER

> Les trôneurs aiguisent leur glaive
> Et charpentent leurs échafauds,
>         Bonhomme,
>         Bonhomme,
> Aiguise bien ta faux.
> (Dereu, *Chanson du bonhomme*.)

Le soir du 21 janvier, les délégués de tous les clubs
se réunirent à la Reine-Blanche, à Montmartre, afin de
prendre une résolution suprême avant que la défaite
fût consommée.

Les compagnies de la garde nationale, de retour de
l'enterrement de Rochebrune se rendirent à la Reine-
Blanche, ayant crié sur tout le parcours : Déchéance !
Les gardes nationaux du faubourg convinrent de se
trouver en armes le lendemain à midi, place de l'Hôtel-
de-Ville.

Les femmes devaient les accompagner pour protester
contre le dernier rationnement du pain. On voulait
bien le supporter, mais il fallait que ce fût pour la délivrance.

En fait de protestations, je résolus de prendre mon
fusil, comme les camarades.

La mesure étant comble des lâchetés et des hontes,
il n'y eut pas d'opposants au rendez-vous du lendemain pour une mise en demeure du gouvernement.

6

Il n'y a plus de pain, avait-il été déclaré, que jusqu'au 4 février ; mais on ne se rendra pas, dût-on
mourir de faim ou s'ensevelir sous les ruines de Paris.

Les délégués des Batignolles promirent de ramener
avec eux le maire et les adjoints à l'Hôtel-de-Ville revêtus de leurs insignes.

Ceux de Montmartre se rendirent de suite à leur
mairie. Clemenceau étant absent, les adjoints promirent et s'y rendirent en effet.

Une entente générale eut lieu entre les comités de
vigilance, les délégués des clubs et la garde nationale.

La séance fut levée aux cris de : Vive la Commune !

Dans l'après-midi du 21 janvier, Henri Place, connu
alors sous son pseudonyme de Varlet, Cipriani et plusieurs du groupe blanquiste se rendirent à la prison de
Mazas, où Greffier demanda à voir un gardien qu'il
avait connu étant prisonnier.

On le laissa passer avec ceux qui l'accompagnaient ;
il observa alors qu'il y avait un seul factionnaire à la
grande porte d'entrée.

A droite de cette porte en était une autre plus petite et vitrée, où se tenait jour et nuit un gardien et
par laquelle on pénétrait dans la prison.

En face, un corps de garde où couchaient des gardes nationaux de l'ordre : c'était un poste. Arrivés au
rond-point, en causant avec le gardien d'un air indifférent, il lui demanda où se trouvait le vieux. On appelait ainsi par amitié Gustave Flourens, comme depuis
longtemps Blanqui, lui, vieux réellement.

Couloir B, cellule 9. répondit naïvement le gardien.

En effet, à droite du rond-point, ils virent un couloir désigné par la lettre B.

On causa d'autre chose et, quand ils eurent vu tout
ce qui leur était nécessaire de savoir, ils sortirent.

Le soir à dix heures, rue des Couronnes, à Belleville,

ils trouvèrent au rendez-vous soixante-quinze hommes armés.

La petite troupe ayant le mot d'ordre s'improvisa patrouille, répondant aux autres patrouilles qui auraient pu les rencontrer dans leur entreprise. Un caporal avec deux hommes vinrent les reconnaître et, satisfaits, les laissèrent passer.

Le coup de main ne pouvait réussir que très rapidement exécuté.

Les premiers douze hommes devaient désarmer le factionnaire, les quatre suivants s'emparer du gardien de la petite porte vitrée.

Trente autres devaient se précipiter dans le corps de garde, se mettre entre le râtelier aux fusils et le lit de camp où était couché la garde et la mettre en joue pour l'empêcher de faire le moindre mouvement.

Les autres vingt-cinq devaient monter le rond-point, s'emparer des gardiens, au nombre de six, se faire ouvrir la cellule de Flourens, où ils les enfermeraient, descendre rapidement, fermer à clef la porte vitrée qui donne sur le boulevard et s'éloigner.

Ce plan fut exécuté avec une précision mathématique.

« — Il n'y eut, disait Cipriani, que le directeur qui se fit un peu tirer l'oreille ; mais, devant le revolver braqué sur son visage, il céda et Flourens fut délivré. »

Après Mazas, la petite troupe, qui commençait par des triomphes, alla sur la mairie du XX<sup>e</sup> dont Flourens venait d'être nommé adjoint, ils firent sonner le tocsin et, à une vingtaine, proclamèrent la Commune ; mais personne ne répondit, croyant à un guet-apens du parti de l'ordre.

A l'Hôtel-de-Ville, les membres du gouvernement tenaient une séance de nuit ; il eût été possible de les y arrêter.

Flourens, dans sa prison, n'avait pas vu l'impor-

tance du mouvement révolutionnaire ; il objecta qu'on
était trop peu.

Mais le premier coup d'audace n'avait-il pas réussi
déjà? L'extrême décision fait, à la force, l'effet d'une
fronde à la pierre qu'elle lance.

Le matin du 22, une affiche furieuse de Clément
Thomas, qui remplaçait Tamisier au commandement
de la garde nationale, était placardée dans Paris.

Cette affiche mettait hors la loi les révolutionnaires ;
ils y étaient traités de fauteurs de désordre, appel était
fait aux hommes d'ordre pour les exterminer.

Cela commençait ainsi :

« Hier soir, une poignée de factieux ont pris d'assaut
la prison de Mazas et délivré leur chef Flourens. »

Suivaient injures et menaces.

La prise de Mazas et la libération de Flourens avaient
rempli d'effroi les membres du gouvernement ; s'attendant à voir une seconde édition du 31 octobre, ils en
référèrent à Trochu, qui fit bonder l'Hôtel-de-Ville de
ses mobiles bretons.

Chaudey y commandait, son hostilité pour la Commune étant connue.

A midi, une foule énorme, en grande partie désar-
mée, emplissait la place de l'Hôtel-de-Ville.

Grand nombre de gardes nationaux avaient leurs fusils sans munitions, ceux de Montmartre étaient armés.

Des jeunes gens montés aux réverbères criaient :
Déchéance ! La tête crépue de Bauer s'y montrait fort
animée.

De temps à autre, une clameur passait.

Tous ceux qui avaient promis, aussi ceux qui n'a-
vaient rien dit, étaient là, aussi bon nombre de femmes : André Leo, mesdames Blin, Excoffon, Poirier,
Danguet.

Les gardes nationaux qui n'avaient pas pris de munitions commençaient à le regretter.

Une journée se préparait, nous n'en pouvions douter ; — que serait le lendemain ? l'Hôtel-de-Ville était depuis la veille plein de sacs à terre ; les mobiles bretons dont il regorgeait entassés à l'embrasure des fenêtres nous regardaient, leurs faces pâles immobiles, leurs yeux bleus, fixés sur nous avec des reflets d'acier.

Pour eux la chasse aux loups est ouverte.

Car Monsieur Trochu a dit à ceux d'Ancenis :
Mes amis,
Le roy va ramener les fleurs de lys.

Comme au 31 octobre la foule arrivait toujours.

Derrière la grille, devant la façade était le lieutenant-colonel des mobiles, Léger, et le gouverneur de l'Hôtel-de-Ville Chaudey, dont on se défiait.

— Les plus forts, avait-il dit, fusilleront les autres.

Le gouvernement était en possession des forces les plus grandes.

Des délégués furent envoyés, disant que Paris affirmait encore sa volonté de ne jamais se rendre et de ne jamais être rendu ; ils demandèrent vainement à être introduits, toutes les portes étaient fermées. Les Bretons étaient toujours aux fenêtres.

L'Hôtel-de-Ville à ce moment ressemblait à un navire, ses sabords ouverts sur l'océan, les vagues humaines eurent d'abord de grands remous, puis elles attendirent immobiles.

Nul ne doutait plus de la façon dont le gouvernement allait recevoir ceux qui ne voulaient pas de la reddition, traînant après elle Badingue remorqué par Guillaume, ou même n'y traînant que la honte : c'était trop.

Tout à coup Chaudey entra dans l'Hôtel-de-Ville ; il

6.

va, disait-on, donner l'ordre de tirer sur la foule. Pourtant on essayait de franchir la grille derrière laquelle grossièrement, des officiers insultaient.

— Vous ne savez pas ce qui vous attend en vous opposant à la volonté du peuple, dit aux insulteurs le vieux Mabile, l'un des tirailleurs de Flourens.

— Je m'en fous! répondit l'officier qui venait de lancer des invectives, et il braqua son revolver sur le voisin de Mabile qui de son côté s'avança sur lui.

Quelques instants après l'entrée de Chaudey dans l'intérieur, il y eut comme un coup de pommeau frappé derrière une des portes, puis un coup de feu partit isolé.

Moins d'une seconde après, une fusillade compacte balayait la place.

Les balles faisaient le bruit de grêle des orages d'été.

Ceux qui étaient armés répondirent; froidement, sans arrêter, les Bretons tiraient, leurs balles entraient dans la chair vive, les passants, les curieux, hommes, femmes, enfants, tombaient autour de nous.

Certains gardes nationaux avouèrent depuis avoir tiré non sur ceux qui nous canardaient, mais sur les murs où en effet fut marquée la trace de leurs balles.

Je ne fus pas de ceux-là; si on agissait ainsi, ce serait l'éternelle défaite avec ses entassements de morts et ses longues misères, et même la trahison.

Debout devant les fenêtres maudites, je ne pouvais détacher mes yeux de ces pâles faces de sauvages, qui sans émotion, d'une action machinale, tiraient sur nous comme ils eussent fait sur des bandes de loups et je songeais : Nous vous aurons un jour, brigands, car vous tuez, mais vous croyez; on vous trompe, on ne vous achète pas, il nous faut ceux qui ne se vendent jamais, et les récits du vieux grand-père passèrent devant mes yeux, de ce temps où héros contre héros, implacablement combattaient, les paysans de Charette

de Cathelineau, de Larochejaquelin, contre l'armée de
la République.

Près de moi, devant la fenêtre furent tués une femme
en noir, grande et qui me ressemblait et un jeune
homme qui l'accompagnait. Nous n'avons jamais su
leurs noms et personne ne les connaissait.

Deux grands vieillards debout sur la barricade de
l'avenue Victoria, tiraient tranquillement, on eût dit
deux statues des temps homériques : c'étaient Mabile
et Malezieux.

Cette barricade, faite d'un omnibus renversé, sou-
tint quelque temps le feu de l'Hôtel-de-Ville.

Comme Cipriani gagnait l'avenue Victoria avec
Dussali et Sapia, il eut l'idée d'arrêter l'horloge de
l'Hôtel-de-Ville et tira sur le cadran qui se brisa; il
était quatre heures cinq minutes.

A cet instant même fut tué Sapia d'une balle dans
la poitrine.

Henri Place eut le bras cassé, mais comme toujours
et toujours la majorité des victimes se composait de
gens inoffensifs, venus là par hasard.

Des passants dans les rues voisines furent tués par
des balles perdues.

Ayant tenu le plus longtemps possible en tirant des
petites bâtisses situées au côté de la place opposé à la
façade, il fallut se retirer.

La première fois qu'on défend sa cause par les armes, on vit la lutte si complètement qu'on n'est plus
soi-même qu'un projectile.

Le soir, nous vîmes le père Malezieux ayant encore
sa grande redingote trouée de balles comme un crible.

Dereure, qui un instant avait à lui seul occupé la
porte de l'Hôtel-de-Ville, était rentré à la mairie de
Montmartre, son écharpe rouge toujours à la ceinture.

— Il faut terriblement de plomb pour tuer un homme,
disait Malezieux, le vieil insurgé de juin.

Il en fallait beaucoup pour lui, en effet, tant, que toutes les balles de la semaine sanglante passèrent sans l'atteindre, si bien qu'au retour de la déportation il se tua, lui-même, les bourgeois le trouvant trop vieux pour travailler.

Les poursuites à l'occasion du 22 janvier commencèrent de suite.

Le gouvernement jurant toujours qu'il ne se rendrait jamais, essaya de faire rentrer dans le silence les comités de vigilance, les chambres fédérales, les clubs ; alors tout devint club, la rue fut tribune, les pavés se soulevaient d'eux-mêmes.

Des milliers de mandats d'arrêt avaient été lancés, mais on ne put guère opérer que les arrestations immédiates, les mairies les refusaient, disant que ce serait provoquer des émeutes.

On s'est souvent demandé pourquoi, parmi tous les membres du gouvernement, dont pas un ne se montrait à la hauteur des circonstances, Paris eut surtout horreur de Jules Ferry, c'est surtout à cause de son épouvantable duplicité.

Il avait fait, au lendemain du 22 janvier, placarder l'affiche mensongère qui suit :

## MAIRIE DE PARIS

22 janvier 4 heures 52 minutes du soir.

« Quelques gardes nationaux factieux appartenant au 101ᵉ de marche ont tenté de prendre l'Hôtel-de-Ville, tiré sur les officiers et blessé grièvement un adjudant-major de la garde mobile, la troupe a riposté, l'Hôtel-de-Ville *a été fusillé* des fenêtres des maisons qui lui font face de l'autre côté de la place et qui *étaient d'avance* occupées.

» On a lancé sur nous des *bombes* et *tiré des balles explosibles;* l'agression a été la plus lâche et la plus odieuse d'abord au début puisqu'on a tiré plus de cent coups de fusil sur le colonel et les officiers au moment où ils congédiaient une députation admise un instant avant dans l'Hôtel-de-Ville, non moins lâche ensuite quand après la première décharge, la place s'étant vidée et le feu ayant cessé de notre part, nous fûmes fusillés des fenêtres en face.

» Dites bien ces choses aux gardes nationaux et tenez-moi au courant, si tout est rentré dans l'ordre.

» La garde républicaine et la garde nationale occupent la place et les abords.

» Jules FERRY. »

Un écrivain sympathique au gouvernement de la défense nationale et qui savait la façon de penser bourgeoise fait quelque part cet aveu dépouillé d'artifice à propos de la répression du 22 janvier.

Il fallut se contenter de condamner à mort par contumace Gustave Flourens, Blanqui et Félix Pyat.

(SEMPRONIUS, *Histoire de la Commune*, Décembre, Alonier.)

Jules Favre comprit-il qu'enlever les armes à Paris serait une tentative inutile aboutissant à une révolution certaine, ou lui restait-il ce sentiment de justice que la garde nationale devait les conserver, il ne fut jamais question de la désarmer quoique son affiche du 28 janvier annonçât l'armistice contre lequel Paris s'était toujours élevé.

C'était la reddition assurée, la date seule restait incertaine où l'armée d'invasion entrerait dans la ville livrée.

Ceux qui si longtemps avaient soutenu que le gouvernement ne se rendrait jamais, que Ducrot ne rentrerait que mort ou victorieux, que pas un pouce du territoire, pas une pierre des forteresses ne serait livré virent qu'on les avait trompés.

Voici comment étaient traités les prisonniers du 22 janvier et ceux qui ayant été transférés à Vincennes ne purent être délivrés avec Flourens.

« Les malheureux, dit Lefrançais, qui avaient été transférés à Vincennes y restèrent huit jours sans feu, il neigeait par les fenêtres de la salle du donjon où ils étaient enfermés, couchés pêle-mêle sur une surface d'à peu près 150 mètres carrés et littéralement dans la fange la plus immonde.

» L'un d'eux, le citoyen Tibaldi détenu pour le 31 octobre et qui avait enduré toutes sortes de tortures physiques et morales à Cayenne où l'Empire l'avait tenu pendant treize ans, déclarait qu'il n'avait jamais rien vu de semblable.

» Après avoir été transportés de Vincennes à la Santé où ils restèrent quinze jours dans des cellules sans feu et dont les murs suintaient l'eau (à ce point que ni le linge ni la literie n'y pouvaient demeurer secs), ils furent conduits à Pélagie où ils durent attendre encore deux mois le jugement des conseils de guerre.

» Parmi les détenus du 22 janvier était Delescluze arrêté et jeté, lui aussi, dans cet enfer. Seulement comme rédacteur en chef du *Réveil* qu'on venait de supprimer, Deslescluze âgé de soixante-cinq ans, débile, déjà atteint d'une bronchite aiguë, sortit mourant de prison; aux élections du 8 février suivant on l'envoya à l'assemblée législative à Bordeaux.

» Un ouvrier, le citoyen Magne avait été arrêté au moment où il rentrait chez lui, sortant de son atelier.

» Déjà malade, il mourut un mois après à Pélagie, victime du traitement qu'il avait enduré. »

(G. Lefrançais, *Etude du mouvement communaliste*. 1871.)

Dans la soirée du 22 janvier avait été affiché le décret suivant qui fermait les clubs dans Paris.

« Le Gouvernement de la défense nationale

» Considérant que, à la suite d'excitations criminelles dont certains clubs ont été les foyers, la guerre civile a été engagée par quelques agitateurs désavoués par la population tout entière ;

» Qu'il importe d'en finir avec ces détestables manœuvres qui sont un danger pour la patrie, et qui, si elles se renouvelaient, entacheraient l'honneur *irréprochable jusqu'ici* de la défense de Paris, décrète :

» Les clubs sont supprimés jusqu'à la fin du siège, les locaux où ils tiennent leurs séances, seront immédiatement fermés.

» Les contrevenants seront punis conformément aux lois.

» Article 2. Le préfet de police est chargé du présent décret. »

« Général Trochu, Jules Favre,
Emmanuel Arago, Jules Ferry. »

Tant que le bombardement de Paris rassura, on avait toujours l'espoir d'une lutte suprême.

Quand il se tut, après le 28, on se sentit trahis, il restait la ressource de mourir si la révolte ne pouvait vaincre.

Quoi ! toutes les victimes déjà entassées les uns dans les sillons, les autres sur le pavé des rues, les vieux morts des misères du siège, tout cela n'aurait servi qu'à constater l'abaissement populaire, et le nom de République ne serait qu'un masque !

Quoi ! c'était cela que de loin on voyait dans une gloire !

Quiconque était républicain était déclaré ennemi de la République.

Jules Favre, Jules Simon, Garnier Pagès parcouraient les départements ; Gambetta venait d'étouffer les communes de Lyon et de Marseille qu'avait fait lever le 4 septembre, avec la même désinvolture qu'il apportait, au lendemain du 14 août, à appeler la peine de mort sur la tête des *bandits de la Villette*.

## VI

### QUELQUES RÉPUBLICAINS DANS L'ARMÉE ET DANS LA FLOTTE — PLANS DE ROSSEL ET DE LULLIER

> Malgré la discipline on pense quelquefois,
> L'esprit peut s'évader du bagne des casernes.
>
> (L. M. *Les Prisons*.)

Suivant la capitulation, l'assemblée de Bordeaux devait être nommée au 8 février et se réunir pour statuer sur les conditions de la paix.

L'impression de cette lâcheté était telle que dans l'armée et dans la flotte des officiers se refusaient à la défaite comme s'y refusait Paris, leurs plans à eux étaient logiques et simples.

Les papiers posthumes de Rossel et ceux qui furent trouvés chez Lullier démontrèrent une fois de plus que même d'après la science militaire, il était possible de résister et de vaincre l'invasion.

Voici quelques-uns de ces fragments.

### LA LUTTE A OUTRANCE

« La lutte à outrance, la continuation de la lutte jusqu'à la victoire n'est pas une utopie, n'est pas une erreur.

» La France possède encore un immense matériel de guerre, un grand nombre de soldats.

» La ligne de la Loire qui est une excellente position est à peine entamée, tant que Bourges n'est pas perdu, mais fût-elle acquise à l'ennemi, l'attaque des provinces méridionales devient difficile à cause du

massif de l'Auvergne qui oblige l'ennemi à partager ses
efforts entre Lyon et Bordeaux, un échec des Prussiens
sur l'une de ces deux lignes les dégage toutes deux.

» Au contraire la résistance a souvent des chances
heureuses, rappelez-vous la bataille de Cannes ; la conquête de la Hollande par Louis XIV à la tête de quatre
armées, les plus puissantes de l'Europe, commandées
par Turenne et Condé ; l'envahissement de l'Espagne
par Napoléon en 1808. Voilà trois situations qui étaient
de beaucoup plus désespérées, plus accablantes, qui
laissaient bien moins de chances à une issue honorable
que notre situation après la prise de Paris.

» Cependant toutes trois ont été heureuses, et ce
n'est pas un effet du hasard mais peut-être l'effet d'une
loi constante dont un des caractères les plus nets est
le dépérissement des armées victorieuses.

» Une armée qui fait une guerre active se détruit
lors même qu'elle a toutes facilités de se recruter, les
recrues qu'elle reçoit maintiennent sa force numérique,
mais ne remplacent pas les vieux soldats ni les officiers qu'elle a perdus.

» C'est par le défaut d'officiers qu'a péri l'armée de
Napoléon, il en est de même de l'armée d'Annibal, il
en sera de même de l'armée prussienne et plus promptement encore sans compter que la mort de M. de Bis-
marck ou de M. de Moltke peut tout emporter.

» La mort de Pyrrhus vainqueur n'est pas un para-
doxe ; il vient souvent un moment pour les conquérants
où le désastre est tout entier en germe dans une victoire : ce moment c'est Cannes ou la Moskowa. —
Pourquoi les Prussiens n'auraient-ils pas la même
aventure ?

» Il ne s'agit que d'attendre le moment de les user,
les lasser, non leur faire trouver Capoue dans nos
villes, mais ne jamais faire marché avec eux pour
notre rançon.

7

» Nous manquons de patience, nous faisons la paix
aussi inconsidérément que nous avons fait la guerre,
ce peuple est trop mobile et trop sceptique ; il y a
quatre-vingts ans on a pu le fanatiser avec des idées
de liberté, de propagande égalitaire et de démocratie
universelle, qui croira-t-on maintenant?......... »

C'est bien le style de l'homme de guerre pour qui
avait à combattre la guerre de conquête contre une
armée disciplinée. Un général tel que Rossel n'eût pas
été inutile.

Plus tard, quand il voulut faire de la garde nationale une armée régulière, Rossel ne comprit pas que
l'élan révolutionnaire, puisqu'il fallait se hâter, que le
temps manquait comme le nombre devait surtout être
employé.

Mais dans les situations désespérées, que chacun
emploie le moyen qu'il comprend; l'arme qu'on connaît est la meilleure, il connaissait bien le métier de
la guerre, des dévoués auraient dans ce cas subi la
discipline.

Rossel écrivait de Nevers, démontrant les fautes
commises par les généraux de l'Empire, que la République de septembre maintenait à la tête de ses armées.

« Les opérations militaires ont été continuellement
malheureuses.

» A force d'impéritie, les plans ont toujours été vi-
cieux et les chefs incapables. Chanzy seul a peut-être
montré du talent, encore ne sera-t-il jugé que lorsqu'on
saura quelles forces il avait devant lui.

» Et, ce seul général a été laissé en dehors de l'é-
chiquier occupé avec des forces insuffisantes à courir
la Bretagne et le Poitou.

. . . . . . . . . . . . . . . . . .

» Gambetta était devenu promptement un homme
politique, il fallait qu'il devînt un homme de guerre

et c'était notre espérance depuis le temps où enfermés dans Metz nous avions approfondi la nullité de nos généraux. Gambetta ne l'a pas voulu.

» Nous avons obéi à tous les podagres de l'annuaire, ils ont accepté la responsabilité en s'arrachant les cheveux de terreur et ont péri par leur propre impuissance beaucoup plus que par l'habileté de leurs adversaires. — Toutes les opérations ont été vicieuses.

» La reprise d'Orléans a été exécutée par une faute puérile classée dans tous les traités d'art militaire et cataloguée sous le nom de concentration sur un point occupé par l'ennemi.

» La seconde prise d'Orléans a aussi son nom parmi les grandes fautes : c'est une retraite divergente.

» La bataille d'Amiens s'appelle défensive passive aussi bien que les opérations qui ont précédé la retraite d'Orléans par les Prussiens.

. . . . . . . . . . . . . . . . .

» La marche de Bourbaki dans l'Est a été gâchée. Le crime de coller une armée contre une frontière neutre et de découvrir toute sa ligne d'opérations sur une longueur de 150 kilomètres n'a pas de nom dans la science militaire.

» Si Gambetta avait fait lui-même au lieu de se mettre à la discrétion d'un vieux soldat usé qui marchait à regret, la belle opération qu'il avait conçue n'aurait jamais pu se changer en un honteux désastre.

» La République est aussi criminelle en cela que l'Empire parce qu'elle a été aussi inintelligente dans le choix des chefs.

» Que le gouvernement de Bordeaux récriminé contre le gouvernement de Paris c'est juste, mais il est juste aussi que nous récriminions contre le gouvernement de Bordeaux.

» Dirai-je combien l'organisation a été défectueuse

et combien l'héritage malheureux de l'Empire a encore
été dilapidé entre nos mains.

» Nous avons subi la distinction de l'armée et de la
mobile, mais c'est nous qui avons inventé les mobilisés, multiplié les uniformes et les systèmes, exclu les
hommes mariés de la défense nationale sous le prétexte invalide que cela ruinerait le pays. Est-il assez
ruiné désormais le pays ?

» Et quels organisateurs incapables ; ils n'avaient
qu'une seule crainte, avoir trop de monde à instruire ;
ils excluaient du recrutement autant de monde qu'il
leur était possible, ils ne savaient ni réunir les hommes ni les commander et le gouvernement multipliait
leur travail par la création déraisonnable de camps
d'instruction.

. . . . . . . . . . . . . . . .

» Ils avaient cependant une tâche déterminée à accomplir dans un temps déterminé, instruire les soldats
à cette tâche difficile avait ajouté celle de créer dans
le même temps des baraquements nombreux en faisant
de nouveaux corps.

» L'artillerie n'a pas su sacrifier un clou de son
matériel savant et durable, ses canons et ses affûts, ses
caissons, ses harnais dureront quarante ans, c'est vrai,
mais ils ne seront jamais achevés qu'après la guerre.

» Ayant besoin de faire vite, avons nous simplifié
notre armement ? Non. Nous l'avons compliqué par
l'adoption du canon rayé. Nos défaites ne tenaient pas
à l'armement défectueux, mais à des causes d'un ordre
incomparablement plus élevé.

» Le canon rayé est bon pour les badauds, ayons
des canons lisses et tâchons de nous en servir.

» La cavalerie a été aussi méthodique que l'artillerie
et aussi incapable sur les champs de bataille. »

(ROSSEL, *Papiers posthumes*, recueillis en **1871**
par Jules Amigues.)

Cette marche dans l'Est qui, disait Rossel, avait été
gâchée, fut également indiquée par Lullier, officier de
marine, que le désespoir de la défaite jeta vers la
Commune et que l'affaire du Mont-Valérien (où il engagea sur la parole d'honneur du commandant de ce
fort la première sortie contre Versailles dans un désastre), rendit depuis sujet à des accès terribles.

Lullier avait dès le 25 novembre 1870, envoyé le
plan suivant auquel il avait une confiance profonde et
qui resta sans réponse.

Il est curieux de voir aujourd'hui combien il eût été
facile au moins d'essayer de débloquer Paris, qui ne
demandait qu'à se défendre héroïquement.        -

I. « L'objectif d'opérations commun aux armées de
la République doit être de débloquer Paris. Pour obtenir ce résultat, ce serait tomber dans une grave erreur
que concevoir un plan d'après lequel chacune de ces
armées marcherait isolément quoique par des mouvements simultanés sur Paris, car les armées allemandes
occupant en forces autour de cette place une position
concentrique, il leur serait facile de combiner leurs
mouvements et d'accabler séparément et successive-
ment chacune des armées françaises qui se présente-
raient sur l'un des rayons de leur cercle d'action. Il
serait bien difficile, au contraire, pour celles-ci d'obtenir une coïncidence exacte de leurs attaques si l'on
considère la répartition des forces agissantes sur le
théâtre général des occupations.

» Marcher directement sur Paris, c'est aller attaquer
directement l'ennemi au siège de sa puissance, au
centre de ses ressources, c'est vouloir prendre le taureau par les cornes.

» D'un autre côté, Paris ne se trouve pas dans les
conditions d'une place ordinaire ; il renferme dans ses
murs une armée d'environ 390,000 hommes dont l'organisation, l'instruction, l'armement se perfectionnent

de jour en jour, armée qui sera bientôt en état de
sortir et de donner efficacement au dehors.

» Pour dégager Paris, il suffit d'obliger l'ennemi à
distraire momentanément une partie importante des
forces qui enserrent la capitale et de l'amener à les
porter à une distance qui laisse pendant quarante-huit
heures seulement libre jeu à l'armée assiégée pour
exécuter une sortie générale contre l'armée assié-
geante; or, en manœuvrant en province, il est facile
d'obtenir ce résultat et de dégager partiellement Paris.

» Quelle est la manœuvre générale à faire?

II. « Réunir toutes les forces disponibles dans le Midi
à Lyon; toutes celles du centre au camp de Nevers;
toutes celles de l'Ouest à Tours; faire replier l'armée
de la Loire sur cette dernière ville et au moyen des
voies ferrées; opérer un mouvement général de concentration de toutes ces forces sur Langres.

» On peut réunir en moins de quinze jours
300,000 hommes sous cette dernière ville, place forte
avec son camp retranché à portée. Cette armée, couverte sur sa droite par les places de Besançon et de
Belfort, sera en mesure de se porter soit sur Châlons
par Vitry-le-Français, soit entre Toul et Nancy, en
faisant tomber par l'option pour cette dernière ville
la ligne de la Meuse, mauvaise ligne, peu défendue et
peu défendable.

» Par l'une ou l'autre de ces avancées, l'armée
concentrée à Langres menace directement les communications de l'ennemi, lesquelles s'étendent sur une
ligne de 110 lieues par Châlons, Verdun et Nancy, de
Strasbourg à Paris. Elle oblige ainsi infailliblement
l'ennemi à dégager partiellement Paris pour porter
une partie considérable de ses forces sur Châlons ou
sur Metz au secours de ses communications menacées.

» Si l'armée de Langres est battue, elle se repliera
sur la chaussée de Paris à Lyon, sa ligne de retraite

naturelle qu'elle ne cesse de couvrir dans son mouvement en avant et sur laquelle elle possède Lyon avec
son camp retranché comme base et Dijon comme place
de ravitaillement et de défense.

» Quoi qu'il advienne, le but sera donc atteint :
menacer les communications de l'ennemi sans découvrir les siennes.

» Dans ce même temps l'armée du Nord doit venir
border l'Oise de Chagny à Creil, puis se concentrer
sur la gauche pour se porter par Reims sur les communications de l'ennemi et venir donner la main à
l'armée de Langres ou, suivant les circonstances, se
concentrer sur la droite pour venir donner par Saint-
Denis la main à l'armée de Paris et concourir ainsi au
résultat de la sortie générale exécutée par celle-ci.

III. « Menacer les communications de l'ennemi pour
l'obliger à lâcher prise et à rétrograder est l'une des
manœuvres les plus usuelles à la guerre ; l'expérience
de l'histoire militaire prouve qu'une telle manœuvre
même médiocrement conduite a presque toujours été
couronnée d'un plein succès.

» En 1800, le général autrichien Mélas opérait sur
le Var contre la France.

» Sa ligne de communication passait par Coni,
Alexandrie et la rive droite du Pô. Bonaparte avec
36,000 hommes franchit le Saint-Bernard et vint se
placer à cheval sur cette ligne à Marengo.

» Mélas menacé d'être coupé de Mantoue et de l'A-
dige, sa base, se concentre en toute hâte sur Alexandrie.

» Vaincu en avant de cette place, il se trouve dans
l'alternative de s'y renfermer ou de signer un traité
qui nous livre l'Italie.

» En 1812, après avoir perdu la bataille de la Moskowa et évacué Moscou, le généralissime russe Mutusoff
vint se placer au sud de la ligne de communication de

l'armée française. Napoléon fut obligé aussitôt de venir
à lui et après la bataille indécise de Malo-Jarolaswjtz,
le général russe ayant appuyé encore d'une marche
vers l'Ouest, Napoléon fut obligé de quitter brusque-
ment Moscou et faillit être coupé de sa base, la Pologne
et la Bérésina.

» En 1813, dès que les alliés s'avisèrent de faire une
marche de concentration sur Leipzig, Napoléon est
obligé de quitter sa position concentrique de Dresde
pour voler au secours de ses communications menacées; après les trois batailles de Leipzig, il est obligé
de se replier en toute hâte vers le Rhin, sa base.

» Dans la même année 1813. en Espagne, dès que
le général anglais Wellington s'avisa de marcher par
Valladolid sur Burgos, le roi Joseph et les généraux
français menacés d'être coupés des Pyrénées, leur base,
évacuèrent précipitamment Madrid et faillirent être
coupés à Vittoria.

» En 1814, Wellington était à Bordeaux, se prépa-
rant à marcher sur Paris; mais le maréchal Soult qui
avait pris le commandement de l'armée d'Espagne fit
une retraite parallèle à la frontière et vint prendre
position à Toulouse. Wellington ne pouvant laisser
une armée sur le flanc de sa ligne de communication,
fut obligé de venir au général français et de lui livrer
la bataille de Toulouse.

» Dans la même année de 1814, après la bataille indécise de Bar-sur-Aube, Napoléon marcha sur Saint-
Dizier pour se porter sur la Lorraine et se jeter sur les
communications des armées allemandes. Bien qu'il ne
disposât alors que de soixante-cinq mille soldats, cette
marche eût été décisive si Paris eût été mis en état de
résister seulement quinze jours.

IV. « Le plan d'une marche de concentration générale de nos forces de Langres, plan qu'on est en mesure
d'exécuter avec trois cent mille hommes dès le 15 dé-

cembre est donc conforme aux principes de la science stratégique, et le résultat en est pour ainsi dire garanti d'avance par l'expérience de l'histoire ; il est de plus conforme aux lumières du plus simple bon sens.

» La France est mutilée, il ne lui reste plus qu'un bras, mais ce bras est encore capable de tenir une épée. Un ennemi enhardi par le succès met la main sur Paris, la capitale saura-t-elle lui saisir cette main, sinon l'ennemi serrera plus fort et de son autre il l'é cartera. Mais si du bras qui lui reste elle menace son adversaire, celui-ci lâchera prise aussitôt. Le bras de la Prusse est étendu sur la France de Strasbourg à Paris, c'est ce bras qu'il faut menacer avec toutes les forces disponibles.

» Pour que les opérations de la nature de celle que nous précisons réussissent, il faut deux choses :

» 1° Le secret gardé sur ses intentions qui ne doivent être révélées que tardivement par les faits et alors qu'il n'est plus temps pour l'ennemi d'y parer par des contre-manœuvres. L'art de la guerre n'est si difficile que par la difficulté qu'on éprouve à cacher d'une part ses projets à l'ennemi et de l'autre à pénétrer les siens.

» 2° L'exacte combinaison des détails, le recensement du matériel, des voies d'exploitation dont on doit se servir, le calcul exact des durées du transport par chemin de fer. La quantité suffisante de munitions de guerre et de denrées alimentaires assurée, de manière à ne laisser jamais aucun corps en l'air ou sans vivres. Dans la guerre, le calcul exact du temps et des distances est tout.

» Le plus beau plan du monde échoue parce qu'un corps d'armée arrive quelques heures trop tard sur le champ de bataille.

» Arrivé quatre heures trop tard, il se trouve en présence d'une déroute et l'aggrave même.

7.

» Quatre heures plus tôt, il change un désastre en victoire.

» Ainsi peut et doit être sauvée militairement la France. »

Tours, 25 novembre 1870.

Charles LULLIER.

La France ne fut sauvée ni militairement ni révolutionnairement, mais égorgée en troupeau par les bourgeois dégénérés, et pourtant, l'avenir est à la Révolution libératrice.

Ces fragments paraissent vieux de mille ans, la science militaire étant une science qui meurt puisque la guerre entre les peuples se meurt ; malgré les efforts des despotes, des tressaillements l'agitent encore, comme ceux d'une bête à l'agonie, elle ne se relèvera plus. Mais Rossel et Lullier furent des intelligences consumées à travers les événements comme les phalènes à travers la flamme.

Aujourd'hui la discipline a fait son temps, les hommes qu'elle a élevés se heurtent et se rebutent dans la libre envolée de l'humanité.

VII

L'ASSEMBLÉE DE BORDEAUX. — ENTRÉE DES PRUSSIENS DANS PARIS

Majorité rurale, honte de la France !
(Gaston CRÉMIEUX.)

Un second délai fut accordé jusqu'au **28** février et le gouvernement qui se défiait de Paris obtint que l'armée allemande n'y entrerait que le **1er** mars. Trochu avait donné sa démission afin de tenir sa parole ou plutôt de paraître la tenir. (Le gouverneur de Paris ne capitulera pas!) Vinoy l'un des complices de Napoléon III au 2 décembre remplaçait Trochu.

Paris, comme toute la France dressait des listes de candidats s'estompant du républicain à l'internationaliste.

Ceux qui avaient encore quelque confiance aux urnes éprouvèrent des surprises, telles que de voir M. Thiers, qui, la veille de la proclamation officielle, avait 61,000 voix, ce qui déjà semblait exagéré, en annoncer le lendemain 103,000! Ce sont les secrets du suffrage universel.

Sur quelques listes, dites des quatre comités, le nom de Blanqui avait été proscrit, quoique plusieurs internationaux y fussent inscrits, Blanqui, c'était l'épouvantail.

Les clubs choisirent les noms des internationaux, aussi bien celui de Liebneck qui avait énergiquement protesté contre la guerre que celui des internationaux français.

Un grand nombre de révolutionnaires n'ayant pas de confiance au suffrage universel, moins universel que jamais, s'abstinrent! ils furent, comme on l'avait fait pour le plébiscite précédent, remplacés par les réfugiés, les soldats, les mobiles bretons.

M. Thiers qui menait la campagne en province fit voter tous les effarements, toutes les réactions, il sut flatter toutes les lâchetés, si bien, qu'il fut élu dans vingt-trois départements. On l'appela le roi des radicaux.

A la première séance de cette assemblée réactionnaire, Garibaldi ne put se faire entendre, les vociférations couvraient sa voix, tandis qu'il offrait ses fils à la République.

Comme le vieillard restait debout au milieu du tumulte, Gaston Crémieux de Marseille, qui devait être

fusillé quelques semaines plus tard, s'écria, aux applaudissements de la foule entassée dans les tribunes :
Majorité rurale, honte de la France !

L'assemblée de Bordeaux fut jusqu'au bout digne de
son début, il fut impossible à quiconque pensait librement de rester dans ce milieu hostile à toute idée généreuse.

Rochefort, Malon, Ranc, Tridon, Clemenceau donnèrent leur démission.

Celle de quatre d'entre eux était collective et conçue
en ces termes :

« Citoyen président, les électeurs nous avaient donné
le mandat de représenter la République française.

» Or, par le vote du 1er mars, l'assemblée nationale
a consacré le démembrement de la France, la ruine
de la patrie, elle a ainsi frappé ses délibérations de
nullité :

» Le vote de quatre généraux et l'abstention de trois
autres démentent formellement les assertions de
M. Thiers. Nous ne pouvons demeurer un jour de plus
dans cette assemblée.

» Nous vous donnons donc avis, citoyen président,
que nous n'avons plus qu'à nous retirer.

» Henri ROCHEFORT, MALON de l'Internationale,
RANC, TRIDON de la Côte-d'Or. »

Garibaldi, Victor Hugo, Félix Pyat, Delescluze donnèrent également leur démission de députés.

Le gouvernement appelé *nouveau* parce que c'était
surtout la même chose que l'ancien, fut ainsi composé
par l'assemblée capitularde.

THIERS, chef du pouvoir exécutif.

Jules FAVRE, ministre des affaires étrangères.

Ernest PICARD, intérieur.

DUFAURE, justice.

Général LE FLO, guerre.

POUYER-QUERTIER, finances.

Jules Simon, instruction publique.

Amiral Pothuau, marine.

Lambrecht, commerce.

Delarey, travaux publics.

Jules Ferry, maire de Paris.

Vinoy, gouverneur de Paris.

Les conditions de la paix étaient : la cession de l'Alsace et d'une partie de la Lorraine avec Metz.

Le paiement en trois années, de cinq milliards d'indemnités de guerre.

L'occupation du territoire jusqu'à parfait paiement des cinq milliards.

L'évacuation à mesure, et en proportion des sommes versées.

Le 27 février, le bruit se répandit dans Paris de l'entrée de l'armée allemande.

Aussitôt les Champs-Elysées furent couverts de gardes nationaux. Le rappel battait dans la nuit.

On se ressouvint qu'à la place Wagram il y avait des canons que les gardes nationaux des faubourgs avaient achetés par souscriptions, et qui leur appartenaient, pour la défense de Paris.

A la place des Vosges, également, étaient des canons achetés par les bataillons du Marais, chaque quartier avait les siens. Hommes, femmes, enfants s'attelèrent ; les pièces de Montmartre roulées jusqu'au boulevard Ornano, sont montées sur la butte.

Belleville et la Villette traînent les leurs aux buttes Chaumont.

Les pièces du Marais sont laissées place des Vosges. C'est le meilleur endroit pour un parc d'artillerie.

Deux mille gardes nationaux se réunissent au comité central. On prépare les affiches suivantes pour le lendemain.

« La garde nationale proteste, par l'organe de son comité central, contre toute tentative de désarmement, et déclare qu'au besoin elle y résistera par les armes.

» *Le Comité central de la garde nationale.* »

Ce manifeste fut affiché le lendemain **28** ainsi que le suivant.

« Les révolutionnaires ne voulant pas faire inutilement égorger une partie de la population,

» Le sentiment de la population paraît de ne pas s'opposer à l'entrée des Prussiens dans Paris. Le comité central qui avait émis une opinion contraire déclare qu'il se rallie à la proposition suivante :

» Il sera établi autour des quartiers que doit occuper l'ennemi, une série de barricades destinées à isoler complètement cette partie de la ville.

» Les habitants de la région circonscrite dans ses limites devront l'évacuer immédiatement.

» La garde nationale, de concert avec l'armée formée en cordons tout autour, veillera à ce que l'ennemi ainsi isolé sur un sol qui ne sera plus notre ville, ne puisse en aucune façon communiquer avec les parties retranchées de Paris.

» Le comité central engage la garde nationale à prêter son concours à l'exécution des mesures nécessaires à ce but et à éviter toute agression qui serait le renversement immédiat de la République.

» *Le Comité central de la garde nationale.*

» Alavoine, Bouit, Frontier, Boursier, David Boison, Baroud, Gritz, Tessier, Ramel, Badois, Arnold, Piconel, Audoynard, Masson, Weber, Lagarde, Laroque, Bergeret, Pouchain, Lavalette, Fleury, Maljournal, Chonteau, Cadaze, Castroni, Dutil, Matté, Ostyn. »

L'armée se retira sur la rive gauche, la garde nationale seule, sans trouble, sans provocation, sans faiblesse, exécuta son programme.

Cette nuit-là avait une impression de grandeur.

Il semblait que de quelque part de l'espace on regardât passer dans l'ombre d'une ville morte, un fantôme d'armée.

Les demi-tons incisifs du tocsin tombaient dans le noir des rues désertes.

Les deux tambours géants de Montmartre descendaient la rue Ramey, battant un rappel sourd comme une marche funèbre.

Des souffles de révolte passaient dans l'air, mais la moindre agression eût, comme l'avait senti le comité central, servi de prétexte à un rétablissement de dynastie, sous la protection de Guillaume.

Quelques instants les drapeaux noirs des fenêtres claquèrent dans le vent, puis il n'y en eut plus une haleine de vie.

De la permanence du comité de vigilance, on ne voyait que la nuit dans laquelle sonnait le tocsin. — La nuit s'acheva lourde.

Aux Champs-Elysées, paisiblement comme un devoir, on brisa dans un café qui avait ouvert aux Prussiens, le comptoir et tout ce qui avait servi à leur usage et par devoir aussi, sans pitié ni colère, on fouetta des malheureuses qui pour voir les envahisseurs avaient en toilettes de fête dépassé les barrières.

Que ne pouvait-on faire justice en place de ces produits lamentables du vieux monde de la société putréfiée tout entière.

L'assemblée de Bordeaux continua de voter une série de mesures honteuses. Ceux qui composaient à Paris le goùvernement n'ayant pas comme la défense nationale promis de mourir plutôt que de se rendre, s'en donnaient à cœur joie d'infamies.

Craignant tous les hommes de courage qu'il appelait la lie des faubourgs, l'assemblée qui n'eût jamais osé affronter Paris, préparait une trahison pour désarmer de ses canons *l'acropole de l'émeute*, Montmartre, que nous appelions avec la vile multitude la citadelle de la liberté, le mont sacré.

Il y eut un instant où le parti de l'ordre disparaissant dans la multitude, Paris n'eut plus qu'une seule âme héroïque criant vers la liberté.

M. Thiers tenant entre ses griffes de gnome l'assemblée de Bordeaux, la pétrissait à sa taille ; et cette assemblée-là, s'appelait la France : la République !

## VIII

### S ULÉVEMENTS PAR LE MONDE POUR LA LIBERTÉ

> Sonnez, sonnez toujours, clairons de la pensée.
> (Victor Hugo )

Il y eut par le monde autour de 71, de grands soulèvements d'idées.

Un souffle de tempête les semait, elles ont ramifié grandissant dans l'ombre et à travers les égorgements, elles sont aujourd'hui en fleur ; les fruits viendront.

Vers 70 avant, après, toujours, jusqu'à ce que soit accomplie la transformation du monde, l'attirance vers l'idéal vrai continue.

Est-ce qu'on peut empêcher le printemps de venir, lors même qu'on couperait toutes les forêts du monde?

Vers 70, Cuba, la Grèce, l'Espagne revendiquaient leur liberté : partout, les Esclaves allaient secouant leurs chaînes, les Indes comme aujourd'hui se soulevaient pour la liberté.

Les cœurs montaient assoiffés d'idéal ; tandis que les maîtres plus implacables armaient leurs meutes inconscientes, les entraînant sur le gibier humain, toujours noyée dans le sang, la révolte renaissait sans cesse ;

c'était partout une marée montante vers l'étape nouvelle et plus haute, en vue toujours sans qu'elle soit
encore atteinte.

Les répressions déchaînées plus féroces et plus stupides à mesure que la fin arrive sollicitaient comme
nous le voyons encore, le pouvoir affolé et croulant.

En novembre 70, les cachots de Russie regorgeaient.
Des hommes, des femmes appartenant comme grand
nombre d'entre nous à la jeunesse des écoles, avaient
adhéré à l'Internationale ; ils essayaient d'éveiller les
moujiks courbés depuis si longtemps sur la dure zem-
lia.

C'était avec des paroles simples, avec des figures
qu'il fallait parler à ces hommes simples (les *Paroles*,
par Bakounine) comme le chant matinal du coq les tirèrent du sommeil.

« Le peuple russe, disait-il, dans ces images, se
trouve actuellement dans des conditions semblables à
celles qui le forcèrent à l'insurrection, sous le tzar
Alexis, père de Pierre le Grand. Alors, c'était Stanka
Razine, cosaque chef des révoltés, qui se mit à sa tête
et lui indiqua la voie d'émancipation.

» Pour se lever aujourd'hui, disait Bakounine, il y a
près de vingt-six ans, le peuple n'attend plus qu'un
nouveau Stanka Razine, et cette fois, il sera remplacé
par la légion des jeunes hommes déclassés, qui maintenant vivent de la vie populaire; Stanka Razine se
sent derrière eux, non héros personnel, mais collectif
et par cela même invincible. Ce sera toute cette magnifique jeunesse sur laquelle plane son esprit.

                                » Michel BAKOUNINE. »

Dans une poésie d'Ogareff, ami de Bakounine (l'*Étudiant*), les jeunes gens au cœur ardent et généreux,
voyaient l'un d'eux vivant de science et d'humanité à
travers les luttes de la misère.

Voué par la vengeance du tzar et des boyards à la vie nomade, il allait du couchant au levant criant aux paysans : rassemblez-vous ! levez-vous ! Arrêté par la police impériale, il mourait dans les plaines glacées de la Sibérie en répétant jusqu'à son dernier souffle que tout homme doit donner sa vie pour la terre et la liberté.

Lors des procès de la Commune, le procès des internationaux était jugé en Russie avec les mêmes cruautés inspirées par la terreur que tous les despotes ont de la vérité.

Le mouvement en Amérique avait commencé dès 1866 à Philadelphie, où Uriah Stephens propageait l'idée du groupement défensif des travailleurs contre l'exploitation.

Pendant plusieurs années les réunions des « knights of labour » chevaliers du travail restèrent secrètes, puis tout à coup, James Wright, Robert Macauley, William Cook, Joseph Rennedy et d'autres se réunissant à Uriah Stephens, formèrent un premier groupe de propagande, bientôt suivi d'autres ; aujourd'hui ce n'est plus par centaines mais par centaines de mille que se comptent les knights of labour.

Ils eurent depuis correspondance pour les grèves, avec les trades union, et les associations ouvrières de l'Amérique du Nord, et celles de l'Irlande contre les évictions.

Elle est en réalité depuis toujours, sous tous les noms que prend la révolte, à travers les âges, cette union des spoliés contre les spoliateurs; mais à certaines époques telles que 71 et maintenant, elle frémit davantage devant des crimes plus grands, ou peut-être, il est l'heure de briser un anneau de la longue chaîne d'esclavage.

L'Algérie, en 70, ployée sous la conquête puisait dans ses souffrances le courage de l'insurrection.

« Notre administration, dit Jules Favre lui-même, recueillait ainsi les tristes fruits de la politique à laquelle pendant de longues années elle avait sacrifié les intérêts coloniaux. »

(Jules FAVRE, *Simple récit d'un Membre de la défense nationale*, page 269, tome 2.)

Vers la fin de février, les Arabes qui connaissaient le despotisme militaire, mais qui ignoraient ce que serait le despotisme civil et préféraient le mal connu au mal inconnu, commencent à se plaindre plus fort, qu'on envoyait jusque dans leurs familles des Français, pour lesquels ils sont toujours des vaincus; ils réclamaient leurs compatriotes dans les bureaux et craignaient encore plus l'administration civile pour s'immiscer chez eux.

La révolte, qui chez les peuples asservis couve toujours sous la cendre se propagea rapidement.

Le vieux cheik Haddah sortit de la cellule où il s'était muré depuis plus de trente ans, que son pays souffrait de la servitude et commença à prêcher la guerre sainte.

Ses deux fils Mohamed et Ben Azis, El Mokrani, ben Ali Chérif et d'autres, soulevèrent les Kabyles; ils eurent bientôt une petite armée et vers le 14 mars le bach aga de la Medjana envoya chevaleresquement une déclaration de guerre au gouverneur de l'Algérie.

Pendant huit jours, les Arabes assiégèrent Bordji-bou-Arréridj, mais les colonnes Bonvalet composées de plusieurs milliers d'hommes les enveloppèrent

L'un des cheiks, alors, descendit de cheval et gravit lentement la hauteur d'un ravin que balayait la mitraille.

« Il reçut, dit encore Jules Favre, la mort qu'il cherchait orgueilleux et fier comme il eût fait du triomphe. »

(Jules FAVRE, *Simple récit d'un Membre de la défense nationale*, -- 2ᵉ volume - page 273.)

Ainsi en mai 71 devait faire Delescluze.

On dirait qu'en écrivant cela, Jules Favre se souvenait du temps où, entouré de la jeunesse des écoles, il était avec nous d'une bonté paternelle et où nous l'aimions, comme nous aimons la révolte pour la République, et pour la liberté.

O la res publica que nous rêvions alors, qu'elle était grande et belle !


# IX

## LES FEMMES DE 70

> On eût dit que la Gaule en elle s'éveil'ait :
> Libres, voulant mourir, augmentant de courage
> Pour des périls plus grands.
>
> (L. M.)

Parmi les plus implacables lutteurs qui combattirent l'invasion et défendaient la République comme l'aurore de la liberté, les femmes sont en nombre.

On a voulu faire des femmes une caste, et sous la force qui les écrase à travers les événements, la sélection s'est faite ; on ne nous a pas consultées pour cela, et nous n'avons à consulter personne. Le monde nouveau nous réunira à l'humanité libre dans laquelle chaque être aura sa place.

Le droit des femmes avec Maria Deresme marchait courageusement mais exclusivement pour un seul côté de l'humanité, les écoles professionnelles de mesdames Jules Simon, Paulin, Julie Toussaint. L'enseignement des petits de madame Pape Carpentier se rencontrant rue Hautefeuille à la société d'instruction élémentaire avaient fraternisé sous l'empire, dans une si large acception que les plus actives faisaient partie de tous les groupements à la fois. Nous avions pour cela, comme complice M. Francolin, de l'instruction élémentaire, qu'à cause de sa ressemblance avec les savants du temps de l'alchimie et aussi par amitié nous appelions le docteur Francolinus.

Il avait fondé, presque à lui seul, une école professionnelle gratuite rue Thévenot.

Les cours y avaient lieu le soir. Celles d'entre nous, qui en faisaient pouvaient ainsi se rendre rue Thévenot après leur classe, nous étions presque toutes institutrices — il y avait Maria La Cecillia, alors jeune fille, la directrice était Maria Andreux, plusieurs autres femmes y faisaient des cours, j'en avais trois ; la littérature, où il était si facile de trouver des citations d'auteurs d'autrefois s'adaptant à l'instant présent. La géographie ancienne, où les noms et les recherches du passé, ramenaient aux recherches et aux noms présents, où il faisait si bon évoquer l'avenir sur les ruines, que je me passionnais pour ces cours.

J'avais encore le jeudi, celui de dessin où la police impériale me fit l'honneur de venir voir un Victor Noir, sur son lit de mort, dessiné à la craie blanche et estompé avec le doigt sur le tableau noir, ce qui fait un relief d'une douceur de rêve.

Quand les événements se multiplièrent, Charles de Sivry prit le cours de littérature, et mademoiselle Potin, ma voisine d'institution et mon amie, prit le cours de dessin.

Toutes les sociétés de femmes ne pensant qu'à l'heure terrible où on était, se rallièrent à la société de secours pour les victimes de la guerre, où les bourgeoises, les femmes de ces membres de la défense nationale qui défendait si peu, furent héroïques.

Je le dis sans esprit de secte, puisque j'étais plus souvent à la patrie en danger et au comité de vigilance qu'au comité de secours pour les victimes de la guerre, l'esprit en fut généreux et large ; les secours furent

donnés, émiettés même, afin de soulager un peu toutes
les détresses, et aussi afin d'engager encore et toujours,
à ne jamais se rendre.

Si quelqu'un, devant le comité de secours pour les
victimes de la guerre, eût parlé de reddition, il eût
été mis à la porte, aussi énergiquement que dans les
clubs de Belleville ou de Montmartre. On était les
femmes de Paris tout comme dans les faubourgs, comme
il me souvient de la société pour l'instruction élémentaire où à droite du bureau dans le petit cabinet
j'avais ma place sur la boîte du squelette, j'avais à la
société de secours, ma place sur un tabouret, aux
pieds de madame Goodchaux, qui ressemblant sous ses
cheveux blancs, à une marquise d'autrefois, jetait parfois en souriant, quelque petite goutte d'eau froide sur
mes rêves.

Pourquoi étais-je là une privilégiée ? je n'en sais
rien, il est vrai, peut-être que les femmes aiment les
révoltes. Nous ne valons pas mieux que les hommes,
mais le pouvoir ne nous a pas encore corrompues.

Et le fait est qu'elles m'aimaient et que je les aimais.

Lorsqu'après le 31 octobre je fus prisonnière de M.
Cresson, non pas pour avoir pris part à une manifestation, mais pour avoir dit : Je n'étais là que pour
partager les dangers des femmes, ne reconnaissant pas
le gouvernement ! — madame Meurice, au nom de la
société pour les victimes de la guerre, vint me réclamer au même moment où, au nom des clubs, Ferré,
Avronsart et Christ y venaient également.

Combien de choses tentèrent les femmes en 71 ! toutes, et partout ! Nous avions d'abord établi des ambulances dans les forts, et comme nous avions contre
l'ordinaire usage trouvé la défense nationale disposée
à nous accueillir, nous commencions déjà à croire les
gouvernants bien disposés pour le combat, lorsqu'ils

envoyèrent également dans les forts, une foule de jeunes gens absolument inutiles, ignorantins et petits crevés, qui criaient leurs craintes tandis que les forts regardaient de vivre ; — les unes et les autres, nous nous empressâmes de donner nos démissions, cherchant à nous employer plus utilement ; — j'ai retrouvé l'an dernier l'une de ces braves ambulancières, madame Gaspard.

Les ambulances, les comités de vigilance, les ateliers des mairies où, surtout à Montmartre, mesdames Poirier, Escoffon, Blin, Jarry trouvaient moyen que toutes eussent un salaire également rétribué.

La marmite révolutionnaire où pendant tout le siège madame Lemel, de la chambre syndicale des relieurs, empêcha je ne sais comment tant de gens de mourir de faim, fut un véritable tour de force de dévouement et d'intelligence.

Les femmes ne se demandaient pas si une chose était possible, mais si elle était utile, alors on réussissait à l'accomplir.

Un jour il fut décidé, que Montmartre n'avait pas assez d'ambulances, alors avec une amie de la société d'instruction élémentaire toute jeune à cette époque, nous résolûmes de la fonder. C'était Jeanne A., depuis madame B.

Il n'y avait pas un sou, mais nous avions une idée pour faire les fonds.

Nous emmenons avec nous un garde national, de haute taille, à la physionomie d'une gravure de 93, — marchant devant la baïonnette au fusil. Nous, avec de larges ceintures rouges, tenant à la main des bourses faites pour la circonstance, nous partons tous les trois, chez les gens riches, avec des visages sombres. — Nous commençons par les églises, le garde national marchant dans l'allée en frappant son fusil sur les dalles ; nous, prenant chacune un côté de la nef, nous quêtons en commençant par les prêtres à l'autel.

À leur tour les dévotes, pâles d'épouvante, versaient en tremblant leur monnaie dans nos aumônières — quelques-uns d'assez bonne grâce, tous les curés donnaient ; puis ce fut le tour de quelques financiers juifs ou chrétiens, puis des braves gens, un pharmacien de la Butte offrit le matériel. L'ambulance était fondée.

On rit beaucoup, à la mairie de Montmartre, de cette expédition que nul n'eût encouragée, si nous en eussions fait confidence avant la réussite.

Le jour où mesdames Poirier, Blin, Excoffons vinrent me trouver à ma classe pour commencer le comité de vigilance des femmes m'est resté présent.

. C'était le soir, après la classe, elles étaient assises contre le mur, Excoffons ébouriffée avec ses cheveux blonds, la mère Blin déjà vieille avec une capeline de tricot ; madame Poirier ayant un capuchon d'indienne rouge ; sans compliments, sans hésitation elles me dirent simplement : — Il faut que vous veniez avec nous, et je leur répondis : — J'y vais.

Il y avait en ce moment à ma classe presque deux cents élèves, des fillettes de six à douze ans que nous instruisions ma sous-maîtresse et moi, et de tout petits enfants de trois à six ans, garçons et filles dont ma mère s'était chargée et qu'elle gâtait beaucoup. Les grandes de ma classe l'aidaient, tantôt l'une, tantôt l'autre.

Les petits, dont les parents étaient des gens de la campagne réfugiés à Paris, avaient été envoyés par Clemenceau ; la mairie s'était chargée de leur nourriture, ils avaient du lait, du cheval, des légumes et très souvent quelques friandises.

Un jour que le lait tardait, les plus jeunes peu habitués à attendre se mirent à pleurer, ma mère en les consolant, pleurait avec eux. Je ne sais comment je m'avisai, pour les faire attendre avec plus de patience, de les menacer, s'ils ne se taisaient pas, de les envoyer chez Trochu.

Aussitôt ils crièrent avec effroi : — Mademoiselle, nous serons bien sages, ne nous envoyez pas chez Trochu !

Ces cris et la patience avec laquelle ils attendirent me donnèrent l'idée qu'ils entendaient chez eux tenir en médiocre estime le gouvernement de Paris.

On a souvent parlé des jalousies entre institutrices, je ne les ai pas éprouvées ; avant la guerre nous faisions des échanges de leçons avec ma plus proche voisine, mademoiselle Potin, donnant les leçons de dessin chez moi, et moi les leçons de musique chez elle, conduisant tantôt l'une tantôt l'autre, nos plus grandes élèves aux cours de la rue Hautefeuille. Pendant le siège elle fit ma classe, lorsque j'étais en prison.

FIN DE LA DEUXIÈME PARTIE

# TROISIÈME PARTIE

## LA COMMUNE

I

LE **18** MARS

> La germination extraordinaire des idées
> nouvelles les surprit et les terrifia, l'odeur
> de la poudre troubla leur digestion ; ils fu-
> rent pris de vertige et ils ne nous le par-
> donneront pas.
>
> (*La Revanche de la Commune.*
>
> J. B. CLÉMENT.)

Aurelle de Paladine commandait, sans qu'elle voulût lui obéir, la garde nationale de Paris qui avait choisi Garibaldi.

Brunet et Piaza choisis également pour chefs, le 28 janvier par les gardes nationaux, et qui étaient condamnés par les conseils de guerre à deux ans de prison, furent délivrés dans la nuit du 26 au 27 février.

On n'obéissait plus : les canons de la place des Vosges qu'envoyait prendre le gouvernement par des artilleurs, sont refusés sans qu'ils osent insister et sont traînés aux buttes Chaumont.

Les journaux que la réaction accusait de pactiser avec l'ennemi, *le Vengeur*, de Félix Pyat ; *le Cri du Peuple*, de Vallès, *le Mot d'Ordre*, de Rochefort, fondé le lendemain de l'armistice ; *le Père Duchesne*, de Vermesch, Humbert, Maroteau et Guillaume ; *la Bouche de fer*, de Vermorel ; *la Fédération*, par Odysse Barot ;

*la Caricature*, de Pilotelle, étaient suspendus depuis
le 12 mars.

Les affiches remplaçaient les journaux, et les soldats alors, défendaient contre la police celles où on
leur disait de ne point égorger Paris, mais d'aider à
défendre la République.

M. Thiers, le mauvais génie de la France, ayant le
10 mars terminé ses pérégrinations, Jules Favre lui
écrivit l'incroyable lettre suivante.

« Paris, 10 mars 1871, minuit.

» Cher président et excellent ami, le conseil vient
de recevoir avec une grande joie la bonne nouvelle du
vote de l'assemblée.

» C'est à votre infatigable dévouement qu'il en ren-
voie l'honneur, il y voit un motif de plus de reconnaissance envers vous, je m'en réjouis à tous les points
de vue, il est le gage de votre union avec l'assemblée,
vous ramène à nous et vous permet enfin d'aborder
l'accomplissement de nos différents devoirs.

» Nous avons à rassurer et à défendre notre pauvre
pays, si malheureux, et si profondément troublé. Nous
devons commencer par faire exécuter les lois. Ce soir
nous avons arrêté la suppression de cinq journaux qui
prêchent chaque jour l'assassinat : *Le Vengeur, le Mot
d'Ordre, la Bouche de fer, le Cri du Peuple* et *la Caricature.*

» Nous sommes décidés à en finir avec les redoutes
de Montmartre et de Belleville et nous espérons que
cela se fera sans effusion de sang.

» Ce soir, jugeant une seconde catégorie des accusés
du 31 octobre, le conseil de guerre a condamné par
contumace Flourens; Blanqui, Levrault à la peine de
mort, Vallès présent à six mois de prison.

» Demain matin je vais à Ferrière m'entendre avec
l'autorité prussienne sur une foule de points de détail.

» Les Prussiens continuent à être intolérables, je vais essayer de prendre avec eux des arrangements qui adouciront la position de nos malheureux conci-toyens.

» J'espère que vous pouvez partir demain samedi. — Vous trouverez Paris et Versailles prêts à vous recevoir et à Paris quelqu'un bien heureux de votre retour.

» Mille amitiés sincères.

» Jules FAVRE. »

Le 17 au soir des affiches du gouvernement furent placardées sur les murs de Paris afin d'être lues de bonne heure, mais le 18 au matin personne ne s'occupait plus de ses déclarations.

Celle-là pourtant était curieuse, les hommes qui la firent y crurent déployer de l'habileté ; aveuglés sur les sentiments de Paris, ils y parlaient une langue étrangère, que personne ne voulait entendre, celle de la capitulation.

« HABITANTS DE PARIS,

» Nous nous adressons encore à vous et à votre patriotisme et nous espérons que nous serons écoutés.

» Votre grande cité qui ne peut vivre que par l'ordre est profondément troublée dans quelques quartiers, et le trouble de ces quartiers sans se propager dans les autres suffit cependant pour y empêcher le retour du travail et de l'aisance.

» Depuis quelque temps, des hommes mal intentionnés, sous prétexte de résister aux Prussiens qui ne sont plus dans vos murs, se sont constitués les maîtres d'une partie de la ville, y ont élevé des retranchements, y montent la garde, *vous forcent* à les monter avec eux par ordre d'un comité *occulte* qui prétend commander seul à une partie de la garde nationale, méconnaît ainsi l'autorité du général d'Aurelle si digne d'être à votre tête et veut former un gouvernement légal institué par le suffrage universel.

» Ces hommes qui vous ont déjà causé tant de mal, que vous avez dispersés *vous-mêmes* le 31 octobre, affichent la prétention de vous défendre contre les Prussiens qui n'ont fait que paraître dans vos murs et dont les désordres retardent le départ définitif, braquant des canons qui s'ils faisaient feu ne foudroieraient que vos maisons, vos enfants et vous-mêmes.

» Enfin compromettent la République au lieu de la défendre, car s'il s'établissait dans l'opinion de la France que la République est la compagne nécessaire du désordre, la République serait perdue, ne les croyez pas et écoutez la vérité que nous vous disons, en toute sincérité.

» Le gouvernement institué par la nation tout entière, aurait déjà pu reprendre ses canons dérobés à l'État, et qui en ce moment ne menacent que vous; — enlever ces ressouvenirs ridicules qui n'arrêtent que le commerce et mettre sous la main de la justice ces criminels qui ne craindraient pas de faire succéder la guerre civile à la guerre étrangère; mais il a voulu donner aux hommes trompés le temps de se séparer de ceux qui les trompent.

» Cependant le temps qu'on a donné aux hommes de bonne foi pour se séparer des hommes de mauvaise foi est pris sur votre repos, sur votre bien-être, sur le bien-être de la France tout entière, il ne faut donc pas le prolonger indéfiniment.

» Tant que dure cet état de choses le commerce est arrêté, vos boutiques sont désertes, les commandes qui viennent de toutes parts sont suspendues, vos bras sont oisifs, le crédit ne renaît pas; les capitaux dont le gouvernement a besoin pour délivrer le territoire de la présence de l'ennemi hésitent à se présenter.

8.

Dans votre intérêt même, dans celui de votre cité comme dans celui de la France, le gouvernement est résolu à agir. Les coupables qui ont prétendu instituer un gouvernement vont être livrés à la justice régulière. Les canons dérobés à l'Etat vont être rétablis dans les arsenaux, et pour exécuter cet acte urgent de justice et de raison le gouvernement compte sur votre concours.

» Que les bons citoyens se séparent des mauvais, qu'ils aident à la force publique au lieu de lui résister, ils hâteront ainsi le retour de l'aisance dans la cité et rendront service à la République elle-même que le désordre ruinerait dans l'opinion de la France.

» Parisiens, nous vous tenons ce langage parce que nous estimons votre bon sens, votre sagesse, votre patriotisme; mais cet avertissement donné vous nous approuverez de recourir à la force, car il faut à tout prix et sans un jour de retard que l'ordre, condition de votre bien-être, renaisse entier, immédiat et inaltérable.

» Paris 17 mars 1871.

» THIERS, *chef du pouvoir exécutif.* »

Bien moins qu'on ne se fût occupé d'une proclamation du roi Dagobert, on ne songeait à celle de M. Thiers.

Tout le monde savait que les canons, soi-disant dérobés à l'Etat, appartenaient à la garde nationale et que les rendre eût été aider à une restauration. M. Thiers était pris à son propre piège, les mensonges étaient trop évidents, les menaces trop claires.

Jules Favre raconte avec l'inconscience que donne le pouvoir la provocation préparée.

« Vinoy, dit-il, aurait voulu qu'on engageât la lutte en supprimant la paie de la garde nationale; nous crû-

mes ce moyen plus dangereux qu'une provocation
directe. »

(Jules FAVRE, *Histoire du Gouvernement de la
défense nationale*, 2ᵉ volume, page 209.)

La provocation directe fut donc tentée ; mais le coup
de main essayé place des Vosges avait donné l'éveil.
On savait par le 31 octobre et le 22 janvier de quoi
sont capables des bourgeois hantés du spectre rouge.

On était trop près de Sedan et de la reddition pour
que les soldats, fraternellement nourris par les habitants de Paris, fissent cause commune avec la répression. — Mais sans une prompte action, on sentait, dit
Lefrançais, que comme au 2 décembre c'en était fait
de la République et de la liberté.

L'invasion des faubourgs par l'armée fut faite dans
la nuit du 17 au 18 ; mais malgré quelques coups de
fusil des gendarmes et des gardes de Paris, ils fraternisèrent avec la garde nationale.

Sur la butte, était un poste du 61ᵉ veillant au n° 6
de la rue des Rosiers, j'y étais allée de la part de
Dardelle pour une communication et j'étais restée.

Deux hommes suspects s'étant introduits dans la
soirée avaient été envoyés sous bonne garde à la mairie dont ils se réclamaient et où personne ne les connaissait, ils furent gardés en sûreté et s'évadèrent le
matin pendant l'attaque.

Un troisième individu suspect, Souche, entré sous
un vague prétexte vers la fin de la nuit, était en train
de raconter des mensonges dont on ne croyait pas un
mot, ne le perdant pas de vue, quand le factionnaire
Turpin tombe atteint d'une balle. Le poste est surpris
sans que le coup de canon à blanc qui devait être tiré
en cas d'attaque ait donné l'éveil, mais on sentait
bien que la journée ne finissait pas là.

La cantinière et moi nous avions pansé Turpin en
déchirant notre linge sur nous, alors arrive Clemen-

ceau qui ne sachant pas le blessé déjà pansé demande
du linge. Sur ma parole et sur la sienne de revenir, je
descends la butte, ma carabine sous mon manteau, en
criant : Trahison ! Une colonne se formait, tout le comité
de vigilance était là : Ferré, le vieux Moreau, Avronsart, Lemoussu, Burlot, Scheiner, Bourdeille. Montmartre s'éveillait, le rappel battait, je revenais en
effet, mais avec les autres à l'assaut des buttes.

Dans l'aube qui se levait, on entendait le tocsin ;
nous montions au pas de charge, sachant qu'au sommet il y avait une armée rangée en bataille. Nous
pensions mourir pour la liberté.

On était comme soulevés de terre. Nous morts,
Paris se fût levé. Les foules à certaines heures sont
l'avant-garde de l'océan humain.

La butte était enveloppée d'une lumière blanche, une
aube splendide de délivrance.

Tout à coup je vis ma mère près de moi et je sentis
une épouvantable angoisse ; inquiète, elle était venue,
toutes les femmes étaient là montées en même temps
que nous, je ne sais comment.

Ce n'était pas la mort qui nous attendait sur les
buttes où déjà pourtant l'armée attelait les canons,
pour les joindre à ceux des Batignolles enlevés pendant la nuit, mais la surprise d'une victoire populaire.

Entre nous et l'armée, les femmes se jettent sur les
canons, les mitrailleuses ; les soldats restent immobiles.

Tandis que le général Lecomte commande feu sur
la foule, un sous-officier sortant des rangs se place
devant sa compagnie et plus haut que Lecomte crie :
Crosse en l'air ! Les soldats obéissent. C'était Verda-
guerre qui fut pour ce fait surtout, fusillé par Versailles quelques mois plus tard.

La Révolution était faite.

Lecomte arrêté au moment où pour la troisième fois

il commandait feu, fut conduit rue des Rosiers où vint
le rejoindre Clément Thomas, reconnu tandis qu'en
vêtements civils il étudiait les barricades de Montmartre.

Suivant les lois de la guerre ils devaient périr.

Au Château-Rouge, quartier général de Montmartre,
le général Lecomte signa l'évacuation des buttes.

Conduits du Château-Rouge à la rue des Rosiers,
Clément Thomas et Lecomte eurent surtout pour adversaires leurs propres soldats.

L'entassement silencieux des tortures que permet
la discipline militaire amoncelle aussi d'implacables
ressentiments.

Les révolutionnaires de Montmartre eussent peut-
être sauvé les généraux de la mort qu'ils méritaient
si bien, malgré la condamnation déjà vieille de Clément
Thomas par les échappés de juin et le capitaine garibaldien Herpin-Lacroix était en train de risquer sa
vie pour les défendre, quoique la complicité de ces
deux hommes se dégageât visible : les colères montent, un coup part, les fusils partent d'eux-mêmes.

Clément Thomas et Lecomte furent fusillés vers
quatre heures rue des Rosiers.

Clément Thomas mourut bien.

Rue Houdon, un officier ayant blessé un de ses soldats qui refusait de tirer sur la foule fut lui-même visé
et atteint.

Les gendarmes cachés derrière les baraquements des
boulevards extérieurs n'y purent tenir et Vinoy s'enfuit de la place Pigalle laissant, disait-on, son chapeau.
La victoire était complète; elle eût été durable, si dès
le lendemain, en masse, on fût parti pour Versailles
où le gouvernement s'était enfui.

Beaucoup d'entre nous fussent tombés sur le chemin, mais la réaction eût été étouffée dans son repaire.
La légalité, le suffrage universel, tous les scrupules de

ce genre qui perdent les Révolutions, entrèrent en ligne comme de coutume.

Le soir du 18 mars, les officiers qui avaient été faits prisonniers avec Lecomte et Clément Thomas furent mis en liberté par Jaclard et Ferré.

On ne voulait ni faiblesses ni cruautés inutiles.

Quelques jours après mourut Turpin, heureux, disait-il, d'avoir vu la Révolution ; il recommanda à Clemenceau sa femme qu'il laissait sans ressources.

Une multitude houleuse accompagna Turpin au cimetière.

— A Versailles ! criait Th. Ferré monté sur le char funèbre.

— A Versailles ! répétait la foule.

Il semblait que déjà on fût sur le chemin, l'idée ne venait pas à Montmartre qu'on pût attendre.

Ce fut Versailles qui vint, les scrupules devaient aller jusqu'à l'attendre.

## II

### MENSONGES DE VERSAILLES — MANIFESTE LE COMITÉ CENTRAL

> Temps futurs, vision sublime !
> (Victor Hugo.)

Le 19 mars Brunel alla avec des gardes nationaux prendre la caserne du prince Eugène, Pindy et Ranvier occupèrent l'Hôtel-de-Ville ; tandis que se lamentaient sur la mort de Clément Thomas et Lecomte quelques compagnies du centre, des polytechniciens et un petit groupe d'étudiants qui jusque-là pourtant marchaient à l'avant-garde, le comité central se réunit à l'Hôtel-de-Ville et déclare que son mandat étant expiré, il garde le pouvoir seulement jusqu'à la nomination de la Commune.

Oh ! si ces hommes dévoués eussent eu, eux aussi, un moins grand respect de la légalité, comme elle eût été bien nommée la Commune révolutionnairement sur le chemin de Versailles.

Les manifestes du comité central racontaient les événements du 18 mars en réponse à ceux du gouvernement qui continuaient à mentir devant les faits. Les bataillons du centre eux-mêmes lisaient avec stupeur les déclarations de M. Thiers et de ses collègues qui avaient l'air de ne pas comprendre la situation ; peut-être en effet ne la comprenaient-ils pas.

### RÉPUBLIQUE FRANÇAISE
#### 18 mars 1871

#### « GARDES NATIONAUX DE PARIS,

» On répand le bruit absurde que le gouvernement prépare un coup d'Etat.

» Le gouvernement de la République ne peut avoir d'autre but que le salut de la République. Les mesures qu'il a prises étaient indispensables au maintien de l'ordre, il a voulu et il veut en finir avec un comité insurrectionnel dont les membres presque tous inconnus à la population ne représentent que des doctrines communistes et mettraient Paris au pillage et la France au tombeau si la garde nationale ne se levait pas pour défendre d'un commun accord la patrie et la République.

» Paris 18 mars 1871.

» A. THIERS, DUFAURE, E. PICARD, J. FAVRE, J. SIMON, POUYET-QUERTIER, général LE FLO, amiral POTHUAU, LAMBRECHT DE SARCY. »

Le général d'Aurelle de Paladine qui de son côté s'imaginait commander la garde nationale de Paris, lui avait adressé une proclamation.

Paris, 18 mars 1871.

« GARDES NATIONAUX,

» Le gouvernement vous invite à défendre votre cité, vos familles, vos propriétés.

» Quelques hommes égarés se mettant au-dessus des lois, n'obéissant qu'à des chefs occultes dirigent contre Paris les canons qui avaient été soustraits aux Prussiens ; ils résistent par la force à la garde nationale et à l'armée. Voulez-vous le souffrir ?

» Voulez-vous, sous les yeux de l'étranger prêt à profiter de nos discordes, abandonner Paris à la sédition ? Si vous ne l'étouffez pas dans son germe, c'en est fait de Paris et peut-être de la France

» Vous avez leur sort entre les mains. Le gouvernement a voulu que vos armes vous fussent laissées.

» Sáisissez-les avec résolution pour rétablir le régime des lois et sauver la République de l'anarchie qui serait sa perte.

» Occupez-vous autour de vos chefs, c'est le seul moyen d'échapper à la ruine et à la domination de l'étranger.

» <i>Le ministre de l'intérieur,</i>

» E. PICARD.

» <i>Le général commandant supérieur des forces de la garde nationale.</i>

» D'AURELLE.

Jupiter, disaient les anciens, aveugle ceux qu'il veut perdre, ce Jupiter-là c'est la puissance.

Les foudres de Versailles atteignaient mal le but, n'étant pas en harmonie avec la situation.

Le comité central en peu de mots rectifia les mensonges officiels.

*Liberté, Egalité, Fraternité.*

RÉPUBLIQUE FRANÇAISE.

19 mars 1871.

« AU PEUPLE,

» Citoyens, le peuple de Paris a secoué le joug qu'on voulait lui imposer.

» Calme, impassible dans sa force, il a attendu sans crainte comme sans provocation les fous éhontés qui voulaient toucher à la République.

» Cette fois nos frères de l'armée n'ont pas voulu porter la main sur l'arche sainte de la liberté; merci à tous, et que tous et la France jettent ensemble la base d'une République acclamée avec toutes ses conséquences, le seul gouvernement qui fermera pour toujours l'ère des invasions et des guerres civiles.

» L'état de siège est levé, le peuple de Paris est convoqué dans ses sections pour faire les élections communales; la sûreté de tous les citoyens est assurée par le concours de la garde nationale.

» *Le comité central.*

» ASSI, BILLIORAY, FERRAT, BABIEK, ED. MOREAU, CH. DUPONT, VARLIN, BOURSIER, MORTIER, GOUHIER, LAVALETTE, JOURDE, ROUSSEAU, CH. LULLIER, BLANCHET, GROLLARD, BARROUD, H. DERESME, FABRE, FOUGERET. »

Une seconde déclaration complète l'exposé de la situation.

RÉPUBLIQUE FRANÇAISE
*Liberté, Egalité, Fraternité.*

« Citoyens,

» Vous nous avez chargés d'organiser la défense de Paris et de vos droits.

» Nous avons conscience d'avoir accompli cette mis-

9

sion aidés par votre généreux courage et votre admirable sang-froid.

» Nous avons chassé ce gouvernement qui nous trahissait.

» A ce moment notre mandat est expiré et nous vous le rapportons, car nous ne voulons pas prendre la place de ceux que le souffle populaire vient de renverser.

» Préparez donc, et faites de suite vos élections communales et donnez-nous pour récompense la seule que nous ayons jamais espérée, celle de vous voir établir la véritable République.

» En attendant, nous conservons l'Hôtel-de-Ville au nom du peuple français.

» Hôtel-de-Ville de Paris, le 19 mars 1871.

» *Le Comité central de la Garde nationale.* »

Pauvres amis, vous ne vîtes ni les uns ni les autres que nulle déclaration n'était plus éloquente que la révolution terminant son œuvre par la victoire qui assurait la délivrance — on avait tant tourné la tête vers 89 et 93 qu'on en parlait encore la langue.

Mais Versailles parlait un bien plus vieux langage encore, s'essayant à des airs de cape et d'épée sous lesquels perçait le guet-apens.

La province d'abord fit bon marché des mensonges, peu à peu, goutte à goutte ils s'imprégnèrent dans les esprits jusqu'à ce qu'ils en fussent saturés.

Le gnome de Transnonain mettait le temps à profit.

Il est curieux d'indiquer quelques-unes des proclamations de cet homme néfaste.

Celle aux employés d'administration, s'explique sans détours.

« D'après l'ordre du pouvoir exécutif vous êtes invités à vous rendre à Versailles pour vous mettre à sa disposition.

» Par ordre du gouvernement, aucun objet de correspondance originaire de Paris ne doit être acheminé ou distribué.

» Tous les objets de cette origine qui parviendraient dans votre service en dépêches closes de Paris ou autrement devront être invariablement expédiées sur Versailles. »

En vertu de cet ordre exécuté par les postes de province, M. Thiers accusa plus tard la Commune d'intercepter les lettres.

Le *Journal officiel* de Versailles, expédié d'un bout à l'autre de la France, contenait cette appréciation.

« Le gouvernement, issu d'une assemblée nommée par le suffrage universel a plusieurs fois déclaré qu'il voulait fonder la République.

» Ceux qui veulent la renverser sont des hommes de désordre, des assassins qui ne craignent pas de semer l'épouvante et la mort dans une cité qui ne peut se sauver que par le calme et le respect des lois.

» Ces hommes ne peuvent être que des stipendiés de l'ennemi ou du despotisme. Leurs crimes, nous l'espérons, soulèveront la juste indignation de la population de Paris qui sera debout pour leur infliger le châtiment qu'ils méritent.

» *Le chef du pouvoir exécutif.*
» A. THIERS. »

La dépêche de ce vieux bourgeois enragé à la mairie de Rouen est plus explicite encore. Ayant fui Paris, il voulait l'assassiner tranquillement chez lui comme Pierre Bonaparte tuait en chambre.

« Versailles, 19 mars 1871, 8 h. 25 du matin.

» Le président du conseil du gouvernement, chef du pouvoir exécutif, aux préfets, généraux commandant les divisions militaires, premiers présidents des cours

d'appel, procureurs généraux, archevêques et évêques.

» Le gouvernement tout entier est réuni à Versailles, l'assemblée s'y réunit également.

» L'armée au nombre de 400,000 hommes s'y est
concentrée en bon ordre sous le commandement du général Vinoy.

» Toutes les autorités, tous les chefs de l'armée y
sont arrivés, les autorités civiles et militaires n'exé-
cuteront pas d'autres ordres que ceux du gouvernement régulier résidant à Versailles, sous peine d'être
considérés comme en état de forfaiture.

» Les membres de l'assemblée nationale sont invités
à accélérer leur retour pour être présents à la séance
du 20 mars.

» La présente lettre circulaire sera livrée à la publicité.

» *Le chef du pouvoir exécutif.*

» A. THIERS. »

Il faut pour revivre l'époque entasser les documents,
parler la langue de ce passé de vingt-six années, vieux
de mille ans, par les scrupules enfantins des hommes
héroïques qui faisaient si bon marché de leur vie.

Le comité central crut de son devoir de se disculper
des calomnies de Versailles.

On le traitait d'occulte, ses membres avaient mis
leurs noms à toutes les affiches.

Il n'était pas inconnu ayant été élu par les suffrages
de deux cent quinze bataillons.

Il avait appelé à lui toutes les intelligences, toutes
les capacités.

Ses membres étaient traités d'assassins, ils n'avaient
jamais signé un arrêt de mort.

Peu s'en fallut que l'un des plus timorés ne main-
tînt la motion que le comité central devait protester

contre l'exécution de Lecomte et de Clément Thomas.
— Une apostrophe de Rousseau l'arrêta. — Prenez
garde de désavouer le peuple, ou craignez qu'il ne
vous désavoue à son tour — elle en finit avec l'idée
de dégager sa responsabilité ou celle d'un groupe dans
un mouvement révolutionnaire.

Le gouvernement en fuyant à Versailles avait laissé
les caisses vides ; les malades dans les hôpitaux, le
service des ambulances et des cimetières étaient sans
ressources, les services disloqués. Varlin et Jourde
obtinrent quatre millions à la banque, mais les clefs
étant à Versailles ils ne voulurent point forcer les caisses — ils demandèrent à Rothschild un crédit de un
million qui fut alors payé à la banque.

La paye fut distribuée à la garde nationale qui se
contentait de ses trente sous, croyant faire un sacrifice
utile.

Les hôpitaux et autres services reçurent ce dont ils
avaient besoin et les *assassins* et *pillards* du comité
central commencèrent la stricte économie qui devait
durer jusqu'à la fin, continuée par les *bandits* de la
Commune.

Il est effrayant de constater combien le respect de
ce cœur du vampire capital, qu'on appelle la Banque
eut sauvé de victimes humaines : — c'était là l'otage
véritable.

Les adversaires de la Commune avouent aujourd'hui
que la Commune, osant se servir pour la cause commune de ces trésors qui étaient à tous, eût triomphé.

La preuve en est facile à faire entre autres par ces
extraits d'un article du *Matin* daté du 11 juin 1897.

*Sous la Commune, histoire de la Banque pendant
et après l'insurrection.*

. . . . . . . . . . . . . . . . . . . . .

« Il y avait donc à la Banque de France une fortune de trois milliards trois cent vingt-trois millions, plus de la moitié de la rançon de la guerre.

» Que serait-il advenu si la Commune eût pu s'emparer de ce trésor, ce qu'elle eût fait très facilement sans aucune opposition si la banque avait été une banque d'Etat comme elle fit de tous les établissements publics ?

» Nul doute qu'avec un tel nerf de la guerre elle n'eût été victorieuse.

» Certes la Banque fut obligée de verser plusieurs sommes à la Commune. Les comptes de Jourde, délégué au ministère des finances, reconnus exacts, accusent des remises s'élevant à 7,750,000 francs ; mais qu'est-ce que cela à côté des trois milliards 1/2 que contenaient les coffres de la Banque... ?

» Déjà l'infanterie de ligne qui avait gardé la Banque avait gagné Versailles. La Banque n'avait plus pour se défendre que 130 hommes environ, ses employés, commandés par un employé, M. Bernard, ancien chef de bataillon ; ils étaient mal armés avec seulement dix mille cartouches. Le 23 mars, par suite du départ de M. Rouland pour Versailles, M. de Pleuc se trouva investi du gouvernement de la Banque etc...

» Pour ses débuts, M. de Pleuc reçut une lettre comminatoire de Jourde et de Varlin : il envoya le caissier principal au premier et au deuxième arrondissement et à l'amiral Saisset pour demander s'il pouvait engager la lutte et s'il serait secouru.

» L'amiral Saisset n'était pas arrivé de Versailles, il fut introuvable.

» L'adjoint du premier arrondissement, Mélinc, fit dire à M. de Pleuc d'éviter la lutte, d'user de conciliation. Il n'y avait pas d'autre conciliation possible que la remise d'argent, M. de Pleuc après avoir consulté son conseil de régence fit verser 350,000 sur 700,000 francs que réclamait Jourde.

» Le même jour il fit un payement de 200,000 à un agent du trésor, envoyé de Versailles, etc...

» Le Comité central en eut connaissance ; il fit notifier à M. de Pleuc que tout payement pour le compte de Versailles serait considéré comme un crime de haute trahison.

» Le 24 mars, M. de Pleuc vit enfin l'amiral Saisset qui lui déclara devant MM. Tirard et Schœlcher qu'il défendrait la Banque. Mais en le reconduisant il lui avoua qu'il n'était pas en mesure de le faire. On ne pouvait songer à évacuer la Banque, car il eût fallu quatre-vingts voitures et un corps d'armée pour les protéger, etc...

» M. de Pleuc profita de ces négociations pour faire sortir de Paris trente-deux clichés, et mettre aussi obstacle à la fabrication des billets, si la Commune venait à s'emparer de la Banque...

» Il (M. de Pleuc) insinua à Beslay, délégué auprès de lui, qu'il valait mieux nommer un commissaire délégué, qu'il le recevrait, si c'était lui et s'il consentait à borner son mandat à connaître des rapports de la Banque avec Versailles et la ville de Paris. — Voyons, monsieur Beslay, lui dit-il, le rôle que je vous offre a assez de grandeur, aidez-moi à sauver ceci, c'est la fortune de votre pays, c'est la fortune de la France.

» Beslay fut convaincu et la Commune se contenta d'un commissaire délégué, etc.

» Le 24 au matin, pour la première fois depuis soixante-sept jours, des soldats apparurent devant la Banque, mais au lieu de s'occuper immédiatement pour la défendre contre une suprême tentative ils passèrent sans s'arrêter. — Un second bataillon passa encore. M. de Pleuc fit alors hisser le drapeau tricolore ; à 8 heures le général l'Héritier entrait à la Banque et y établissait son quartier général, etc.

(Le Matin, 11 juin 1897.)

Ces trente sous dont les familles avaient à peine du pain eurent pendant près de trois mois ces trésors à leur disposition ; ils avaient le même sentiment que le pauvre vieux Beslay, si odieusement trompé, ils croyaient garder la fortune de la France.

Une déclaration collective de plusieurs journaux prétendant que la convocation des électeurs étant un acte de souveraineté populaire, ne pouvait avoir lieu sans le consentement des pouvoirs sortis eux-mêmes du suffrage universel, tout en reconnaissant le 18 mars comme une victoire populaire, ils voulurent tenter une conciliation entre Paris et Versailles. Tirard, Desmarets, Vautrin et Dubail se rendirent à la mairie du premier arrondissement, où était resté Jules Ferry ; celui-ci les envoya à Hendlé, secrétaire de Jules Favre, qui déclara ne pas vouloir traiter avec l'émeute.

Millière, Malon, Clemenceau, Tolain, Poirier et Villeneuve demandèrent au comité central de s'en remettre sans lutte ni intervention prussienne aux municipalités qui s'engageaient à ce que les élections municipales fussent faites librement, la préfecture de police étant abolie et le comité central conservant le maintien de la sécurité dans Paris.

Varlin, président de séance au comité central, répondit que le gouvernement avait été l'agresseur, mais que le comité central ni la garde nationale ne désiraient la guerre civile.

Varlin, Jourde et Moreau accompagnèrent les délégués à la mairie de la Banque où ils discutèrent sans pouvoir s'entendre, le comité central ne pouvant déserter son poste.

Le temps jusqu'au 23 s'écoula en pourparlers ; ce jour-là, à la séance de l'assemblée, Millière, Clemenceau, Malon, Lockroy et Tolain, allèrent réclamer les élections municipales pour la ville de Paris.

On ne peut exprimer que par le récit d'un des dé-

légués l'impression de cette séance. Voici celui de
Malon.

23 mars 71, 6 h. 1/2 du matin.

« Je quitte le palais de l'assemblée sous le coup de
la plus douloureuse, émotion. La séance vient de se
terminer par l'une de ces épouvantables tempêtes parlementaires dont les seules annales de la Convention
nous aient légué le souvenir ; mais du moins quand on
relit ces sombres pages de la fin du siècle dernier, le
dénouement console toujours des tristesses tragiques
du drame. La patrie, la République, sortent plus grandes de ces crises et le débat plus tourmenté enfante
quelque héroïque résolution.

» Vous ne trouverez rien de pareil au bas de mon
récit.

» Les deux premières tribunes de droite de la première galerie s'ouvrirent et les spectateurs qui les
remplissent se lèvent et sortent, treize maires de Paris, l'écharpe en sautoir apparaissent.

» Aussitôt, éclatent, sur tous les bancs de la gauche,
des applaudissements frénétiques et des cris répétés
de Vive la République ! quelques-uns ajoutent Vive la
France !

» Alors, sur quelques bancs de la droite ce n'est plus
de la colère, c'est de la fureur, du délire, on crie à l'attentat, on montre le poing aux maires.

» Bon nombre de députés s'élancent vers la tribune
où se démène encore le malheureux Baze, lui montrant
le poing ; montrant le poing au président, le tumulte
est effroyable, indescriptible.

» Enfin, d'épuisement sans doute, le bruit diminue,
l'extrême droite se couvre, et commence à gagner la
porte.

» Le président, qui avait sonné la cloche d'alarme
pendant toute cette tempête, se couvre et déclare la

9.

séance levée, l'ordre du jour étant épuisé. — L'agitation est à son comble dans les tribunes qui s'évacuent
lentement.

» Les pauvres maires restaient là debout, la conte-
nance embarrassée, la figure désolée. Arnaud de l'Ariège
vient les rejoindre et ils partent les derniers.

» A la sortie, je vois des femmes du meilleur monde,
de l'esprit le plus distingué, du plus grand cœur, qui
pleurent sur le spectacle auquel elles viennent d'assister. Comme je les comprends! n'est-ce pas avec toutes
nos larmes qu'il faudrait écrire la lugubre page d'histoire que nous faisons depuis quelques mois. — C'est
ainsi que les gens de Versailles comprenaient et voulaient la réconciliation. »

(Benoit MALON, *La Troisième Défaite du Prolétariat*.)

— Vous porterez, cria Clemenceau à l'assemblée, la
peine de ce qui va arriver, et Floquet ajouta : Ces gens-
là sont fous.

Ils étaient fous en effet, fous de peur de la révolution.
Mais n'était-ce pas bien fait pour ceux qui allaient
trouver ces enragés qu'une pareille réception?

Là majorité des maires se rattacha à un dernier arrangement qui n'aboutit pas : Dorian, maire de Paris —
Edmond Adam, préfet de police — Langlois, général de
la garde nationale.

Mais tandis qu'on faisait cette proposition, Langlois
rassemblait les bataillons de l'ordre et les massait au
Grand Hôtel. Edmond Adam refusa.

L'amiral Saisset ayant fait ratifier sa nomination à
Versailles fit afficher le maintien de la République ; les
franchises municipales; les élections à bref délai; une
loi sur les échéances et les loyers.

Ne vous semble-t-il pas voir un ministère espagnol légiférer sur l'indépendance de Cuba avec Weyler
comme chef d'état-major?

Paris savait à quoi s'en tenir.

Le 25 mai, une lettre des députés de Paris déposée
à l'Assemblée de Versailles suppliait le gouvernement
de ne pas laisser plus longtemps la ville sans conseil
municipal.

Jointe au dossier, elle resta sans réponse.

Les pourparlers continuèrent entre le comité central
et les maires; le comité sentait que toute tentative de
pacification serait inutile, les maires se rallièrent avec
eux, et le comité central.

*Déclaration des maires et des députés de Paris, réunis
en conseil à Saint-Germain-l'Auxerois le 25 mars
1871.*

« Les députés de Paris, les maires et les adjoints
réintégrés dans les mairies de leurs arrondissements,
et les membres du conseil central fédéral de la garde
nationale,

» Convaincus que le seul moyen d'éviter la guerre
civile, l'effusion du sang à Paris, et en même temps
d'affermir la République, est de procéder à des élections immédiates, convoquent pour demain dimanche
tous les citoyens dans les collèges électoraux.

» Les bureaux seront ouverts à huit heures du matin, et fermés à midi.

» Vive la République !

*Les maires et adjoints de Paris.*

1ᵉʳ Arrondissement Edmond ADAM, MÉLINE, *adjoint.*
2ᵉ, Emile BRELAY, LOISEAU-PINSON.
3ᵉ, BONVALET *maire*, CH. MURAT, *adjoint.*
4ᵉ, VAUTRIN, *maire*, DE CHATILLON, LOISEAU, *adjoints.*
5ᵉ, JOURDAN, COLLIN, *adjoints.*
6ᵉ, A. LEROY, *adjoint.*
7ᵉ, »

8ᵉ, »

9ᵉ, Desmarets, *maire*, E. Ferry André Nast, *adjoints*,

10ᵉ, A. Murat, *adjoint*,

11ᵉ, Mottu, *maire*, Blanchon, Poirier, Tolain, *adjoints*,

12ᵉ, Grivot, *maire*, Denisson, Dumas, Turillon, *adjoints*,

13ᵉ, Combes, Leo Meillet, *adjoints*,

15ᵉ, Jubbes, Duval, Sextus-Michel, *adjoints*,

16ᵉ, Chaudey, Sévestre, *adjoints*,

17ᵉ, François Favre, *maire*, Malon, Villeneuve, Cacheux, *adjoints*,

18ᵉ, Clemenceau, *maire*, J. Lafont, Dereure, Juclard, *adjoints*,

19ᵉ, Deveaux, Salory, *adjoints*.

» *Les représentants de la Seine présents à Paris.*

» Lockroy, Floquet, Tolain, Clemenceau, Schœlcher, Greppo.

» *Le comité de la garde nationale.*

» Avoine fils, Antoine Arnaud, G. Arnold, Assi, Audignoux, Bouit, Jules Bergeret, Babick, Baron, Billioray, Blanchit, L. Boursier, Castioni, Chonteau, A. Dupont, Fabre, Ferrat, Henri Fortuné, Fleury, Fougeret, G. Gaudier, Gouhier, M. Géresme, Grélier, Grolard, Jourde, Josselin, Lavalette, Lisbonne, Maljournal, Edouard Moreau, Mortier, Prudhomme, Rousseau, Ranvier, Varlin. »

Sitôt ce manifeste publié, M. Thiers fit télégraphier dans toute la France suivant son mode ordinaire de provocations et de mensonges.

« La France résolue et indignée se serre autour du gouvernement de l'Assemblée nationale pour réprimer l'anarchie qui essaye toujours de dominer Paris.

» Un accord auquel le gouvernement est resté étranger s'est établi entre la prétendue Commune et les maires pour en appeler aux élections. Elles se feront sans liberté et dès lors sans autorité morale.

» Que le pays ne s'en préoccupe point et ait confiance.

» L'ordre sera rétabli à Paris comme ailleurs.

» A. THIERS. »

Tandis que M. Thiers et ses complices propageaient ces faussetés, le comité central aidé de quelques révolutionnaires ardents tels qu'Eudes, Vaillant, Ferré, Varlin suffisait à tout et le *Journal officiel* publiait à Paris les mesures suivantes.

« L'état de siège est levé dans le département de la Seine.

» Les conseils de guerre de l'armée permanente sont abolis.

» Amnistie pleine et entière est accordée pour les crimes et délits politiques.

» Il est enjoint à tous les directeurs de prisons de mettre immédiatement en liberté tous les détenus politiques.

» Le nouveau gouvernement de la République vient de prendre possession de tous les ministères et de toutes les administrations.

» Cette opération faite par la garde nationale impose de grands devoirs aux citoyens qui ont accepté cette tâche.

» L'armée comprenant enfin la position qui lui était faite et les devoirs qui lui incombaient a fusionné avec les habitants de la cité; troupes de ligne, mobiles et marins se sont unis pour l'œuvre commune.

» Sachons donc profiter de cette union pour resserrer nos rangs et une fois pour toutes asseoir la République sur des bases sérieuses et impérissables.

» Que la garde nationale unie à la ligne et à la mobile continue son service avec courage et dévouement.

» Que les bataillons de marche dont les cadres sont encore presque au complet occupent les forts et toutes les positions avancées afin d'assurer la défense de la capitale.

» Les municipalités des arrondissements animés du même zèle et du même patriotisme que la garde nationale et l'armée se sont unies à elle pour assurer le salut de la République et préparer les élections du conseil communal qui vont avoir lieu : point de division, unité parfaite et liberté pleine et entière.

» *Le Comité central de la garde nationale.* »

## III

### L'AFFAIRE DU 22 MARS

> L'émeute pour vous est trop grande,
> Ne jouez pas à ce jeu-là.
> ( *Vieille Chanson.* )

Les partisans du gouvernement régulier, les hommes de l'ordre, de toutes les réactions non contents de conspirer à Versailles essayèrent à Paris d'une émeute contrerévolutionnaire, mais ils étaient si peu de taille pour l'émeute qu'en voyant leur manifestation s'assembler vers deux heures de l'après-midi du 22 mars, sur la place du nouvel Opéra, on avait l'idée d'une troupe de figurants répétant un drame historique.

Quelque chose pourtant avait transpiré de leurs desseins, ils avaient parlé de poignarder les factionnaires en les embrassant, mais cela ressemblait plutôt à de la mise en scène qu'à toute autre chose; l'endroit même, était bien choisi pour une répétition dramatique, on attendait où ces gens-là voulaient en venir.

Quand la manifestation fut assez nombreuse, ceux qui la composaient, la plupart élégants et jeunes, s'engagèrent dans la rue de la Paix conduits par des bonapartistes connus, M. de Pène, de Coetlogon, de Heckeren ; un drapeau sans inscription flottait en tête de la colonne.

Des gardes nationaux sans armes s'étant informés du but de la démonstration, furent insultés et grossièrement maltraités ; ils gagnèrent la place Vendôme où étaient des fédérés en armes, qui allèrent en ordre de bataille reconnaître les manifestants, mais avec défense de tirer.

A la rencontre des deux troupes la manifestation devint agressive et aux cris de : A bas le comité ! à bas les assassins ! les brigands, vive l'ordre ! Un coup de revolver blessa Maljournal du comité central.

Quelque débonnaires que fussent les gardes nationaux, il fallut bien voir qu'on n'avait pas affaire à une démonstration pacifique.

Bergeret fit faire une première sommation, puis une seconde, on alla jusqu'à dix.

A la fin de cette dernière les cris : Vive l'Ordre, à bas les assassins du 18 mars ! s'élevèrent mêlés à des coups de feu. Alors les gardes nationaux ripostèrent ; il fallait repousser l'attaque.

Et c'est une caractéristique de ces fédérés au cœur doux, faisant si bon marché de leur vie et si soigneux de celle des autres, bon nombre encore tirèrent en l'air comme au 22 janvier.

Quelle peine ils avaient, ces *assassins* du 18 mars, à viser des poitrines humaines.

Il n'en était pas de même du côté des assaillants, les fenêtres se mirent de la partie et sans la prudence des fédérés il y aurait eu là une litière de morts.

Beaucoup de manifestants tiraient si mal, il est vrai, qu'ils se blessaient les uns les autres. Tant de rage

les animait contre les gardes nationaux que plusieurs
furent blessée et deux tués : Vahlin et François. — Il y
eut aussi quelques morts du côté des manifestants, un
jeune homme, le vicomte de Molinat fut tué par derrière, du côté des siens, il tomba la face contre terre.
Sur son corps on trouva un poignard fixé à sa ceinture par une chaînette, comme si ce jeune premier eût
craint d'égarer son arme. Ce détail enfantin avait at-
tendri un garde national.

Quant à M. de Pène il fut presque empalé par une
balle venue aussi du côté des siens par derrière.

Après la déroute des manifestants, la terre était
jonchée d'armes : poignards, cannes à épée, revolvers,
qu'ils avaient jetés en s'enfuyant.

Le docteur Rainlow, ancien chirurgien d'état-major
du camp de Toulouse, et plusieurs médecins accourus,
firent transporter les morts et les blessés à l'ambulance du Crédit Mobilier.

Il restait une sorte de tristesse aux gardes nationaux qui avaient combattu ces jeunes gens, quoiqu'ils
l'eussent fait avec une extrême générosité tant le cœur
de ces hommes était tendre.

J'ai souvent songé pendant les sanglantes représailles de Versailles aux gardes nationaux du 22 mars et
de toute la lutte.

Le comité central fit placarder une affiche menaçant
de peines sévères ceux qui conspiraient contre Paris,
mais depuis cette époque, jusqu'à la fin de la Commune,
la réaction conspira sans cesse avec impunité.

Braves gens de 71, braves gens de l'hécatombe !
Vous avez emporté cette mansuétude sous la terre em-
pourprée de sang, elle n'y remontera que la lutte terminée dans la paix du monde nouveau.

Nous reprendrons les affiches de la prise de possession de Paris par la Révolution du 18 mars, les paroles émues d'alors font revivre le drame.

Tant de choses se sont entassées saignant les unes sur les autres, tant de poussière humaine fut semée dans le vent, qu'à travers les froides résolutions d'aujourd'hui, nous ne retrouverions pas tels qu'ils étaient les accents généreux d'alors.

O cette générosité, cette pure épopée d'hommes d'une merveilleuse bonté.

Et moi, qu'on accuse de cette bonté sans limites, j'aurais sans pâlir, comme on ôte une pierre des rails, pris la vie de ce nain qui devait faire tant de victimes ! Des flots de sang n'eussent pas coulé, les tas de morts n'eussent point empli Paris aussi haut que des montagnes et changé la ville en charnier.

Pressentant l'œuvre de ce bourgeois au cœur de tigre, je pensais qu'en allant tuer M. Thiers, à l'Assemblée, la terreur qui en résulterait arrêterait la réaction.

Combien je me suis reproché aux jours de la défaite d'avoir demandé conseil, nos deux vies eussent évité l'égorgement de Paris.

Je confiai mon projet à Ferré qui me rappela combien la mort de Lecomte et Clément Thomas avait en province et même à Paris servi de prétexte d'épouvante, presque même à un désaveu de la foule ; peut-être, dit-il, celle-là arrêterait le mouvement.

Je ne le croyais pas et peu m'importait le désaveu si c'était utile à la Révolution, mais cependant il pouvait avoir raison.

Rigaud fut de son avis. — D'ailleurs, ajoutèrent-ils, vous ne parviendriez pas à Versailles.

J'eus la faiblesse de croire qu'ils pouvaient être dans le vrai quant à ce monstre. Mais à propos du voyage de Versailles avec un peu de résolution, j'étais sûre d'y parvenir, et j'ai voulu en faire l'épreuve.

Quelques jours après, si bien vêtue que je ne me reconnaissais pas moi-même, je m'en allai fort tranquillement à Versailles, où j'arrivai sans encombre.

Avec non moins de tranquillité j'allai dans le parc
même, où étaient les tentes délabrées, qui servaient
au campement de l'armée, faire de la propagande pour
la Révolution du 18 mars.

Ce délabrement des tentes, sous les arbres dépouillés de feuilles, était lamentable.

Je ne sais plus ce que je disais à ces hommes, mais
je le sentais tellement qu'ils écoutaient.

Un officier, le lendemain vint à Paris par Saint-Cyr
et en promit d'autres.

L'armée en ce moment n'était pas brillante, la cavalerie n'avait que des fantômes de chevaux.

Sortant du parc, j'allai à une grande librairie versaillaise, il y avait là une dame à qui j'inspirai beaucoup de confiance, j'emportai un tas de journaux, et
après avoir demandé l'adresse d'un hôtel où l'on put
être en sûreté, je repris le chemin de Montmartre, je
n'avais pas manqué pour m'amuser de dire pis que
pendre de moi-même.

Lemoussu, Schneider, Diancourt, Burlot étaient alors
commissaires à Montmartre. Je commençai par aller
au bureau de Burlot que je savais de l'avis de Ferré et
de Rigaud, il ne me reconnaissait pas. — Je viens de
Versailles, lui dis-je, et je lui racontai l'histoire que
je dis également à Rigaud et à Ferré en les traitant
de Girondins, sans être sûre pourtant s'ils n'avaient
pas raison, et si le sang de ce monstre n'eût point été
fatal à la Commune. Rien ne pouvait être aussi fatal
que l'hécatombe de mai, mais l'idée peut-être est
plus grande. Quelques mois après mon voyage à Versailles, lorsque j'étais à la prison des Chantiers où le
dimanche des officiers, quelques-uns ayant avec eux
des drôlesses richement parées qui venaient là comme
au Jardin des Plantes, l'un d'eux me dit tout à coup :

— Mais c'est vous, qui êtes venue dans le parc, à
Versailles.

— Oui, lui dis-je, c'est moi, vous pouvez le raconter, cela fera bien dans le tableau et du reste je n'ai aucune envie de me défendre.

— Est-ce que vous nous prenez pour des mouchards? s'écria-t-il avec une véritable indignation.

C'était au moment où l'égorgement finissait à peine, nous étions sous l'impression d'une intense horreur, je lui dis cruellement :

— Vous êtes bien des assassins !

Il ne répondit pas, je compris que beaucoup d'entre eux avaient été indignement trompés — et que quelques-uns commençaient à avoir des remords.


## IV

### PROCLAMATION DE LA COMMUNE

> Ils étaient là debout, prêts pour le sacrifice.
> (*Bardes Gaulois.*)

La proclamation de [la Commune fut splendide; ce n'était pas la fête du pouvoir, mais la pompe du sacrifice : on sentait les élus prêts pour la mort.

L'après-midi du 28 mars par un clair soleil rappelant l'aube du 18 mars, le 7 germinal an 79 de la République, le peuple de Paris qui, le 26, avait élu sa Commune inaugura son entrée à l'Hôtel-de-Ville.

Un océan humain sous les armes, les baïonnettes pressées comme les épis d'un champ, les cuivres déchirant l'air, les tambours battant sourdement et entre tous l'inimitable frappement des deux grands tambours de Montmartre, ceux qui la nuit de l'entrée des Prussiens et le matin du 18 mars, éveillaient Paris, de leurs baguettes spectrales, leurs poignets d'acier éveillaient des sonorités étranges.

Cette fois les tocsins étaient muets. Le grondement lourd des canons, à intervalles réguliers saluait la révolution.

Et aussi, les baïonnettes, s'inclinaient devant les drapeaux rouges, qui par faisceaux entouraient le buste de la République.

Au sommet, un immense drapeau rouge. Les bataillons de Montmartre, Belleville, La Chapelle, ont leurs drapeaux surmontés du bonnet phrygien ; on dirait les sections de 93.

Dans leurs rangs, des soldats de toutes les armes, restés à Paris, ligne, marine, artillerie, zouaves.

Les baïonnettes toujours plus pressées débordent sur les rues environnantes, la place est pleine ; c'est bien l'impression d'un champ de blé. Quelle sera la moisson ?

Paris entier est debout, le canon tonne par intervalles.

Sur une estrade est le comité central ; devant eux, la Commune, tous avec l'écharpe rouge.

Peu de paroles dans les intervalles que scandent les canons. — Le comité central déclare son mandat expiré, et remet ses pouvoirs à la Commune.

On fait l'appel des noms ; un cri immense s'élève : Vive la Commune ! Les tambours battent aux champs, l'artillerie ébranle le sol.

— Au nom du peuple dit Ranvier, la Commune est proclamée.

Tout fut grandiose dans ce prologue de la Commune, dont l'apothéose devait être la mort.

Pas de discours, un immense cri, un seul, Vive la Commune !

Toutes les musiques jouent la *Marseillaise* et le *Chant du Départ*. Un ouragan de voix les reprennent.

Un groupe de vieux baissent la tête vers la terre, on dirait qu'ils y entendent les morts pour la liberté, ce sont des échappés de juin, de décembre, quelques-uns tout blancs, sont de 1830, Mabile, Malezieux, Cayol.

Si un pouvoir quelconque pouvait faire quelque chose, c'eût été la Commune composée d'hommes d'intelligence, de courage, d'une incroyable honnêteté, qui tous de la veille ou de long temps, avaient donné d'incontestables preuves de dévouement et d'énergie. Le pouvoir, incontestablement les annihila, ne leur laissant plus d'implacable volonté que pour le sacrifice, ils surent mourir héroïquement.

C'est que le pouvoir est maudit, et c'est pour cela que je suis anarchiste.

Le soir même du 28 mars, la Commune tint sa première séance, inaugurée par une mesure digne de la grandeur de ce jour; résolution fut prise, afin d'éviter toute question personnelle, au moment où les individus devaient rentrer dans la masse révolutionnaire, que les manifestes ne porteraient d'autre signature que celle-ci : *La Commune.*

Dès cette première séance, quelques-uns étouffant sous la chaude atmosphère d'une révolution ne voulurent pas aller plus loin, il y eut des démissions immédiates.

Ces démissions entraînant des élections complémentaires, Versailles put mettre à profit le temps que Paris perdait autour des urnes.

Voici la déclaration faite à la première séance de la Commune.

« Paris, 28 mars 1871.

» Citoyens,

» Notre Commune est constituée. Le vote du 26 mars sanctionne la République victorieuse.

» Un pouvoir lâchement oppresseur vous avait pris à la gorge, vous deviez dans votre légitime défense repousser ce gouvernement qui voulait vous déshonorer en vous imposant un roi. Aujourd'hui les criminels que vous n'avez pas même voulu poursuivre abusent de votre magnanimité pour organiser aux portes de la cité un foyer de conspiration monarchiste, ils invoquent la guerre civile, ils mettent en œuvre toutes les corruptions, acceptent toutes les complicités, ils ont osé mendier jusqu'à l'appui de l'étranger.

» Nous en appelons de ces menées exécrables au jugement de la France et du monde.

» Citoyens, vous venez de nous donner des institutions qui défient toutes les tentatives.

» Vous êtes maîtres de vos destinées, forte de votre appui la représentation que vous venez d'établir va réparer les désastres causés par le pouvoir déchu.

» L'industrie compromise, le travail suspendu, les transactions commerciales paralysées vont recevoir une impulsion vigoureuse.

» Dès aujourd'hui, la décision attendue sur les loyers, demain celle sur les échéances.

» Tous les services publics, rétablis et simplifiés.

» La garde nationale, désormais seule force armée de la cité, réorganisée sans délai.

» Tels seront nos premiers actes.

» Les élus du peuple ne lui demandent pour assurer le triomphe de la République, que de les soutenir de votre confiance.

» Quant à eux, ils feront leur devoir.

» *La Commune de Paris*, 28 mars 1871. »

Ils firent en effet leur devoir, s'occupant de toutes les sécurités de la vie pour la foule, mais hélas ! la première sécurité eût été de vaincre définitivement la réaction.

Tandis que la confiance renaissait dans Paris, les rats de Versailles trouaient la carène du navire.

Quelques démissions eurent lieu encore avec des motifs divers : Ulysse Parent, Fruneau, Goupil, Lefebvre, Robinet, Mélinc.

Des commissions avaient été formées dès les premiers jours sans être pourtant définitives ; suivant leurs aptitudes, les membres d'une commission passaient dans une autre.

La Commune était partagée entre une majorité ardemment révolutionnaire, une minorité socialiste raisonnant trop parfois pour le temps qu'on avait, semblables en ce point, que la crainte de prendre des mesures despotiques ou injustes, les ramènent aux mêmes conclusions.

Un même amour de la Révolution rendit leur destinée semblable. — La majorité aussi sait mourir, dit quelques semaines plus tard Ferré en embrassant Delescluze mort.

Les membres de la Commune élus aux élections complémentaires furent Cluseret, Pottier, Johannard, Andrieu, Serailler, Longuet, Pillot, Durand, Sicard, Philippe, Louelas, A. Dupont, Pompée, Viard, Trinquet, Courbet, Arnold.

Rogeart et Briosne ne voulurent pas siéger par susceptibilité sur le nombre de voix obtenues, ils étaient vraiment, ces hommes de 71, des candidats qui ne ressemblaient guère aux autres.

Menotti Garibaldi fut élu mais ne vint pas, écœuré peut-être encore de l'Assemblée de Bordeaux, où Garibaldi offrant ses fils à la République avait été couvert de huées.

Les commissions souvent remaniées furent ainsi primitivement composées.

Guerre : DELESCLUZE, TRIDON, AVRIAL, ARNOLD, RANVIER.

Finances : BESLAY, BILLIORAY, Victor CLÉMENT, LEFRANÇAIS, Félix PYAT.

Sûreté générale : COURNET, VERMOREL, FERRÉ, TRINQUET, DUPONT.

Enseignement : Courbet, Verdure, Jules Miot, Vallès, J. B. Clément.

Subsistances : Varlin, Parisel, Victor Clément, Arthur Arnould, Champy.

Justice : Cambon, Derbure, Clemence, Langevin, Durand.

Travail et échange : Theisz, Malon, Serailler, Ch. Longuet, Chalin.

Relations extérieures : Leo Meillet, Ch. Gérardin, Amouroux, Johannard, Vallès.

Services publics : Ostyn, Vesinier, Rastoul, Antoine, Arnaud, Pottier.

*Délégations.*

Guerre, Cluseret.
Finances, Jourde.
Subsistances, Viard.
Relations extérieures, Paschal Grousset.
Enseignement, Vaillant.
Justice, Protot.
Sûreté générale, Raoul Rigaud.
Travail et échanges, Froenkel.
Services publics, Andrieu.

Quoi qu'il arrive, disaient les membres de la Commune et les gardes nationaux, notre sang marquera profondément l'étape.

Il la marqua en effet si profondément que la terre en fut saturée, il y creusa des abîmes qu'il serait difficile de franchir pour retourner en arrière ainsi que des rouges roses le sang en fleurit les pentes.

## V

### PREMIERS JOURS DE LA COMMUNE — LES MESURES — LA VIE A PARIS

> Temps futurs, vision sublime.
> Les peuples sont hors de l'abîme !
> Le désert morne est traversé ;
> Après les sables la pelouse,
> Et la terre est comme une épouse,
> Et l'homme est comme un fiancé.
>
> (Victor Hugo.)

Paris respirait ! Ceux qui pendant la marée montante regarderaient venir les flots qui couvriront leur asile, sont dans une semblable situation. — Lentement, sûrement Versailles venait.

Les premiers décrets de la Commune avaient été la suppression de la vente des objets du Mont-de-Piété, l'abolition du budget des cultes et de la conscription ; on s'imaginait alors, on s'imagine peut-être encore, que le mauvais ménage l'Église et l'État, qui derrière eux traînent tant de cadavres, pourraient jamais être séparés ; c'est ensemble seulement, qu'ils doivent disparaître.

La confiscation des biens de main morte. Des pensions alimentaires pour les fédérés blessés en combattant réversibles à la femme, légitime ou non, à l'enfant, reconnu ou non, de tout fédéré tué en combattant.

Versailles se chargea par la mort de ces pensions-là.

La femme, qui demandait contre son mari la séparation de corps, appuyée sur des preuves valables, avait droit à une pension alimentaire.

La procédure ordinaire était abolie et l'autorisation donnée aux parties de se défendre elles-mêmes.

Interdiction de perquisitionner sans mandat régulier.

10

Interdiction du cumul et le maximum des traitements fixé à 6,000 francs par an.

Les émoluments des membres de la Commune étaient de quinze francs par jour, ce qui était loin d'atteindre le maximum.

La Commune décida l'organisation d'une chambre du tribunal civil de Paris.

L'élection des magistrats, l'organisation du jury et le jugement par ses pairs.

On procéda immédiatement à la jouissance des ateliers abandonnés pour les sociétés de travail.

Le traitement des instituteurs fut fixé à deux mille francs.

Le renversement de la colonne Vendôme, symbole de force brutale, affirmation du despotisme impérial, fut décidé, ce monument étant attentatoire à la fraternité des peuples.

Plus tard, afin de mettre un terme aux exécutions de prisonniers faites par Versailles fut ajouté le décret sur les otages pris parmi les partisans de Versailles ; [ce fut en effet la seule mesure qui ralentit les tueries , de prisonniers ; elle eut lieu tardivement, lorsqu'il devint impossible sans trahir de laisser égorger les fédérés prisonniers]. La Commune interdit les amendes dans les ateliers, abolit le serment politique et professionnel, elle fit appel aux savants, aux inventeurs, aux artistes. Le temps passait toujours, Versailles n'en était plus au moment où la cavalerie n'avait que des ombres de chevaux. M. Thiers choyait, flattait l'armée dont il avait besoin pour ses hautes et basses œuvres.

Les objets déposés au Mont-de-Piété pour moins de vingt-cinq francs furent rendus.

On voulait abolir comme trop pénible le travail de nuit dans les boulangeries, mais soit par longue habitude, soit qu'il fût réellement plus rude encore de jour, les boulangers préférèrent continuer comme autrefois.

Partout s'agitait une vie intense. Courbet dans un chaleureux appel disait : « Chacun se livrant sans entraves à son génie, Paris doublera son importance. Et la ville internationale européenne pourra offrir aux arts, à l'industrie, au commerce, aux transactions de toutes sortes, aux visiteurs de tous pays un ordre impérissable, l'ordre par les citoyens qui ne pourra pas être interrompu par les prétextes de prétendants monstrueux. »

. . . . . . . . . . . . . . . . . . . . . . . . . . .

Adieu le vieux monde et la diplomatie.

Paris en effet eut cette année-là une exposition, mais faite par le vieux monde et sa diplomatie, l'exposition des morts. Plutôt cent mille que trente-cinq mille cadavres furent étendus en une Morgue immense dans le cadre de pierre des fortifications.

Mais l'art quand même fit ses semailles, la première épopée le dira.

La commission fédérale des artistes était ainsi composée :

### Peintres.

Bouvin, Corot, Courbet, Daumier, Arnaud, Dursée Hippolyte Dubois, Feyen, Perrin, Armand Gautier, Gluck, Jules Hereau, Lançon, Eugène Leroux, Edouard Manet, François Milet, Oulevay, Picchio.

### Sculpteurs.

Becquet, Agénor Chapuy, Dalou, Lagrange, Edouard Lindencher, Moreau, Vauthier, Hippolyte Moulin, Otlin, Poitevin, Deblezer.

### Architectes.

Boileau fils, Delbrouck, Nicolle, Achille Oudinot, Raulin.

### Graveurs lithographes.

Georges Bellanger, Bracquemont, Flameng, André Gill, Huot, Pothey.

Artistes industriels.

Emile Aubin, Boudier, Chabert, Chesneau, Fuzier, Meyer, Ottin fils, Eugène Pottier, Ranber, Rester.

Cette commission fonctionnait depuis le milieu d'avril tandis que l'assemblée de Versailles propageait les soi-disant tendances de la Commune à détruire les arts, les sciences.

Les musées étaient ouverts au public comme le jardin des Tuileries et autres aux enfants.

A l'Académie des sciences les savants discutaient en paix, sans s'occuper de la Commune qui ne pesait pas sur eux.

Thénard, les Becquerel père et fils, Elie de Beaumont se réunissaient comme de coutume.

A la séance du 3 avril par exemple, M. Sedillot envoya une brochure sur le pansement des blessures sur le champ de bataille, le docteur Drouet sur les divers traitements du choléra, ce qui était tout à fait d'actualité, tandis que M. Simon Newcombe, un Américain, s'éloignait tout à fait du théâtre des événements et même de la terre en analysant au tableau le mouvement de la lune autour de la terre.

M. Delaunay, lui, rectifiait des erreurs d'observation météorologique sans se préoccuper d'autre chose.

Le docteur Ducaisne s'occupait de la nostalgie morale sur laquelle les remèdes moraux étaient plus puissants que les autres, il aurait pu y joindre les hantises de peur, la soif de sang, des pouvoirs qui s'écroulent.

Les savants s'occupèrent de tout dans une paix profonde, depuis la végétation anormale d'un ognon de jacinthe jusqu'aux courants électriques. M. Bourbouze chimiste, employé à la Sorbonne, avait fait un appareil électrique, par lequel il télégraphiait sans fils conducteurs à travers les courtes distances, l'académie des sciences l'avait autorisé à faire des expérien-

ces entre les ponts sur la Seine, l'eau étant un meilleur conducteur pour l'électricité que la terre.

L'expérience réussit, l'appareil fut utilisé au viaduc d'Auteuil pour communiquer avec un point de Passy investi par les lignes allemandes.

Le rapport se terminait par le récit d'une seconde expérimentation faite dans un aérostat afin de recevoir les messages envoyés d'Auteuil, par M. Bourbouze, le ballon fut entraîné par le vent, un peu moins loin, il est vrai, que celui d'Andrée fut entraîné de nos jours.

M. Chevreul, d'une voix un peu cassée, déclarait que tout en n'étant pas partisan absolu de la classification radiaire. il reconnaissait l'importance des études embriologiques.

On parla de tant et tant de choses, par exemple de la matière noire des météorites, de la reproduction de différents types par le degré de chaleur, auquel est soumise la matière, M. Chevreul encore, s'occupa des mélanges de constitutions semblables, dont les effets sont différents, de la nécessité de ne pas se borner aux phénomènes extérieurs des corps, tandis que la chimie est indispensable; que le jour où Versailles, au nom de l'ordre, apporta la mort dans Paris, on était retourné dans les astres à propos de quelques nouveaux termes du coefficient de l'équateur titulaire de la lune, ce fut, je crois, la dernière séance.

Partout, des cours étaient ouverts, répondant à l'ardeur de la jeunesse.

On voulait tout à la fois, arts, sciences, littérature, découvertes, la vie flamboyait. On avait hâte de s'échapper du vieux monde.

## VI

L'ATTAQUE DE VERSAILLES — RÉCIT INÉDIT DE LA MORT
DE FLOURENS PAR HECTOR FRANCE ET CIPRIANI

> Ils conviaient le monde à l'auguste bataille,
> A l'enivrement des hauts faits,
> Et lui montraient passant à travers la mitraille
> Les grands arbres de la paix.
>
> (Victor Hugo.)

Comme on avait voulu légaliser, par le suffrage, la nomination des membres de la Commune, on voulut attendre l'attaque de Versailles, sous prétexte de ne pas provoquer à la guerre civile sous les yeux de l'ennemi, comme si le seul ennemi des peuples n'était pas leurs tyrans !

Quand les généraux, attentifs cette fois, jugèrent qu'il ne manquait ni un bouton de guêtre, ni l'affilement d'un sabre, Versailles attaqua.

Toutes les meutes d'esclaves hurlant leurs douleurs sous le fouet, en rendaient responsable la Commune se liguant avec leurs maîtres.

L'habitude d'attendre des ordres est telle encore chez le troupeau humain que ceux qui, dès le 19 mars criaient à Versailles, Montmartre, Belleville, toute une armée ardente n'eurent pas l'idée, armés comme ils l'auraient pu, de s'assembler et de partir. Qui sait si en pareille occasion on ne le ferait point encore ?

Le 2 avril, vers six heures du matin, Paris fut éveillé par le canon.

On crut d'abord à quelque fête des Prussiens qui entouraient Paris, mais bientôt la vérité fut connue : Versailles attaquait.

Les premières victimes furent les élèves d'un pensionnat de Neuilly (sur la porte d'une église ou sans

doute elles allaient prier pour M. Thiers et l'Assemblée nationale). Le canon frappait à la volée. Le Dieu des massacreurs a la coutume de reconnaître les siens; surtout quand il n'est plus temps.

Deux armées en marche sur Paris, l'une par Montretout et Vaucresson, l'autre par Rueil et Nanterre, se réunirent au rond point des Bergers, surprirent et égorgèrent les fédérés à Courbevoie. Après avoir d'abord reculé, les fédérés, qui restaient vivants, soutenus par les francs-tireurs garibaldiens se replièrent. Le soir même, Courbevoie était repris. On y trouva rangés sur le quai les cadavres des prisonniers.

Cette fois la sortie fut immédiatement décidée.

Les armées de la Commune se mirent en marche le 3 avril à 4 heures du matin.

Bergeret, Flourens et Ranvier commandant du côté du Mont-Valérien, que toujours on croyait neutre; Eudes et Duval du côté de Clamart et de Meudon, on allait à Versailles.

Tout à coup le fort s'enveloppe de fumée, la mitraille pleut sur les fédérés.

Nous avons raconté que le commandant du Mont-Valérien ayant promis à Lullier, envoyé par le comité central, la neutralité de ce fort, s'était empressé d'en prévenir M. Thiers qui, afin qu'un officier de l'armée française ne manquât pas à sa parole, l'avait tout simplement remplacé par un autre qui n'avait rien promis; c'était cet autre qui le matin avait commencé le feu.

La petite armée, sous la conduite de Flourens avec Cipriani comme chef d'état-major se sépara au pont de Neuilly, Flourens prit par le quai de Puteaux, vers Montretout, Bergeret par l'avenue de Saint-Germain vers Nanterre, ils devaient se réunir à Rueil, avec à peu près quinze mille hommes, et malgré la catastrophe du Mont-Valérien la plupart des fédérés poursuivirent leur marche vers le point de jonction.

Quelques-uns, égarés dans les champs, autour du Mont-Valérien, rentrèrent à Paris seul à seul, les deux corps d'armée se rencontrèrent à Rueil, où ils soutinrent le feu du Mont-Valérien, qui tonnait toujours.

Seulement quand la terre fut couverte de morts, ceux qui restaient se débandèrent.

Les Versaillais établirent, au rond point de Courbevoie, une batterie qui mitraillait le pont de Neuilly.

Un grand nombre de fédérés avaient été faits prisonniers.

Gallifet, au moment même où Versailles ouvrait le feu, envoyait la circulaire suivante, ne laissant aucun doute sur ses intentions et celles du gouvernement.

« La guerre *a été déclarée par les bandes de Paris.*

» Hier et aujourd'hui, elles m'ont tué mes soldats!

» C'est une guerre sans trêve ni pitié que je déclare à ces assassins.

» J'ai dû faire un exemple ce matin, qu'il soit salutaire! Je désire ne pas être réduit de nouveau à une pareille extrémité.

» N'oubliez pas que le pays, que la loi, que le droit, par conséquent sont à Versailles et à l'Assemblée nationale, et non pas avec la grotesque assemblée qui s'intitule Commune.

» Le général commandant la brigade,

» GALLIFET. »

3 avril 1871.

C'est à la mairie de Rueil que Gallifet écrivit cette proclamation, sans même prendre le temps d'essuyer le sang dont il était couvert.

Le crieur qui la lisait, entre deux roulements de tambour dans les rues de Rueil et de Chatou, ajoutait par ordre supérieur : « Le président de la commission municipale de Chatou prévient les habitants dans l'intérêt de leur sécurité, que ceux qui donneraient asile

aux ennemis de l'assemblée, se rendraient passibles des lois de la guerre. » Ce président se nommait Laubeuf.

Et les bonnes gens de Rueil, Chatou et autres lieux, tenant à deux mains leur tête pour s'assurer qu'elle tenait encore sur leurs épaules, regardaient s'il ne passait pas quelque fugitif de la bataille pour le livrer à Versailles.

Le corps d'armée de Duval combattait depuis le matin, contre des détachements de l'armée régulière, réunis à des sergents de ville ; ils ne battirent en retraite sur Châtillon qu'après un véritable massacre.

Duval, deux de ses officiers et un certain nombre de fédérés, faits prisonniers, furent presque tous fusillés le lendemain matin, avec des soldats passés à la Commune et à qui on arrachait leurs galons avant de les mettre à mort.

Le 4 avril au matin, la brigade Déroja et le général Pellé tenaient le plateau de Châtillon.

Sur la promesse du général, d'avoir la vie sauve, les fédérés enveloppés se rendent. Aussitôt les soldats reconnus sont fusillés, les autres envoyés à Versailles accablés d'outrages.

En chemin, Vinoy les rencontre, et n'osant tout fusiller après la promesse de Pellé, il demande s'il y a des chefs.

Duval sort des rangs. — Moi, dit-il. Son chef d'état-major et le commandant des volontaires de Montrouge, sortent également des rangs et vont se ranger près de lui.

— Vous êtes d'affreuses canailles ! crie Vinoy. Il ordonne de les fusiller.

Ils s'adossent d'eux-mêmes contre un mur, se serrent a main et tombent en criant : Vive la Commune !

Un Versaillais vole les bottes de Duval et les promène : l'habitude de déchausser les morts de la Commune était générale dans l'armée de Versailles.

Vinoy disait le lendemain : Les fédérés se sont rendus à discrétion, leur chef, un nommé Duval, fut tué dans l'affaire ; un autre ajoutait : *ces bandits meurent avec une sorte de jactance.*

Les créatures hideuses de férocité, vêtues avec luxe et venant on ne sait d'où, qui insultaient les prisonniers et du bout de leurs ombrelles fouillaient les yeux des morts apparurent dès les premières rencontres à la suite de l'armée de Versailles.

Avides de sang comme des goules, elles étaient en proie à des rages de mort ; il y en eut, disait-on, de tous les mondes, descendues par d'immondes appétits, perverties par les filières de la société, elles étaient monstrueuses et irresponsables comme des louves.

Parmi les *assassins* de Paris prisonniers, dont Versailles salua l'arrivée par des hurlements de mort, était le géographe Elisée Reclus. Lui et ses compagnons furent envoyés à Satory d'où on les expédia aux pontons dans des vagons à bestiaux.

Nuls n'étant autant trompés que les soldats, chair à mensonge autant que chair à canon, tous ceux qui avaient habité Versailles, avaient le cerveau imprégné de contes de banditisme et d'entente avec les Prussiens, à l'aide desquels l'armée fut employée à des œuvres de sauvagerie incroyables.

Le récit des derniers instants et de la mort de Flourens me fut donné à Londres, l'an dernier par Hector France qui, le dernier de nos camarades, vit Flourens vivant et par Amilcare Cipriani, son compagnon d'armes et le seul témoin de sa mort pour être publié dans cette histoire.

« J'étais, dit Hector France, avec Flourens depuis la veille, il m'avait pris pour aide de camp et je l'avais rejoint à la porte Maillot où les bataillons fédérés étaient rassemblés pour la sortie.

» Nous passâmes la nuit sans dormir, il y eut conseil

auquel assistèrent tous les capitaines de compagnies ; je revins avec Flourens tout au petit jour, les fédérés alignés le long du chemin et lui à cheval.

» On se mit en marche. Arrivés au pont les traverses étaient enlevées : les canons ni les omnibus ni aucun véhicule ne pouvaient passer. Flourens me dit :

» — Prenez les canons et les autres munitions et faites le tour par l'autre pont.

» Il fallait passer sous le Mont-Valérien qui commençait à tirer sur le corps d'armée de Bergeret dont je rencontrai des bataillons qui se repliaient sur Paris.

» Je continuais ma route criant : A Versailles, à Versailles, mais ne sachant plus quel chemin prendre je fus obligé de le demander à un employé du chemin de fer ; il me répondit qu'il ne le savait pas, mais lui ayant mis mon revolver sur le front, il me l'indiqua. Je suivis au grand galop avec trois canons et des omnibus de munitions conduits par des fédérés. Les canons étaient menés par des artilleurs et nous avions avec nous une demi-compagnie de gardes nationaux que Flourens avait chargés de les escorter ; mais ne pouvant suivre au pas de course, ils restèrent en route.

» Nous passâmes sous un fort qui ne cessait de tirer.

» Je rejoignis Flourens sans accident à quelque distance de Chatou ; il m'envoya aussitôt prévenir Bergeret de mon arrivée et lui demander de se concentrer avec lui.

» C'est alors que les obus du Mont-Valérien commencèrent à pleuvoir sur Chatou.

» Quand je revins rendre compte à Flourens de ma mission près de Bergeret, je le trouvai entouré de Cipriani et d'une foule d'officiers et de simples gardes qui les accablaient d'invectives, se croyant trahis. Les obus commençaient à tomber sur le village et c'est ce qui les exaspérait.

» Flourens se voyant en butte à tant de reproches

descendit de cheval et, sans mot dire, très pâle, se dirigea vers la campagne ; je fis part de mes appréhensions
à Cipriani en lui disant :

» — Vous le connaissez mieux que moi, suivez-le et
empêchez-le de faire un mauvais coup.

» Cipriani mit pied à terre et suivit Flourens qui déjà
était loin.

» Je restais seul à cheval, lorsqu'après un obus qui
éclata tuant plusieurs fédérés, toute leur colère se
tourna sur moi qui avais gardé mon uniforme d'officier
de chasseurs à cheval, ils me traitèrent de traître, de
Versaillais, disant qu'il fallait me faire mon affaire de
suite. Heureusement, les artilleurs que j'avais emmenés et dont plusieurs avaient gardé comme moi leur
pantalon de troupe prirent ma défense et calmèrent la
colère des fédérés. Pendant ce temps, les obus ne cessèrent de pleuvoir. On me dit :

» — Puisque vous êtes monté, allez voir où est Flourens.

» Je partis au galop dans la direction qu'il avait
suivie.

» Après avoir traversé quelques champs, j'arrivai
dans des ruelles désertes où je ne vis qu'une vieille
dame assise à une fenêtre ; je lui demandai si elle avait
vu passer deux officiers supérieurs de la garde nationale, elle me répondit : — C'est Flourens que vous
cherchez. Sur ma réponse affirmative, elle m'indiqua
une maison complètement close, je frappai à la porte et
aux portes voisines, mais je n'eus aucune réponse.

» Je revins au galop vers les fédérés ; on apercevait
à quelque distance d'une part le corps d'armée de Bergeret, descendant la colline pour rentrer dans Paris, de
l'autre beaucoup plus loin les avant-gardes de Versailles qui avançaient avec les plus grandes précautions.

» Le premier cri des fédérés fut : — Où est Flourens?
Qu'est-ce que nous allons faire ? D'un geste je leur

montrai le corps d'armée de Bergeret et je dis : —
Suivons-les, replions-nous. » Ils firent ainsi. Je restais
le dernier à plus de deux cents mètres, regardant toujours si Flourens revenait.

» Bientôt dans les champs, de tous côtés, dans les
buissons, dans les haies partirent des coups de fusil sur
nous.

» La bataille était perdue ; un grand nombre de fédérés tués ou emmenés par l'ennemi pour être fusillés et
Flourens aussi était perdu.

» Hector FRANCE. »

Les suprêmes détails donnés par Cipriani sur les
derniers instants de la vie de Flourens composent la
seconde partie de la lugubre odyssée.

« Ce n'est pas, dit Cipriani, de la vie de Flourens
que j'ai à m'occuper ; mais de sa mort tragique, véritable assassinat froidement commis par le capitaine de
gendarmerie Desmarets.

» C'était le 3 avril 1871. La Commune de Paris,
ayant décidé une sortie en masse contre les soldats de
la réaction qui ne cessaient de fusiller sommairement
les fédérés pris hors de Paris, Flourens avait reçu
l'ordre de se rendre à Chatou et d'y attendre Duval et
Bergeret, qui devaient attaquer les Versaillais à Châtillon et faire la jonction pour marcher sur Versailles
et en déloger les traîtres.

» Flourens arriva à Chatou vers trois heures de
l'après-midi ; là, il apprit la défaite de Duval et de
Bergeret à Châtillon et au pont de Neuilly.

» Duval avait été pris et fusillé : cet échec des fédérés rendait la position de Flourens non seulement
difficile, mais intenable.

» Sur sa gauche, les fédérés en fuite et poursuivis
par l'armée de Versailles qui, par un mouvement tournant, cherchait à nous cerner.

11

» Derrière nous le fort du Mont-Valérien qui, par la crédulité de Lullier, était tombé entre les mains de nos ennemis et nous faisait beaucoup de mal.

» Il était urgent de sortir de Chatou et de se replier sur Nanterre; si nous ne voulions pas être coupés et pris comme dans une souricière, il fallait former une seconde ligne de bataille qui nous dégageât de toute surprise.

» Les fédérés ayant marché toute la journée étaient harassés et affamés; ce n'était donc pas dans un pareil état que l'on pouvait, à trois heures de l'après-midi, engager un combat contre un ennemi rendu hardi par le succès de Châtillon.

» Tout, donc, exigeait de se replier sur Nanterre afin de pouvoir le lendemain matin, avec des troupes fraîches arrivées de Paris, s'emparer des hauteurs de Buzenval et de Montretout et marcher sur Versailles.

» Moi, en ma qualité d'ami de Flourens et comme chef d'état-major de la colonne, je soumis ce plan à Flourens et à Bergeret qui était venu nous rejoindre; celui-ci l'approuva; Flourens me répondit :

— Moi, je ne bats pas en retraite.

— Mon ami, lui dis-je, ce n'est pas une retraite et encore moins une fuite; c'est une mesure de prudence, si vous aimez mieux, qui nous est imposée par tout ce que je vous ai déjà exposé.

» Il me répondit par un signe affirmatif de la tête.

» Je priai Bergeret de prendre la tête de la colonne, Flourens, le centre, et moi, je restais le dernier pour faire évacuer complètement Chatou.

» Tout le monde était en marche, je revins sous l'arcade du chemin de fer, où je m'étais entretenu avec Bergeret et Flourens, j'y trouvai celui-ci toujours à cheval, à la même place, pâle, morne, silencieux.

» A ma demande de nous mettre en route il refusa et, descendant de cheval, il confia sa monture à des gardes nationaux qui se trouvaient là, et il se mit à marcher sur le bord de la rivière.

» Je lui fis observer qu'en 'ma double qualité d'ami intime et de chef d'état-major de la colonne, je ne pouvais ni ne devais l'abandonner dans un endroit qui allait être envahi par l'armée de Versailles, que j'étais bien décidé à ne pas le quitter et que je resterais ou partirais avec lui.

» Fatigué, il s'étendit sur l'herbe et s'endormit profondément.

» Assis à côté de lui, je voyais au loin les cavaliers de Versailles caracolant dans la plaine et s'avançant vers Chatou.

» Il était de mon devoir de tout tenter pour sauver l'ami et le chef aimé de la foule.

» Je l'éveillai et le priai de ne pas rester là où il serait fait prisonnier comme un enfant :

» — Votre place n'est pas ici, lui dis-je, c'est à la tête de votre colonne; si vous êtes fatigué de la vie, faites-vous tuer demain matin dans la bataille que nous engagerons à la tête des hommes qui vous ont suivi jusqu'ici par sympathie, par amour.

» Vous ne voulez pas vous retirer, dites-vous, la désertion est pire qu'une simple retraite; en rentrant ici, vous désertez, vous faites pire! Vous trahissez la Révolution qui attend tout de vous.

» Il se leva, me donna le bras : — Allons, dit-il. S'en aller, c'était facile à dire, presque impossible à faire sans être vus et guettés par l'armée de Versailles qui cernait presque le village où nous étions.

» Il était indispensable de nous cacher et d'attendre la tombée de la nuit pour rejoindre nos troupes à Nanterre.

» En arrivant sur le quai de Chatou, nous entrâmes dans une petite maisonnette, une sorte de cabaret bordé par un terrain vague, qui portait le n° 21. Nous demandâmes à la maîtresse du logis si elle avait une chambre à nous donner ; elle nous conduisit au premier étage.

» L'ameublement de cette chambre se composait d'un lit, à droite en entrant, une commode, à gauche, au milieu, une petite table.

» Flourens, sitôt entré, déposa sur la commode son sabre, son revolver et son képi et se jeta sur le lit où il s'endormit.

» Je me mis à la fenêtre, la persienne fermée, pour guetter.

» Quelques instants après, j'éveillai encore Flourens pour lui demander s'il consentait à ce que j'envoie quelqu'un en exploration pour savoir si la route de Nanterre était libre.

» Il y consentit, je fis monter la maîtresse de la maison à qui je demandai si elle avait quelqu'un pour faire une course.

» — J'ai mon mari, dit-elle.

» — Faites-le monter, lui dis-je.

» C'était je crois, un paysan ; je le priai de s'assurer si la route de Nanterre était libre et de revenir de suite nous rendre la réponse, en lui promettant vingt francs pour son dérangement. Cet homme s'appelait Lecoq.

» Il partit, j'allumai un cigare et je repris ma place derrière la persienne.

» Cinq minutes après, je vis débusquer sur la droite d'une petite rue qui donnait sur la rue de Nanterre un sous-lieutenant d'état-major à cheval qui regardait attentivement du côté où nous étions.

» Je communiquai le fait à Flourens et je repris encore mon poste d'observation à la fenêtre.

» L'officier avait disparu. Quelques minutes après, du même côté, je vis arriver un gendarme.

» Puis, venant vers notre demeure et comme un homme sûr de son fait, il se pencha un instant dans

le terrain vague qui se trouvait devant la maison pour
voir dans la même rue une quarantaine de gendarmes
qui le suivaient. J'allai vers Flourens et lui dis :

» — Les gendarmes sont devant la maison.

» — Que faire? dit-il, ne pas nous rendre, mille
dieux !

» — Ma foi, dis-je, pas grand'chose. Occupez-vous de
la fenêtre, je me charge de la porte et je pris la ma-
nille de la main gauche, mon revolver de la droite.

» Au même moment quelqu'un du dehors cherchait
à entrer.

» J'ouvris et me trouvai face à face avec un gendarme, le revolver braqué sur moi.

» Sans lui laisser le temps de tirer, je lui déchargeai
le mien en pleine poitrine. Le gendarme blessé se pré-
cipita dans l'escalier en appelant aux armes.

» Je le poursuivis et dans la salle d'en bas je tombai
au milieu des autres gendarmes qui montaient.

» Je fus terrassé à coups de baïonnette et de crosse
de fusil.

» J'avais la tête fracassée en deux endroits, la
jambe droite percée de coups de baïonnette, les bras
presque rompus, une côte enfoncée, la poitrine abîmée
de coups, je perdais le sang par la bouche, les oreilles,
le nez, j'étais à moitié mort.

» Tandis que l'on m'arrangeait de la sorte, des gendarmes étaient montés dans la chambre et avaient
arrêté Flourens.

» On ne l'avait pas reconnu. En passant devant moi,
il me vit à terre couvert de sang et s'écria : — O mon
pauvre Cipriani !

» On me fit lever et je suivis mon ami.

» On le fit arrêter à la sortie de la maison et je
restai en compagnie des gendarmes à l'entrée du terrain vague.

» Flourens ayant été fouillé, on trouva dans sa poche

une lettre ou dépêche adressée au général Flourens.

» Jusque-là il avait été traité avec certains égards, mais alors la scène changea.

» Tous se mirent à l'insulter en criant : — C'est Flourens, nous le tenons, cette fois il ne nous échappera pas.

» Au même instant arrivait un capitaine de gendarmerie à cheval. Ayant demandé quel était cet homme, on lui répondit en poussant des cris sauvages : — C'est Flourens.

» Celui-ci se tenait debout fier, sa belle tête découverte, les bras croisés sur la poitrine.

» Le capitaine de gendarmerie avait Flourens à sa droite, il le dominait de toute sa hauteur et lui adressant la parole d'un ton brusque et arrogant il demanda :

» — C'est vous Flourens ?

» — Oui, dit-il.

» — C'est vous qui avez blessé mes gendarmes.

» — Non, répondit encore Flourens.

» — Menteur, vociféra ce gredin, et d'un coup de sabre appliqué avec l'habileté d'un bourreau il lui fendit la tête en deux, puis partit au grand galop.

» L'assassin de Flourens se nommait le capitaine Desmarets.

» Flourens se débattait à terre affreusement, un gendarme en ricanant dit : — C'est moi qui vais lui faire sauter la cervelle, — lui ayant appliqué le canon de son fusil dans l'oreille, Flourens resta immobile, il était mort.

» Ici je devrais m'arrêter, mais bien d'autres outrages attendaient à Versailles le cadavre de ce grand penseur révolutionnaire, si je ne les avais vus de mes propres yeux, je n'y croirais pas.

» Il est donc indispensable que je conduise le lecteur à Versailles, la ville infâme et maudite, pour raconter les faits jusqu'au moment où on me sépara du cadavre de Flourens.

» Mon ami avait cessé de souffrir, ma grande souffrance commençait en ce moment.

» Le meurtrier de Flourens parti, je restai à la merci des gendarmes qui hurlaient comme des hyènes autour de moi.

» On me fit levér et on me plaça debout à côté du cadavre de Flourens pour être fusillé.

» Un des gendarmes eut l'idée de m'adresser la parole, lui ayant répondu avec horreur et dégoût, il fit pleuvoir sur moi nous une avalanche de coups et d'insultes.

» Ce contre-temps me sauva la vie ; un sous-lieutenant de gendarmerie passant par là demanda qui j'étais.

» — C'est l'aide-de-camp de Flourens, répondirent les gendarmes, c'est pour cela que je suis connu avec ce titre.

» — C'est malheureux, dit le sous-lieutenant, ce n'était pas ici qu'il fallait le tuer, mais le fusiller à Versailles.

» En parlant de moi il dit : — Garrottez ce coquin comme il faut, on le fusillera demain à Versailles avec d'autres canailles que nous avons faits prisonniers.

» Je fus solidement garrotté comme il l'avait ordonné ; on me fit venir un tombereau avec du fumier, on me jeta sur les jambes le cadavre de mon pauvre ami.

» Nous nous mîmes en route pour Versailles au milieu d'un escadron de gendarmes à cheval.

» La nouvelle de l'arrivée de Flourens nous avait précédés.

» A la porte était un régiment de soldats qui ignorant sa mort tiraient les baguettes de leurs fusils pour me frapper.

» Nous arrivâmes au milieu d'une population ivre et féroce qui hurlait : A mort, à mort !

» A la préfecture de police je fus mis dans une chambre avec le cadavre de Flourens à mes pieds.

» Des créatures élégamment vêtues, la plus grande partie en compagnie d'officiers de l'armée, venaient toutes souriantes voir le cadavre de Flourens, il ne leur faisait plus peur ; d'une façon infâme et lâche, elles fouillaient du bout de leurs ombrelles la cervelle de ce mort.

» Dans la nuit je fus séparé à jamais des restes sanglants de ce pauvre et cher ami et renfermé dans les caves.

» Ainsi fut assassiné et outragé après sa mort Gustave Flourens par les bandits de Versailles.

» Amilcare CIPRIANI. »

Flourens eut-il la vision de l'hécatombe d'après les premières horreurs commises par l'armée de Versailles ? jugea-t-il, combien les hommes de la Commune, ainsi que lui confiants, généreux, épris des luttes héroïques, étaient vaincus d'avance, par les trahisons, l'infâme politique de mensonge suivie par le gouvernement ?

Je faisais partie à cette sortie du 61ᵉ bataillon de marche de Montmartre, corps d'armée d'Eudes, et j'aurais pu vérifier si je n'en eusse été sûre déjà, que ni la crainte de mourir, ni celle de donner la mort, mais l'appel de l'idée à travers la mise en scène grandiose d'une lutte armée restent dans la pensée.

Après avoir pris les Moulineaux, on entra au fort d'Issy, où l'un de nous eut la tête emportée d'un obus.

Eudes et son état-major s'établirent au couvent des Jésuites à Issy.

Deux ou trois jours après, drapeau rouge déployé, venaient nous retrouver une vingtaine de femmes parmi lesquelles Béatrix Excoffons, Malvina Poulain, Mariani Fernandez, mesdames Goullé, Danguet, Quartier.

Les voyant arriver ainsi, les fédérés réunis au fort saluèrent.

Suivant l'appel que nous avions publié dans les journaux, elles pansaient les blessés sur le champ de bataille et souvent ramassèrent le fusil d'un mort.

Il en fut ainsi de plusieurs cantinières : Marie Schmid, madame Lachaise, madame Victorine Rouchy, des turcos de la Commune, déjà citées.

Mises à l'ordre du jour de leurs bataillons, une cantinière des enfants perdus tuée comme un soldat, et tant d'autres que si on les nommait toutes le volume serait plus que rempli.

J'étais souvent avec les ambulancières venues nous retrouver au fort d'Issy, mais plus souvent encore avec mes camarades des compagnies de marche ; ayant commencé avec eux, j'y restais et je crois que je n'étais pas un mauvais soldat. La note du journal officiel de la Commune à propos des Moulineaux au 3 avril — numéro du 10 avril 71 était exacte. — Dans les rangs du 61ᵉ bataillon combattait une femme énergique, elle a tué plusieurs gendarmes et gardiens de la paix.

Lorsque le 61ᵉ rentrait pour quelques jours j'allais avec d'autres je n'aurais voulu pour rien au monde quitter les compagnies de marche et depuis le 3 avril jusqu'à la semaine de mai je ne passai à Paris que deux fois une demi journée. Ainsi j'eus pour compagnons d'armes les enfants perdus dans les hautes bruyères, les artilleurs à Issy et à Neuilly, les éclaireurs de Montmartre, ainsi je vis combien furent braves les armées de la Commune, combien mes amis Eudes, Ranvier, La Cecillia, Dombwroski, comptèrent leur vie pour peu.

## VII

SOUVÉNIRS

*Une fanfare sonne au fond du noir mystère
Et bien d'autres y vont que je retrouverai.
Ecoutez, on entend des pas lourds sur la terre;
C'est une étape humaine, avec ceux-là j'irai.*

(L. M. — *Le Voyage.*)

J'avais écrit d'abord ce volume sans rien raconter de moi ; sur l'observation de mes amis, j'ai ajouté quelques épisodes personnels aux premiers chapitres malgré l'ennui que j'en éprouvais ; puis il s'est produit un effet tout opposé : en avançant dans le récit, j'ai aimé à revivre ce temps de la lutte pour la liberté, qui fut ma véritable existence, et j'aime aujourd'hui à l'y laisser mêlée.

C'est pourquoi je regarde au fond de ma pensée comme en une suite de tableaux où passent ensemble des milliers d'existences humaines disparues à jamais.

Nous voici au Champ-de-Mars, les armes en faisceaux, la nuit est belle. Vers trois heures du matin, on part, croyant aller jusqu'à Versailles. Je parle avec le vieux Louis Moreau qui, lui aussi, est heureux de partir ; il m'a donné en place de mon vieux fusil une petite carabine Remington ; pour la première fois j'ai une bonne arme quoiqu'on la dise peu sûre, ce qui n'est pas vrai. Je raconte les mensonges que j'ai dits à ma mère pour qu'elle ne soit pas inquiète, toutes mes précautions sont prises, j'ai dans ma poche des lettres toutes prètes pour lui donner des nouvelles rassurantes, ce sera daté de plus tard ; je lui dis qu'on a eu besoin de moi dans une ambulance, que j'irai à Montmartre à la première occasion.

Pauvre femme, combien je l'aimais! Combien je lui

étais reconnaissante de la complète liberté qu'elle me laissait d'agir en conscience, et comme j'aurais voulu lui épargner les mauvais jours qu'elle eut si souvent !

Les camarades de Montmartre sont là, on est sûr les uns des autres, sûr aussi de ceux qui commandent.

Maintenant on se tait, c'est la lutte ; il y a une montée où je cours en avant, criant : A Versailles ! à Versailles ! Razoua me jette son sabre pour rallier. Nous nous serrons la main en haut sous une pluie de projectiles, le ciel est en feu, personne n'est blessé.

On se déploie en tirailleurs dans des champs pleins de petites souches, mais on dirait que nous avons déjà fait ce métier-là.

Voici les Moulineaux, les gendarmes ne tiennent pas comme on pensait ; on croit aller plus loin, mais non, on va passer la nuit les uns au fort, les autres au couvent des jésuites. Nous qui croyions aller plus loin, ceux de Montmartre et moi, nous pleurons de rage ; pourtant on a confiance. Eudes ni Ranvier, ni les autres, ne s'attarderaient pas à rester sans une raison majeure. On nous en dit des raisons, mais nous n'écoutons pas. Enfin on reprend espérance ; il y a maintenant des canons au fort d'Issy, ce sera bonne besogne de s'y maintenir. On était parti avec d'étranges munitions (restes du siège), des pièces de douze pour des boulets de vingt-quatre.

Maintenant passent comme des ombres ceux qui étaient là dans la grande salle du bas au couvent : Eudes, les frères May, les frères Caria, trois vieux, braves comme des héros, le père Moreau, le père Chevalet, le père Caria, Razoua, des fédérés de Montmartre ; un nègre d'un noir de jais, avec des dents blanches pointues comme celles des fauves ; il est très bon, très intelligent et très brave ; un ancien zouave pontifical converti à la Commune.

Les jésuites sont partis, à part un vieux qui n'a pas

peur, dit-il, de la Commune et qui reste tranquillement dans sa chambre, et le cuisinier qui, je ne sais
pourquoi, me fait penser à frère Jean des Eutomures.
Les tableaux qui ornent les murs ne valent pas deux
sous, à part un portrait qui donne bien l'idée d'un
caractère, il ressemble à Méphistophélès, ce doit être
quelque directeur des jésuites; il y a aussi une adora-
tion des Mages dont l'un ressemble, en laid, à notre
fédéré noir, des tableaux de chronologie sainte et autres bêtises.

Le fort est magnifique, une forteresse spectrale,
mordue en haut par les Prussiens et à qui cette brèche
va bien. J'y passe une bonne partie du temps avec les
artilleurs, nous y recevons la visite de Victorine Eudes, l'une de mes amies de longtemps quoiqu'elle soit
bien jeune; elle aussi ne tire pas mal.

Voici les femmes avec leur drapeau rouge percé de
balles que saluent les fédérés; elles établissent une ambulance au fort, d'où les blessés sont dirigés sur celles
de Paris, mieux agencées. Nous nous disséminons,
afin d'être plus utiles; moi je m'en vais à la gare de
Clamart, battue en brèche toutes les nuits par l'artillerie versaillaise. On va au fort d'Issy par une petite
montée entre des haies, le chemin est tout fleuri de
violettes qu'écrasent les obus.

Tout proche est le moulin de pierre, souvent nous
ne sommes pas assez de monde dans les tranchées de
Clamart. Si le canon du fort ne nous soutenait pas,
une surprise serait possible; les Versaillais ont toujours ignoré combien on était peu.

Une nuit même, je ne sais plus comment, il arriva
que nous étions deux seulement dans la tranchée devant la gare; l'ancien zouave pontifical et moi avec
deux fusils chargés, c'était toujours de quoi prévenir.
Nous eûmes la chance incroyable que la gare ne fut
pas attaquée cette nuit-là. Comme nous allions et

venions dans la tranchée, il me dit en me rencontrant :

— Quel effet vous fait la vie que nous menons?

— Mais, dis-je, l'effet de voir devant nous une rive à laquelle il faut atteindre.

— Moi, reprit-il, ça me fait l'effet de lire un livre avec des images.

Nous continuâmes à parcourir la tranchée dans le silence des Versaillais sur Clamart.

Quand Lisbonne vint le matin amenant du monde, il fut à la fois content et furieux, secouant ses cheveux sous les balles qui recommençaient à siffler ainsi qu'il eut chassé des mouches importunes.

Il y eut à Clamart une escarmouche de nuit dans le cimetière, à travers les tombes éclairées tout à coup d'une lueur, puis retombant sous la seule clarté de la lune qui faisait voir, tout blancs, pareils à des fantômes, les monuments derrière lesquels partait le rapide éclair des fusils.

Une expédition, de nuit aussi, avec Berceau, de ce même côté; ceux qui nous avaient quittés d'abord, revenant nous joindre sous le feu de Versailles, avec mille fois plus de danger.

Je revois tout cela comme en un songe dans le pays du rêve, du rêve de la liberté.

Un étudiant, nullement de nos idées, mais bien moins encore du côté de Versailles, était venu à Clamart faire le coup de feu, surtout pour vérifier ses calculs sur les probabilités.

Il avait apporté un volume de Baudelaire dont nous lisions quelques pages quand on avait le temps.

Un jour que plusieurs fédérés, de suite, avaient été frappés d'un obus à la même place, une petite plate-forme au milieu d'une tranchée, il voulut vérifier doublement ses calculs, et m'invita à prendre avec lui une tasse de café.

Nous nous établissons commodément et tout en lisant

dans le volume de Baudelaire la pièce intitulée : *La charogne* ; le café était presque achevé, quand les gardes nationaux se jettent sur nous, nous ôtent violemment en criant :

— Sacré nom de Dieu ! en voilà assez.

Au même moment l'obus tomba brisant les tasses restées sur la plate-forme, réduisant le livre en impalpables miettes.

— Cela donne pleine raison à mes calculs, dit l'étudiant en secouant la terre dont il était couvert.

Il resta encore quelques jours, je ne l'ai jamais revu.

Les seuls que j'aie vus sans courage pendant la Commune sont un gros bonhomme venu pour *inquiéter* la jeune femme qu'il venait d'épouser, et qui fut tout heureux d'emporter à Eudes un mot de moi le priant, de le renvoyer à Paris. J'avais abusé de sa confiance en mettant à peu près ceci :

« Mon cher Eudes,

» Pouvez-vous renvoyer à Paris cet imbécile, qui serait bon à jeter ici des paniques s'il y avait des gens capables d'en avoir. Je lui fais prendre les coups de canon du fort pour ceux de Versailles, afin qu'il se sauve plus vite; seriez-vous assez bon pour le renvoyer. »

Nous ne l'avons jamais plus revu tant il avait eu peur.

Si, à l'entrée de l'armée de Versailles il avait conservé son uniforme de fédéré, il aura été fusillé sur le tas avec les défenseurs de la Commune, il y en eut bien d'autres.

L'autre du même genre, était un jeune homme. Une nuit que nous étions une poignée à la gare de Clamart, et que justement l'artillerie de Versailles faisait rage, l'idée de se rendre le prit comme une obsession, il n'y avait pas de raisonnement à avoir avec l'impression qui le tenait. — Faites-le si vous voulez, lui dis-je, moi je reste·là, et je fais sauter la gare si vous la rendez. Je m'assis avec une bougie, sur le seuil d'une petite chambre, où étaient entassés les projectiles, et ma bougie allumée j'y passai la nuit. Quelqu'un était venu me serrer la main, et je vis qu'il veillait aussi : c'était le nègre. — La gare tint comme à l'ordinaire. Le jeune homme partit le lendemain et ne revint plus.

Clamart, de ce côté encore, il arriva à Fernandez et à moi une assez étrange aventure.

Nous étions allées avec quelques fédérés vers la maison du garde champêtre où on appelait des hommes de bonne volonté.

Tant de balles sifflaient autour de nous, que Fernandez me dit : — Si je suis tuée, vous aurez soin de mes petites sœurs. Nous nous embrassons et poursuivons notre chemin. Des blessés, au nombre de trois ou quatre, étaient dans la maison du garde couchés à terre sur des matelas, lui était absent, la femme seule, avait l'air affolé.

Comme nous voulions enlever les blessés, elle se mit à nous supplier de partir, Fernandez et moi, en laissant les blessés qui, disait-elle, n'étaient pas transportables, sous la garde des deux ou trois fédérés qui nous accompagnaient.

Sans pouvoir comprendre quel motif avait cette femme d'agir ainsi, nous n'aurions voulu pour rien au monde, quitter les autres en cet endroit suspect.

Avec beaucoup de peine nous enlevâmes nos blessés, sur les civières d'ambulance qu'on avait apportées, tandis que la femme se traînait à genoux, nous suppliant de partir toutes les deux seulement.

Voyant qu'elle n'obtenait rien, elle se tut, et sortit sur le devant de sa porte pour nous regarder nous éloigner, emportant nos malades sur lesquels pleuvait

la mitraille, Versailles ayant coutume de tirer sur les ambulances.

On a su depuis que des soldats de l'armée régulière se cachaient dans les caves du garde champêtre. Cette femme craignait-elle de voir égorger d'autres femmes, ou était-elle simplement en délire ?

Nous avions emporté avec nos blessés un petit soldat de Versailles à moitié mort, qui fut conduit comme les autres à une ambulance de Paris où il commençait à se rétablir. Au moment de l'invasion de Paris par l'armée, il aura été égorgé par les vainqueurs comme les autres blessés.

Quand Eudes alla à la Légion d'honneur, j'allai à Montrouge avec La Cecillia, ensuite à Neuilly avec Dombrowski. — Ces deux hommes qui physiquement n'avaient aucune ressemblance faisaient la même impression pendant une action, le même coup d'œil rapide, la même décision, la même impassibilité.

C'est dans les tranchées des Hautes Bruyères que j'ai connu Paintendre, le commandant des enfants perdus. Si jamais ce nom d'enfants perdus a été justifié, c'est par lui, par eux tous ; leur audace était si grande qu'il ne semblait plus qu'ils pouvaient être tués, Paintendre le fut pourtant et bien d'autres d'entre eux.

En général, on peut voir aussi braves que les fédérés, plus, jamais ; — c'est cet élan qui eût pu vaincre dans la rapidité d'un mouvement révolutionnaire.

Les calomnies sur l'armée de la Commune couraient la province ; des bandits et repris de justice de la pire espèce la composaient, disait Foutriquet.

Cependant Paule Mink, Amouroux, et d'autres vaillants révolutionnaires, avaient ému les grandes villes, où se déclaraient des Communes envoyant leur adhésion à Paris ; le reste de la province, les campagnes en étaient aux rapports militaires de Versailles. Celui par exemple sur l'assassinat de Duval épouvantait les villages.

« Nos troupes, disait ce rapport, firent plus de mille cinq cents prisonniers et l'on put voir de près la figure des misérables qui, pour assouvir leurs passions de bêtes fauves, mettaient de gaîté de cœur le pays à deux doigts de sa perte. Jamais la basse démagogie n'avait offert aux regards attristés des honnêtes gens visages plus ignobles ; la plupart étaient âgés de quarante à cinquante ans, mais il y avait des vieillards et des enfants dans ces longues files de hideux personnages. On y voyait aussi quelques femmes. Le peloton de cavalerie qui les escortait avait grand'peine à les soustraire aux mains d'une foule exaspérée. On parvint cependant à les conduire sains et saufs aux grandes écuries.

» Quant au nommé Duval, cet autre général de rencontre, il avait été dès le matin fusillé au Petit Bicêtre avec deux officiers d'état-major de la Commune.

» Tous trois ont *subi* en *fanfarons* le sort que la loi réserve à tout chef d'insurgés pris les armes à la main. »

(*La guerre des Communeux de Paris, par un officier supérieur de l'armée de Versailles.*)

Nous savions nous, à quoi nous en tenir sur les généraux de l'empire passés au service de la République à Versailles, sans qu'eux ni l'assemblée changeassent autre chose que le titre.

Une des vengeances futures de l'égorgement de Paris sera de découvrir les infâmes trahisons coutumières de la réaction militaire.

## VIII

### LE FLOT MONTE

> Il est temps qu'enfin le flot monte.
> (Victor Hugo.)

Il montait de partout, le flot populaire, il battait en rase marée tous les rivages du vieux monde, il grondait tout proche et aussi on l'entendait au loin.

Cuba, comme aujourd'hui, voulant la liberté, il y avait eu un grand combat près de Mayan entre Maximo Gomez, avec cinq cents insurgés, contre les détachements espagnols qui avaient dû se retirer.

Quatre cents autres insurgés avec Bembetta et José Mendoga l'africain, avaient battu en brèche une tour fortifiée.

Les républicains espagnols ne trempaient pas alors dans les crimes de la royauté, Castelar et Orense d'Albaïda, réclamaient à Picard du gouvernement de Versailles, la mise en liberté de ce José Guisalola, qui condamné à mort, dans son pays, avait été, en traversant la France arrêté à Touillac, par le maire, sur l'ordre du préfet Backauseut, d'après les instructions de son gouvernement.

Une dizaine d'années auparavant, l'Europe entière avait frissonné d'horreur quand Van Benert avait livré le hongrois Tebeki, à l'Autriche, qui pourtant avait refusé de le mettre à mort ; les pouvoirs en allant vers leur décrépitude progressant dans cette voie, ils réunissaient de plus en plus leurs forces contre tout peuple voulant être libre.

Quelques Français, soupçonnés d'appartenir à l'Internationale ayant dû quitter Barcelone où ils étaient établis, les républicains interpellèrent le gouvernement.

C'est à cette occasion que M. Castelar prononça les paroles suivantes :

« Quand la patrie est la nation espagnole, cette nation fière de son indépendance et de sa liberté, cette nation qui a vu avec horreur le nom de Sagonte remplacé par un nom étranger, cette nation qui vainquit Charlemagne le plus grand guerrier du moyen-âge à Ronceveaux, qui vainquit François I<sup>er</sup> le grand capitaine de la Renaissance à Pavie, qui vainquit Napoléon le plus grand général des temps modernes à Bailen et à Talavera, cette nation dont la gloire ne peut tenir dans les espaces, dont le génie a une force créatrice capable de lancer un nouveau monde dans les solitudes océaniques, cette nation qui quand elle marchait sur son char de guerre, voyait les rois de France, les empereurs d'Allemagne et les ducs de Milan humiliés suivre ses étendards, cette nation qui eut pour hallebardiers, pour mercenaires, les pauvres, les obscurs, les petits ducs de Savoie *fondateurs de la dynastie actuelle* (Interruption).

M. Castelar. — Vous me rappellerez à l'ordre si vous le voulez, Monsieur le président, mais je ne suis pas ici pour défendre ma faible personnalité, à cette heure je défends mon inviolabilité et la liberté de cette tribune (Nouvelle interruption).

M. Castelar. — Je m'en rapporte à l'histoire qui, par la plume des Tacite et des Suétone a, libre et inattaquée, frappé les tyrans en bravant les Néron et les Caligula, j'ai dit, c'est de l'histoire, que Filberto de Savoie, que Carlos Manuel de Savoie, que tous les ducs de Savoie ont suivi pauvres et mendiants le char triomphal de nos aïeux.

. . . . . . . . . . . . . . . . . . . . . . .

» Quelle parole n'est pas offensante si je n'ai pas le droit de parler des aïeux des rois, si leur personne est sacrée ! pourquoi quand madame Isabelle de Bourbon rentrait par cette porte, pourquoi voyait-elle devant ses yeux les noms de Mariano, de Pineda, de Riego, de Lacy et de l'Empecinado, victimes de son père, et je le repète les ducs de Savoie suivaient pauvres et mendiants le char de Charles-Quint, de Philippe II et de Philippe V. »

Combien est loin de nous cet orgueil de la vieille Espagne de la séance du 20 avril 71, cet orgueil tragique qui, involontairement, faisait penser au Cid, si bien qu'on croyait, en écoutant, voir passer des spectres dans des gloires. Voilà qu'après vingt-six années, en place de ces fantômes montrant du doigt leurs ancêtres, on tombe à la forteresse horrible de Montjuich avec ses bourreaux tortureurs et sur les assassins de Maceo.

La proclamation de la République en France avait enthousiasmé la jeunesse russe ; la santé de la République et celle de Gambetta avaient été portées à Saint-Pétersbourg et à Moscou : de loin, elle était si belle !

Le tzar, épouvanté, se concerta avec la police : il y eut des arrestations dans toute la Russie et, pour rassurer son maître, le chef de la police prétendit tenir entre ses mains les fils d'un grand complot ; mais il ne tenait que les clefs des cachots et les instruments de torture.

La légion fédérale belge, les sections de l'Internationale en Catalogne et dans l'Andalousie envoyaient à la Commune le salut des fils de Van Artevelde et celui des artistes peintres, écrivains, savants, héritiers des Rubens, des Grétry, des Vesale et des véritables fils de l'Espagne fière et libre. L'horizon était enfin pour la délivrance de l'humanité tandis que, donnant de la voix dans la chasse abominable contre Paris, les journaux de l'ordre, à Versailles, inséraient de lâches appels à l'égorgement :

« Moins d'érudition et de philanthropie, messieurs, mais plus d'expérience et d'énergie ; si cette expérienc e n'a pu monter jusqu'à vous, empruntez celle des *Victimes !*

» Nous jouons la France, en ce moment : le temps est-il aux morceaux de littérature ? Non, mille fois non ; nous savons le prix de ces morceaux-là !

» Faites un peu ce que les *grands peuples énergiques* feraient en pareil cas :

» *Pas de prisonniers!*

» Si, *dans le tas*, il se trouve *un honnête homme* réellement *entraîné de force*, vous *le verrez bien;* dans ce monde-là, un honnête homme se désigne par *son auréole*.

» Accordez aux braves soldats liberté de venger leurs camarades en faisant, sur le théâtre et dans la rage de l'action, ce que de sang-froid ils ne voudraient plus faire le lendemain. »

(*Journal de Versailles*, 3ᵉ semaine d'avril 1871.)

A cette besogne, qui devait être faite seulement dans la rage du combat, on employa l'armée, ivre de mensonges, de sang et de vin; l'assemblée et les officiers supérieurs sonnant l'hallali. Paris fut servi au couteau.

## IX

### LES COMMUNES DE PROVINCE

> Il entre dans les vues du sanglant Tom Ponce qui tient entre ses mains les forces organisées de la France de consommer la scission entre Paris et les départements, de faire la paix à tout prix, de décapitaliser Paris révolutionnaire, d'écraser les revendications ouvrières, de rétablir une monarchie, nul crime ne lui coûtant.
>
> (Rochefort, le *Mot d'Ordre*.)

Dans un livre, paru longtemps après la Commune : *Un diplomate à Londres*, chez Plon, 10, rue Garancière

à Paris, 1895, on lit, entre mille choses du même ordre prouvant l'entente cordiale de M. Thiers avec ceux
qui, dans leurs rêves, voyaient danser des couronnes
sur des brouillards de sang :

« M. Thiers avait fait placer à l'ambassade de Londres des orléanistes : le duc de Broglie, M. Charles
Gavard, etc.

» Il était, dit l'auteur de ce livre, bien difficile de saisir la nuance exacte des termes pleins de déférence,
mais exclusivement respectueux, dans lequel *il* (le
comte de Paris) s'exprimait à l'égard de M. Thiers.
J'ai eu la bonne idée de prier le prince de prendre
lui-même la plume et il a écrit sur ma table la dépêche
suivante :

» Le comte de Paris est venu samedi à Albert-Gate-
House, il m'a dit que l'ambassade était territoire national, il avait hâte d'en franchir le seuil; sa visite
avait d'ailleurs spécialement pour objet d'exprimer au
représentant officiel de son pays la joie profonde que
lui causait la décision par laquelle l'Assemblée nationale venait de lui ouvrir les portes d'une patrie qu'il
n'a jamais cessé d'aimer par dessus tout.

» Il m'a demandé tout particulièrement d'être l'interprète de ses sentiments auprès du chef du pouvoir
exécutif et de lui transmettre l'assurance de son respect.

» La dépêche est partie le soir même, avec la simple addition : S. A. R. Mgr devant le nom du comte
de Paris.

(*Un diplomate à Londres*, pages **46** et **47**.)

» Londres, 12 janvier 1871.

On lit, à la page 5 de ce même livre : « On avait les
d'Orléans sous la main, les derniers événements ayant
rendu les Bonaparte impossibles. »

Il est superflu d'en citer plus, ce serait tout le volume.

Oh! si, de nos jours, quelque prétendant avait un cœur d'homme, comme il jetterait les sanglantes défroques dont veulent l'affubler des gens vivant dans le passé! Comme il prendrait sa place dans le combat, parmi ceux qui veulent la délivrance du monde!

Tandis que M. Thiers s'occupait des prétendants qu'on avait sous la main, il n'oubliait rien pour noyer dans le sang les mouvements vers la liberté qui se produisaient en France.

Les Communes de Lyon et de Marseille, déjà étouffées par Gambetta, renaissaient de leurs cendres.

« Nous voulons, écrivait la Commune de Marseille à la Commune de Paris, le 30 mars 1871, la décentralisation administrative, avec l'autonomie de la Commune, en confiant au conseil municipal élu de chaque grande cité les attributions administratives et municipales.

» L'institution des préfectures est funeste à la liberté.

» Nous voulons la consolidation de la République par la fédération de la garde nationale sur toute l'étendue du territoire.

» Mais, par dessus tout et avant tout, nous voulons ce que voudra Marseille. »

Les élections devaient avoir lieu le 5 avril, à 6 heures du matin; c'est pourquoi le général Espivent réunit aux équipages de la *Couronne* et *Magnanime* toutes les troupes dont il put disposer et, le 4, il bombarda la ville.

Un coup de canon à blanc avait averti les soldats; mais, comme ils rencontrèrent une manifestation sans armes suivant un drapeau noir et criant : Vive Paris! ils se laissèrent entraîner par la foule, avec les artilleurs et la pièce de canon qui venait de tirer deux autres coups.

Espivent, de l'autre côté, par le fort Saint-Nicolas, faisait bombarder la préfecture où il supposait la Commune.

Landeck, Megy, Canlet de Taillac, délégués de Paris, allèrent avec Gaston Crémieux trouver Espivent et lui exposèrent qu'il ne voudrait pas faire égorger des hommes sans défense.

Espivent, pour toute réponse, fit arrêter Gaston Crémieux et les délégués de Paris, contre l'avis formel de ses officiers.

Il fut obligé, cependant, de laisser aller ces derniers, qui avaient mission de lui signifier les volontés de Marseille; (les élections libres et les gardes nationaux seuls chargés de la sécurité de la ville.)

« Moi, dit Espivent, je veux la préfecture dans dix minutes, ou je la prends de force dans une heure: »

« Vive la Commune! » s'écrièrent les délégués et, à travers la' foule et les soldats fraternisant avec le peuple, ils partirent.

Espivent fit cacher derrière les fenêtres des réactionnaires et des chasseurs. La fusillade dura sept heures, soutenue par les canons du fort Saint-Nicolas.

Quand cessa le feu, la terre était couverte de cadavres.

Tandis que le sang coulait dans les rues pleines de morts, le Galiffet de Marseille donna l'ordre de fusiller les prisonniers à la gare (c'étaient des garibaldiens qui avaient combattu contre l'invasion de la France et des soldats qui n'avaient pas voulu tirer sur le peuple). Une femme, son enfant dans ses bras, et un passant qui trouvaient sévères les ordres d'Espivent, furent passés par les armes ainsi que quelques autres citoyens de Marseille, entre autres le chef de gare, dont le jeune fils demandait grâce pour son père. Espivent écrivait à son gouvernement, à Versailles :

Marseille, 5 avril 1871.

« Le général de division à M. le ministre de la guerre.
» J'ai fait mon entrée *triomphale* dans la ville de

Marseille avec mes troupes; j'ai été beaucoup acclamé.

» Mon quartier général est installé à la préfecture. Les délégués du comité révolutionnaire ont quitté la ville individuellement hier matin.

» Le procureur général près la cour d'Aix qui me donne le concours le plus dévoué lance des mandats d'amener dans toute la France; nous avons cinq cents prisonniers que je fais conduire au château d'If.

» Tout est parfaitement tranquille en ce moment à Marseille.

» Général ESPIVENT. »

Ainsi fut définitivement égorgée la Commune de Marseille, par ce même Espivent, qui sur des données fantastiques mena dans le port de Marseille la fameuse chasse aux requins dont pas un seul n'existait.

Malgré les épouvantables répressions de Marseille, Saint-Etienne se leva.

Le préfet de Lespée y rétablit d'abord l'ordre à la façon d'Espivent, on cita de lui cette phrase : Je sais ce que c'est qu'une émeute : la canaille ne me fait pas peur!

La canaille, comme il disait, le connaissait si bien, qu'ayant momentanément repris Saint-Etienne, elle le fit arrêter et conduire à l'Hôtel-de-Ville où sa mort arriva dans des circonstances inattendues.

De Lespée avait été confié à deux hommes, nommés l'un Vitoire, l'autre Fillon; ils devaient simplement veiller sur lui.

Vitoire était une sorte de Girondin, Fillon au contraire était si exalté, qu'il s'était mis deux écharpes, souvenirs de luttes passées, l'une autour de la taille, l'autre flottant à son chapeau.

Bientôt, une discussion s'éleva entre Vitoire qui cherchait à excuser le préfet, et Fillon, qui citait le propos tenu par de Lespée.

Vitoire continuant à soutenir de Lespée, Fillon,

12

hors de lui, tira un coup de revolver à Vitoire, un autre au préfet, et reçut lui-même, un coup de fusil, d'un des gardes nationaux accourus au bruit. — Il avait tant vu trahir, le pauvre vieux, qu'il en était devenu fou, ne s'imaginant partout que trahisons.

La mort de Lespée fut reprochée à tous les révolutionnaires, celle de Fillon à son meurtrier.

Etant, il y a quelques années, en tournée de conférences, d'anciens habitants de Marseille, me racontèrent avoir été frappés comme d'une vision, lorsque le vieux Fillon, en avant de tous, marchait à l'Hôtel-de-Ville, son écharpe rouge flottant à son chapeau, ses yeux lançant des éclairs.

La bouche largement ouverte, jetant par dessus tout ces cris qu'on entendait au loin : En avant! En avant la Commune! la Commune! déjà c'était un spectre, celui des représailles.

Les mineurs remontés des puits s'étaient joints au soulèvement, mais ce ne fut point la garde nationale qui maintint la sécurité dans la ville; l'ordre fut fait par la mort.

Narbonne alors se leva. Digeon, caractère de héros, avait entraîné la ville.

Une première fois les soldats sont, eux aussi, entraînés.

Raynal aîné, ayant été l'auteur d'une attaque de la réaction, est pris comme otage.

La proclamation de Digeon se terminait ainsi :

« Que d'autres consentent à vivre éternellement opprimés! qu'ils continuent à être le vil troupeau dont on vend la laine et la chair!

» Quant à nous, nous ne désarmerons que lorsqu'on aura fait droit à nos justes revendications, et si on a recours encore à la force, pour les repousser, nous le disons, à la face du ciel, nous saurons les défendre jusqu'à la mort! »

Brave Digeon ! il avait vu tant de choses, qu'au retour de Calédonie nous l'avons retrouvé anarchiste de
révolutionnaire autoritaire qu'il avait été, sa grande
intégrité lui montrant le pouvoir comme la source de
tous les crimes entassés contre les peuples.

Narbonne, ne voulant pas se rendre, on fit venir des
troupes et des canons. Les autorités de Montpellier
envoyèrent deux compagnies du génie, celles de Toulouse fournirent l'artillerie, celles de Foix, l'infanterie.
Carcassonne envoya de la cavalerie ; Perpignan, des
compagnies d'Afrique. Le général Zents prit le commandement de cette armée, à qui on suggérait qu'il
fallait traiter comme des hyènes et des ennemis de
l'humanité, ces gens qui se soulevaient pour la justice
et l'humanité.

' Quand on leur eut fait sentir l'odeur du sang, on
découpla ces meutes.

Le combat commencé de nuit, dura jusqu'à deux
heures de l'après-midi.

La ville n'étant plus qu'un cimetière, elle se rendit.

Digeon resté seul à l'Hôtel-de-Ville ne voulait pas
capituler, la foule l'emporta ; le lendemain seulement,
il fut arrêté, ne voulant pas se dérober.

Dix-neuf soldats du 52ᵉ de ligne, condamnés à mort,
pour avoir refusé de tirer sur le peuple, ne furent
pas exécutés parce qu'on craignit les vengeances populaires ; on se contenta de passer par les armes sommairement ceux qu'on rencontra dans la lutte.

Narbonne conserva les noms des dix-neuf du conseil
de guerre.

C'étaient : Meunier, Varache, Renon, Bossard, Meyer,
Parrenain Malaret, Lestage, Arnaud, Royer, Mona-
vent, Legat, Ducos, Adam, Delibessart, Garnier, Char-
ruet, René.

Au Creusot, le soulèvement avait eu lieu avant la
Commune de Paris, il commença par un guet-apens,

contre les ouvriers sur la route de Montchanin, où à
chaque révolte ils se rendaient d'abord pour avertir
leurs camarades.

Des individus suspects, ayant été vus sur la route,
en voulant se rendre compte, quinze hommes y furent
tués, par l'explosion d'une bombe qui y avait été
placée : c'est ainsi que le gouvernement pensait avoir
arrêté le mouvement.

Le Creusot s'éveilla, à la nouvelle du 18 mars; une
première fois les troupes furent retirées : Faites votre
Commune, avait dit le commandant. Le Creusot se mit
en fête, criant : Vive la République ! Vive la Commune !

Alors, la troupe revenue en plus grand nombre dis-
sipa les manifestants, qui cependant purent faire prisonniers des agents de Schneider, qui se mêlaient
dans leurs rangs, en criant : Vive *la guillotine!* Ils
avouèrent leur mission d'agents provocateurs.

Les révolutionnaires du Creusot envoyèrent des
délégués à Lyon et à Marseille, où régnait une grande
agitation.

A Lyon, la place de la Guillotière était pleine de
foule, un appel affiché dans toute la ville, conviait les
populations à ne pas être assez lâches, pour laisser
assassiner Paris et la République.

Non, les Lyonnais n'étaient pas lâches, mais le préfet
Valentin et le général Crauzat, disposant de forces
considérables, ils s'en servirent comme ils ne l'eussent
jamais fait contre l'invasion.

La garde nationale de l'ordre se réunit à l'armée;
l'écrasement de la Commune de Lyon commença.

Le combat dura cinq heures à la Guillotière et à
nombreuses places dans la ville;

Albert Leblanc, délégué de l'Internationale, n'ayant
pu passer pour aller à la Guillotière, prit dans la ville
sa place de combat.

Après ces cinq heures de lutte terrible d'hommes

mal armés contre des bataillons, la Commune de Lyon
fut morte.

Des secousses, pareilles à celles qui agitent les membres de quelqu'un frappé mortellement en pleine vie,
se firent sentir longtemps dans les grandes villes après
que le mouvement y eut été saigné à la gorge.

De nombreux documents existent sur les soulèvements de Bordeaux, Montpellier, Cette, Béziers, Clermont, Lunel, L'Herault, Marseillan, Marsillargnes,
Montbazin, Gigan, Maraussan, Abeilhan, Villeneuve les
Béziers, Thibery.

Toutes ces villes et nombre d'autres avaient résolu
d'envoyer des délégués à un congrès général qui devait s'ouvrir le 14 mai, au grand théâtre de Lyon.

Des lettres de réprobation furent envoyées à Versailles, par les villes de province. On sait les noms de
Grenoble, Nyons, Mâcon, Valence, Troyes, Limoges,
Pamiers, Béziers, Limoux, Nîmes, Draguignan, Cha-
rolles, Agen, Montélimar, Vienne, Beaune, Roanne,
Lodève, Tarare, Châlons. Malon, bien informé, comptait par milliers les lettres indignées de province à la
ville maudite.

En apprenant la nomination de la Commune de Paris,
Le Mans se leva. Deux régiments de ligne envoyés de
Rennes et des cuirassiers appelés pour écraser les
manifestants, fraternisèrent avec eux.

Le comité radical de Mâcon inscrivit à la tête de
son manifeste envoyé à la Commune :

« La République est au-dessus du suffrage universel...

» Les coups d'Etat et les plébiscites sont les causes
directes de tous les malheurs qui nous accablent. »

Le plébiscite venait encore de le montrer et la nomination de l'assemblée de Bordeaux n'est pas sans
mystères quand on se rend compte du mouvement qui
agita la France entière. Du reste, les dessous du suffrage universel ne peuvent être un secret pour per-

12.

sonne ; si on ajoute l'effroi des répressions, on verra que
les villages seuls purent être complètement dupes, tout
le reste du pays fut maintenu par la terreur.

L'adresse du comité radical de Mâcon à la Commune
de Paris était signée : P. Ordinaire, Pierre Richard,
Orleat, Lauvernier, Seignot, Verge, Chachuat, Jonas,
Guinet, en date du 9 mars 71.

Les républicains de Bordeaux publièrent également
leur manifeste, et le projet d'un congrès convoqué à
Bordeaux, dans le but de déterminer les mesures les
plus propres à terminer la guerre civile, assurer les
franchises municipales et consolider la République.

La Commune était alors la forme qui semblait la
plus facile pour assurer la liberté. Ce manifeste était
signé : Léon Billot, journaliste, Chevalier, négociant,
Cousteau, armateur, Delboy, conseiller municipal, Deli-
gny, ingénieur civil, Depuget, négociant, Sureau, capitaine de la garde nationale, Martin, négociant, Milliou,
chef de bataillon de la garde nationale, Parabère, idem,
Paulet, conseiller municipal sortant, Roussel, négociant,
Docteur Sarreau, journaliste, Saugeon, ancien conseiller général de la Gironde, Tresse, propriétaire.

Tous gens venant à la Commune non par entraînement, mais en considération des tendances générales,
peut-être aussi en dégoût des menées de Versailles,
dont on peut avoir une idée par la circulaire qui suit,
transmise hiérarchiquement, et dont on eut connaissance par une mairie de Seine-et-Oise.

« *Note pour M. le maire,*

» Surveiller journellement les hôtels et les garnis,
tenir la main à ce que les maîtres de ces établissements
inscrivent sur leurs registres de police le nom des
personnes admises à loger, faire représenter ces registres à la mairie, au commissaire de police, ou à la gendarmerie.

» Inviter, par un arrêté spécial, les particuliers qui logeraient momentanément des étrangers à la localité, à en faire la déclaration à la mairie, en donnant le nom des personnes, avec le lieu et la date de la naissance, leur domicile et profession.

» Surveiller les auberges, cafés et cabarets. Empêcher qu'aucun journal, *de Paris*, puisse y être lu. »

Toute la hiérarchie des employés, hauts ou petits, du gouvernement de Versailles, devait s'occuper de besognes policières, et la France entière était devenue une souricière. — A mesure que se découvraient ces indignités, les consciences se révoltaient.

A Rouen, dès les premiers jours d'avril, les francs-maçons déclarèrent adhérer pleinement au manifeste officiel du conseil de l'ordre, qui porte inscrits sur son drapeau, les mots liberté, égalité, fraternité. — Prêche la paix parmi les hommes, et au nom de l'humanité, proclame inviolable la vie humaine et maudit toutes les guerres, il veut arrêter l'effusion du sang et poser les bases d'une paix définitive, qui soit l'aurore d'un avenir nouveau.

Voilà, disaient les signataires, ce que nous demandons énergiquement, et si notre voix n'est pas entendue, nous vous disons ici que l'humanité et la patrie l'exigent et l'imposent.

Le président d'honneur de la maçonnerie rouennaise Desseaux. — Le vénérable des Arts réunis, Hédiard ; le vénérable de la Constance éprouvée, Loraud ; le vénérable de la Persévérance couronnée, E. Vienot.

Les T : S. des Arts réunis et de la Persévérance conronnée, Hédiard et Goudy ; le président du conseil philosophique, Dieutie, et par mandements des ateliers réunis, et de l'Orient de Rouen ; le secrétaire Jules Godefroy.

L'effusion du sang ! L'humanité ! Combien ces gens-

là, malgré leurs titres moyen-âge, parlaient une langue inconnue encore des sauvages de Versailles !

Le 26 avril, cinq cents membres répondant à l'appel
du comité fédéral, se réunirent salle de la Fédération,
à deux heures de l'après-midi. Le parquet fit cerner
la salle, et le commissaire central Gérard, avec vingt-
cinq agents, firent leur entrée, pour procéder à des
arrestations, ils trouvèrent la salle vide, l'heure de la
réunion ayant été avancée, ils saisirent quelques papiers, et se rendirent chez les membres de la fédération de l'Internationale. Quelques-uns furent arrêtés :
Vaughan, Cord'homme, Mondet, Fristch, Boulanger.

Ceux qu'on pensait les meneurs étant sous les verrous, les autorités craignant encore, parlaient de les
envoyer à Belle-Isle-en-Mer, ou même plus loin ; vingt-
cinq composaient cette première fournée.

Le *Gaulois* publia à Versailles, des détails effrayants
sur les prisonniers.

Il y avait tant de découvertes et ramifications, que
malgré la diligence faite au parquet criminel de Rouen,
pour terminer l'instruction du procès des Communeux,
l'affaire trop complexe ne pourrait être évoquée immédiatement.

« Le secret qui avait d'abord été appliqué aux prisonniers venait d'être levé.

» Nous pouvons, ajoutait le *Gaulois*, fournir quelques
détails sur les principaux accusés.

» Cord'homme le principal est à la fois riche propriétaire et marchand de vins en gros ; il avait été élu
conseiller général pour le faubourg de Saint-Séver
lors des élections de 70.

» Opinions politiques à part, il est assez aimé dans
le pays, c'est un honnête homme qui a toujours eu la
manie révolutionnaire.

» Vaughan, adjoint au maire de Darnetal près
Rouen, membre très influent et très actif de l'Inter-

nationale, passe pour un chimiste distingué, est-ce à cela qu'il a dû la verve plus que gauloise, avec laquelle il a écrit un poème sur certain sujet ; Cambronne fait dans sa cellule des vers sur le directeur de la prison, attitude très ferme.

» Delaporte, ancien rédacteur du journal *le Patriote*, supprimé par l'autorité prussienne, jeune homme qu'on dit être très intelligent.

. . . . . . . . . . . . . . . . . . . . . . . .

» Les pièces relevées par M. Leroux, juge d'instruction, sont au nombre *de deux*.

» La première est un appel à l'abstention pour les dernières élections municipales.

» Appel formulé d'une façon blâmable, vis-à-vis du gouvernement légal de Versailles.

» La seconde, est une adhésion à la Commune de Paris, ou du moins *une copie non signée* de cet acte, cette pièce trouvée chez le nommé Frossart, cordonnier à Elbeuf ; également impliqué dans *le complot*.

(Le Gaulois, 14 avril 1871.)

Ce n'est pas d'aujourd'hui, que les brouillons non signés, comptent comme revêtus de signatures. Ce n'est pas d'aujourd'hui non plus, que ceux qui réclament leur liberté, se défient de celle que leur offre l'ennemi, les élections auxquelles les révolutionnaires de Rouen refusaient de prendre part, devaient être quelque chose comme un plébiscite gouvernemental.

La population apeurée de Versailles, devant ces accusations qui n'en étaient même pas, tremblait d'épouvante, conseillant de se tenir sur ses gardes, parce qu'un des accusés Ridnet, ancien officier d'état-major de l'armée du Havre, contre lequel on ne trouvait absolument rien, avait été mis en liberté provisoire, sur sa parole, de se présenter à la prison si on découvrait quelque chose.

A Montpellier, Toulouse, Bordeaux, Grenoble, Saint-

Etienne, le mouvement toujours étouffé se réveillait toujours; les journaux poursuivis renaissaient de leurs cendres, emplissant Versailles d'effroi, malgré ses canons bombardant Issy, Neuilly, Courbevoie, et les armées de volontaires appelés contre Paris, sans grand résultat, étaient si intime minorité que Versailles attirait par la peur de voir partager ce qu'ils n'avaient pas.

A Paris, naïfs au contraire par générosité, les Communeux laissaient le vieux et non moins naïf Beslay, coucher à la Banque pour la garder au besoin de sa vie, s'imaginaient l'honneur de la Commune attaché là. Sur la foi de de Pleuc, il crut avoir sauvé la révolution en sauvegardant la forteresse capitaliste.

Il y eut un moment où tous, à Paris, venaient à la Commune, tant Versailles se montrait féroce, toutes les villes de France demandaient la fin des tueries (elles ne faisaient que commencer).

Le manifeste de Lyon, en date du 5 mai, disait que de tous côtés des adresses avaient été envoyées à l'Assemblée et à la Commune pour leur porter des paroles d'apaisement, la Commune seule répondait.

Paris assiégé par une armée française après l'avoir été par les hordes prussiennes, tend une fois encore ses mains vers la province; il ne demande pas son concours armé mais son appui moral; il demande que son autorité pacifique s'interpose pour désarmer les combattants. La province pourrait-elle rester sourde à ce suprême appel?

Ce manifeste était signé par les membres de l'ancien conseil municipal, Barodet, Barbecat, Baudy, Bouvalier, Brialon, Chepié, Colon, Condamin, Chaverot, Cotlin, Chrestin, Degoulet, Despagnes, Durand, Ferouillat, Henon, membres du conseil sortants; Hivert, Michaud, Vathier, Pascot, Ruffin, Vaille, Vallier, Chapuis, Verrières, élus du 30 avril, démissionnaires.

La ville de Nevers envoya à la Commune, un mani-

feste demandant l'union indissoluble entre Paris et la
France, la prompte dissolution, et au besoin la déchéance de l'Assemblée de Versailles, dont le mandat
était expiré.

Le comité républicain de Melun, dont la devise était :
l'ordre dans la liberté! déclara se rallier à ceux qui
cherchaient à guérir les maux du pays, non en réta-
blissant un ordre de choses suranné, mais en assurant
l'avenir. Les membres de ce comité se nommaient Au-
berge, Baucal fils, Derougemont, Daudé, Despagnat,
Delhiré, Dormoy, Drouin, Dupuy, Finot père, Hensé,
Nivet, Pernetaini, Fouteau, Riol, Robillard, Saby,
Thomas, Ninnehaux. Le manifeste fut envoyé dès le
24 mars 1871.

A Limoges, le 4 avril, les soldats d'un régiment de
ligne qui y était caserné ayant reçu l'ordre d'aller
renforcer l'armée de Versailles, la foule les conduisit
à la gare, leur fit jurer de ne pas s'employer à l'égorgement de Paris, ils le jurèrent en effet, et remirent
leurs armes à ceux qui les reconduisaient, puis retour-
nèrent à la caserne, où devant leurs officiers la ville
tout entière leur fit une ovation.

Les autorités se réunirent à l'hôtel-de-ville, et le
préfet étant en fuite, le maire se chargea de la répression, il ordonna aux cuirassiers de s'emparer du détachement qui refusait d'obéir, et de charger la multitude ; alors le combat s'engagea et bientôt devint
terrible, le parti de l'ordre, en force, eut la victoire,
mais le colonel des cuirassiers et un capitaine furent
tués.

Dans le Loiret, le mouvement révolutionnaire fut considérable, il y avait à Paris un comité d'initiative énergique ayant pour secrétaires François David, de Batile-
sur-Loiret, Garnier et Langlois, de Meug-sur-Loire,
ils envoyèrent des délégués chargés de s'entendre avec
la Commune.

L'association jurassienne, les habitants de plusieurs villes de Seine-et-Marne, (et même de Seine-et-Oise) malgré Versailles avaient également à Paris des comités correspondants.

Au nord de la France, toutes les villes industrielles, aussi bien que les villes du Midi voulaient leur Commune.

L'Algérie, dès le **28 mars**, donna son adhésion par l'adresse suivante.

> « *A la Commune de Paris,*
> *La Commune de l'Algérie.*

» Citoyens,

» Les délegués de l'Algérie déclarent au nom de tous leurs commettants, adhérer de la façon la plus absolue à la Commune de Paris.

» L'Algérie tout entière revendique les libertés communales,

» Opprimés pendant quarante années par la double concentration de l'armée et de l'administration, la colonie a compris depuis longtemps que l'affranchissement complet de la Commune est le seul moyen pour elle d'arriver à la liberté et à la prospérité. »

» Paris, le 28 mars 1870.

> Alexandre LAMBERT,
> Lucien RABUEL,
> Louis CALVINHAC.

L'*Emancipation de Toulouse* quelques jours après le 18 mars jugeait ainsi les hommes de Versailles.

« Il y a en effet un complot, organisé pour exciter à la haine des citoyens les uns contre les autres, et pour faire succéder à la guerre contre l'étranger la hideuse guerre civile. Les auteurs de cette criminelle tentative sont les drôles qui se gratifient indûment du titre de défenseurs de l'ordre, de la famille et de la propriété.

» L'un des agents les plus actifs de ce complot contre la sûreté publique s'appelle Vinoy ; il est général et
il fut sénateur.

*L'Emancipation de Toulouse*, fin mars 71.

Les premières histoires de 71, écrites lorsque le gouvernement était encore en délire de sang, n'osèrent à
cause des répressions, toujours à craindre, mentionner
tous les soulèvements révolutionnaires de France, correspondants à la Commune, à ceux d'Europe, et du
monde, Espagne, Italie, Russie, Asie, Amérique. L'histoire en est partout à écrire comme prologue de la situation présente.

# X

## L'ARMÉE DE LA COMMUNE — LES FEMMES DE 71

> Les cadavres sont la semaille,
> L'avenir fera les moissons.
>
> (L. M.)

Depuis le 5 avril les batteries du Sud et de l'Ouest
établies par les Allemands contre Paris, servaient aux
Versaillais qu'on appelait les Prussiens de Paris ; pour
rendre justice à qui de droit, ajoutons que jamais les
plus grossiers uhlans ne se rendirent coupables d'autant de férocité.

Les balles explosibles dont se servait l'armée de
Versailles contre les fédérés ne furent employées que
contre Paris. Je vis entre autres un malheureux qui
dans les tranchées des hautes bruyères avait reçu un
de ces projectiles au milieu du front. Nous avions gardé
un certain nombre de ces projectiles qui auraient pu
figurer dans quelque exposition de moyens à employer
pour la chasse aux éléphants ; ils ont disparu dans les
diverses perquisitions.

Tout le côté des Champs-Elysées était balayé de
balles.

Le Mont-Valérien, Meudon, Brimborion, ne cessaient
de vomir la mitraille sur les malheureux qui habitaient
de ce côté.

De l'autre, la redoute des Moulineaux, le fort d'Issy
pris et repris sans cesse, laissaient la lutte au même
point apparent.

L'armée de la Commune était une poignée devant
celle de Versailles, il fallait qu'elle fût brave pour résister aussi longtemps, malgré les trahisons constam-
ment essayées et la perte de temps du commencement.
Les militaires de profession y étaient en petit nombre,
Flourens étant mort, Cipriani prisonnier, il restait Cluseret, les frères Dombrowski, Wrobleski, Rossel, Oko-
lowich, La Cecillia, Hector France, quelques sous-of-
ficiers et soldats restés avec Paris, des marins restés
également à la Commune ; parmi eux quelques officiers,
Coignet venu en même temps que Lullier était aspirant
de marine, Perusset capitaine au long cours : il y a
mieux à faire, disaient les marins, que de payer l'indemnité aux Prussiens, quand on aura fini avec Versailles, on reprendra les forts à l'abordage. L'un d'eux,
Kervisik, déporté avec nous à la presqu'île Ducos, en
parlait encore, là-bas, quand on disait ce temps de la
Commune qui à travers l'océan nous semblait loin
déjà dans le passé.

Aux premiers jours, d'avril, Dombrowski fut nommé
commandant en chef de la ville de Paris. On espérait,
la lutte se soutenant, et pourtant les Versaillais atta-
quaient à la fois Neuilly, Levallois, Asnières, le bois
de Boulogne, Issy, Vanves, Bicêtre, Clichy, Passy, la
porte Bineau, les Ternes, l'avenue de la Grande-Armée,
les Champs-Elysées, l'Arc-de-Triomphe, Saint-Cloud,
Auteuil, Vaugirard, la porte Maillot.

Foutriquet, en même temps déclarait que seuls, les

bandits de Paris tiraient force coups de canon, pour
faire croire qu'on les attaquait.

« Ainsi, disait le *Mot d'Ordre*, les nombreux blessés
qui encombrent les ambulances de Versailles, faisaient
semblant d'être blessés, ceux des Versaillais qu'on enterrait après le combat, faisaient semblant d'être tués,
ainsi le voulait la logique du sanglant Tom Pouce qui
couvrait Paris de feu et de mitraille et annonçait dans
ses circulaires ou faisait dire par ses journaux que Paris
n'était pas bombardé. »

(ROCHEFORT, le Mot d'Ordre.)

Le capitaine Bourgouin fut tué en attaquant la barricade du pont de Neuilly; c'était une perte pour la
Commune.

Dombwroski avait à peine deux ou trois mille hommes, quelquefois moins, pour soutenir l'assaut continuel de plus de dix mille de l'armée régulière.

Le général Wolf, qui menait la guerre à la façon
des Weyler d'aujourd'hui, ayant fait cerner une maison dans laquelle se trouvaient deux cents fédérés, ils
furent surpris et égorgés.

On entendait incessamment sur le parc de Neuilly
grêler les balles à travers les branches avec ce bruit
des orages d'été que nous connaissons si bien. L'illusion était telle qu'on croyait sentir l'humidité tout en
sachant que c'était la mitraille.

Il y eut à la barricade Peyronnet, près de la maison
où était Dombwroski avec son état-major, des déluges
d'artillerie versaillaise, pendant certaines nuits, on
eût dit que la terre tremblait et qu'un océan se ver-
sait du ciel.

Une nuit que les camarades avaient voulu que j'al-
lasse me reposer, je vis près de la barricade, une église
protestante abandonnée dont l'orgue n'avait que deux
ou trois notes cassées; j'étais en train de m'y amuser
de tout mon cœur quand apparut tout à coup un capi-

taine de fédérés avec trois ou quatre hommes furieux.

— Comment, me dit-il, c'est vous qui attirez ainsi les obus sur la barricade ; je venais pour faire fusiller celui qui répondait ainsi.

Ainsi finit mon essai d'harmonie imitative de la danse des bombes.

Dans le parc, devant quelques maisons il y avait des pianos abandonnés, quelques-uns étaient encore entiers et bons quoiqu'ils fussent exposés à l'humidité. Je n'ai jamais compris pourquoi on les avait laissés plutôt dehors que dedans.

A la barricade de Neuilly crevée d'obus, il y eut d'horribles blessures, des hommes avaient les bras arrachés jusque derrière le dos, laissant l'omoplate à découvert, d'autres la poitrine trouée, d'autres la mâchoire emportée. On les pansait sans espérance. Ceux qui avaient encore une voix disaient vive la Commune! avant de mourir. Je n'ai jamais vu si horribles blessures.

A Neuilly, à certains endroits on était tout près des Versaillais, du poste d'Henri Place on les entendait parler.

Fernandez, madame Danguet, Mariani étaient venues, nous avions fait une ambulance volante, près de la barricade Peyronnet, en face de l'état-major ; les moins blessés restaient, les autres étaient conduits dans les grandes ambulances suivant ce qu'en décidaient les médecins, mais un premier pansement en sauva un certain nombre.

Il y avait comme partout au milieu des choses tragiques des choses grotesques.

Un paysan de Neuilly avait semé sur couche, des melons qu'il gardait debout près de ses semis, comme s'il eût pu les préserver des obus ; il fallut l'emporter de force, et détruire la couche, dont les vitraux étaient déjà fracassés pour l'empêcher d'y revenir.

Ceux qui aimaient à rire racontaient aussi que dans

Paris, quelques agents de Versailles, envoyés par
M. Thiers pour se réunir à un point donné et organiser la trahison, devaient s'introduire par des bou-
ches d'égout, mais ils avaient si mal calculé leur
affaire, que plusieurs d'entre eux, pris comme des
rats à l'orifice et n'en pouvant sortir, durent appeler
pour les tirer de là des ennemis de bonne volonté : la
mèche était éventée.

D'autres agents, cherchant à fomenter des haines
entre le comité central et la Commune, s'étaient montrés si bassement flatteurs, qu'ils s'étaient dénoncés
eux-mêmes.

On riait de tout cela, entre les obus et les balles,
explosibles ou autres.

La porte Maillot tenait toujours avec ses légendaires
artilleurs, en petit nombre, des vieux, des jeunes,
quelquefois servis par des enfants.

Dans la matinée du 9 avril, un marin nommé Férilo-
que avait eu le ventre ouvert sur sa pièce. On connaissait ce nom-là.

On connut Craon, d'autres sont restés inconnus.
Qu'importe leur nom, à tous ; c'est la Commune, c'est
sous ce nom-là que leurs légions seront vengées.

Comme des formes de rêve ainsi passent les bataillons de la Commune, fiers avec leur libre allure de révoltés, les vengeurs de Flourens ; les zouaves de la
Commune, les éclaireurs fédérés semblables aux gue-
rillas espagnols, prêts aux audacieuses entreprises.
Les enfants perdus, qui avec tant d'entrain sautaient
de tranchée en tranchée en avant.

Les turcos de la Commune, les lascars de Montmartre
avec Gensoule et d'autres encore.

Tous ces braves au cœur tendre que Versailles appelait des bandits, leur cendre est à tous les vents, les
os furent mordus par la chaux vive ; ils sont la Commune, ils sont le spectre de mai !

Les armées de la Commune aussi comptèrent des femmes cantinières, ambulancières, soldats, elles sont avec les autres.

Quelques-unes seulement ont été connues : Lachaise la cantinière du 66e, Victorine Rouchy des turcos de la Commune, la cantinière des enfants perdus, les ambulancières de la Commune : Mariani, Danguet, Fernandez, Malvina Poulain, Cartier.

Les femmes des comités de vigilance : Poirier, Excoffons, Blin.

Celles de la Corderie et des écoles : Lemel, Dmitrieff, Leloup.

Celles qui organisaient l'instruction en attendant la lutte de Paris où elles furent héroïques : mesdames André Léo, Jaclar, Périer, Reclus, Sapia.

Toutes peuvent compter avec l'armée de la Commune et elles aussi sont légions.

Le 17 mai le fort de Vanves étant cerné, les Versaillais tiraient de Bagneux entre les deux barricades.

Il y avait eu dans la nuit du 16, à Neuilly, un violent combat d'artillerie ; mais de Saint-Ouen au Point-du-Jour à Bercy, et du Point-du-Jour à Bercy étaient toujours les deux corps d'armées de la Commune.

La porte Maillot tenait toujours, Dombrowski également.

Des membres de la Commune Paschal Grousset, Ferré Dereure, Ranvier, venaient souvent, si braves qu'on leur pardonnait leur épouvantable générosité.

L'armée de la Commune était si peu nombreuse que les mêmes se retrouvaient toujours ; qu'importe ! Cela durait ainsi. Malgré les soins de la Commune, il y avait encore des misères terribles. Des enfants, à plusieurs places, entre autres rue Pergolèse, ramassaient des engins qu'ils vendaient pour quelques sous à des étrangers, les uns, abandonnés ignorant qu'ils pouvaient être recueillis par la Commune ; les autres, pour chez

eux. Des petits avaient les sourcils, les mains brûlés ;
on ne savait comment il ne leur arrivait rien de pire !
— De temps à autre ils allaient se récréer au théâtre
Guignol, qui tint jusqu'à fin mai, avenue de l'Etoile,
une femme les conduisit à l'Hôtel-de-Ville.

Jusque-là, l'armée de la Commune était l'armée de
la liberté ; elle allait devenir l'armée du désespoir.

Je termine ce chapitre par deux citations de Rossel :
la première antérieure à son entrée dans l'armée de la
Commune et qui contient son jugement sur elle ; c'est
un fragment de sa lettre du 19 mars 71 du camp de
Nevers au général ministre de la guerre à Versailles :

« Il y a deux partis en lutte dans le pays, je me
range sans hésitation du côté de celui qui n'a pas signé la paix et qui ne compte pas dans ses rangs des
généraux coupables de capitulation. »

La seconde qu'il avait sur l'armée régulière au moment de sa mort, il en fit part à son avocat Albert
Joly : « Vous êtes républicain, lui dit-il, si, avant peu,
vous n'avez pas refait l'armée, c'est l'armée qui défera
la République. Je meurs pour les droits civiques du
soldat, c'est bien le moins que vous me croyez là-dessus. »

# XI

### D'ERNIERS JOURS DE LIBERTÉ

> Ainsi qu'au fond des bois se rassemblent
> les loups — les fanves en rumeur venaient
> hurlant pour l'ordre.

Les fédérés furent héroïques. Mais ces héros eurent
des faiblesses, souvent suivies de désastres.

Les maisons des francs-fileurs, malgré le décret qui
autorisait les sociétés ouvrières à se servir des appartements abandonnés, avaient été respectées ; on monta

même la garde devant quelques rues, tout comme devant la Banque, si bien que nombre de ces lâcheurs
qui avaient fui, sentant Paris en péril, revenaient de
province ou tout simplement de Versailles ; l'insulte à
la bouche, ils pouvaient offrir l'hospitalité aux espions
du gouvernement. Bientôt il y en eut des bandes.

Quelques-uns, ayant élu domicile dans des maisons
de plaisir, durent être recherchés par les commissaires
de la Commune qui, grâce à la complicité des femmes
de ces maisons, ne trouvèrent pas les espions qui y
étaient cachés et furent en revanche, les objets d'accusations calomnieuses.

Quelques décisions furent exécutées, la colonne Vendôme renversée mais les morceaux conservés, de sorte
qu'elle fut depuis rétablie afin que, devant ce bronze
fatidique, la jeunesse pût s'hypnotiser éternellement
du culte de la guerre et du despotisme.

Peut-être en y gravant les dates des hécatombes, on
atténuait ce fatidique entraînement.

L'échafaud avait été brûlé, dénoncé à l'indignation
publique par une commission composée de Capellaro,
David, André Idjiez, Dorgal, Faivre, Périer, Colin.

Le 6 avril, à dix heures du matin, la honteuse machine à boucherie humaine avait été brûlée. C'était
une guillotine toute neuve, remplacée maintenant par
plusieurs autres, plus neuves encore. On en doit user,
à l'usage fréquent qui en est fait, plus qu'on en usa
jamais.

Les quatre dalles maudites arrachées ont également
repris leur place.

Une petite vieille toute tremblotante avait été envoyée par un mauvais plaisant, ce matin-là, pour brûler un dernier cierge à l'abbaye de Monte à regret et,
tenant le cierge dans sa main, elle s'enquérait de l'abbaye quand elle comprit, aux rires dont on l'accueillait,
qu'on s'était joué de sa crédulité.

Les témoignages de sympathie affluaient, de partout à la Commune, mais ce n'étaient toujours que des paroles; le délégué aux relations extérieures, Paschal Grousset, s'écriait avec raison dans sa lettre aux grandes villes de France :

« Grandes villes! le temps n'est plus aux manifestes : le temps est aux actes, ce que la parole est au canon.

» Assez de sympathies, vous avez des fusils et des munitions, debout! les grandes villes de France!

» Paris vous regarde, Paris attend que votre cercle se serre autour de ces lâches bombardeurs et les empêche d'échapper au châtiment qu'il leur réserve.

» Paris fera son devoir, et le fera jusqu'au bout. Mais n'oubliez pas, Lyon, Marseille, Lille, Toulouse, Nantes, Bordeaux, et les autres.

» Si Paris succombait pour la liberté du monde, l'histoire vengeresse aurait le droit de dire que Paris a été égorgé parce que vous avez laissé s'accomplir l'assassinat.

» Le délégué de la Commune aux relations extérieures,

» Paschal Grousset. »

La lettre de Grousset ne parvint pas, celles de Versailles, seules passaient et, quant aux communications des provinces à Paris, elles étaient dirigées sur Versailles, où elles encombraient, au château, la galerie des batailles.

Malgré tout le courage déployé par les délégués de Paris à la province, entre autres par l'infatigable Paule Mink, les dépêches de Paris, enlevées au bureau où elles arrivaient, prenaient le chemin de Versailles, et beaucoup qui, individuellement, en portaient ne revinrent jamais. — Sa lettre aux habitants des campagnes, œuvres d'André Leo, était soigneusement détruite.

13.

Le 21 mars, à midi, M. Thiers, en qui l'esprit réactionnaire tout entier semblait s'être incarné, envoyait
à Jules Favre le télégramme suivant :

« Que M. de Bismark soit bien tranquille. La guerre
sera terminée dans le courant de la semaine. Nous
avons une brèche faite du côté d'Issy, on est occupé à
l'élargir en ce moment.

» La brèche à la Muette est commencée et très avancée ; nous en entreprenons une à Passy et au Point-du-
Jour. Mais nos soldats travaillent sous la *mitraille* et,
sans notre grande batterie de Montretout, ces téméri-
tés seraient impossibles.

» Mais des œuvres de ce genre sont sujettes à tant
d'accidents qu'on ne peut assigner de terme fixe à
leur accomplissement. Je supplie M. de Bismark, au
nom de la *cause de l'Ordre*, de nous laisser accomplir
nous-mêmes cette répression du brigandage antisocial
qui a pour quelques jours établi son siège à Paris.

» Ce serait causer un nouveau préjudice au parti de
l'ordre en France et des lois en Europe, que d'agir
autrement.

» Que l'on compte sur nous : l'Ordre social sera
vengé dans le courant de la semaine.

» Quant à nos prisonniers, je vous ai mandé ce
matin les vrais points d'arrivage ; il est trop tard
pour recourir aux transports maritimes.

» Les cadres des régiments sont tout prêts à nos
frontières de terre et les prisonniers arrivés y seront
versés immédiatement.

» Du reste, on ne les attend pas pour agir, mais
c'est une réserve prête à tout événement.

» Mille tendres amitiés.

» A THIERS. »

(Jules FAVRE, *Simple récit d'un membre de la défense
nationale*, 3ᵉ partie, pages 428 et 429.)

Insensiblement venait la débâcle. Certains journaux
qui d'abord avaient eu un mouvement d'indignation
contre Versailles, commençaient à exhorter hautement
à la trahison.

Au Comité de Salut Public passaient ceux, surtout,
qui avaient plus souci de la défense de la Commune que
de leur mémoire : Cournet, Rigaud, Ranvier, Ferré, Vermorel, y recueillirent avec la plus grande indifférence
les haines de la réaction.

Le vieux Delescluze était à la commission de la
guerre. Le 21 avait été fixé par la fédération des artistes pour un concert aux Tuileries au bénéfice des
veuves et des orphelins de la guerre.

« Votre triomphe sera celui de tous les peuples,
disait Delescluze à l'armée de la Commune. »


## XII

### LES FRANCS-MAÇONS


Tandis que le bombardement démolissait les Ternes,
les Champs-Elysées, Neuilly, Levallois, M. Thiers
avec son ordinaire bonne foi, assurait qu'on se contentait d'attaquer les ouvrages avancés, mais que si
Paris ouvrait ses portes et livrait les membres de
la Commune, on ne bombarderait pas.

L'imminence du péril souffla sur les dernières discordes. Le temps de l'intolérance d'idées était passé,
entre ceux qui allaient mourir ensemble, en hommes
libres combattant pour la liberté.

Ceux-là mêmes que hantait le soupçon, résultat de
longues luttes à travers les perfidies impériales, sentaient que le moment était proche, où la Commune, ainsi
qu'elle mettait un seul nom à ses manifestes, présen-

terait une seule poitrine à la mort qui s'approchait.

Il y avait un mouvement général des ligues des départements et de Paris.

La Commune allait mourir! Qu'avait donc servi l'enthousiasme universel? De grandes manifestations avaient eu lieu, mais Versailles avec son cœur de pierre n'avait senti que la Banque en péril ; les Francs-Maçons, le 26 avril, avaient envoyé des deux orients de Paris, une délégation des vénérables et des députés des loges, adhérer à la révolution ; il avait été convenu que le 29, ils iraient en cortège sur les remparts entre le Point-du-Jour et Clichy, qu'ils planteraient la bannière de paix, mais que si Versailles refusait cette paix ils prendraient, les armes à la main, parti pour la Commune.

En effet, le 29 avril au matin, ils allèrent à l'Hôtel-de-Ville où Félix Pyat, au nom de la Commune prononça un discours ému et leur remit une bannière.

Ce fut un spectacle comme ceux des rêves que ce défilé étrange.

Aujourd'hui encore il me semble en en parlant, revoir cette file de fantômes allant avec une mise en scène d'un autre âge, dire les paroles de liberté et de paix qui se réaliseront dans l'avenir.

L'impression était grande, il fut beau de voir l'immense cortège marchant au bruit de la mitraille comme en un rythme.

Il y avait les chevaliers Kasoches avec l'écharpe noire frangée d'argent.

Les officiers rose-croix, le cordon rouge au cou, et tant d'insignes symboliques que cela faisait rêver.

En tête, marchait une délégation de la Commune avec le vieux Beslay, Ranvier, et Thirifocq, délégué des francs-maçons.

Des bannières étranges passaient, la fusillade, le canon, les obus faisaient rage.

Ils étaient là six mille représentant cinquante mille loges.

Le cortège spectral parcourut la rue Saint-Antoine, la Bastille, le boulevard de la Madeleine, et par l'Arc de Triomphe et l'avenue Dauphine, vint sur les fortifications, entre l'armée de Versailles et celle de la Commune.

Il y avait des bannières plantées de la porte Maillot à la porte Bineau; à l'avancée de la porte était la bannière blanche de paix, avec ces mots écrits en lettres rouges : « *Aimez-vous les uns les autres.* » Elle fut trouée de mitraille. Des signes s'étaient échangés aux avancées entre les fédérés et l'armée de Versailles; mais ce fut seulement passé cinq heures que cessa le feu; on parlementa et trois délégués francs-maçons se rendirent à Versailles où ils ne purent obtenir que vingt-huit heures de trève.

A leur retour les francs-maçons publièrent un appel, avec le récit des événements et leur protestation contre la profanation de la bannière de paix, adressé à la fédération des francs-maçons et compagnons de Paris.

«.Les francs-maçons, disaient-ils, sont des hommes de paix, de concorde, de fraternité, d'étude, de travail; ils ont toujours lutté contre la tyrannie, le despotisme, l'hypocrisie, l'ignorance.

» Ils défendent sans cesse les faibles courbés sous le joug, contre ceux qui les dominent.

» Leurs adeptes couvrent le monde : ce sont des philosophes qui ont pour précepte la morale, la justice, le droit.

» Les compagnons sont aussi des hommes qui pensent, réfléchissent et agissent pour le progrès et l'affranchissement de l'humanité.

. . . . . . . . . . . . . . . . . . . . . . . .

» Les francs-maçons et les compagnons sortirent les

uns et les autres de leurs sanctuaires mystérieux, tenant de la main gauche la branche d'olivier, symbole
de la paix, et de la main droite le glaive de la revendication.

» Attendu que les efforts des francs-maçons ont été
trois fois repoussés par ceux-là mêmes qui ont la prétention de représenter l'ordre, et que leur longue
patience est épuisée, tous les francs-maçons et compagnons doivent prendre l'arme vengeresse et crier :

» Frères, debout! que les traîtres et les hypocrites
soient châtiés.

. . . . . . . . . . . . . . . . . . . . . . . . . . . .

» Le feu, interrompu le 29 à quatre heures de rele-
vée, recommença plus formidable, accompagné de
bombes incendiaires, le 30 à 7 h. 45 m. du soir. La
trève n'avait donc duré que 27 h. 45 m.

» Une délégation de francs-maçons placée à la porte
Maillot a constaté la profanation de la bannière.

» C'est de Versailles, que sont partis les premiers
coups, et un franc-maçon en a été la première victime.

» Les francs-maçons et compagnons de Paris, fédérés à la date du 2 mai s'adressent à tous ceux qui les
connaissent.

» Frères en maçonnerie et frères compagnons, nous
n'avons plus à prendre d'autre résolution que celle de
combattre et de couvrir de notre égide sacrée le côté
du droit.

Sauvons Paris!
Sauvons la France !
Sauvons l'humanité !

. . . . . . . . . . . . . . . . . . . . . . . . . . . .

» Vous aurez bien mérité de la patrie universelle,
vous aurez assuré le bonheur des peuples pour l'avenir !

» Vive la République! Vivent les Communes de
France fédérées avec celle de Paris!

» Paris, 5 mai 1871.

» Pour les francs-maçons, et les délégués compagnons de Paris.

» Thirifocq, anc∴ vénér∴ de la loge∴
J∴ E∴ Orat∴ de la L∴ E∴ L∴ E∴

» Masse, trésorier de la fédération, président de la réunion des originaires de l'Yonne.

» Baldue, anc∴ vén∴ de la Loge la *Ligne droite*.

» Deschamps, Loge de la *Persévérance*.

» J. Remy, de l'or∴ de Paris, or ∴ de la *Californie*.

» J.-B. Parche, de l'or∴ de Paris.

» De Beaumont, de la *Tolérance*.

» Grande-Lande, orat∴ de Bagneux.

» Lacombe, de l'or∴ de Paris.

» Vincent, de l'or∴ de Paris.

» Grasset, orat∴ de la *Paix*, union de Nantes.

» A. Gambier, de la Loge *J.-J. Rousseau*, Montmorency.

» Martin, ex-secrét∴ de la Loge l'*Harmonie de Paris*.

» E. Louet, du Chapitre des *Vrais amis de Paris*.

» A. Lemaître, des *Philadelphes*, or∴ de Londres.

» Conduner, de la Loge des *Acacias*.

» Louis Lebeau, de la Loge la *Prévoyance*.

» Gonty, de la Loge la *Prévoyance*.

» Emm. Vaillant, de la Loge de *Seules*.

» Jean-Baptiste Elin, des *Amis triomphants*.

» Léon Klein, de l'*Union parfaite de la Persévérance*.

» Budaille, des *Amis de la Paix*.

» Pierre Lachambeaudie, de la *Rose du parfait silence*,

» Durand, garant d'amitié de la Loge le *B∴ de Marseille*.

» Magdelenas, de la *Clémente Amitié cosmopolite*.

» Mossurenghy, du gr∴ or∴ du Brésil.

» Fauchery, des *Hospitaliers* de Saint-Ouen.

» Radigue, de l'*Etoile polaire*.

» Rudoyer, des *Amis de la paix* d'Angoulême.

» Rousselet, des *Travailleurs* de Levallois.

    » Les délégués compagnons :

» Vincent, dit Poitevin, l'Ami de l'intelligence.

» Cartier, dit Draguignan, le bien-aimé.

» Chabanne, dit Nivernais-noble-cœur.

» Thevenin, dit Nivernais, l'Ami du tour de France.

» Dumnis, dit Gâtinais, le Protecteur du devoir.

» Gaillard, dit Angevin, l'Ami des arts.

» Thomas, dit Poitevin Sans-gêne.

» Ruffin, dit Comtois, le Fidèle courageux.

» Auriol, dit Carcassonne, C∴ M∴ D∴ D∴

» Franccœur, de Marcilly.

» La Liberté, le Nantais.

» Lassat, la Vertu.

» Lagenais, compagnon chapelier.

» Lyonnais, le Flambeau du devoir.

N'est-il pas vrai que, comme les symboliques bannières, ces noms étranges de Loges ou d'hommes : la Rose du parfait silence, l'Etoile polaire, le Garant d'amitié donnent bien à cet épisode le double caractère de passé et d'avenir, de tombe et de berceau où se mélangent les choses mortes et les choses à naître.

Ces fantômes étaient bien à leur place, entre la réaction en furie et la révolution cherchant à se lever. Plusieurs combattirent comme ils l'avaient promis et moururent bravement.

Souvent, dans les longues nuits de prisons, j'ai revu la longue file des francs-maçons sur les remparts et j'ai peine à m'imaginer ces croyants à l'avenir, écrivant, d'après les histoires à dormir debout de Dianah Vaughan, pour avoir une entrevue avec Lucifer.

Ne quittons pas ce chapitre, surtout anecdotique, sans parler de l'affaire de l'église Saint-Laurent et de celle du couvent de Picpus.

A Saint-Laurent, je ne sais quelle circonstance fit découvrir des squelettes dans une crypte située derrière le chœur. Cette trouvaille fut rapprochée de bruits sinistres rapportés par d'anciens habitants du quartier. Un témoin oculaire donna cette description.

Le caveau est un hémicycle voûté, ayant eu jour par deux étroits soupiraux, fermés à une époque relativement récente.

Trois entrées, en forme d'arceaux, donnent sur la crypte ; les squelettes y sont sans bière dans de la terre sur laquelle a été déposée une couche de chaux.

Quatre sont couchés pieds à pieds, neuf autres sur deux rangs, les pieds du premier sur la tête du second.

Les mâchoires sont distendues comme s'ils avaient crié dans l'angoisse suprême.

Les têtes, presque toutes penchées de droite à gauche, ont presque toutes conservé leurs dents.

On inclinait à croire ces inhumations antérieures de beaucoup à notre époque, au temps où l'on enterrait encore dans les églises, quand un entomologiste découvrit là un insecte qui se nourrit de ligaments : il ne pouvait être resté si longtemps à jeun.

Quelques noms sont écrits : Bardoin, 1712, Jean Serge, 1714, Valent...., sans date. Dans un enfoncement, un squelette de femme avec des cheveux blonds.

Un petit escalier de pierre est de récente construction (*Journal officiel* de la Commune.)

Les squelettes ont été photographiés par Etienne Carjat à la lumière électrique.

L'enquête, commencée avec un grand désir de connaître la vérité, n'était pas achevée quand Versailles fit oublier les squelettes anciens par des cadavres nouvellement couchés sous la chaux vive.

L'affaire du couvent de Picpus est du même ordre de choses.

Je la trouve également dans le *Moniteur officiel* de la République, sous la Commune, cette appréciation par un témoin oculaire :

« Bien que j'aie toujours cru le catholicisme congréganiste capable de tout, depuis qu'il enlevait à Jeanne d'Arc prisonnière ses vêtements de femme afin de l'obliger à revêtir des habits d'homme et de pouvoir le lui reprocher plus tard, j'avais quelque peine à admettre les révélations qui m'étaient apportées sur le couvent de Picpus. Le plus simple était de m'y rendre, je m'y rendis donc.

» J'y fus reçu par le capitaine du bataillon, qui me prouva n'avoir, en quoi que ce fût, molesté les sœurs, n'exigeant rien d'elles et ne les considérant pas du tout comme prisonnières.

» Je n'aurais guère songé qu'à étendre la liberté qui leur était laissée et, si l'une d'elles eût manifesté la moindre plainte, je me serais certainement employé pour qu'on y fît droit ; mais, pour les nonnes cloîtrées, mon nom était un épouvantail. L'annonce de mon arrivée parmi elles y sema la terreur.

» Elles déléguèrent, pour me faire les honneurs de l'établissement, une tourière quelconque, bâtie sur pilotis et d'une carrure à faire reculer les plus braves.

» Je dois reconnaître que son audace répondait à son développement physique.

» L'espèce d'appareil dont j'étais entouré quand elle se présenta à moi ne l'intimida pas le moins du monde. Elle débuta même par ces mots, jetés d'un ton hautain qui me plut par l'énergie morale qu'il m'indiquait.

» — Vous avez des questions à me poser, monsieur ?

» — Mademoiselle, lui dis-je poliment, bien que la plus cruelle injure à faire à une sœur soit de l'appeler mademoiselle, des bruits assez lugubres courent sur le régime de votre couvent ; je tiendrais à m'assurer par moi-même qu'ils sont complètement faux. Est-ce que

vous pourriez bien, par exemple, me montrer les es-
pèces de cellules où, m'assure-t-on, sont confinées deux
sœurs, que vous soumettez ainsi à une véritable séquestration arbitraire.

» Elle ne répondit pas et se dirigea silencieusement
vers un coin du jardin où je la suivis.

» L'une des deux recluses se promenait dans une
allée flanquée d'une nonne qui l'exhortait, l'autre tri-
cotait assise sur son lit, lequel tenait toute la cage qui
était à claire-voie, et à travers les barreaux de laquelle la bise et la pluie devaient passer avec la plus
grande facilité.

» — Comment demandai-je à cette tourière pendant
que des têtes affairées se dessinaient aux fenêtres du
bâtiment principal, comment pouvez-vous admettre
que des pensionnaires de votre cloître puissent être
ainsi enfermées dans une cabane à peine assez salubre,
pour élever des lapins.

» — Pardon, fit l'interpellée, elles ne sont pas sé-
questrées puisqu'elles ont la faculté de se promener.

» — C'est nous, qui vous avons forcées à les faire
sortir de leurs boîtes.

» La sœur nous décrocha alors cette réponse, qui
me stupéfia.

» — C'est leur faute, pourquoi refusent-elles de se
conformer à la règle du couvent.

» Ce fut, j'en donne ici ma parole d'honneur, toute
sa justification.

» On m'a assuré quelques jours plus tard, que les
deux persécutées avaient été délivrées par les fédérés
et rendues à leurs familles.

» Je dois constater que l'une des deux, m'avait paru
non pas précisément folle. Mais un peu idiote, ou tout
au moins idiotisée.

» Les ferrailles qu'on m'étala sous les yeux, étaient
incontestablement étranges, et il était mensonger au

premier chef d'essayer de les faire passer pour des pièces d'orthopédie. S'en servait-on encore, s'en était-on servi quelquefois, étaient-elles employées à l'heure où on me les montra ou remisées au magasin des accessoires? Je n'eus, et n'ai pas à me prononcer à ce sujet. Mais comme instruments orthopédiques, ce bric-à-brac était inacceptable.

» H. Rochefort. »

Qui sait s'il ne faudrait pas chercher à Montjuick, où les épaves des tortures ont été exhumées et remises en usage aujourd'hui, si ce n'est pas à des usages semblables que servirent les objets étranges du couvent de Picpus.

Le fanatisme religieux ne conduit-il pas en ce moment même une secte d'illuminés de Russie, à se faire murer vivants, dans leurs tombes?

Qui sait si les bizarres instruments ne servaient pas pour torturer les religieuses d'une foi chancelante, dans le but de leur faire gagner le paradis?

Qui sait si celles que le délire mystique prenait ne s'en servaient pas pour se torturer elles-mêmes?

Ceux qui ont chanté dans les églises sombres, aux lueurs pâles des cierges, où l'orgue roule des flots d'ondes sonores, qui vous emportent dans d'âpres nuages d'encens; ceux-là, savent qu'à ces heures, il semble que la voix bat des ailes en montant, qu'elle n'est plus dans votre poitrine, et que vous-même vous l'écoutez.

Qui sait où conduisent des sensations de ce genre à chaque jour répétées, sans que la raison vous ait dit : tout ce qui peut prendre un être, harmonie, mise en scène, parfums, est une impression du temps futur de l'humanité où les sens seront plus puissants, où il y en aura d'autres. Mais cette impression en l'entourant de superstitions devient grossière, elle entraîne en arrière au lieu de porter en avant.

Comme il y a l'ivresse du sang, il y a l'ivresse mystique de l'ombre, et dans toutes les ivresses se font de monstrueuses choses.

Le jour où Montjuick démoli sera fouillé jusqu'en ses entrailles, combien de têtes de morts auront comme celles de l'église Saint-Laurent, leurs orbites vides tournées du côté d'où elles espéraient revoir le jour! Elle sera venue alors la vraie lumière, la science triomphante, l'éternel orient.

Combien de victimes jusque-là encore? En lisant l'incroyable affaire du tueur de bergers, on se rend compte de la rage de tuerie, qui tient parfois un être, parfois une collection d'êtres; ainsi enragée de sang, fut l'armée de Versailles.

Ce sont des épidémies morales pires que la peste, mais qui disparaîtront avec l'assainissement des esprits dans la consciente liberté.

## XIII

### AFFAIRE DE L'ÉCHANGE DE BLANQUI CONTRE L'ARCHEVÊQUE ET D'AUTRES OTAGES

Certain nombre de notes biographiques ayant paru sur Blanqui, je me bornerai à quelques lignes.

Blanqui fut tout d'abord condamné à une détention perpétuelle pour tentative insurrectionnnelle le 12 mai 1839; il subissait sa condamnation au Mont-Saint-Michel, avec quelques-uns de ses compagnons de lutte, quand la République du 24 février 1848 le délivra:

Bientôt lâchement accusé par ceux qui craignaient sa clairvoyance, il se contenta de répondre.

« Qui a bu aussi profondément que moi à la coupe d'angoisse, pendant un an l'agonie d'une femme aimée

s'éteignant loin de moi, dans le désespoir et depuis
quatre années entières, en tête-à-tête éternel dans la
solitude de la cellule avec le fantôme de celle qui n'é-
tait plus.

» Tel a été mon supplice à moi seul dans cet enfer
du Dante.

» J'en sors les cheveux blancs, la tête et le cœur
brisés, et c'est moi, triste débris qui traîne par les rues
un cœur meurtri sous des habits râpés, c'est moi qu'on
foudroie du nom de vendu tandis que les valets de
Louis-Philippe métamorphosés en brillants papillons
républicains voltigent sur les tapis de l'hôtel-de-ville,
flétrissant du haut de leur vertu nourrie à quatre services le pauvre Job échappé des prisons de leur maître. »

De nouveau condamné, la révolution du 4 septembre
lui ouvrit les prisons de Belle-Isle.

Après le plébiscite du 3 novembre, il avait prédit la
capitulation.

« Le dénoûment n'est pas loin, écrivait-il ; les comé-
dies de préparatifs de défense, sont désormais super-
flues. L'armistice et ses garanties ; la peur de la défaite
ensuite dans tout son opprobre. Voilà ce que l'hôtel-de-
ville, va imposer à la France. »

La capitulation vint après les serments du 31 octobre, les mitraillades et les serments, elle fut publiée
le 28.

Blanqui fut arrêté comme ayant participé au mouvement du 31 octobre, il ne sortit qu'à l'amnistie ; son
arrestation fut faite le 19 mars 71, sur l'ordre de M.
Thiers, dans le Midi de la France.

Il était condamné par contumace à la peine de mort,
quoique le gouvernement eût promis qu'il n'y aurait
pas de poursuites pour l'affaire du 31 octobre.

Quoique Blanqui eût été nommé membre de la Commune, on ignorait absolument quel sort lui avait été

fait ; on ne savait s'il était mort ou vivant, ou plutôt on craignait qu'il ne fût mort.

Quelques-uns de ses amis espérant encore, pourtant songèrent à payer pour sa liberté.

Le gouvernement de Versailles semblait tenir particulièrement à l'archevêque de Paris, et à quelques autres prêtres. Une commission dont faisait partie Flotte, ancien compagnon de cachot de Blanqui, tenta de négocier l'échange.

Flotte alla d'abord trouver l'archevêque à Mazas, et de concert avec lui, prépara l'affaire qui semblait à tous les points de vue une heureuse idée.

Il fut décidé que le grand vicaire Lagarde irait à Versailles proposer l'échange à M. Thiers, et rapporterait la réponse.

L'affaire fut conduite par Rigaud, avec une grande délicatesse, ce procureur de la Commune qui cachait une grande sensibilité sous un specticisme voulu.

La pensée ne vint ni à lui ni à personne, que Lagarde ne reviendrait pas.

— Dussè-je être fusillé, dit-il à Flotte, en le quittant à la gare de Versailles, je reviendrai ; pourriez-vous croire que j'aie la pensée de laisser monseigneur seul ici ?

Le grand vicaire emportait à M. Thiers une lettre de l'archevêque, longue et explicative

*Darboy, archevêque de Paris,*
*A M. Thiers, chef du pouvoir exécutif.*

Prison de Mazas.

« Monsieur,

» J'ai l'honneur de vous soumettre une communication que j'ai reçue hier soir, et je vous prie d'y donner la suite que votre sagesse et votre humanité jugeront la plus convenable.

» Un homme influent très lié avec M. Blanqui, par certaines idées politiques et surtout par les sentiments d'une vieille et solide amitié, s'occupe activement de faire qu'il soit mis en liberté ; dans cette vue il a proposé de lui-même aux commissions que cela concerne cet arrangement :

» Si M. Blanqui est mis en liberté, l'archevêque de Paris sera rendu à la liberté avec sa sœur, M. le président Bonjan, M. Deguerry, curé de la Madeleine, M. Lagarde, vicaire général de Paris, celui-là même qui vous remettra la présente lettre.

» La proposition a été agréée, et c'est à cet état qu'on me demande de l'appuyer près de vous.

» Quoique je sois en jeu dans l'affaire, j'ose la recommander à votre haute bienveillance ; mes motifs vous paraîtront plausibles, je l'espère.

» Il n'y a déjà que trop de causes de dissentiment et d'aigreur parmi nous, une occasion se présente de faire une transaction qui du reste ne regarde que les personnes et non les principes ; ne serait-il pas sage d'y donner les mains, et de contribuer ainsi à préparer l'apaisement des esprits? L'opinion ne comprendrait peut-être pas un tel refus.

» Dans les crises aiguës comme celle que nous traversons, des représailles, des exécutions par l'émeute quand elles désignent les uns à la colère des autres aggravent encore la situation.

» Permettez-moi de vous dire sans autres détails, que cette question d'humanité mérite de fixer toute votre attention dans l'état présent des choses à Paris.

» Oserai-je, monsieur le président, vous avouer ma dernière raison? Touché du zèle que la personne dont je parle déployait avec une amitié si vraie en faveur de M. Blanqui, mon cœur d'homme et de prêtre n'a pas su résister à ses sollicitations émues, et j'ai pris l'engagement de vous demander l'élargissement de M.

Blanqui, le plus promptement possible ; c'est ce que je viens de faire.

» Je serais heureux, monsieur le président, que ce que je sollicite ne vous parût point impossible ; j'aurais rendu service à plusieurs personnes et à mon pays tout entier.

» DARBOY, *archevêque de Paris.* »

Flotte anxieux reçut enfin le 16 avril cette lettre de Lagarde :

Versailles, 15 avril 1871.

« Monsieur Flotte,

» Monsieur,

» J'ai écrit à monseigneur l'archevêque sous le couvert de M. le directeur de la prison de Mazas, une lettre qui lui sera parvenue, je l'espère, et qui sans doute a été communiquée ; je tiens à vous écrire directement comme vous m'y avez autorisé pour vous faire connaître les nouveaux retards qui me sont imposés.

» J'ai vu quatre fois déjà le personnage à qui la lettre de monseigneur était adressée, et je dois, pour me conformer à ses ordres, attendre encore deux jours la réponse définitive.

» Quelle sera-t-elle ? Je ne puis vous dire qu'une chose, c'est que je n'ai rien négligé pour qu'elle soit dans le sens de vos désirs et des nôtres.

» Dans ma dernière visite, j'espérais qu'il en serait ainsi et que je reviendrais sans beaucoup tarder avec cette bonne nouvelle.

» On m'avait bien fait quelques difficultés, mais on m'avait témoigné des intentions favorables. Malheureusement la lettre publiée dans l'*Affranchi* et apportée ici après cette publication aussi bien qu'après la remise de la mienne a modifié les impressions ; il y a eu conseil et ajournement pour notre affaire, puisqu'on m'a

14

formellement invité à différer mon départ de deux
jours : c'est que tout n'est pas fini, et je vais me remettre en campagne. Puissè-je réussir encore une fois,
vous ne pouvez douter ni de mon désir, ni de mon
zèle.

» Permettez-moi d'ajouter qu'outre les intérêts si
graves qui sont en jeu et qui me touchent de si près, je
serais heureux de vous prouver autrement que par des
paroles, la reconnaissance que m'ont inspiré vos procé-
dés et vos sentiments. Quoi qu'il arrive et quel que soit
le résultat de mon voyage, je garderai, croyez-le bien,
le meilleur souvenir de notre rencontre.

» Veuillez à l'occasion me rappeler au bon souvenir
de l'ami qui vous accompagnait et agréez, Monsieur, la
nouvelle assurance de mon estime et de mon dévouement.

» E. F. LAGARDE. »

« Devant cette première reculade, l'archevêque douta
plus que Flotte, qu'ils étaient terriblement honnêtes, et
naïfs les hommes de 71.

» Il reviendra, disait-il encore. L'archevêque laissa
voir quelque émotion, il connaissait mieux Thiers et
Lagarde.

» Quelques jours après, Flotte lui demanda une lettre
qu'il voulait porter lui-même ; mais après les premiers
faits, on commençait à se défier ; une personne sûre
partit à la place de Flotte, qui comme ami de Blanqui,
pouvait être conservé. »

Voici cette lettre :

« L'archevêque de Paris à M. Lagarde, son grand
vicaire.

» M. Flotte inquiet du retard que paraît éprouver le
retour de M. Lagarde, et voulant dégager vis-à-vis de
la Commune, la parole qu'il avait donnée, part pour

Versailles à l'effet de communiquer son appréhension au négociateur.

» Je ne puis qu'engager M. le grand vicaire à faire connaître au juste à M. Flotte, l'état de la question, et à s'entendre avec lui, soit pour prolonger son séjour encore de vingt heures si c'est absolument nécessaire, soit pour rentrer immédiatement si c'est jugé plus convenable.

» De Mazas le 23 avril 1871.

» *L'archevêque de Paris.* »

Lagarde fit remettre au porteur de la lettre les mots suivants écrits au crayon en hâte.

« M. Thiers me retient toujours ici et je ne puis qu'attendre ses ordres. Comme je l'ai plusieurs fois écrit à Monseigneur, aussitôt que j'aurai du nouveau je m'empresserai d'écrire.

» Lagarde. »

Il ne s'empressa que de rester, et fut lâchement complice de Thiers, qui voulait rendre impossible à la Commune, d'éviter à moins de trahison, la mort des otages.

Blanqui avait été arrêté très malade, chez son neveu Lacambre, il était possible qu'il fût mort ; madame Antoine, la sœur, écrivit alors à M. Thiers ce qui suit :

« *A M. Thiers, chef du pouvoir exécutif.*

» Monsieur le président,

» Frappée depuis plus de deux mois d'une maladie qui me prive de toutes mes forces, j'espérais néanmoins en retrouver assez pour accomplir auprès de vous la mission à laquelle ma faiblesse prolongée me force aujourd'hui de renoncer.

» Je charge mon fils unique, de se rendre à Versailles, pour vous présenter une lettre en mon nom, et

j'ose espérer, Monsieur le président, que vous voudrez
bien accueillir sa demande.

» Quels qu'aient été les événements, ils n'ont en aucun temps, proscrit les droits de l'humanité, ni fait
méconnaître ceux de la famille, et c'est au nom de ces
droits que je m'adresse à votre justice, pour connaître
l'état de la santé de' mon frère, Louis Auguste Blanqui, arrêté étant fort malade, le 17 mai dernier, sans
que, depuis ce temps, un seul mot de sa part, soit venu
calmer mes douloureuses inquiétudes sur sa santé, si
sérieusement compromise.

» Si c'est une demande au delà de ce que vous pouvez accorder, monsieur le président, que de solliciter
une permission pour le voir, ne fût-ce que pendant de
courts instants, vous ne pouvez refuser à une famille
désolée, dont je suis l'interprète, l'autorisation, pour
mon frère, de nous adresser quelques mots, qui nous
rassurent, et pour nous, celle de lui faire savoir, qu'il
n'est point oublié, dans son malheur, par les parents
qui le chérissent à juste titre. »

                    » Veuve ANTOINE née BLANQUI. »

M. Thiers fit répondre que la santé de Blanqui
était fort mauvaise, sans donner cependant pour sa vie,
des inquiétudes sérieuses, mais que malgré cette considération et les inquiétudes de madame Antoine, il
refusait formellement toute communication, soit écrite,
soit verbale, avec le prisonnier.

Flotte s'entêtait à l'échange. Il demanda une seconde lettre à l'archevêque, elle fut remise pour M.
Lagarde, grand vicaire de l'archevêque de Paris.

« M. Lagarde, au reçu de cette lettre, et en quelque état que se trouve la négociation dont il est chargé,
voudra bien reprendre immédiatement le chemin de
Paris et rentrer à Mazas.

» On ne comprend pas ici, que dix jours ne suffisent

pas à un gouvernement, pour savoir s'il veut accepter ou non, l'échange proposé — le retard nous compromet gravement, et peut avoir les plus fâcheux résultats.

» De Mazas le 23 avril 1871.

» *L'archevêque de Paris.* »

Lagarde ne revint pas.

Jamais pour ma part, je n'avais eu le moindre doute sur la manière d'agir de M. Thiers en cette circonstance, mais l'idée que Lagarde pouvait ne pas revenir, ne me fût jamais venue ni à qui que ce fût.

Autrefois, le docteur Nélaton, plus généreux que le représentant de la République bourgeoise, après que l'un de ses internes eut aidé à une évasion de Blanqui, avait complété la chance, en ajoutant l'argent du voyage; mais, comme toutes les castes qui achèvent de disparaître, la bourgeoisie de plus en plus se corrompt.

## XIV

### LA FIN

Les états vermoulus craquent dans leurs mâtures.
Toute l'étape humaine est debout: c'est le temps
Où vont s'émietter les vieilles impostures.
Un souffle d'épopée emplit les ouragans :
Tocsin, tocsin, sonne dans les vents.

(L. Michel.)

On eût dit que le triomphe venait, les ligues républicaines sortaient de leur réserve des premiers jours. L'Internationale se faisait plus affirmative, à la Corderie du Temple.

La fédération des chambres syndicales était venue, le 6 mai, adhérer à la Commune; cette fédération comprenait trente mille hommes.

Les députés de Paris présents à Versailles, Floquet

14.

et Lockroy avaient donné en termes énergiques leur démission à Versailles.

Tolain restait toujours.

Maintenant, Paris a une physionomie tragique, les chars funèbres aux quatre trophées de drapeaux rouges, s'en vont plus nombreux, suivis par les membres de la Commune et des délégations des bataillons au son des *Marseillaises*.

Les clubs des églises flamboient le soir; là aussi montent des *Marseillaises;* ce n'est pas le sourd roulement des tambours funèbres, qui les accompagne, l'orgue les gronde dans les grandes nefs sonores.

A l'église de Vaugirard c'est le club des Jacobins, leur idée de se réunir dans le sous-sol faisait penser à la cave où travaillait Marat; ceux-là c'était un souffle de 93 passant sous la terre. Le club de la Révolution sociale, à l'église Saint-Michel, aux Batignolles, Combault, à la première séance parla comme devant les tribunaux de Bonaparte, de cette idée que les persécutions activaient sans cesse la liberté du monde !

Du club Saint-Nicolas-des-Champs, le 1er mai, une députation envoyée à la Commune, déclare que tout homme qui parle de conciliation entre Paris et Versailles est un traître.

Quelle conciliation en effet peut exister entre le long esclavage et la délivrance ?

Dans dix ou douze églises, montait tous les soirs un chœur immense saluant la liberté.

J'en entendis parler avec enthousiasme. Les femmes surtout y exhortaient à la liberté, mais du 3 avril à la semaine sanglante je ne suis venue que les deux seules fois dont j'ai parlé et pendant de courtes heures, quelque chose m'attachait à la lutte au dehors; une attirance si forte, que je ne cherchais pas à la vaincre.

La première fois j'allais à l'Hôtel-de-Ville avec une

mission de La Cecillia dont je devais lui rapporter la réponse.

A peu près à moitié chemin, je rencontre trois ou quatre gardes nationaux qui après m'avoir examinée s'approchent de moi.

— Nous vous arrêtons, me dit l'un d'eux. Evidemment j'avais quelque chose de suspect ; je pensais que c'étaient mes cheveux courts, passant sous mon chapeau, et qu'ils prenaient pour une coiffure d'homme.

— Où voulez-vous être conduite ?

Je crois qu'ils prononcèrent *conduit*.

— A l'Hôtel-de-Ville, puisque vous voulez bien conduire vos prisonniers où ils veulent.

Le brave homme qui m'interrogeait rougit de colère.

— Nous allons bien voir, dit-il.

Nous nous mettons en chemin, eux m'examinant toujours, moi très grave, tout en m'amusant beaucoup.

Une fois devant la grille, celui qui m'avait déjà parlé me dit :

— A propos, comment vous appelez-vous ?

Je lui dis mon nom.

— Ah ! cela c'est impossible, dirent-ils tous les trois, nous ne l'avons jamais vue, mais ce n'est pas elle, bien sûr, qui se chausse comme ça !

Je regarde, j'avais mes godillots que le matin j'avais oublié de changer pour des bottines, et qui passaient sous ma robe.

Eh bien si ! pourtant c'était bien moi.

Et tout en les remerciant de leur bonne opinion je pus les assurer qu'elle n'était pas justifiée. J'avais suffisamment de papiers pour ne pas leur laisser le moindre doute. — Ils m'avaient prise en effet pour un homme déguisé en femme, grâce aux godillots qui faisaient un effet particulier sur les trottoirs.

La seconde fois, je ne sais plus si c'était à l'Hôtel-de-Ville ou à la Sûreté, il y avait des malheureuses qui en sortaient en pleurant parce qu'on ne voulait pas qu'elles allassent soigner les blessés, car ils voulaient des mains pures, les hommes de la Commune, pour panser les blessures.

Elles me dirent leur douleur, qui donc avait autant de droit qu'elles? les plus tristes victimes du vieux monde, de donner leur vie pour le nouveau!

Je leurs promets que la justice de leur demande sera comprise et qu'il y sera fait droit.

Je ne sais ce que j'ai dit, mais la douleur de ces infortunées m'avait tant saigné le cœur que je trouvais des paroles qui allaient au cœur des autres; elles furent adressées à un comité de femmes dont l'esprit était assez généreux pour qu'elles fussent bien accueillies.

Cette nouvelle leur causa une si grande joie qu'elles avaient encore des larmes, mais ce n'était plus de douleur.

Ainsi que des enfants, elles voulurent de suite des ceintures rouges; comme je pus, je leur partageai la mienne, en attendant.

— Nous ne ferons jamais honte à la Commune, me dirent-elles.

En effet, elles sont mortes pendant la semaine de mai, la seule que je revis à la prison des Chantiers, me raconta comment deux d'entre elles, avaient été tuées à coups de crosse de fusil, en portant secours à des blessés.

Au moment où elles venaient de me quitter, elles, pour aller à leur ambulance à Montmartre, moi, pour retourner à Montrouge, près de La Cecillia. un paquet enveloppé de papier, me fut jeté sans que je visse personne : c'était une écharpe rouge, qui remplaça la mienne.

Les agents de Versailles devenus plus habiles, fo-

mentaient de nouvelles divisions, il s'en était élevé une
à la Commune à propos d'une proposition de M. de
Montant, l'un des traîtres glissés par Versailles, dans
les états-majors, il annonçait le meurtre d'une ambulancière tuée et insultée par les soldats de Versailles.

La majorité offensée par le manifeste de la minorité,
lui avait fait comprendre que devant la situation il
fallait dire comme autrefois : qu'importent nos mémoires, pourvu que la Commune soit sauvée !

La nouvelle d'une catastrophe interrompt la séance.

La cartoucherie Rapp venait de sauter. Il y avait de
nombreux morts et blessés, quatre maisons écroulées,
et, si les pompiers n'avaient au péril de leur vie, arraché des flammes les fourgons de cartouches, le sinistre ne s'en fût pas borné là.

La première pensée de tous, fut que la trahison en
était cause : c'était, disait-on, la vengeance de la colonne Vendôme. Quatre personnes, dont un artilleur
furent arrêtés, le Comité de salut public annonça que
l'affaire serait poursuivie, mais ils n'avaient pas la
coutume, les terribles procureurs de la Commune, de
juger sans preuves et elle ne fut jamais éclaircie.

« Les premiers qui ont pénétré dans la fournaise,
disait Delescluze dans son rapport au Comité de salut
public, sont : Abeaud, Denier, Buffot, sapeurs-pom-
piers, 6ᵉ compagnie ; puis sont accourus presque en
même temps, les citoyens Dubois, capitaine de la flot-
tille, Jagot, marin, Boisseau, chef du personnel à la
délégation de la marine, Février, commandant de la
batterie flottante.

» Grâce à leur héroïsme, des fourgons chargés de
cartouches dont les roues commençaient à s'enflammer
ainsi que des tonneaux de poudre ont été retirés du
foyer de l'incendie.

» Nous ne parlons pas du sauvetage des blessés et
des habitants ensevelis, prisonniers dans leurs maisons

réduites en débris. Pompiers et citoyens ont à cet égard rivalisé de courage et de dévouement.

» Les citoyens Avrial et Sicard membres de la Commune étaient aussi des premiers sur les lieux du danger.

» Douze chirurgiens de la garde nationale se sont rendus à l'avenue Rapp et ont organisé le service médical avec un empressement que je ne saurais trop louer.

» En somme une cinquantaine de blessés, la plupart des blessures légères, voilà tout ce qu'auront gagné les hommes de Versailles.

» La perte en matériel est sans importance eu égard aux immenses approvisionnements dont nous disposons; il ne rentrera à nos ennemis que la honte d'un crime aussi inutile qu'odieux, lequel ajouté à tant d'autres à défaut de ses invincibles moyens de défense suffirait à tout jamais pour leur fermer les portes de Paris.

» Tout le monde a fait plus que son devoir; nous avons peu de morts à déplorer.

» Le Délégué civil à la guerre,<br>» Ch. DELESCLUZE.

» Paris, le 28 floréal, an 78. »

Comme on le crut, il serait possible que la vengeance de la colonne eût été la catastrophe de la cartoucherie Rapp, infâme vengeance pour l'effigie de bronze sur des victimes de chair.

Quelques jours après la catastrophe, une femme restée inconnue, envoya à la préfecture de police, à Paris, une lettre qu'elle avait trouvée dans un vagon de première classe entre Versailles et Paris, racontant qu'un homme assis en face d'elle lui semblait agité.

Aux fortifications, comme il entendit sonner les crosses de fusils des fédérés, il jeta un paquet de pa-

piers sous la banquette où la femme trouva la lettre
qu'elle envoyait.

« *Etat-major des gardes nationales.*

» Versailles, le 16 mai 1871.

» Monsieur,

» La deuxième partie du plan qui vous a été remis
devra être exécutée le 19 courant à trois heures du
matin, prenez bien vos précautions, de manière à ce
que cette fois, tout aille bien.

» Pour vous seconder, nous nous sommes arrangés
avec un des chefs de la cartoucherie pour la faire sauter le 17 courant.

» Revoyez bien vos instructions, la partie qui vous
concerne et que vous commandez en chef.

» Soignez toujours la Muette. »

» *Le Colonel chef d'état-major,*
» Ch. GORBIN.

» Le deuxième versement a été opéré à Londres à
votre crédit. »

Un timbre bleu portant : état-major de la garde nationale en exergue.

Les événements ne permirent pas de vérifier si cette
lettre était un moyen employé par Versailles même
pour égarer les soupçons et les femmes mystérieuses
qui disposent de lettres ou en trouvent n'ayant jamais
inspiré de confiance à la Commune, mais il n'était pas
douteux que le crime vînt de la réaction.

Cela n'empêchait pas le fameux quatrain qui pour
quelques heures changea la colonne en pilori d'être
vrai.

« Tireur juché sur cette échasse,
Si le sang que tu fis verser,
Pouvait tenir sur cette place,
Tu le boirais sans te baisser. »

Blanchet et Emile Clément, membres de la Commune, qui n'avaient jamais donné prise au soupçon, furent découverts comme ayant eu un passé réactionnaire; peut-être on fut sévère, car tout converti a été hostile à l'idée, qu'il découvre vraie; cette conversion était leur droit, mais aussi en ces derniers jours, où tout était piège, il n'en pouvait être autrement, toute négligence en pareil cas n'est-elle point trahison.

Le manifeste de la mairie du 18ᵉ contenait l'exacte vérité sur la situation. Oui, il fallait vaincre et vaincre vite. De la rapidité de l'action dépendait la victoire ; voici quelques fragments de ce manifeste adressé aux révolutionnaires de Montmartre.

. . . . . . . . . . . . . . . . . . . . . . .

« De grandes et belles choses se sont accomplies depuis le 18 mars ; mais notre œuvre n'est pas achevée, de plus grandes encore doivent s'accomplir et s'accompliront parce que nous poursuivrons notre tâche sans trève, sans crainte dans le présent ni dans l'avenir.

» Mais pour cela il nous faut conserver tout le courage, toute l'énergie que nous avons eus jusqu'à ce jour, et qui plus est, il faut nous préparer à de nouvelles abnégations, à tous les périls, à tous les sacrifices : plus nous serons prêts à donner, moins il nous en coûtera.

» Le salut est à ce prix, et votre attitude prouve suffisamment que vous l'avez compris.

» Une guerre sans exemple dans l'histoire des peuples nous est faite ; elle nous honore et flétrit nos ennemis.

» Vous le savez, tout ce qui est vérité, justice ou liberté n'a jamais pris sa place sous le soleil sans que le peuple ait rencontré devant lui et armés jusqu'aux dents les intrigants, les ambitieux et les usurpateurs qui ont intérêt à étouffer nos légitimes aspirations.

» Aujourd'hui, citoyens, vous êtes en présence de deux programmes.

» Le premier, celui des royalistes de Versailles conduits par la chouannerie légitimiste et dominés par des
généraux de coup d'Etat et des agents bonapartistes
trois partis qui se déchireraient eux-mêmes après la
victoire et se disputeraient les Tuileries.

» Ce programme c'est l'esclavage à perpétuité, c'est
l'avilissement de tout ce qui est peuple ; c'est l'étouffe-
ment de l'intelligence et de la justice ; c'est le travail
mercenaire ; c'est le collier de misère rivé à vos cous ;
c'est la menace à chaque ligne ; on y demande votre
sang, celui de vos femmes et de vos enfants, on y demande nos têtes comme si nos têtes pouvaient boucher les trous qu'ils font dans vos poitrines, comme
si nos têtes tombées pouvaient ressusciter ceux qu'ils
vous ont tués.

» Ce programme, c'est le peuple à l'état de bête de
somme, ne travaillant que pour un amas d'exploiteurs
et de parasites, que pour engraisser des têtes couron-
nées, des ministres, des sénateurs, des maréchaux, des
archevêques et des Jésuites.

» C'est Jacques Bonhomme à qui l'on vend depuis
ses outils jusqu'aux planches de sa cahute, depuis la
jupe de sa ménagère jusqu'aux langes de ses enfants
pour payer les lourds impôts qui nourrissent le roi
et la noblesse, le prêtre et le gendarme.

» L'autre programme, citoyens, c'est celui pour lequel
vous avez fait trois révolutions, c'est celui pour lequel
vous combattez aujourd'hui, c'est celui de la Commune,
le vôtre, enfin.

» Ce programme, c'est la revendication des droits de
l'homme, c'est le peuple maître de ses destinées ; c'est
la justice et le droit de vivre en travaillant ; c'est le
sceptre des tyrans brisé sous le marteau de l'ouvrier,
c'est l'outil légal du capital, c'est l'intelligence punissant
la ruse et la sottise, c'est l'égalité d'après la naissance
et la mort.

**15**

» Et disons-le, citoyens, tout homme qui n'a pas son opinion faite aujourd'hui n'est pas un homme ; tout indifférent qui ne prendra pas part à la lutte ne pourra jouir en paix des bienfaits sociaux que nous préparons sans avoir à en rougir devant ses enfants . . . . . .

. . . . . . . . . . . . . . . . . . . . . . . .

» Ce n'est plus un 1830 ni un 48, c'est le soulèvement d'un grand peuple qui veut vivre libre ou mourir.

» Et il faut vaincre parce que la défaite ferait de vos veuves des victimes pourchassées, maltraitées et vouées au courroux de vainqueurs farouches, parce que vos orphelins seraient livrés à leur merci et poursuivis comme de petits criminels, parce que Cayenne serait repeuplé et que les travailleurs y finiraient leurs jours rivés à la même chaîne que les voleurs, les faussaires et les assassins, parce que demain les prisons seraient pleines et que les sergents de ville solliciteraient l'honneur d'être vos geôliers et les gendarmes vos gardes-chiourme, parce que les fusillades de juin recommenceraient plus nombreuses et plus sanglantes.

» Vainqueurs, c'est non seulement votre salut, celui de vos femmes, de vos enfants, mais encore celui de la République et de tous les peuples.

» Pas d'équivoque : celui qui s'abstient ne peut même pas se dire républicain.

. . . . . . . . . . . . . . . . . . . . . . . . .

» Courage donc, nous touchons au terme de nos souffrances, il ne se peut pas que Paris s'abaisse au point de supposer qu'un Bonaparte le reprenne d'assaut ; il ne se peut pas qu'on rentre ici régner sur des ruines et sur des cadavres ; il ne se peut pas qu'on subisse le joug des traîtres qui restèrent des mois entiers sans tirer sur les Prussiens et qui ne restent pas une heure sans nous mitrailler.

. . . . . . . . . . . . . . . . . . . . . . .

Allons, pas d'inutiles ; que les femmes consolent les

blessés, que les vieillards encouragent les jeunes
gens, que les hommes valides ne regardent pas à quelques années près pour suivre leurs frères et partager
leurs périls.

» Ceux qui ayant la force se disent hors d'âge se
mettent dans le cas que la liberté les mette un jour
hors la loi et quelle honte pour ceux-là.

» C'est une dérision. Les gens de Versailles, citoyens,
vous disent découragés et fatigués, ils mentent et le
savent bien. Est-ce quand tout le monde vient à vous?
Est-ce quand de tous les coins de Paris on se range
sous votre drapeau? Est-ce quand les soldats de la ligne, vos frères, vos amis, se retournent et tirent sur les
gendarmes et les sergents de ville qui poussent à vous
assassiner? Est-ce quand la désertion se met dans les
rangs de nos ennemis, quand le désordre, l'insurrection règnent parmi eux et que la peur les terrifie, que
vous pouvez être découragés et désespérer de la victoire.

» Est-ce quand la France tout entière se lève et vous
tend la main, est-ce quand on a su souffrir si héroïquement pendant huit mois qu'on se fatiguerait de n'a-
voir plus que quelques jours à souffrir, surtout quand
la liberté est au bout de la lutte? Non, il faut vaincre
et vaincre vite, et avec la paix le laboureur retournera
à sa charrue, l'artiste à ses pinceaux, l'ouvrier à son
atelier, la terre redeviendra féconde et le travail reprendra. Avec la paix nous accrocherons nos fusils et
reprendrons nos outils et heureux d'avoir bien rempli
notre devoir, nous aurons le droit de dire un jour : Je
suis un soldat citoyen de la grande révolution.

» *Les Membres de la Commune.*

» Dereure, J.-B. Clément, Vermorel.
» Paschal Grousset, Cluseret.
» Arnold, Th. Ferré. »

La prédiction s'est réalisée, il y eut pire que juin et décembre, la faute en fut aux fatalités réunies de la trahison bourgeoise, et de la connaissance trop imparfaite pour les chefs de l'armée de la Commune, du caractère des combattants et des circonstances de la lutte.

Dans l'alternative, tout pouvait servir aussi bien une véritable armée disciplinée, telle que la voulait Rossel, que l'armée de la révolte telle que la voulait Delescluze, les fanatiques de la liberté eussent trouvé beau pour vaincre de s'astreindre à la discipline de fer, il fallait les deux armées, l'une d'airain, l'autre de flamme.

Rossel ignorait ce qu'est une armée d'insurgés ; il avait la science des armées régulières.

Les délégués civils à la guerre ne connurent que la grandeur générale de la lutte, aller en avant offrant sa poitrine; levant la tête sous la mitraille, c'était beau, mais les deux étaient étaient nécessaires contre tels ennemis que Versailles.

Dombwroski parfois eut les deux.

Dans un ordre à l'armée, Rossel s'exprima ainsi.

« Il est défendu d'interrompre le feu pendant un combat, quand même l'ennemi lèverait la crosse en l'air ou arborerait le drapeau parlementaire.

» Il est défendu sous peine de mort de continuer le feu après que l'ordre de le cesser a été donné, ou de continuer à se porter en avant lorsqu'il a été prescrit de s'arrêter. Les fuyards et ceux qui resteront en arrière isolément seront sabrés par la cavalerie, s'ils sont nombreux ils seront canonnés; les chefs militaires ont pendant le combat tout pouvoir pour faire marcher et faire obéir les officiers et soldats placés sous leurs ordres. »

Si ce même ordre eût été donné de manière à faire comprendre qu'il s'agissait d'assurer la victoire, ceux qu'il froissait l'eussent accepté. Certes les révoltés ne sont pas des fuyards, mais l'armée de Versailles étant le nombre, il fallait tactique et ardeur. La Commune n'eut jamais de cavalerie ; quelques officiers seulement étaient montés. Les chevaux servaient pour les prolonges d'artillerie et divers usages semblables ; l'avantage en outre a des chances pour celui qui attaque.

Rossel, habitué à la discipline des armées régulières et dont un arrêt avait été commué par la Commune, l'accusa de faiblesse, il se retira sans qu'on se fût compris, réclamant dans l'ardeur de sa colère une cellule à Mazas.

Avec le concours de son ami Charles Gérardin, il s'échappa d'autant plus volontiers, que la Commune le préférait ainsi.

Ce fut une perte réelle. Versailles le prouve en l'assassinant.

Le délégué civil à la guerre, Delescluze, vieux d'années, jeune de courage, s'écriait dans son manifeste :

« La situation est grave, vous le savez ; cette horrible guerre que vous font les féodaux conjurés avec les débris des régimes monarchiques, a déjà coûté bien du sang généreux, et cependant, tout en déplorant les pertes douloureuses, quand j'envisage le sublime avenir qui s'ouvrira pour nos enfants, et lors même qu'il ne nous serait pas permis de récolter ce que nous avons semé, je saluerais encore avec enthousiasme la révolution du 18 mars qui a offert à la France et à l'Europe, des perspectives que nul de nous n'osait espérer, il y a trois mois. Donc à vos rangs, citoyens, tenez ferme devant l'ennemi.

» Nos remparts sont solides comme vos cœurs. Vous n'ignorez pas d'ailleurs, que vous combattez pour votre liberté et pour l'égalité.

» Avec cette promesse qui vous a si longtemps frappés, que si vos poitrines, sont exposées aux balles et aux obus des Versaillais, le prix qui vous est donné, c'est l'affranchissement de la France et du monde, la sécurité de votre foyer et la vie de vos femmes et de vos enfants.

» Vous vaincrez donc; le monde qui applaudit à vos magnanimes efforts, s'apprête à célébrer votre triomphe qui sera celui de tous les peuples. »

» Vive la République universelle!
» Vive la Commune!

» Paris le 10 mai 1871.
» *Le délégué civil à la guerre,*
» DELESCLUZE. »

On se hâtait et tout était encore à venir.

La liberté de Nouris avait été décrétée dans les premiers jours, il ne revint jamais.

La maison de M. Thiers démolie, avait empli la place Saint-Georges de la poussière de ses nids à rats, elle devait lui rapporter un palais.

Mais qu'importent les questions d'individus? nous sommes plus près qu'alors du monde nouveau; à travers les transformations qu'il a subies, il mourrait, si l'éclosion tardait.

Dans les maisons des francs fileurs, et dans les maisons de plaisir les plus infectes, sous tous les déguisements, se cachaient les émissaires de l'ordre.

On crut, en exigeant des cartes d'identité, les empêcher d'entrer. Mais individu à individu, comme goutte à goutte, ils s'infiltraient dans Paris.

M. Thiers, dès le 11 mai, avait demandé à l'assemblée apeurée et féroce, huit jours encore, pour que tout fût consommé.

La conspiration des brassards avait été découverte; il en était d'autres restées inconnues.

Versailles renonçant à acheter les hommes qui ne voulaient pas se vendre, cherchait à mêler les siens où ils pouvaient livrer un mot d'ordre, ouvrir une porte.

Ils avaient été mal inspirés en cherchant par l'offre d'un million et demi à acheter Dombwroski, qui en avertit le comité de salut public.

Comment les gens de Versailles avaient-il pu s'adresser si mal. Dombwroski, chef de la dernière insurrection polonaise, qui avait résisté presque un an à l'armée russe, qui depuis avait fait la guerre du Caucase et comme général de l'armée des Vosges avait montré que ses qualités n'étaient point celles d'un traître, ne pouvait servir la réaction.

Versailles pourtant gagnait du terrain, puis semblait le reperdre, la souris victorieuse faisait tête, mordant le chat qui reculait.

Le 21 mai au soir, devait être donné un concert au bénéfice des victimes de la guerre sociale, veuves, orphelins, fédérés blessés en combattant.

Le nombre et le talent des exécutants faisaient de ces concerts de véritables triomphes. Agar y disait des vers des *Châtiments*. Elle y chantait la *Marseillaise*, d'une voix si puissante qu'elle *hurlait*, disaient les Versaillais.

Le dimanche 21 mai, deux cents exécutants formaient une masse d'harmonie énorme. De bonne heure l'auditoire débordait, avide d'entendre ; pourtant les cœurs se serraient, c'était la trahison qu'on sentait monter.

Un peu avant cinq heures, un officier d'état-major de la Commune, s'avança sur l'estrade et dit :

« Citoyens, M. Thiers avait promis d'entrer hier dans Paris, M. Thiers n'est pas entré, il n'entrera pas. Je vous convie pour dimanche prochain 28, à la même place, à notre concert, au profit des veuves et des orphelins de la guerre ! »

Furieusement on applaudit.

Pendant ce temps, une partie des avant-postes de Versailles entraient par la porte de Saint-Cloud.

Un ancien officier d'infanterie de marine, nommé Ducatel, traître, encore sans emploi, rôdait, cherchant
pour en avertir Versailles, les côtés faibles de la défense de Paris ; avec le peu d'hommes dont on disposait, il ne doutait pas d'en trouver. Il remarqua que
la porte de Saint-Cloud était sans défense, et avec un
mouchoir blanc appela un poste de l'armée de l'ordre.

Un officier de marine se présenta, au même moment,
les batteries versaillaises cessèrent le feu, et par petits pelotons les soldats pénétrèrent dans Paris.

La cessation du feu ne fut pas remarquée de suite,
l'oreille y était si accoutumée que plusieurs semaines
après la défaite, on croyait encore l'entendre. Enfin
on s'aperçut de cette cessation de feu. Quelques-uns
en tiraient favorable augure ; à d'autres cela semblait
étrange.

Réunis au Mont-Valérien, M. Thiers, Mac-Mahon,
l'amiral Pothuau télégraphiaient partout.

21 mai 7 heures du soir.

« La porte de Saint-Cloud vient de s'abattre sous le
feu de nos canons, le général Douay s'y est précipité ;
il entre en ce moment dans Paris avec ses troupes. Les
corps des généraux Ladmirault et Clinchamp s'ébran-
lent pour les suivre. »

» A. Thiers. »

Vingt-cinq mille hommes de Versailles, par trahison et sans combat, couchèrent cette nuit-là dans Paris.

FIN DE LA TROISIÈME PARTIE

# QUATRIÈME PARTIE
## L'HÉCATOMBE

—

I

> Au cri vive la République !
> Tomba le vaisseau le *Vengeur !*
> (*Vieille Chanson.*)

Un peu avant l'entrée des **25,000** hommes du général Douay, un membre de la Commune, Lefrançais, parcourant la zône de la défense fut frappé de l'état de solitude et d'abandon de la porte de Saint-Cloud.

Sans le hasard qui avait servi la trahison de Ducatel, c'étaient les portes de Montrouge, Vanves, Vaugirard que le comte de Beaufort avait indiquées à M. Thiers comme étant les moins bien gardées.

Lefrançais envoya à Delescluze un avertissement qui ne lui parvint pas à temps. — Dombwroski, prévenu de son côté par un bataillon de fédérés, envoya des volontaires, qui momentanément arrêtèrent les Versaillais, leur tuant un officier en travers du quai ; ceux qui jusque là, avaient cru que la bataille engagée trop tard, serait encore à recommencer, se disaient maintenant : Paris vaincra ! et du reste, il mourra invaincu ! Ainsi avaient fait Carthage, Numance, Moscou, ainsi nous ferions.

Dombwroski envoya à Montmartre un ou deux fédé-

15.

rés, madame Danguet, Mariani et moi. Nous devions
tâcher d'arriver et dire qu'il fallait se hâter pour la
défense.

Je ne sais quelle heure il était, la nuit était calme
et belle. Qu'importait l'heure ? il fallait maintenant que
la révolution ne fût pas vaincue, même dans la mort.

A la Commune les défiances avaient triomphé, et
quand arriva la dépêche de Dombwroski apportée par
Billioray, Cluseret accusé de négligence comparaissait
comme si on avait eu le temps de discuter.

La séance est terminée, Cluseret acquitté, il n'y a
plus d'autre préoccupation que la défense de Paris.

La lettre de Dombwroski était explicite.

*Dombwroski à guerre et Comité de salut public.*

« Les Versaillais sont entrés par la porte de Saint-
Cloud.

» Je prends des dispositions pour les repousser. Si
vous pouvez m'envoyer des renforts, je réponds de
tout.

» Dombwroski. »

Le Comité de salut public se réunit à l'Hôtel-de-Ville ;
on prend à la hâte les premières dispositions, chacun
emploie son courage.

L'égorgement commençait en silence. Assi allant du
côté de la Muette vit dans la rue Bethowen des hommes qui, couchés à terre, semblaient dormir. La nuit
étant claire, il reconnaît des fédérés et s'approche pour
les éveiller, son cheval glisse dans une mare de sang.
Les dormeurs étaient des morts, tout un poste égorgé.

L'*Officiel* de Versailles n'avait-il pas donné la marche
pour la tuerie, on s'en souvient.

« Pas de prisonniers ! Si dans le tas il se trouve un
honnête homme réellement entraîné de force, vous le
verrez bien dans ce monde-là. Un honnête homme se
distingue par son auréole ; accordez aux braves soldats

la liberté de venger leurs camarades en faisant sur le théâtre et dans *la rage* même de l'action ce que le lendemain ils ne voudraient pas faire de sang-froid. »

Tout était là. On persuada aux soldats qu'ils avaient à venger leurs camarades; à ceux qui arrivaient délivrés de la captivité de Prusse, on disait que la Commune s'entendait avec les Prussiens et les crédules s'abreuvèrent de sang dans leur rage.

Afin que comme au 18 mars l'armée ne levât pas la crosse en l'air, on gorgea les soldats d'alcool mêlé, suivant l'ancienne recette, avec de la poudre et surtout entonné de mensonges; à l'histoire trop vieille du mobile scié entre deux planches, on avait joint je ne sais quel autre conte aussi invraisemblable.

Paris, cette ville maudite qui rêvait le bonheur de tous, où les bandits du Comité central et de la Commune, les monstres du Comité de salut public et de la sûreté n'aspiraient qu'à donner leur vie pour le salut de tous, ne pouvait pas être compris par l'égoïsme bourgeois, plus féroce encore que l'égoïsme féodal, la race bourgeoise ne fut grande qu'un demi-siècle à peine, après 89. Delescluze, Dijon furent les derniers grands bourgeois semblables aux conventionnels.

Les hommes énergiques de la Commune chacun à son poste, le fardeau du pouvoir tombé de leurs épaules, le respect de la légalité anéanti par le devoir de vaincre ou de mourir; les illusions de l'éternel soupçon dissipées dans la grandeur de leur liberté reconquise redevinrent eux-mêmes. Les aptitudes se dessinaient sans fausse modestie, sans vanités étroites :

Paris, peut-être soutiendrait la lutte ! qui sait?

Les dix pièces de la Porte Maillot qui n'avaient pas cessé depuis six semaines tonnaient toujours, et comme toujours, un artilleur tué sur sa pièce était remplacé par celui qui se précipitait.

Jamais plus de deux servants par pièce.

Un marin Craon tenait encore en mourant les deux tire-feu qui lui suffisaient pour deux pièces, un de chaque main.

Presque tous les héros de ce poste sont restés inconnus.

Ils seront vengés ensemble à la grande révolte, le jour où sur un front de bataille large comme le monde, l'émeute se relèvera.

A l'aube du 21 la Muette était enlevée, l'armée entourait presque Paris venant rejoindre les 25,000 hommes qui s'y étaient glissés pendant la nuit.

Tout ce qui s'est passé dans ces jours-là, s'entasse comme si en quelques jours on eût vécu mille ans.

Le tocsin sonne à plein vol, la générale bat dans Paris.

Les fédérés du dehors se repliaient sur Paris, on doute de l'entrée des Versaillais! L'Observatoire de l'Arc-de-Triomphe dément la nouvelle, mais l'idée de défendre Paris domine.

Vers trois heures du matin, Dombwroski arrive au Comité de salut public, il ne comprend pas l'accusation de suite, enfin il se rend compte : — Quoi? dit-il, on a pu me prendre pour un traître ? Tous le rassurent, lui tendent la main.

Dereure qui avait été envoyé près de lui comme Johannard près de La Cecillia, Leo Meillet près de Wrobleski ne lui avait pas avec raison parlé de ces odieux soupçons.

Il voit que la confiance est restée, mais le coup est porté, Dombwroski se fera tuer.

A la mairie de Montmartre, La Cecillia pâle, décidé à tout tenter pour la lutte, cherche à organiser la défense.

Nous nous retrouvons là, plusieurs du Comité de vigilance, le vieux Louis Moreau, Chevalot.

Avec Louis Moreau et deux autres, nous convenons d'aller nous rendre compte, pour faire sauter la butte quand les Versaillais seront entrés ; car nous sentons bien qu'ils entreront, tout en répétant : Paris vaincra ! ce dont nous sommes sûrs, c'est qu'on se défendra jusqu'à la mort.

Sur la porte de la mairie, des fédérés du 61ᵉ nous rejoignent.

— Venez, me disent-ils, nous allons mourir, vous étiez avec nous le premier jour, il faut y être le dernier.

Alors, je fais promettre au vieux Moreau que la butte sautera, et je m'en vais avec le détachement du 61ᵉ au cimetière Montmartre, nous y prenons position. Quoique bien peu, nous pensions tenir tenir longtemps.

Nous avions par places crénelé les murs avec nos mains.

Des obus fouillaient le cimetière devenant de plus en plus nombreux.

L'un de nous dit que c'était surtout le tir de la butte, qui, étant trop court, tombait sur nous, au lieu d'aller jusqu'à l'ennemi ; dès le 17 mai, on avait reconnu que ce tir était mauvais, et pendant la matinée, sans doute pour ce motif, on ne s'en était pas servi.

Presque tous les fédérés blessés l'étaient par la butte, on en avertit en les emportant à l'ambulance.

La nuit était venue, nous étions une poignée bien décidés.

Certains obus venaient par intervalles réguliers ; on eût dit les coups d'une horloge, l'horloge de la mort.

Par cette nuit claire, tout embaumée du parfum des fleurs, les marbres semblaient vivre.

Plusieurs fois nous étions allés en reconnaissance, l'obus régulier tombait toujours, les autres variaient,

Je voulus y retourner seule, cette fois l'obus tombant tout près de moi, à travers les branches me couvrit de fleurs, c'était près de la tombe de Mürger. La figure blanche jetant sur cette tombe des fleurs de marbre, faisait un effet charmant, j'y jetai une partie des

miennes et l'autre, sur la tombe d'une amie, madame
Poulain, qui était sur mon chemin.

En retournant près de mes camarades près de la
tombe sur laquelle est couchée la statue de bronze de
Cavaignac, ils me dirent : cette fois, vous ne bougerez
plus. Je reste avec eux, des coups de feu partent des
fenêtres de quelques maisons.

Je crois que le jour est venu. Nous avons encore des
blessés d'obus. La poignée se réduit et voici l'attaque ;
il faut du renfort. On demande qui ira. Je suis déjà
loin, ayant passé par un trou de mur. Je ne sais comment on peut aller aussi vite, et pourtant je trouve le
temps long ; j'arrive à la mairie de Montmartre ; sur la
place pleurait un jeune homme qu'on ne veut pas employer, il n'a pas de papiers, rien, — il me le raconte ;
mais je n'ai pas le temps. — Venez, lui dis-je, et en
demandant du renfort à La Cecillia, je lui montre le
jeune homme, qui, lui dit-il, est étudiant, il n'a pas encore combattu, et il veut combattre.

La Cecillia le regarde, — il lui fait bon effet. — Allez, dit-il. — Avec cinquante hommes de renfort nous
regagnons le cimetière, le jeune homme en est : il
est heureux. En avant près de moi, marche Barois, les
balles pleuvent, nous marchons vite, on se bat au cimetière. En arrivant nous entrons par le trou, ils ne
sont plus là que quinze, et de nos cinquante nous ne
sommes plus guère, le jeune homme est mort. — Nous
sommes de moins en moins ; nous nous replions sur les
barricades, elles tiennent encore.

Drapeau rouge en tête, les femmes étaient passées ;
elles avaient leur barricade place Blanche, il y avait
là, Elisabeth Dmihef, madame Lemel, Malvina Poulain,
Blanche Lefebvre, Excoffons. André Leo était à celles
des Batignolles. Plus de dix mille femmes aux jours
de mai, éparses ou ensemble, combattirent pour la liberté.

J'étais à la barricade qui barrait l'entrée de la chaussée Clignancourt, devant le delta; là, Blanche Lefebvre vint me voir.

Je pus lui offrir une tasse de café, en faisant ouvrir d'un ton menaçant, le café qui était près de la barricade. Le bonhomme fut effrayé; mais comme il nous vit rire, il s'exécuta assez poliment, et on le laissa refermer puisqu'il avait si peur.

Blanche et moi nous nous embrassâmes, et elle retourna à sa barricade.

Un peu après passa Dombwroski à cheval avec ses officiers.

— Nous sommes perdus, me dit-il, — Non! lui dis-je; il me tendit les deux mains : c'est la dernière fois que je l'ai vu vivant.

C'est à quelques pas de là qu'il fut blessé mortellement, nous étions encore sept à la barricade, quand il passa de nouveau cette fois, couché sur une civière presque mort, on le portait à Lariboissière où il mourut.

Bientôt, des sept, nous n'étions plus que trois

Un capitaine de fédérés, grand brun, impassible devant le désastre, il me parlait de son fils, un enfant de douze ans à qui il voulait laisser son sabre en souvenir.

— Vous le lui donnerez, disait-il, comme s'il eût été probable que quelqu'un survécût.

Nous nous étions espacés tenant à nous trois toute la barricade, moi au milieu, eux de chaque côté.

Mon autre camarade était trapu, les épaules carrées, il avait les cheveux blonds et les yeux bleus; il ressemblait beaucoup à Poulouin, l'oncle de madame Eudes, mais ce n'était pas lui.

Ce Breton-là encore, n'était plus de ceux de Charette, il mettait à sa foi nouvelle la même ardeur que sans doute il avait mise à l'ancienne quand il y croyait.

Il y avait dans cette face pâle le même sourire de sauvage, qu'avait le noir d'Issy aux dents blanches de loup. Celui-là non plus, nous ne l'avons pas revu.

A nous trois, on n'eût jamais cru que nous étions si peu; nous tenions toujours. Tout à coup voici des gardes nationaux qui s'avancent, on cesse le feu. — Je m'écrie: — Venez, nous ne sommes que trois!

Au même moment je me sens saisir, soulever et rejeter dans la tranchée de la barricade comme si on eût voulu m'assommer.

On le voulait en effet! car c'étaient les Versaillais vêtus en gardes nationaux.

Un peu étourdie, je sens que je suis bien vivante, je me relève, plus rien, mes deux camarades avaient disparu. Les Versaillais étaient en train de fouiller les maisons près de la barricade, je m'en vais, ailleurs encore, comprenant que tout était perdu; je ne voyais plus qu'une barrière possible, et je criais: — Le feu devant eux! le feu! le feu! La Cecillia n'a pas eu de renforts pourtant. On se battait encore, celles des femmes qui n'avaient pas été tuées place Blanche, se rabattirent sur les plus proches, place Pigalle.

On venait d'élever une barricade dans des rues derrière la chaussée Clignancourt, à main droite en venant du delta, les Versaillais, un moment pouvaient être pris entre deux feux, pendant que les gens peu expéditifs qui étaient là, discutaient, il n'était plus temps.

Dombwroski après avoir été porté à l'Hôtel-de-Ville fut emporté pendant la nuit vers le Père-Lachaise. En passant à la Bastille, on le déposa au pied de la colonne, où à la lueur des torches qui lui faisaient une chapelle ardente, les fédérés qui allaient mourir vinrent saluer le brave qui était mort.

Il fut enterré le matin au Père-Lachaise où il dort couché dans un drapeau rouge.

« — Voilà, dit Vermorel, celui qu'on a accusé de trahir! Il ajouta: — Jurons de ne sortir d'ici que pour mourir. »

Son frère, ses officiers, une partie de ses soldats étaient autour de lui.

Les Batignolles, Montmartre, étaient pris, tout se changeait en abattoir, l'Elysée Montmartre regorgeait de cadavres. Alors, s'allumèrent comme des torches les Tuileries, le Conseil d'Etat, la Légion d'honneur, la Cour des Comptes.

Qui sait, si n'ayant plus leur repaire il serait aussi facile aux rois de revenir.

Hélas! ce sont les mille et mille rois de la finance qui sont revenus avec la bourgeoisie.

Ce qu'on voyait alors, c'était surtout le souverain; l'empire nous avait habitués ainsi.

Le despotisme commençait à avoir de multiples têtes; il continua ainsi.

M. Thiers, sitôt qu'il connut la prise de Montmartre le télégraphia à sa manière en province.

Les flammes dardant leurs langues fourchues, lui apprirent que la Commune n'était pas morte.

C'est l'heure où les dévouements ont pris leur place, l'heure aussi des représailles fatales, quand l'ennemi comme le faisait Versailles, tranche les vies humaines comme une faux dans l'herbe.

Tandis qu'au Père-Lachaise on saluait pour la dernière fois Dombwroski, Vaysset, qui pour mieux conspirer avait sept domiciles à Paris, fut conduit devant toute une foule, sur le Pont-Neuf et fusillé par ordre de Ferré, pour avoir tenté de corrompre Dombwroski, il dit ces paroles étranges: — Vous répondrez de ma mort au comte de Fabrice. P... commissaire spécial de la Commune, dit alors à la foule: « Ce misérable, au nom de Versailles, a voulu acheter nos chefs militaires. Ainsi meurent les traîtres. »

Tout quartier pris par Versailles était changé en abattoir. La rage du sang était si grande, que les Versaillais tuèrent de leurs propres agents allant à leur rencontre.

Les survivants du combat ont encore le XI⁰ arrondissement. Des membres de la Commune et du comité central se sont réunis à la bibliothèque. Delescluze se lève tragique ; de sa voix pareille à un souffle, il demande que les membres de la Commune, ceints de leur écharpe, passent en revue les bataillons. — On applaudit.

Et comme venus à l'appel, des bataillons entrent par poussées dans la salle, le canon tonne, cette scène est si grande, que ceux qui entourent Delescluze croient à la possibilité de vaincre.

On demande le directeur du génie, il est absent, peut-être mort.

Le comité de salut public agira sans attendre les absents, la mort est partout, chacun doit combattre jusqu'à ce qu'il tombe.

Au faubourg Antoine, il y a trois pièces, les rues environnantes ont des barricades.

Place du Château-d'Eau, un mur de pavés et deux pièces.

Brunel est au premier, Ranvier aux Buttes Chaumont.

Wrobleski à la Butte aux Cailles. On a confiance.

Il y a des fédérés aux portes Saint-Denis et Saint-Martin. Qui sait si Delescluze n'a pas raison ? La Commune vaincra ! Du moins, Paris mourra invaincu.

Des femmes entassées sur les marches de la Mairie du XI⁰ cousent en silence des sacs pour les barricades.

A la salle de la Mairie les membres de la sûreté sont là ; ils seront à la hauteur du péril.

Comme Delescluze, Ferré, Varlin, J.-B. Clément, Vermorel, ont confiance (en la mort sans doute !)

Une tourmente de mitraille enveloppe de tous côtés, elle souffle terrible place du Château-d'Eau, c'est à ce moment que Delescluze y apparaît.

Lissagaray, témoin de la mort magnifique de Delescluze, la raconte ainsi :

« Avec Jourde, Vermorel, Theisz, Jaclard, et une cinquantaine de fédérés, il marchait dans la direction du Château-d'Eau.

» Delescluze, dit Lissagaray, dans son vêtement ordinaire, chapeau, redingote et pantalon noirs, écharpe rouge autour de la ceinture, peu apparente, comme il la portait ; sans armes, s'appuyant sur une canne.

» Redoutant quelque panique au Château-d'Eau, nous suivîmes le délégué, l'ami.

» Quelques uns de nous s'arrêtèrent à l'église Saint-Ambroise pour prendre des cartouches. Nous rencontrâmes un négociant d'Alsace, venu depuis cinq jours faire le coup de feu contre cette assemblée qui avait livré son pays ; il s'en retournait la cuisse traversée. Plus loin, Lisbonne blessé qui soutenait Vermorel, Theisz, Jaclard.

» Vermorel tomba à son tour grièvement blessé. Theisz et Jaclard le relèvent, l'emportent sur une civière. — Delescluze serre la main du blessé et lui dit quelques mots d'espoir :

» A cinquante mètres de la barrière le peu de gardes qui ont suivi Delescluze s'effacent, car les projectiles obscurcissent l'entrée du boulevard.

» Le soleil se couchait derrière la place. Delescluze sans regarder s'il était suivi, s'avançait du même pas, le seul être vivant sur la chaussée du boulevard Voltaire. Arrivé à la barricade, il obliqua à gauche et gravit les pavés.

» Pour la dernière fois cette face austère encadrée dans sa courte barbe blanche, nous apparut tournée vers la mort.

» Subitement Delescluze disparut, il venait de tomber foudroyé sur la place du Château-d'Eau.

» Quelques hommes voulurent le relever, trois ou quatre tombèrent, il ne fallait plus songer qu'à la barricade, rallier ses rares défenseurs. Johannard au milieu de la chaussée, élevant son fusil et pleurant de colère, criait aux terrifiés : — Non, vous n'êtes pas dignes de défendre la Commune.

» La pluie tomba, nous revînmes laissant abandonné aux outrages d'un adversaire sans respect de la mort le corps de notre pauvre ami ; il n'avait prévenu personne, même ses plus intimes. Silencieux, n'ayant pour confident que sa conscience sévère, Delescluze marcha à la barricade comme les anciens montagnards allèrent à l'échafaud. »

(LISSAGARAY, *Histoire de la Commune.*)

Le sang coulait à flots dans tous les arrondissements pris par Versailles. Par places, les soldats lassés de carnage s'arrêtaient comme des fauves repus.

Sans les représailles, la tuerie eût été plus large encore.

Seul le décret sur les otages empêcha Gallifet, Vinoy, et les autres, d'opérer l'égorgement complet des habitants de Paris.

Un commencement d'exécution de ce décret fit retirer aux pelotons d'exécution, des prisonniers qu'à coups de crosse de fusil on poussait au mur, où par tas restaient les morts et les mourants.

Nous avons rencontré en Calédonie, quelques-uns de ces échappés de la mort.

Rochefort raconte ainsi ce qui lui fut dit par un compagnon de route ou plutôt de cage dans les antipodes ; il racontait ceci :

« On venait d'exécuter une quinzaine de prisonniers, son tour était venu, il avait été collé au mur un mouchoir sur les yeux, car ces supplicieurs y mettaient parfois des formes.

» Il attendait les douze balles qui devaient lui revenir et commençait à trouver le temps un peu long, — tout à coup un sergent vint lui délier le bandeau fatal, tout

en criant aux hommes du peloton d'exécution : — Demi-
tour à gauche.

» — Qu'y a-t-il ? demanda le patient.

» — Il y a, répondit d'un ton plein de regret le lieutenant chargé de commander le feu, que la Commune
vient de décréter qu'elle aussi fusillerait les prisonniers si nous continuions à fusiller les vôtres, et que le
gouvernement interdit maintenant les exécutions sommaires.

» C'est ainsi que trente fédérés furent en même
temps que celui-là rendus à la vie, mais non à la liberté, car on les envoya sur les pontons d'où mon
camarade de geôle partit en même temps que moi pour
la Nouvelle Calédonie.

(Henri ROCHEFORT, *Aventures de ma vie*, 3e volume.)

Les exécutions sommaires reprirent après le triomphe de Versailles ; les soldats eurent comme des bou-
chers les bras rouges de sang; le gouvernement n'a-
vait plus rien à craindre.

On verra combien du côté de la Commune le nombre des exécutions fut infime! devant les trente-cinq
mille, officiellement avoués, qui sont plutôt cent mille
et plus.

Reconnu par un bataillon qu'il avait insulté, et accusé sur nombreux témoignages, d'intelligence avec
Versailles, le comte de Beaufort fut passé par les armes,
malgré l'intervention de la cantinière Marguerite
Guinder, femme Lachaise, qui fit tout au monde pour
le sauver. Elle fut plus tard accusée de sa mort et même
d'avoir insulté son cadavre, comme si cette généreuse
femme eût dû subir une punition pour avoir voulu
sauver un traître!

Chaudey arrêté depuis quelques semaines sous l'in-
culpation d'avoir le 22 janvier ordonné de mitrailler
la foule, n'eût pas été fusillé sans le redoublement de
cruautés de Versailles, malgré la dépêche à Jules Ferry

datée de l'Hôtel-de-Ville le 22 janvier, à 2 heures 50 de l'après-midi.

Chaudey consent à rester là, mais prenez des mesures le plus tôt possible pour balayer la place ; je vous transmets du reste l'avis de Chaudey.

CAMBON.

Et malgré même, des propos tels que ceux-ci : Les plus forts fusilleront les autres sans les égorgements de Versailles — il avait semblé avant son emprisonnement être moins hostile. Que sa mort comme toutes les autres, comme toutes les fatalités de l'époque retombe sur les monstres qui égorgeant à même le troupeau firent des représailles un devoir !

Qu'on fouille les puits ! les carrières, les pavés des rues, Paris entier est plein de morts et tant de cendres ont été jetées aux vents, que partout aussi elles ont couvert la terre.

Ceux qui formaient le peloton d'exécution des premiers otages, farouches volontaires qui jusqu'alors avaient été les plus doux des hommes, ne s'écriaient-ils pas : Moi, je venge mon père. Moi, mon fils ; moi, je venge ceux qui n'ont personne !

Pensez-vous si la bataille recommence que tout souvenir soit enseveli sous la terre et que le sang versé ne fleurisse jamais.

La vengeance des déshérités ! elle est plus grande que la terre elle-même.

Les légendes les plus folles coururent sur les pétroleuses, il n'y eut pas de pétroleuses — les femmes se battirent comme des lionnes, mais je ne vis que moi criant le feu ! le feu devant ces monstres !

Non pas des combattantes, mais de malheureuses mères de famille, qui dans les quartiers envahis se croyaient protégées, par quelque ustensile, faisant voir qu'elles allaient chercher de la nourriture pour leurs petits, (une boîte au lait, par exemple) étaient regardées comme incendiaires, porteuses de pétrole, et collées au mur! — Ils les attendirent longtemps leurs petits!

Quelques enfants, sur les bras des mères, étaient fusillés avec elle, les trottoirs étaient bordés de cadavres.

Comme si on eût pu dire à des mères, nous voulons mourir invaincus sous Paris en cendres?

L'Hôtel-de-Ville brûlait comme un lampadaire! en face, un mur de flammes fouettées par le vent, elle se reflétait, la flamme vengeresse dans les lacs de sang, passant sous les portes des casernes, dans les rues, partout.

Bientôt de la caserne Lobeau le sang en deux ruisseaux s'en alla vers la Seine : longtemps il y coula rouge.

Millière sur les marches du Panthéon tombe en criant : Vive l'humanité! Ce cri fut prophétique, c'est celui qui aujourd'hui nous rassemble.

Rigaud fut assassiné rue Gay-Lussac où il demeurait, à l'heure même où le quartier fut pris. P. ce même commissaire de la Commune qui assistait à l'exécution de Vaysset, passant rue Gay-Lussac dans le silence d'épouvante qui régnait après la victoire de l'ordre, leva les yeux, vers un logement, où demeuraient des amis de Gaston Dacosta, une personne était à la fenêtre regardant à terre, elle semblait lui indiquer quelque chose.

Il aperçut alors un cadavre, étendu les bras en croix contre le trottoir; son uniforme était ouvert, ses galons arrachés, les pieds blancs et petits étaient nus, ayant été déchaussés suivant l'usage de Versailles; — la tête était toute pleine de sang, qui d'un petit trou au front ruisselait sur la barbe et le visage, le rendant méconnaissable.

Un témoin oculaire lui raconta, que Rigaud en arrivant devant la maison qu'il habitait, portait son uniforme de commandant du 114ᵉ bataillon, qu'il avait
pour le combat.

Son intention était de brûler les papiers qui étaient
dans son logement.

Les soldats l'avaient suivi à son uniforme; ils entrèrent presque en même temps que lui et feignirent de
prendre le propriétaire, un nommé Chrétien pour un
officier fédéré afin que la peur lui fit livrer celui qu'ils
avaient vu entrer.

Comme Chrétien protestait, Rigaud entendit, et s'é-
cria : — Je ne suis pas un lâche, et toi, sauve-toi.

Il descendit fièrement, détacha sa ceinture, donna
son sabre et son revolver, et suivit ceux qui l'arrêtaient.

Au milieu de la rue ils rencontrèrent un officier de
l'armée régulière qui s'écria : — Quel est encore ce
misérable ? et s'adressant au prisonnier l'invita à crier :
Vive Versailles!

— Vous êtes des assassins, répondit Rigaud : Vive
la Commune!

Ce furent ses dernières paroles, l'officier, un sergent,
prit son revolver et lui brûla la cervelle à bout portant,
la balle avait fait au milieu du front ce petit trou noir
d'où coulait le sang.

Pendant longtemps personne ne voulut croire à la
mort de Rigaud, certains assuraient l'avoir vu à la
tête de son bataillon, mais comme il était très brave
il fallut bien à sa longue absence, reconnaître qu'il
était mort.

Depuis l'entrée de l'armée de Versailles, les gardes
nationaux de l'ordre excitaient l'armée à la tuerie : les
uns ayant trahi, les autres ayant peur, qu'on ne les
prît pour des révoltés, ils eussent égorgé la terre, ces
imbéciles ayant la férocité des tigres.

La plupart cherchant à donner des gages à Versailles, indiquaient dans les quartiers envahis les partisans de la Commune, faisant fusiller ceux à qui ils en voulaient.

Les coups sourds des canons, le crépitement des balles, les plaintes du tocsin, le dôme de fumée traversé de langues de flammes disaient que l'agonie de Paris n'était pas terminée et que Paris ne se rendrait pas.

Tous les incendies d'alors ne furent pas le fait de la Commune, certains propriétaires ou commerçants afin d'être richement indemnisés de bâtisses ou de marchandises dont ils ne savaient que faire, y mirent le feu.

D'autres incendies furent allumés par les bombes incendiaires de Versailles, ou s'enflammèrent.

Celui du ministère des finances fut à l'aide de faux attribué à Ferré, qui ne l'eût pas nié s'il l'eût fait : — il gênait la défense.

Parmi les volontaires du massacre qui donnent des gages de fidélité à Versailles en l'assistant dans la tuerie, furent, dit-on, un vieux, ancien maire d'un arrondissement, un chef de bataillon qui trahissait la Commune, des brassardiers simples amateurs de tuerie ; ils conduisent les meutes versaillaises en démence eux-mêmes.

La chasse aux fédérés était largement engagée, on égorgeait dans les ambulances ; un médecin, le docteur Faneau qui ne voulut pas livrer ses blessés, fut lui-même passé par les armes. — Quelle scène !

L'armée de Versailles rôde essayant de tourner par le canal, par les remparts, les derniers défenseurs de Paris.

La barricade du faubourg Antoine est prise, les combattants fusillés, quelques-uns, réfugiés dans la cour de la cité Parchappe attendent : ils n'ont pas d'autre asile ; l'institutrice, mademoiselle Lonchamp leur mon-

16

tre un endroit du mur où ils peuvent s'échapper par un trou qu'ils agrandissent, les voilà sauvés.

Versailles étend sur Paris un immense linceul rouge de sang; un seul angle n'est pas encore rabattu sur le cadavre.

Les mitrailleuses moulent dans les casernes. On tue comme à la chasse; c'est une boucherie humaine : ceux qui, mal tués, restent debout ou courent contre les murs, sont abattus à loisir.

Alors on se souvient des otages, des prêtres, trente-quatre agents de Versailles et de l'Empire sont fusillés.

Il y a dans l'autre poids de la balance des montagnes de cadavres. Le temps est passé où la Commune disait : il n'y a pas de drapeau pour les veuves et les orphelins, la Commune vient d'envoyer du pain à 74 femmes de ceux qui nous fusillent. Il n'était pas éloigné pourtant de bien des jours, mais ce n'était plus l'heure de la miséricorde.

Les portes du Père-Lachaise où se sont réfugiés des fédérés pour les derniers combats sont battues en brèche par les canons.

La Commune n'a plus de munitions, elle ira jusqu'à la dernière cartouche.

La poignée de braves du Père-Lechaise se bat à travers les tombes contre une armée, dans les fosses, dans les caveaux au sabre, à la baïonnette, à coups de crosse de fusil; les plus nombreux, les mieux armés, l'armée qui garda sa force pour Paris assomme, égorge les plus braves.

Au grand mur blanc qui donne sur la rue du Repos, ceux qui restent de cette poignée héroïque, sont fusillés à l'instant. Ils tombent en criant : Vive la Commune !

Là comme partout, des décharges successives achèvent ceux que les premières ont épargnés; quelques-uns achèvent de mourir sous les tas de cadavres ou sous la terre.

Une autre poignée, ceux dès dernières heures ceints de l'écharpe rouge s'en vont vers la barricade de la rue Fontaine-au-Roi ; d'autres membres de la Commune et du comité central viennent se joindre à ceux-là et dans cette nuit de mort majorité et minorité se tendent la main.

Sur la barricade flotte un immense drapeau rouge : il y a là les deux Ferré Théophile et Hippolyte, J.-B. Clément, Cambon, un garibaldien, Varlin, Vermorel, Champy.

La barricade de la rue Saint-Maur vient de mourir, celle de la rue Fontaine-au-Roi s'entête, crachant la mitraille à la face sanglante de Versailles.

On sent la bande furieuse des loups qui s'approchent, il n'y a plus à la Commune qu'une parcelle de Paris, de la rue du faubourg du Temple au boulevard de Belleville.

Rue Ramponeau, un seul combattant à une barricade arrêta un instant Versailles.

Les seuls encore debout, en ce moment où se tait le canon du Père-Lachaise, sont ceux de la rue Fontaine-au-Roi.

Ils n'ont plus pour longtemps de mitraille, celle de Versailles tonne sur eux.

Au moment où vont partir leurs derniers coups, une jeune fille venant de la barricade de la rue Saint-Maur arrive leur offrant ses services : ils voulaient l'éloigner de cet endroit de mort, elle resta malgré eux.

Quelques instants après la barricade jetant en une formidable explosion tout ce qui lui restait de mitraille, mourut dans cette décharge énorme, que nous entendîmes de Satory ; ceux qui étaient prisonniers ; à l'ambulancière de la dernière barricade et de la dernière heure, J.-B. Clément dédia longtemps après la chanson des Cerises. — Personne ne la revit.

. . . . . . . . . . . . . . . . . . . . . . . . . . .
J'aimerai toujours le temps des cerises
C'est de ce temps-là, que je garde au cœur,
Une place ouverte.
Et dame fortune en m'étant offerte,
Ne saurait jamais calmer ma douleur.
J'aimerai toujours le temps des cerises,
Et le souvenir que je garde au cœur.

J. Clément.

. . . . . . . . . . . . . . . . . . . . . . . . . . .

La Commune était morte, ensevelissant avec elle des milliers de héros inconnus.

Ce dernier coup de canon a double charge énorme et lourd! Nous sentions bien que c'était la fin, mais tenaces comme on l'est dans la défaite, nous n'en convenions pas.

Comme je prétendais en avoir entendu d'autres, un officier qui était là, pâlit de fureur, ou peut-être de crainte, que ce ne fût la vérité.

Ce même dimanche 28 mai, le maréchal Mac-Mahon fit afficher dans Paris désert.

« Habitants de Paris,

» L'armée de la France est venue vous sauver! Paris est délivré, nos soldats ont enlevé en quatre heures les dernières positions occupées par les insurgés. Aujourd'hui la lutte est terminée, l'*ordre*, le *travail*, la *sécurité* vont renaître.

» Le maréchal de France commandant en chef.

» Mac-Mahon, duc de Magenta. »

Ce dimanche-là, du côté de la rue de Lafayette fut arrêté Varlin : on lui lia les mains et son nom ayant attiré l'attention, il se trouva bientôt entouré par la foule étrange des mauvais jours.

On le mit au milieu d'un piquet de soldats pour le conduire à la butte qui était l'abattoir.

La foule grossissait, non pas celle que nous connais-

sions houleuse, impressionnable, généreuse, mais la
foule des défaites qui vient acclamer les vainqueurs et
insulter les vaincus, la foule du *væ victis* éternel.

La Commune était à terre, cette foule elle aidait aux
égorgements.

On allait d'abord fusiller Varlin près d'un mur, au
pied des buttes, mais une voix s'écria : — Il faut le
promener encore ; d'autres criaient : — Allons rue des
Rosiers.

Les soldats et l'officier obéirent ; Varlin toujours les
mains liées, gravit les buttes, sous l'insulte, les cris,
les coups ; il y avait environ deux mille de ces misérables ; il marchait sans faiblir, la tête haute, le fusil d'un
soldat partit sans commandement et termina son supplice, les autres suivirent. — Les soldats se précipitè-
rent pour l'achever, il était mort.

Tout le Paris réactionnaire et badaud, celui qui se
cache aux heures terribles n'ayant plus rien à craindre, *vint voir* le cadavre de Varlin.

Mac-Mahon secouant sans cesse les huit cent et quelques cadavres qu'avait faits la Commune, légalisait
aux yeux des aveugles, la terreur et la mort.

Vinoy, Ladmirault, Douay, Clinchamp, dirigeaient
l'abattoir écartelant, dit Lisagaray, Paris, à quatre
commandements.

Combien eût été plus beau le bûcher qui, vivants
nous eût ensevelis, que cet immense charnier ! Combien
les cendres semées aux quatre vents pour la liberté
eussent moins terrifié les populations, que ces bouche-
ries humaines !

Il fallait aux vieillards de Versailles ce bain de sang
pour réchauffer leurs vieux corps tremblants.

Les ruines de l'incendie du désespoir sont marquées
d'un sceau étrange.

L'Hôtel-de-Ville de ses fenêtres vides comme les yeux
des morts, regarda dix ans venir la revanche des peu-

16.

ples; la grande paix du monde qu'on attend toujours, elle regarderait encore si l'on n'eût abattu la ruine.

Au retour de Calédonie, je pus la saluer! La Cour des comptes, les Tuileries attestent encore qu'on voulut mourir invaincus; aujourd'hui seulement les ruines de la Cour des comptes vont être enlevées pour les travaux de l'Exposition.

On y vend aux enchères les fresques de Théodore Chasserrau dont une seule la *Force* et l'*Ordre* est en bon état et des lots d'arbres poussés dans les ruines et couverts d'oiseaux effarés auxquels ils donnaient asile. Au lieu des palais, si les masures eussent flambé, afin que plus jamais on n'y mourût de misère, la tuerie peut-être eût été moins facile.

Ne nous plaignons pas de la lenteur des choses, le germinal séculaire croît dans cet humus de mort.

La patience de ceux qui souffrent semble éternelle, mais avant le raz marée, les flots aussi, sont patients et doux, ils reculent avec de longues vagues molles : ce sont celles-là même qui vont s'enfler et revenir semblables à des montagnes, s'effondrer en mugissant sur le rivage, et avec elles l'engloutir dans l'abîme.

Ainsi nous l'avons vu au pays des cyclones avec l'implacabilité des luttes de la nature, nous avons eu le mirage de la bataille. L'eau sur les forêts se verse en effondrements soudains, s'égrène et crépite comme la fusillade.

Les arbres se rompent avec fracas, les rocs sont mordus de brèches et le chœur des tempêtes emplit les plages dans le silence profond des êtres.

Des chutes profondes, des arrachements inconnus, pareils à des plaintes humaines s'étendent, scandées, là aussi, par le canon d'alarme.

Plus haut que les cuivres, sonnent les trompes du vent, et grisante comme la poudre est l'électricité répandue dans l'air.

Les flots rauquent, jetant aux rochers comme à l'escalade leurs griffes blanches d'écume.

L'océan soulevé par des forces terribles, est précipité dans les gouffres comme si des bras immenses le prenaient et le rejetaient ainsi que la pâte au pétrin, et avec ces forces terribles se développent des puissances inconnues, le flot du sang monte plus large au cœur, ramenant toutes ces confuses choses de l'abîme et du lointain passé, qu'on revit dans les éléments déchaînés.

Dans la lutte implacable de Paris, l'impression était la même, mais c'était en avant qu'elle emportait le cœur dans le lointain devenir du progrès.

Peut-être avons-nous ainsi vécu les transformations éternelles.

Attirées par le carnage et suivant l'armée régulière, on vit lorsque la Commune fut morte, apparaître un peu avant les mouches des charniers, ces goules remontant, elles aussi, au lointain passé, peut-être tout simplement folles, ayant la rage et l'ivresse du sang.

Vêtues avec élégance, elles rôdaient à travers le carnage, se repaissant de la vue des morts, dont elles fouillaient du bout de leur ombrelle les yeux sanglants.

Quelques-unes, prises pour des pétroleuses, furent fusillées sur le tas avec les autres.

## II

### LA CURÉE FROIDE

> Paris sanglant, au clair de lune,
> Rêve sur la fosse commune.
>                    (Victor Hugo.)

Au chenil les soirs de chasse, après la curée chaude sur le corps pantelant de la bête égorgée les valets de

meutes jettent aux chiens du pain trempé de sang ; ainsi fut offerte par les bourgeois de Versailles, la curée froide aux égorgeurs.

D'abord la tuerie en masse, avait eu lieu quartier par quartier à l'entrée de l'armée régulière, puis la chasse au fédéré, dans les maisons, dans les ambulances, partout.

On chassait dans les catacombes avec des chiens et des flambeaux, il en fut de même dans les carrières d'Amérique, mais la peur s'en mêla.

Des soldats de Versailles, égarés dans les catacombes, avaient pensé périr.

La vérité est qu'ils avaient été guidés pour en sortir par le prisonnier qu'ils venaient de faire, et que n'ayant pas voulu le livrer en retour, pour être fusillé, ils lui avaient laissé la vie : ce qu'ils tinrent secret : leurs maîtres, les eussent eux-mêmes punis de mort. Ils répandirent sur les catacombes d'épouvantables récits.

Le bruit ayant d'un autre côté couru que des fédérés armés se cachaient dans les carrières d'Amérique, l'ardeur se ralentit pour ces chasses, dont celles du fox en Angleterre donnent assez la marche. La bête parfois regarde passer les chiens et les chasseurs, d'autres fois on l'a vue, elle semble paresseuse à se lancer en avant, pour subir sur elle la chaude haleine des chiens ; le dégoût prenait ainsi les hommes pourchassés.

Quelques-uns en paix moururent de faim, rêvant de liberté.

Les officiers de Versailles, maîtres absolus de la vie des prisonniers, en disposaient à leur gré.

Les mitrailleuses étaient moins employées qu'aux premiers jours ; il y avait maintenant quand le nombre de ceux qu'on voulait tuer surpassait dix, des abattoirs commodes, les casemates des forts qu'on fermait, une fois les cadavres entassés, le bois de Boulogne, ce qui en même temps procurait une promenade.

Mais tout étant plein de morts, l'odeur de cette immense sépulture attirait sur la ville morte l'essaim
horrible des mouches des charniers; les vainqueurs
craignant la peste suspendirent les exécutions.

La mort n'y perdait rien : les prisonniers entassés
à l'Orangerie, dans les caves, à Versailles, à Satory,
sans linge pour les blessés, nourris plus mal que des
animaux, furent bientôt décimés par la fièvre et l'épuisement.

Quelques-uns apercevant leurs femmes ou leurs enfants à travers les grilles devenaient subitement fous.

D'autre part, les enfants, les femmes, les vieux,
cherchaient à travers les fosses communes, essayant
de reconnaître les leurs dans les charretées de cadavres incessamment versées.

La tête basse, des chiens maigres y rôdaient en hurlant ; quelques coups de sabre avaient raison des pauvres bêtes, et si la douleur des femmes ou des vieux
était trop bruyante, ils étaient arrêtés.

Il y avait dans les premiers temps je ne sais quelle
promesse de **500** francs de récompense pour indiquer
le refuge d'un membre de la Commune ou du Comité
central, cela courait en France et à l'étranger. Tous
ceux qui se sentaient capables de vendre un proscrit
étaient invités.

La lettre suivante fut adressée de Versailles *dès le
20 mai* aux agents des gouvernements à l'étranger
par le gouvernement de Versailles.

« Monsieur,

« L'œuvre abominable des scélérats qui succombent
sous l'héroïque effort de notre armée ne peut être con-
fondue avec aucun acte politique, elle constitue une
série de forfaits prévus et punis par les lois de tous
les peuples civilisés.

» L'assassinat, le vol, l'incendie systématiquement

ordonnés, préparés avec une infernale habileté ne doivent permettre à leurs complices d'autre refuge que
celui de l'expiation légale.

» Aucune nation ne peut les couvrir d'immunité et
sur le sol de toutes, leur présence serait une honte et
un péril. Si donc vous apprenez qu'un individu compromis dans l'attentat de Paris a franchi la frontière de
la nation près de laquelle vous êtes accrédité, je vous
invite à solliciter des autorités locales son arrestation
immédiate et à m'en donner de suite avis pour que je
régularise cette situation par une demande d'extradition.

» Jules Favre. »

L'Angleterre pour toute réponse reçut les proscrits
de la Commune; le gouvernemnt espagnol et le gouvernement belge envoyèrent seuls leur adhésion à Versailles.

La Belgique pourtant, après les premiers moments,
où la maison de Victor Hugo fut assiégée, parce qu'il
avait quoique mal renseigné sur plusieurs personnali-
tés, offert un asile aux fugitifs, après les premiers moments, disons-nous, la Belgique, plus au courant des
événements ouvrit ses portes et ne les referma plus.

Vaughan, Deneuvillers, Constant Martin représentaient les malfaiteurs.

L'hospitalité large, et dès le premier instant, est depuis longtemps la gloire de l'Angleterre. Comme d'autres puisent dans le passé les férocités disparues, elle
y puisa, elle, cette vertu : l'hospitalité.

Aujourd'hui encore les proscrits qui fuient les bou-
cheries du sultan rouge, les torturés échappés à Montjuick trouvent à Londres, comme y trouvèrent les
fugitifs de la Commune, une pierre où reposer leur
tête.

Un journal belge, *la Liberté*, ayant reproduit le dou-

loureux récit d'un prisonnier arrêté à la prise de Châtillon et envoyé à Brest, .· ès mille insultes, on
comprit à la fois le caractère des fédérés et la férocité
de Versailles; les choses s'éclaircirent à Bruxelles
comme à Londres [note n° 2, page 410.]

Après la prise de Paris, il y a plus de rigueur encore.

Les soldats et les gendarmes avaient l'ordre, s'ils
entendaient quelque bruit à l'intérieur des vagons à
bestiaux, où les prisonniers étaient entassés pour les
longues distances, de décharger leur revolver par les
trous pratiqués à cause de l'air — (l'ordre fut exécuté).
Satory était l'entrepôt d'où l'on envoyait les prisonniers à la mort, aux pontons, ou à Versailles.

Le sang ne séchait pas facilement sur les pavés, la
terre gorgée n'en pouvait plus boire, on croyait encore
le voir ruisseler pourpré sur la Seine.

Il fallait faire disparaître les cadavres, les lacs des
buttes Chaumont rendaient les leurs, ils flottaient bal-
lonnés à la surface.

Ceux qu'on avait enterrés à la hâte se gonflaient
sous la terre ; comme le grain qui germe, ils levaient
crevassant la surface.

On avait remué pour les emporter aux fosses communes, les plus larges amas de chairs putréfiées, on les
porta partout où il en pouvait tenir ; dans les casemates où on finit par les brûler avec du pétrole et du
goudron, dans les fosses creusées autour des cimetières ; on en brûla par charretées place de l'Etoile.

Quand pour la prochaine exposition on creusera la
terre au Champ-de-Mars, peut-être malgré les flammes
allumées sur les longues files où on les couchait sous
les lits de goudron, verra-t-on les os blanchis calcinés
apparaître rangés sur le front de bataille, comme ils
furent aux jours de mai.

Quelques-uns se souviendront des lueurs rougeâtres ;

de l'épaisse fumée qu'à certains soirs, après que Paris fut mort, on voyait de loin : — c'était le bûcher d'où s'exhalait une odeur infecte.

Il y avait de ces morts-là qu'on attendait encore, on les attendit longtemps; quand on se lassa de ne rien voir. On espérait presque malgré tout.

Puis, des femmes, sous leurs vieux châles cachant des pincées de graines, furtivement les semèrent sur les fosses des cimetières.

Elles y poussaient largement, quelques-unes fleurirent comme des gouttes de sang, alors les femmes furent surveillées, et grossièrement insultées : — en dépit de tout, les fosses étaient toujours fleuries.

L'une, madame Gentil, dont le mari avait combattu en 48, peut-être même en 1830, laissa pendant des années sa porte seulement poussée, afin qu'il pût rentrer sans éveiller l'attention.

Il avait bien traversé les jours de juin, il était rentré un soir, pourquoi ne rentrerait-il pas aux jours de mai?

Elle appelait ses jardins les fleurs des tombes, et les cultivait pour les morts, son mari, elle ne voulait pas qu'il le fût, son chien, un gros mouton blanc l'attendait à la porte des cimetières; la nuit, avec elle il attendait le maître.

Madame Gentil crut connaître l'endroit où l'on avait enterré Delescluze; elle en fit part à sa sœur avec qui souvent elle était.

On ne l'arrêta pas, peut-être le dut-elle à ce qu'on la voyait attendre son mari qu'on aurait pris avec elle; — peut-être aussi le dut-elle à une famille influente qui, à son insu, avait été touchée de cet entêtement contre la mort.

A notre retour de Calédonie, madame Gentil, heureuse comme elle ne l'avait point été depuis longtemps, tressaillait encore tout en partageant à ceux qui n'avaient rien son pauvre magasin, quand elle entendait des pas qui lui rappelaient ceux de son mari, et le chien dressait les oreilles.

Nous avons dit que le chiffre de trente-cinq mille adopté officiellement pour les victimes de la répression de Versailles ne peut être pris comme réel.

La lettre de Benjamin Raspail à Camille Pelletan, en contient d'indiscutables preuves que nombre d'autres depuis sont venues corroborer.

« Mon cher ami,

» On aura beau faire pour établir le chiffre des morts pendant la tuerie qui a suivi la répression de la Commune, on n'arrivera jamais à en savoir le nombre.

» D'après votre article, paru samedi dans la *Justice*, vous dites qu'il faut évaluer à plus de trois mille cinq cents, les corps enterrés au cimetière d'Ivry.

» Je puis vous garantir que vous êtes singulièrement loin du compte.

En effet, rien que dans l'immense fosse creusée dans ce qu'on appelle le premier cimetière parisien d'Ivry, il y fut enfoui plus de quinze mille corps.

» En outre on fit plusieurs autres fosses, et l'on estimait qu'elles contenaient six mille autres cadavres, soit en tout vingt-trois mille.

» A l'époque je ne tardai pas à être bien renseigné, et les agents de la police qui pendant plusieurs années firent le service pour empêcher les parents et les amis de placer la moindre marque de souvenir sur cette immense fosse, ont toujours dit le premier chiffre lorsqu'on les interrogeait.

» Je puis même ajouter que certains d'entre eux ne cachaient pas combien l'exécution de leur consigne vis-à-vis des parents leur était pénible.

» Le chiffre de quinze mille dans la grande fosse, n'a jamais été mis en doute.

17

» Dans une première campagne contre l'administration de l'assistance publique, brochure que je publiai en 1875, je citai ce chiffre page 9. Or vous savez combien l'ordre moral guettait pour les étouffer et les poursuivre les moindres révélations de l'époque sanglante. Eh bien, il n'osa élever aucune contestation.

» Non, on ne saura jamais le nombre de tués pendant et après la lutte, et celui bien autrement énorme des personnes qui, n'ayant pris aucune part à la Commune, furent fusillées, égorgées.

» Un détail encore plus connu : pendant plus de six semaines, chaque matin, de 4 à 6 heures on exécutait au fort de Bicêtre.

» Dans les derniers jours les fournées étaient encore d'une trentaine de victimes.

» Sur beaucoup de points de la banlieue, les tranchées qui avaient été établies par les Prussiens, servirent à enfouir des monceaux de fusillés.

. . . . . . . . . . . . . . . . . . . . . . . . . .

» Ici des points indiquaient sans doute des choses trop horribles, ou un nombre de cadavres trop élevé pour qu'il fût possible de le publier. — Benjamin Raspail reprend ainsi :

« Après toutes les révélations enregistrées depuis quelques semaines par la presse, après les imprudentes paroles prononcées par M. Leroyer, il ne faut pas oublier, nous ne voulons pas qu'on oublie. Eh bien, oui, je suis de cet avis, il faut que la justice, que l'humanité et la civilisation noyées à cette époque dans des torrents de sang reprennent leurs droits. — La véritable enquête n'a pu être faite tant la terreur était grande, maintenant elle peut l'être.

» Le premier point à établir, c'est dans tous ces lieux d'exécution où, on a exécuté sans forme de jugement, sans dresser le moindre procès-verbal.

» Dès lors ce sont après le combat, après la lutte de

véritables assassinats, et on connaît maintenant assez de ces assassins pour frapper quelques grands exemples.

» Je vous serre la main.

» Benjamin RASPAIL,
Député et conseiller général de la Seine,
20 avril 1880.

Comme il s'illusionnait encore, Benjamin Raspail! Quand les choses sont connues, ne dirait-on pas qu'elles ne sont que mieux cachées.

Camille Pelletan ajoute : « Des conseillers municipaux firent une enquête privée sur les résultats de la répression au point de vue de la population ouvrière, ils arrivèrent, si j'ai bonne mémoire, à cette conclusion que cent mille ouvriers environ avaient disparu.

» Camille PELLETAN, *la Semaine de mai.* »

Quand après la délivrance on remuera la terre pour les grands travaux de la libre humanité, en sera-t-il une parcelle où ne se mêle la cendre, des victimes sans nom et sans nombre dont la vie fut jetée pour l'éclosion humaine.

Nous avons ignoré en Calédonie combien de temps on arrêta pour la Commune; le dernier déporté envoyé à la presqu'île Ducos, y arriva peu avant l'amnistie.

C'était un vieux paysan qui s'étonnait qu'on eût pu le condamner, puisqu'il était *bonapartiste.*

Le malheureux pleurait beaucoup, et le consolant à notre manière, nous lui disions que c'était bien fait dans ce cas-là!

Nous avions si bien réussi à changer les idées du pauvre homme, et même à lui faire prendre courage, qu'au moment où il revint avec les autres, il commençait à mériter d'être venu nous retrouver.

Comme les gens de Versailles avaient tué à leur rage,

ils arrêtèrent d'abord à leur fantaisie. — Malheur à
qui avait un ennemi assez lâche pour envoyer, vraie ou
fausse, signée ou anonyme, une dénonciation, elle était
regardée comme vraie sans examen.

L'armée avait disposé de la vie des Parisiens, la police disposa de leur liberté.

Il en fut ainsi jusqu'au moment où les prisons regor-
geant, ne pouvant plus faire disparaître aussi aisément
les nombreux détenus, le gouvernement informa les
dénonciateurs qu'ils eussent à signer.

Toutes les basses jalousies, toutes les haines féroces
s'étaient assouvies jusque-là.

Peut-être la situation atteignit une intensité d'horreur
qui écœura les vainqueurs, le sang de mai leur remonta
à la gorge.

Les grandes villes de province, la France entière
étaient une souricière immense.

Quelques arrestations et même exécutions de Versailles eurent leur histoire.

Dans la nuit du 25 au 26 mai, 52, boulevard Picpus,
deux vieux Polonais, restés de l'émigration de 1831, faisaient leur thé, se racontant les événements auxquels
ils étaient trop vieux pour prendre part. Cette part eût
été pour Versailles où l'un d'eux nommé Schweitzer avait
un neveu qu'il aimait beaucoup; — l'autre se nommait
Rozwadowski. Comme ils savaient le quartier envahi
par l'armée régulière où le neveu était lieutenant, l'idée
leur prit de mettre trois tasses sur la table; peut-être
bien qu'il allait venir.

Pendant que les vieux causaient paisiblement, des
soldats s'informaient chez le concierge ainsi qu'ils faisaient partout: un officier était avec eux.

Dans le logement près du leur, deux autres locataires qui, ceux-là avaient servi la Commune, se tenaient
l'oreille au guet, écoutant les vieux qui, pensaient-ils,
pouvaient les dénoncer.

— N'y a-t-il pas d'étrangers ici? demanda l'officier au concierge.

— Oui, dit celui-ci respectueusement, mon officier, il y a les vieux Polonais du 5e.

— Des Polonais! ils sont avec Dombwroski. Montez devant.

Le concierge obéit.

L'officier frappe, l'oncle se précipite, mais ce n'est pas son neveu.

— Vous faisiez des signaux, dit l'officier en montrant les deux bougies qu'ils avaient allumées en réjouissance. Vous faites partie des bandits de la Commune; ils sont tous Polonais là-dedans! En bas, et plus vite que ça. Les vieux croyaient à une plaisanterie.

— Où est la troisième personne que vous cachez ici? il y a trois tasses?

Ils essaient une explication qui est prise pour une moquerie, et les voilà poussés dans l'escalier, traités de vieilles canailles et fusillés non loin de là.

Comme leur auréole ne les faisait pas suffisamment reconnaître, les *braves* soldats, firent comme disait Versailles dans la *rage du combat*, ce que le lendemain ils n'eussent pas fait de sang-*froid*. Le neveu apprit trop tard la méprise.

. Malgré la souricière établie dans la maison, les deux autres locataires échappèrent momentanément.

Le journal *le Globe* raconta ce qui fut reproduit par plusieurs autres: « qu'un membre de l'assemblée nationale étant allé voir les quelques centaines de femmes déjà prisonnières à Versailles, y reconnut une de ses meilleures amies, *femme du grand monde* qui avait été prise dans une râfle à Paris et qui était comme les autres venue à pied à Versailles.

» D'autres, quoiqu'ils eussent dénoncé, ne paraissant pas présenter assez de garanties, étaient fusillés avec ceux qu'ils désignaient. »

Il y eut des épisodes horribles.

Le *Petit Journal* du 31 mai 71, disait :

« Brunet était chez sa maîtresse quand on le fusilla, cette femme a été passée par les armes. Après cette double exécution, les scellés ont été apposés sur les portes de l'appartement. Hier quand on est venu pour enterrer les cadavres, la maîtresse de Brunet n'avait pas encore rendu le dernier soupir. On n'a pas voulu l'achever et la malheureuse a été transportée dans une ambulance. »

Or, ces malheureux avaient été victimes d'une ressemblance, Brunet ayant pu gagner Londres.

Billioray mort en Nouvelle Calédonie, Ferré arrêté quelques jours après, Vaillant qui put passer en Angleterre, furent passés plusieurs fois par les armes en effigie vivante. — Malheur à qui ressemblait à un membre de la Commune ou du Comité Central. Eudes, Cambon, Lefrancais, Vallès chaque fois qu'on trouva quelque analogie eurent des sosies fusillés dans plusieurs quartiers à la fois.

Un mercier nommé Constant, dénoncé par des ennemis, fut doublement accusé parce qu'il ressemblait à Vaillant et parce qu'on le crut Constant Martin ; on ne put l'exécuter qu'une fois.

Pendant ce temps l'assemblée de Versailles et les journaux réactionnaires glorifiaient l'armée du sang versé.

Quel honneur ! notre armée a vengé ses défaites par une victoire inestimable.

*Journal des Débats.*

Le dimanche 4 juin des quêtes furent faites à tous les offices pour les *orphelins de la guerre*. Madame Thiers et la maréchale de Mac-Mahon, étaient présidentes de cette œuvre ; — reprenant l'œuvre de l'ancienne société pour les victimes de la guerre. Amère dérision ! Horribles furent ces étapes où à la férocité inconsciente de la bourgeoisie avait succédé la froide et inconsciente charité.

Mais l'idée n'est pas perdue, d'autres la reprendront et la feront plus grande. Déjà le mot humanité, le dernier prononcé par Millières roule à travers le monde; cette transformation qu'il salua en mourant sera le vingtième siècle.

Après la victoire de l'ordre, l'épouvante était si grande que la ville natale de Courbet, Ornans par décision du Conseil Municipal fit enlever la statue du pêcheur de la Loire.

Ce qu'on ne pouvait enlever c'était le jalon sanglant qui marquait l'époque si largement, qu'alors on n'en put sonder la profondeur.

## III

### DES BASTIONS A SATORY ET A VERSAILLES

> Une immense hécatombe, un sépulcre ;
> Un repaire.

Je n'avais pas vu ma mère depuis longtemps et les massacres continuant dans Montmartre, une grande inquiétude me tourmentait à son sujet ; sachant où retrouver mes camarades, je résolus d'aller chez elle, de lui dire de nouveau, le plus de mensonges possible, afin qu'elle consentît à ne pas sortir. — Me croirait-elle ? y serait-elle seulement ? Ceux qui n'ont pas vécu ces jours-là ignorent ces terribles anxiétés.

On me prête une jupe grise, la mienne étant trouée de balles; une capeline, et je m'en vais de l'air le plus bourgeois qu'il m'est possible ; marchant à petits pas, vers la rue Oudot, j'y avais au 24 ma classe, et aussi notre logement, à ma mère et à moi. Montmartre était plein de soldats, mais pas plus qu'à mon voyage de

Versailles, je n'inspirai de soupçons, notre vieille amie madame Blin que j'avais rencontrée vient avec moi, elle n'avait rien entendu dire de ma mère, ni de la classe si ce n'est que les enfants y étaient pendant les derniers jours comme à l'ordinaire. Plus on approchait, plus l'inquiétude me serrait le cœur, — quel sépulcre que Montmartre aux jours de mai !

Des gens de mauvaise mine portant le brassard tricolore, regardant en dessous, seuls passaient, parlant aux soldats.

La cour de l'école est déserte, la porte fermée, mais pas à clé — la petite chienne jaune Finette, hurle en m'entendant. Elle est enfermée avec le chat dans la cuisine ; les pauvres bêtes crient. Mais je ne vois pas ma mère, je demande à la concierge qui hésite ; enfin elle m'avoue que les Versaillais sont venus me chercher et que ne me trouvant pas, ils ont emmené ma mère pour la fusiller.

Il y a un poste de l'armée dite régulière au café en face, j'y cours, je leur demande ce qu'ils ont fait de ma mère qu'on vient d'emmener à ma place.

— Elle doit être fusillée maintenant, me dit froidement l'un d'eux, le chef.

— Alors vous recommencerez, leur dis-je, pour moi, — où est-elle ? où sont vos prisonniers ?

Ils me disent que c'est au bastion 37 et qu'on va me conduire.

Mais je sais où c'est, je n'ai pas besoin d'eux, je cours en devant, ils me suivent.

J'ai hâte de voir ma mère que je crois morte et de jeter ma vie à la face de ces monstres.

Au bastion 37, dans une grande cour toute pleine de prisonniers, je la vois avec les autres grand nombre de nos amis ; jamais je n'éprouvai si grande joie.

Les soldats qui m'avaient amenée, en même temps que je demandais au commandant, la liberté de ma mère, puisque je venais prendre ma place, lui racontèrent ce qui venait de se passer, il parut comprendre et m'accorda de l'accompagner jusqu'au milieu du chemin, pour être sûre qu'elle arriverait.

La pauvre femme ne voulait pas partir, mais devant la peine que j'en éprouvais, un peu rassurée aussi, par les autres prisonniers, qui m'avaient comprise et par la liberté que j'avais de la reconduire, elle finit par consentir.

Les soldats, qui étaient venus avec moi, devaient l'accompagner jusqu'à la rue Oudot, je les quittai au milieu du chemin comme je l'avais promis et je retournai seule au bastion ; j'avais mis le temps à profit pour lui dire le plus de choses rassurantes que je pouvais imaginer : qu'on ne fusillait plus les femmes, qu'il n'y aurait que quelques mois de prison, etc., mais elle n'était pas crédule : je la trompais si souvent.

— Vous n'avez donc pas confiance en nous ? me dit le commandant en me revoyant. — Non, lui dis-je.

Je repris ma place avec les prisonniers, il y en avait de Montmartre, du comité de vigilance, du club de la Révolution, du 61e bataillon surtout. — Un dôme de fumée s'étendit sur Paris, le vent nous apportait comme des vols des pavillons noirs, des fragments de papiers brûlés, dans les incendies, le canon tonnait.

En face de nous sur le tertre était un poteau prêt pour exécuter.

Le commandant revint près de nous et me montrant des langues de flammes qui dardaient dans la fumée, il me dit :

— Voilà de votre ouvrage.

— Oui, lui dis-je, nous ne capitulons pas, nous. — Paris va mourir !

On amena un jeune homme à la tête frisée, grand, et qui ressemblait à Mégy : on le prenait en effet pour lui

17.

Nous avions crié : ce n'est pas Mégy, il secoua la tête comme pour dire : qu'importe! Il fut fusillé sur le tertre et mourut bravement. Personne de nous ne le connaissait.

Nous attendions nos tours.

Devant nous un ou deux rangs de soldats, fusils chargés, attendaient.

Le soir était venu; il y avait de profonds endroits d'ombre, d'autres éclairés de lanternes. Dans un enfoncement sur une civière, une de ces lanternes éclairait le corps du fusillé.

Il y avait parmi les prisonniers deux commerçants de Montmartre qui, sortis de chez eux par curiosité *pour voir*, avaient été ramassés dans la rafle. — Nous ne sommes pas en peine pour nous, disaient-ils, nous étions plutôt contre la Commune et nous n'avons pris part à rien. — Nous allons nous expliquer et nous sortirons d'ici. Mais nous les sentions tout autant en danger que nous-mêmes.

Tout à coup arrive un état-major à cheval. — Celui qui commande est un homme assez gros, au visage régulier, mais dont les yeux pleins de fureur, semblent jaillir au dehors. La face est pourpre comme si le sang répandu y eût jailli pour le marquer, son cheval magnifique se tient immobile, on le dirait en bronze.

Alors, très droit sur son cheval, il met ses poings sur ses côtés en un geste de défi et commence, placé devant les prisonniers :

— C'est moi qui suis Gallifet! Vous me croyez bien cruel, gens de Montmartre, je le suis plus encore que vous ne pensez.

Il continue sur ce ton pendant quelques instants sans qu'il soit possible de comprendre autre chose que des menaces incohérentes.

Se le tenant pour dit, on s'arrange comme on peut afin d'être convenables pour mourir. Nous sommes

quelques centaines et nous ne savons pas si on ira
sur le tertre, ou si on sera fusillé ensemble. Mais tout
de même on secoue la poussière de ses cheveux. J'ai
déjà avoué que nous avions nous tous du 71, des co-
quetteries pour la mort, et en même temps cette
phrase: c'est moi qui suis Gallifet! était si drôle qu'elle
nous rappelle une vieille chanson du temps des opé-
ras de bergeries :

C'est moi qui suis Lindor, berger de ce troupeau.

Quel étrange berger, et quel étrange troupeau! Ce
premier vers, qui me revenait de je ne sais où et je
ne sais comment, nous fit rire.

— Tirez dans le tas! crie Gallifet furieux. Les soldats
gorgés de sang, lassés d'abattre le regardent comme
en rêve, sans bouger.

Alors épouvantés les deux commerçants se mettent
à fuir çà et là, bousculant les prisonniers et les soldats
pour se faire un chemin.

Tournant sa fureur contre eux, Gallifet les fait saisir, il ordonne de les fusiller, eux crient, se débattent
ne voulant pas mourir ; — ils nous recommandent leurs
enfants comme si devions survivre et sont tellement
affolés qu'ils ne peuvent même dire leur adresse.

Nous avions beau crier : ils sont des vôtres, nous ne
les connaissons pas! ce sont des ennemis de la Commune!
l'un fut fusillé.

Non pas au poteau, mais en courant sur le tertre
comme on tire des bêtes à la chasse, l'autre se tordait au
poteau, ne voulant pas mourir. L'un d'eux cria: hélas!
disaient les prisonniers, moi je crus qu'il avait dit Anna
et que c'était sa fille.

Au retour de Calédonie après la publication du premier volume de mes Mémoires, sa fille vint me voir, on
n'avait jamais su ce que les deux frères étaient devenus.

Maintenant il y avait trois corps dans l'enfoncement

à notre gauche, derrière c'était le mur en face le tertre des casemates, où le poteau était éclairé, c'était une
longue perche mince en bois blanc.

Dans la journée ces deux curieux, qui croyaient si
bien sortir, avaient trouvé moyen de se rendre compte
de la cour. — Le tertre, nous disaient-ils, ce sont les
casemates. Quand nous sortirons, nous demanderons à
voir le bastion.

— Est-ce que vous avez vu des forts, vous? disaient-ils.

— Oui, Issy, Montrouge, Vanves.

Et il fallait leur expliquer un tas de choses.

Gallifet avait disparu, on nous fit ranger en file, des
cavaliers prirent les deux côtés et on nous emmena
nous ne savions pas où; on marchait bercés par le pas
régulier des chevaux s'en allant dans la nuit éclairée
par places des lueurs rouges de temps à autre, aussi
le canon des écroulements, de mitraille, c'était bien
l'inconnu, une brume de rêve où nul détail n'échappait.

Tout à coup on nous fait descendre dans des ravins;
nous reconnaissons les environs de la Muette.

C'est ici, pensions-nous, que nous allons mourir.

Rien de plus terriblement beau que cette scène.

La nuit, sans être obscure, n'était pas assez claire
pour laisser distinguer les choses telles qu'elles sont,
les formes vagues qu'elles prenaient allaient bien à la
situation. Des rayons de lune glissaient entre les pieds
des chevaux, sur cet étroit chemin où nous descendions.
L'ombre des cavaliers s'y dessinait comme une frange
noire à la lueur des torches, il semblait voir saigner les
bandes rouges, sur les uniformes des fédérés à demi
arrachés, les soldats en paraissaient couverts.

La longue file des prisonniers serpentait au loin,
s'amincissant à la queue comme on voit dans les gra-
vures, je n'aurais jamais cru que ce fût si semblable.

Nous entendions armer les fusils, puis plus rien, que
le silence et l'ombre.

. — Que pensez-vous ? me demanda l'un de ceux qui nous conduisaient.

— Je regarde ! lui dis-je.

Tout à coup on nous fit remonter, nous reprîmes notre marche, puis il y eut un assez long repos, nous allions à Versailles.

En effet nous arrivons dans cette ville, des nuées de petits crevés nous environnent hurlant comme des bandes de loups, quelques-uns tirent sur nous, un camarade près de moi a la mâchoire fracassée.

Je dois cette justice aux cavaliers qu'ils repoussèrent au large ces imbéciles et les drôlesses qui les accompagnaient.

Nous dépassons Versailles, on marche encore, puis voilà une hauteur, un mur crénelé, c'est Satory.

La pluie tombait si fort qu'il semblait marcher dans l'eau.

Devant la petite montée on nous crie : montez, comme à l'assaut des buttes ! et nous montons comme au pas de charge que marquaient au loin, les coups de canon.

On braque les mitrailleuses, nous avançons toujours.

Une pauvre vieille arrêtée parle qu'on avait fusillé son mari, et qu'il avait fallu traîner pour qu'elle ne restât pas en arrière où elle aurait été assommée ou fusillée suivant l'ordre donné s'effarait et allait crier, lorsque j'eus l'idée de lui dire : vous n'allez pas faire de bêtises, c'est la coutume qu'on braque les mitrailleuses en entrant dans un fort. Elle me crut. Nous pouvions être tranquilles, il n'y aurait pas d'autre cri que celui de : vive la Commune !

Alors on retira les mitrailleuses. Mes compagnons de captivité furent joints aux autres fédérés couchés sous la pluie dans la boue de la cour, la vieille envoyée à l'*infirmerie* (cela paraissait singulier, qu'il y eût une infirmerie dans ce lieu, qui ne ressemblait qu'à un abattoir). Et moi, après avoir dit : ce n'est pas la peine de fouiller celle-là, on la fusillera demain matin, on me fit monter dans une petite pièce près du grenier à fourrages, où se trouvaient déjà quelques femmes arrêtées ; madame Millière parce qu'on avait fusillé son mari, mesdames Dereure et Barois parce qu'on croyait avoir fusillé les leurs ; Malvina Poulain, Mariani, Béatrix, Excoffons et sa mère parce qu'elles avaient servi la Commune, une vieille religieuse po ir avoir donné à boire à des fédérés qui allaient mourir.

Deux ou trois autres qui ne savaient pas pourquoi, l'une d'elles même ignorait si elle était arrêtée par la Commune ou par Versailles.

A l'extrémité opposée de la pièce était un autre groupe de femmes mises avec nous afin de pouvoir dire qu'elles étaient des nôtres ; de mon côté j'assurais pour rendre la pareille, qu'elles étaient des femmes d'officiers de Versailles.

Ces malheureuses se servaient pour leurs ablutions, plus étranges que celles du docteur Grenier, des deux bidons d'eau jaunâtre, prise à la mare de la cour, et qu'on mettait là pour boire.

Dans cette mare les vainqueurs lavaient leurs mains sanglantes, et faisaient leurs ordures.

Les bords charriaient une écume rose.

C'était près de cette mare que je songeais à ces hommes, qui jadis nous appelaient leurs chers enfants, et que l'affolement du pouvoir faisait des étrangleurs de la Révolution.

Pelletan, lui, s'était retiré avant la tuerie.

Pendant la nuit, Excoffons et sa mère avaient tiré de leurs poches des bas secs en place des miens qui étaient trempés, elles m'avaient fait ôter ma jupe qui dégouttait d'eau et m'en avait donné une. Je me reprochais d'être si à mon aise pendant que mes compagnons de route étaient sous la pluie. Nous étions couchées à terre sur le plancher, et tout en mettant en parcelles impalpables les papiers qu'Excoffons et moi nous avions dans nos poches, je fus assez heureuse pour donner à madame Dereure et à madame Barois des nouvelles de leurs maris, qu'elles croyaient morts ; je les avais vus depuis, la pauvre madame Millière, il n'y avait rien à lui dire. Le matin, on nous distribua à chacune un morceau de pain du siège, et on me dit que je serais exécutée le lendemain seulement ; comme il vous plaira ! répondis-je.

Les jours passèrent. La Commune était morte depuis longtemps. Nous avions entendu le dernier coup de canon de son agonie, le dimanche 28. Nous avions vu arriver un convoi de femmes et d'enfants, qu'on renvoya à Versailles, Satory étant trop plein, sauf quelques-unes des femmes, les *plus coupables* qu'on laissa avec nous. C'étaient des cantinières de la Commune.

On ne peut rien imaginer de plus horrible que les nuits de Satory. On pouvait entrevoir par une fenêtre à laquelle il était défendu de regarder, sous peine de mort, (mais ce n'était pas la peine de se gêner) des choses comme on n'en vit jamais.

Sous la pluie intense où de temps à autre, à la lueur d'une lanterne qu'on élevait, les corps couchés dans la boue apparaissaient, sous formes de sillons ou de flots immobiles s'il se produisait un mouvement dans l'épouvantable étendue sur laquelle ruisselait l'eau. On entendait le petit bruit sec des fusils, on voyait des lueurs et les balles s'égrenaient dans le tas, tuaient au hasard.

D'autres fois, on appelait des noms, des hommes se levaient et suivaient une lanterne qu'on portait en avant, les prisonniers portant sur l'épaule la pelle et la pioche pour faire leurs fosses, qu'ils creusaient eux-mêmes, puis suivaient des soldats, le peloton d'exécution.

Le cortège funèbre passait, on entendait des détonations, c'était fini pour cette nuit-là.

Un matin, on m'appelle, nous nous serrons la main, croyant ne plus nous revoir; je n'allai pas loin, seulement jusqu'à un cabinet, sur le carré de la porte. Un homme y était assis, devant une petite table, il commença à m'interroger :

— Où étiez-vous le 14 août? me demanda-t-il.

Méchamment, je me fis expliquer ce qui avait eu lieu le 14 août, après quoi je lui dis : — Ah! l'affaire de la Villette! j'étais devant la caserne des pompiers.

Il écrivait jusque-là, assez poli, je lui répondais de mon côté avec une grande douceur, m'amusant comme une écolière qui peut faire une bonne malice.

— Et à l'enterrement de Victor Noir, vous y étiez, me dit-il.

Ses joues commençaient à se colorer.

— Oui, répondis-je.

— Et le 31 octobre, et le 22 janvier? devant l'Hôtel-de-Ville.

— Qu'avez-vous fait pendant la Commune?

— J'étais aux compagnies de marche.

Il avait de plus en plus rougi de colère, alors écrasant sa plume sur le papier, il dit :

— Cette femme à Versailles!

Toutes furent interrogées, et les unes ayant servi la Commune, les autres étant femmes de fusillés, on nous envoya à Versailles.

Notre file comprenait encore une ou deux de ces figurantes, que nous avions rencontrées à Satory et qui là encore étaient ensemble, mais se tenant mieux. On avait besoin, m'avait dit celui qui interrogeait, de faire voir au grand jour les crimes de la Commune!

C'est pourquoi nous devions, à la prison des Chantiers, retrouver certain membre de ces malheureuses.

Sur le chemin de Satory à Versailles, une femme en

fureur, dont la bouche restait ouverte pour laisser
passer les flots d'insultes qu'elle vomissait sur nous,
cherchait à nous sauter à la gorge ; on lui avait dit
que nous avions *tué sa sœur;* tout à coup, elle jette
un cri, une prisonnière arrêtée par hasard en jette un
autre : c'était sa sœur ! que depuis plusieurs jours elle
avait vainement cherchée. Pardon, pardon, nous criait-
elle en s'éloignant sous les rebuffades des soldats.

Nous arrivons à la prison des Chantiers, on entre
par une porte dont la partie supérieure est à claire-
voie, dans une grande cour, de là, dans une première
salle où sont grand nombre d'enfants prisonniers ; par
une échelle et un trou carré, nous montons dans la
salle supérieure ; c'est la nôtre, la prison des femmes.
Un second escalier de bois, en face du premier, conduit à l'instruction, qui est faite par le capitaine Briot.

Nous trouvons à la prison des Chantiers et toujours,
les figurantes mises à dessein parmi nous.

Les Chantiers, surtout en ces premiers temps, n'é-
taient pas une prison commode.

Le jour, si on voulait s'asseoir, il fallait que ce fût
à terre ; les bancs ne vinrent que longtemps après ;
ceux de la cour furent mis à propos, je crois, de nos
photographies par Appert, photographies vendues à
l'étranger et illustrant un volume *historique* où elles
furent gravées avec cette légende : pétroleuses et femmes chantantes, nos noms de chaque côté étaient sur
celle d'Appert rassurant nos familles.

Au bout de quinze jours ou trois semaines, on nous
donna une botte de paille pour deux, nous avions
jusque-là couché comme à Satory sur le plancher. On
ajouta au pain du siège, notre seule nourriture jusque-
là, une boîte de conserves pour quatre.

— Est-ce que Versailles commencerait à avoir peur ?
pensions-nous, étonnés de cette profusion soudaine.

Mais de nouvelles prisonnières arrivant chaque jour,

nous disaient : la terreur est plus forte que jamais.
Il y avait tant de morts dans les prisons qu'on avait
craint trop de nouveaux cadavres.

La nuit au-dessus de cette morgue que faisaient nos
corps, voletaient au vent qui glissait de tous côtés,
les châles ou autres guenilles suspendues à des ficelles
au-dessus de nos têtes et qui, aux lueurs fumeuses des
lampes, placées aux deux extrémités de là pièce, près
des factionnaires, prenaient des envolements d'ailes
d'oiseaux.

Ces haillons qu'on quittait pour dormir de peur de
les abîmer davantage, étaient les seuls habillements
qu'on pût avoir. Impossible aussi bien d'en mettre
d'autres, en eût-on eus; il était également impossible
d'en changer devant les soldats allant et venant, appelant les misérables que, malgré nos récriminations, on
laissait toujours avec nous.

On ne dormait guère, grâce à la vermine qui s'était
mise de la partie, mais cette morgue prenait à l'aube
des effets de moissons. Les épis écrasés et vides des
maigres bottes de paille, se doraient brillant comme
un champ d'astres.

Quand même, on causait, on riait, ayant par les
nouvelles arrivantes des nouvelles des siens.

Par les rares qui sortaient en non-lieu, on pouvait
faire faire quelques commissions; j'avais pu faire dire
à ma mère que je me portais parfaitement et que
j'étais très bien, mais elle se renseigna ailleurs, ne
me croyant plus.

Sur le plancher serpentaient de petits filets argentés,
formant des courants entre de véritables lacs, grands
comme des fourmilières et remplis comme les ruisse-
lets d'un fourmillement nacré.

C'étaient des poux! énormes, au dos hérissé et un
peu bombé, quelque chose de pareil à des sangliers
qui auraient eu la taille d'une toute petite mouche; il

y en avait tant qu'on entendait le fourmillement. Les arrestations par hasard ne manquaient pas : une sourde-muette passa là quelques semaines pour avoir crié : *Vive la Commune !*

Une femme de quatre-vingts ans, paralysée des deux jambes, pour avoir fait des barricades.

Une autre, déjà vieille, type de l'âge de pierre, mélange de ruse et de naïveté, tourna pendant trois jours autour du trou de l'escalier, un panier à un bras, un parapluie sous l'autre.

Il y avait dans ce panier quelques exemplaires d'une chanson composée par *son maître*, un *homme de lettres*, disait-elle. Elle vendait pour leur avoir *du pain* cette chanson, qu'on avait crue à la gloire de la Commune. C'était à la gloire de Versailles ! la bonne femme avait été coffrée et le vieux attendait depuis ce temps-là.

D'abord, on prétendit que nous disions cela par méchanceté, alors j'emportai à l'instruction un des exemplaires de la chanson, cela commençait ainsi :

Beaux messieurs de Versailles, entrez dedans Paris !

Il n'y avait pas moyen de nier, c'était imprimé ; ils avaient jeté là leurs derniers sous, dans l'espoir de les doubler.

On se rendit à l'évidence ; la vieille heureuse allait descendre l'escalier avec son panier et son parapluie, elle s'arrêta et dit croyant nous flatter : si la Commune avait gagné, nous aurions mis :

Beaux messieurs de Paris, entrez dedans Versailles !

Elle devait collaborer avec son maître.

Une autre joyeuseté des Chantiers était de voir le dimanche parmi les drôlesses qui venaient avec des officiers, quelques bourgeoises curieuses et badaudes, traînant la queue de leurs robes dans les fourmilières dont j'ai parlé. L'une d'elles, de superbe profil grec, mais posant trop, me demanda d'un ton fort poli si je savais *bien lire!* — Un peu, lui dis-je. — Alors je vais vous laisser un livre pour vous *entretenir avec Dieu.*

— Laissez-moi plutôt le journal qui passe dans votre poche, lui dis-je, le bon Dieu est trop versaillais.

Elle tourna le dos, mais je vis dans sa main, derrière son dos, le journal qu'elle me tendait.

Elle n'était vraiment pas si bête, ni si maladroite que j'aurais cru !

Un journal ! le *Figaro!* nous allons apprendre nos crimes, et surtout voir s'il y a des amis arrêtés.

On le glisse de main et main, car on ne peut pas le lire en ce moment; c'est la visite, mais nous savons qu'il y a un journal.

En attendant, ayant trouvé un morceau de charbon, je fais au mur les caricatures des visiteurs, assez ressemblantes pour les rendre furieux.

Mes crimes s'entassaient; j'avais de plus écrit sur ce même mur que nous réclamions d'être séparées des dames versaillaises mises avec nous pour salir la Commune.

J'avais, en troisième lieu, jeté à la tête d'un gendarme qui voulait me la prendre, une bouteille de café passée par ma mère à travers les claires-voies de la porte de la cour, et que j'eusse voulu ne laisser prendre que quand la pauvre femme eût été partie.

Appelée près du capitaine Briot, j'avais mis le comble à ces attentats en disant : je regrette d'avoir agi ainsi envers un pauvre homme, mais il ne se trouvait pas là d'officier.

Comme je n'étais pas la seule à me rendre coupable de tant de forfaits, on fit la liste des *plus mauvaises*, les meneuses, comme on dit.

Depuis mon incarcération, on me demandait si j'avais des parents à Paris, et afin qu'ils ne fussent pas arrêtés, je répondais invariablement : je n'en ai pas.

Un jour, après cette même question et à cette même réponse, le capitaine Briot me dit : — Vous n'avez pas d'oncle?

— Non, lui dis-je encore. Mais comme il avait tiré la lettre de l'enveloppe, je voyais de côté, étant debout près du bureau. Mon oncle était arrêté, mais ne voulait pas que je change en rien la façon dont j'agirais, comme s'il ne l'était pas.

Mes deux cousins, Dacheux et Laurent, étaient arrêtés également, le premier avait quatre petits enfants.

— Vous voyez bien, dis-je à Briot, que j'avais raison de nier ma famille, puisqu'on arrête tous les nôtres.

La mère d'Excoffons nous appela un jour près d'elle à une dizaine; on s'assit par terre et avec mille précautions pour ne pas attirer l'attention, elle nous montra des cartes (chose prohibée) et rangées d'une certaine manière.

Une arrivante, mal fouillée sans doute, lui avait fait ce cadeau.

— Je n'y crois pas plus que cela, dit-elle, mais c'est une drôle de chose

Quelle terrible revanche de la Commune sur l'armée, la magistrature, une victoire populaire ! Et lisant dans sa pensée bien plus que sur les cartes elle disait : Dans longtemps, longtemps, comme ce sera terrible !

A ce moment on commença à appeler les *plus mauvaises*, pour les envoyer à la correction de Versailles.

> Michel Louise !
> Gorget Victorine !
> Ch. Félicie !
> *Papavoine* Eulalie !

A ce nom, celui qui appelait gonflait sa voix, la pauvre fille n'était pas même parente du célèbre Papavoine, mais cela faisait bien dans le tableau. Nous étions quarante. Le lieutenant Marceron, pour inaugurer sa prise de direction de la prison des Chantiers, commençait par cette exécution.

Il pleuvait par torrents, nous attendions en ligne dans la cour, Marceron vint s'excuser, s'adressant à moi qui passais pour la plus mauvaise, je lui dis que de la part de Versailles nous le préférions ainsi.

A la correction le régime des 40 plus mauvaises se trouva singulièrement adouci, on nous donna des bains et du linge, on put voir ses parents.

Marceron n'y gagna que de changer de visages, les prisonnières qui nous succédaient se révoltant comme nous, elles durent même le faire davantage puisqu'il se mit à frapper les enfants à coups de cordes, ce que les prédécesseurs n'avaient pas fait.

Le petit Ranvier entre autres, âgé d'une douzaine d'années, fut frappé parce qu'il ne voulait pas dénoncer la retraite de son père : — Je ne la sais pas, dit-il, mais si je la connaissais je ne vous le dirais pas.

Les pauvres femmes qui étaient devenues ou devenaient folles, ne furent pas non plus négligées. Les nouvelles prisonnières les soignaient comme nous en avions l'habitude, sans se troubler de leurs cris d'épouvante. Elles voyaient partout et sans cesse les horribles scènes qui leur avaient fait perdre la raison; il fallait les faire manger comme de petits enfants.

Un jour les malheureuses femmes furent emmenées dans des maisons d'aliénés, disait-on.

Mesdames Hardouin et Cadolle ont écrit l'épouvantable histoire de la prison des Chantiers sous le lieutenant Marceron.

En cet endroit naquit la petite Leblanc qui devait faire avec nous quelques mois plus tard, dans les bras de sa mère le voyage de Calédonie sur un navire de l'Etat la frégate *la Virginie*.

La prison des Chantiers fut à la fin de l'année attribuée aux hommes. Toutes les maisons de détention regorgeaient, les femmes qui y étaient encore furent reversées à la correction de Versailles.

## IV

### LES PRISONS DE VERSAILLES — LES POTEAUX DE SATORY
### JUGEMENTS

> Nul souffle humain
> N'est sur les pages.
> (L. M.)

A la correction de Versailles, on pouvait, avec quelque habileté savoir des nouvelles des hommes incarcérés dans les autres prisons; — ceux-là du moins vivaient encore.

Nous savions qu'à la justice, il y avait déjà depuis quelque temps, Ferré, Rossel, Grousset, Courbet, Gaston Dacosta, enfermés dans le même couloir que Rochefort qui les avait précédés.

Nous savions ceux qui avaient pu s'échapper de l'abattoir, ceux dont personne n'avait de nouvelles, chaque jour amenant de nouvelles arrestations; quand la police et les délateurs étaient insuffisants, ce qui arrivait souvent, policiers et délateurs ayant eu de tout temps le monopole de la bêtise, on employait d'autres moyens.

Odysse Barot raconte ainsi la façon dont fut opérée l'arrestation de Th. Ferré :

« Le père était parti pour son travail quotidien, il ne restait là que deux femmes, la vieille mère et la jeune sœur de l'homme qu'on recherchait.

» Cette dernière, Marie Ferré, était au lit dangereusement malade, en proie à une fièvre ardente.

» On se rabat sur madame Ferré, on la presse de

questions. On la somme de révéler la cachette de son
fils. Elle affirme qu'elle l'ignore et que d'ailleurs, la
connût-elle, on ne pouvait pas exiger d'une mère
qu'elle se fît la dénonciatrice de son propre fils.

» On redouble d'instances, on emploie tour à tour la
douceur, la menace.

» — Arrêtez-moi si vous voulez, mais je ne puis
vous dire ce que j'ignore, et vous n'aurez pas la
cruauté de m'arracher d'auprès du lit de ma fille.

» La pauvre femme à cette seule pensée tremble de
tous ses membres. L'un de ces hommes laisse échapper un sourire; une idée diabolique venait de surgir
dans son esprit.

» — Puisque vous ne voulez pas nous dire où
est votre fils, eh bien, nous allons emmener votre
fille.

» Un cri de désespoir et d'agonie s'échappe de la poitrine de madame Ferré. Ses prières, ses larmes sont
impuissantes. On se met en devoir de faire lever et
habiller la malade, au risque de la tuer.

» — Courage, mère, dit mademoiselle Ferré, ne
t'afflige pas, je serai forte, ce ne sera rien ; il faudra
bien qu'on me relâche.

» On va l'emmener.

» Placée dans cette épouvantable alternative, ou
d'envoyer son fils à la mort, ou de tuer sa fille en la
laissant emmener, affolée de douleur, en dépit des
signes suppliants que lui adresse l'héroïque Marie, la
malheureuse mère perd la tête, hésite.

» — Tais-toi, mère, tais-toi, murmure la malade. On
l'emmène.

» Mais c'en était trop pour le pauvre cerveau ma-
ternel.

» Madame Ferré s'affaisse sur elle-même, une fièvre
chaude se déclare, sa raison s'obscurcit; des phrases
incohérentes s'échappent de sa bouche. Les bourreaux

prêtent l'oreille, et guettent la moindre parole pouvant servir d'indice.

» Dans son délire, la malheureuse mère laisse échapper à plusieurs reprises, ces mots : Rue Saint-Sauveur.

» Hélas! Il n'en fallait pas davantage. Tandis que deux de ces hommes gardent à vue la maison Ferré, les autres courent en hâte achever leur œuvre. La rue Saint-Sauveur est cernée, fouillée, Théophile Ferré est arrêté; quelques mois plus tard, il est fusillé.

» Huit jours après l'horrible scène de la rue Fazilleau, on rendait à la courageuse enfant sa liberté. Mais on ne lui rendait pas sa mère devenue folle, et qui mourut bientôt dans un hospice d'aliénés à l'asile Sainte-Anne.

» Odysse Barot. »<br>Dossier de la magistrature.

Le père fut fait prisonnier et y reste jusque après l'assassinat de Ferré.

Marie gagnait seule pour ses chers prisonniers.

Plusieurs membres de la Commune et du comité central étant arrêtés, on pensait généralement que leur jugement aurait lieu; d'abord, il n'en fut rien, le gouvernement voulait préparer les esprits aux condamnations, en faisant comparaître les premières, non pas les femmes qui eussent hautement revendiqué leurs actes, mais de pauvres femmes dont le seul crime était d'avoir été de dévouées ambulancières, ramassant et soignant Parisiens et Versaillais, avec le même empressement; pour elles, ils étaient des blessés, elles étaient les sœurs de ces souffrants.

Elles étaient quatre : Elisabeth Retif, Joséphine Marchais, Eugénie Suétens, Eulalie Papavoine, nullement parente, nous l'avons dit, du fameux Papavoine.

On mettait partout ce nom en exergue : réactionnai-

res, imbéciles, et gouvernants, l'élevaient à tout propos.

Jamais elles ne s'étaient vues, avant la nuit, qui
précéda leur arrestation.

Les fédérés se repliaient sur un autre quartier, elles
se rencontrèrent dans une maison, où elles passèrent
la nuit ; je ne sais si quelques blessés ne s'y trouvaient
pas également.

Vaincues par le sommeil, elles se jetèrent deux par
deux, sur un matelas posé à terre et y dormirent à
tour de rôle.

C'est pendant cette nuit-là, que l'accusation s'obstinait à dire *qu'ensemble* elles avaient allumé l'incendie.
— [Ce qui ne les empêchait pas d'avoir dormi *étant
ivres !*] Peut-être qu'elles étaient ivres en effet, de
fatigue et de faim !

Des soldats furent improvisés leurs défenseurs, trois
demandèrent à s'absenter pendant le jugement, ce
qui leur fut accordé, un sous-officier qui plaidait pour
Suétens se contenta de dire : Je m'en rapporte à la
sagesse de la Cour.

Ces dévouées eurent des paroles justes, mais elles
n'osèrent jeter à la face des juges que leur honnêteté
assurant la vérité, qu'elles avaient soigné les blessés
sans regarder s'ils appartenaient à l'armée de la Commune, ou à l'armée de Versailles.

Elles furent en conséquence condamnées à mort !

Cela étonna les soldats qu'elles avaient soignés,
comme ils s'étaient étonnés que du côté de la Commune, on conduisit les blessés à l'ambulance au lieu
de les achever.

Jusqu'au jugement des membres de la Commune, on
se garda de faire comparaître ceux qui eussent fait
prompte justice des accusations grotesques, et des légendes infâmes soigneusement recueillies par des écrivains en tête desquels étaient Maxime Ducamp et autres.

Les fédérés attendaient un peu partout, dans les prisons, sur les pontons, dans les forts; on espérait amollir les courages.

Les rats, la vermine et la mort, ne terrassaient que les malheureux arrêtés dans la foule comme d'autres avaient été fusillés sur le tas.

Les statistiques officielles avouèrent parmi les détenus onze cent soixante-dix-neuf morts, et deux mille malades.

Comptait-on les exécutés de Satory dans les premiers jours, les inconnus assommés parce qu'ils ne pouvaient pas suivre la marche des prisonniers, que réglait le pas des chevaux?

Et le nombre de ceux à qui l'horreur des choses vues, avait fait perdre la raison.

Lorsque pour l'instruction, je fus reconduite à la prison des Chantiers pendant quelques heures, j'appris que les folles en avaient été extraites pour les conduire, disait-on, dans un asile de fous.

Personne ne put vérifier, nous ne savions pas leurs noms, elles ne le savaient plus elles-mêmes, pour la plupart.

Enfin parut un arrêté du gouverneur de Paris annonçant la mise en jugement des membres de la Commune et du comité central tombés entre les mains de l'ennemi.

Ceux-là répondraient.

Les accusés étaient classés dans l'ordre suivant : Ferré, Assi, Urbain, Billioray, Jourde, Trinquet, Champy, Régère, Lisbonne, Lullier, Rastoul, Grousset, Verdure, Ferrat, Deschamps, Clément, Courbet, Parent.

Le troisième conseil de guerre devant lequel ils devaient comparaître, était ainsi composé :

Merlin, colonel, président.
Gaulet, chef de bataillon, juge
De Guibert, capitaine, juge.

Mariguet, juge.

Cassaigne, lieutenant, juge.

Léger, sous-lieutenant, juge.

Labat, adjudant sous-officier.

Gaveau, chef de bataillon au 68e de ligne.

Senart, capitaine, substitut.

Le procès commencé le 17 août, eut dix-sept audiences.

Trois cents sièges avaient été préparés, pour l'assemblée de Versailles.

Deux mille places furent réservées à un public choisi; les égorgeurs de l'armée régulière, au grand complet, y offraient le bout de leurs, doigts gantés à des femmes richement vêtues, et le dos arrondi, les reconduisaient à leur place en saluant.

On déniait aux membres de la Commune le titre d'accusés politiques, qu'on leur reconnut sans le savoir, par la condamnation de quelques-uns d'entre eux, à la déportation simple; peine essentiellement politique.

Les rapports des policiers avaient sous la haute direction de M. Thiers, été collectionnés en un dossier épouvantable et burlesque, travail tout préparé à la taille de celui qui en était chargé.

C'était le chef de bataillon Gaveau, sorti naguère d'une maison de fous, il acheva l'œuvre, en y mettant un cachet de démence.

La presse réactionnaire poussa tant de hurlements autour des accusations, que tous les esprits libres à l'étranger se révoltèrent.

Le *Standard* de Londres, jusque-là ennemi de la Commune, ne trouvait rien de plus révoltant que l'attitude de la presse française du *demi-monde* autour de ce procès.

Ferré ne voulant pas de défenseur, le président nomma d'office Me Marchand, qui eut l'honnêteté de se borner à ce que Ferré lût ses conclusions. Cependant à travers les interruptions haineuses du tribunal et les vociférations de la salle, si bien choisie, il ne put le faire complètement.

Ce fut ainsi que commença et termina Ferré. « Après la conclusion du traité de paix, conséquence de la honteuse capitulation de Paris, la République était en danger. Les hommes qui avaient succédé à l'empire écroulé dans la boue et le sang se cramponnaient au pouvoir et quoique accablés par le mépris public, ils préparaient dans l'ombre un coup d'Etat, persistant à refuser à Paris l'élection de son conseil municipal. »

. . . . . . . . . . . . . . . . . . . . . . . . . . .

» Les journaux honnêtes et sincères étaient supprimés ; les meilleurs patriotes étaient condamnés à mort.... les royalistes se préparaient au partage des restes de la France ; enfin, dans la nuit du 18 mars, ils se crurent prêts et tentèrent le désarmement de la garde nationale et l'arrestation en masse des républicains.

. . . . . . . . . . . . . . . . . . . . . . . . .

» Leur tentative échoua devant l'opposition entière de Paris et l'abandon de leurs soldats, ils s'enfuirent, et se réfugièrent à Versailles.

» Dans Paris livré à lui-même, les citoyens honnêtes et courageux essayaient de ramener l'ordre et la sécurité.

» Au bout de quelques jours la population étant appelée au scrutin, la Commune fut ainsi constituée.

» Le devoir du gouvernement de Versailles était de reconnaître la validité de ce vote et de s'aboucher avec la Commnne pour ramener la concorde ; tout au contraire, et comme si la guerre étrangère n'avait pas fait assez de misères et de ruines, il y ajouta la guerre civile ; ne respirant que la haine et la vengeance, il attaqua Paris et lui fit subir un nouveau siège.

» Paris résista deux mois et il fut alors conquis. Pen-

18.

dant dix jours le gouvernement autorisa le massacre des citoyens et les fusillades sans jugement.

» Ces journées funestes nous reportent à celles de la Saint-Barthélemy. — On a trouvé moyen de dépasser juin et décembre. — Jusques à quand le peuple continuera-t-il à être mitraillé?

» Membre de la Commune de Paris, je suis entre les mains de ses vainqueurs, ils veulent ma tête, qu'ils la prennent. Jamais je ne sauverai ma vie par la lâcheté ; libre j'ai vécu, j'entends mourir de même.

» Je n'ajoute plus qu'un mot : la fortune est capricieuse, je confie à l'avenir le soin de ma mémoire et de ma vengeance.

» Après ce manifeste interrompu à chaque mot par des insultes, ou même ceux qui en appelaient à la légalité étaient forcés de reconnaître les faits, et qui à Londres fit une profonde impression, le président Merlin lança cette suprême insulte : la mémoire d'un assassin ! et l'agité Gaveau ajouta : c'est au bagne qu'il faut envoyer un pareil manifeste.

» Tout cela, dit encore Merlin, ne répond pas aux actes pour lequel vous êtes ici.

» Ferré, en termina d'un mot : Cela signifie, dit-il, que j'accepte le sort qui m'est fait.

» La Commune était glorifiée, mais Ferré était perdu.

» L'avocat voulant prendre acte des paroles de Merlin : La mémoire d'un assassin, l'auditoire hurla et Merlin insolent répondit : — Je me suis servi de l'expression dont parle le défenseur, le conseil vous donne acte de ses conclusions. »

Mais Ferré ne voulait pas discuter sa vie.

Jourde, sans sa prodigieuse mémoire, eût passé à cause de son épouvantable honnêteté, au sujet de la banque pour *un voleur*. On avait enlevé ses comptes, il les rétablit de mémoire avec une clarté qui aurait dû couvrir de honte le tribunal.

La honte pour certaines gens n'existe pas.

Les mille francs que chacun des membres de la Commune avait employés aux nécessités du moment, feraient une étrange figure, devant les millions semés, aujourd'hui par les gouvernants en voyages d'agrément et autres choses de pire. Champy, Trinquet, revendiquèrent l'honneur d'avoir rempli leur mandat jusqu'au bout.

Urbain sortit à son honneur du complot ourdi contre lui, à l'aide de M. de Montaud, placé près de lui par Versailles pour le trahir.

Les infâmes dessous du gouvernement furent étalés au grand jour de la presse de l'Europe, on vit dans leur révolutionnaire honnêteté les hommes de la Commune. Mais que chèrement ils payèrent cette honnêteté scrupuleuse qui les avait empêchés de restituer à la foule ou au néant, l'éternel veau d'or, la banque!

Les jugements furent ainsi rendus :

Condamnés à mort : Th. Ferré, Lullier;

Travaux forcés à perpétuité : Urbain, Trinquet;

Déportés dans une enceinte fortifiée : Assi, Billioray, Champy, Regère, Ferret, Verdure, Grousset;

Déportation simple : Jourde, Rastoul;

Six mois de prison et 500 francs d'amende : Courbet;

Acquittés : Deschamp, Parent, Clément, comme ayant donné dès les premiers jours leur démission de membre de la Commune.

La commisison de quinze bourreaux qui sans doute par ironie était appelée commission *des grâces* était ainsi composée :

Martel, Priou, Bastard, Voisin, Batba, Maillé, Lacaze, Duchatel, marquis de Quinzounas, Merveilleux-Duvignan, Tailhau, Cosne, Paris, Bigot, Batbie, et Thiers, président en surplus.

La commission des grâces envoyait les condamnés au poteau avec toutes les formes voulues; cela faisait

partie de la mise en scène comme la mise en chapelle
en Espagne.

En attendant, comme tous les prisonniers possibles
nous correspondions entre les deux prisons, ayant soin
si la chose était découverte de ne compromettre personne.

Elle le fut en effet, et ce qui parut le plus terrible,
c'est que les monstres, nos vainqueurs, y étaient traités d'imbéciles; il y était raconté aussi que leurs idiots
de policiers étaient en train de chercher partout une
personne morte dont ils avaient trouvé la photographie dans leurs perquisitions, ce qui devait leur arriver souvent.

Ce crime n'était pas le seul, j'avais envoyé des vers
à nos seigneurs et maîtres, pas à leur louange bien
entendu. Quelques strophes en ont paru dans mon volume de vers à travers la vie.

### AU TROISIÈME CONSEIL DE GUERRE

. . . . . . . . . . . . . . . . . . . . . . . . . . . .
    Tous ces temps-ci sont votre ouvrage,
    Et quand viendront des jours meilleurs,
    L'histoire sourde à votre rage,
    Jugera les juges menteurs.
    Tous ceux qui veulent une proie,
    Vendus, traîtres, suivent vos pas,
    Cette claque des attentats,
    Mouchards, bandits, filles de joie,
    Cassaigne, Mariguet, Guibert, Léger, Gaveau,
    Gaulet, Labat, Merlin, bourreau, etc.
. . . . . . . . . . . . . . . . . . . . . . . . . . . .

### VERSAILLES CAPITALE

Oui, Versailles est capitale.
Ville corrompue et fatale,
C'est elle qui tient le flambeau,
Satory lui fait sentinelle,
Et les bandits la trouvent belle,

Avec un linceul pour manteau,
Versailles, vieille courtisane,
Sous sa robe que le temps fane,
Tient la République au berceau,
Couverte de lèpre et de crime.
Elle souille ce nom sublime,
En l'abritant sous son drapeau.
Il leur faut de hautes bastilles,
Pleines de soldats et de filles,
Pour se croire puissants et forts,
Tandis que sous leur poids immonde,
La ville où bat le cœur du monde,
Paris, dort du sommeil des morts,
Malgré vous le peuple héroïque,
Fera grande la République ;
On n'arrête pas le progrès,
C'est l'heure où tombent les couronnes,
Comme à la fin des froids automnes,
Tombent les feuilles des forêts.

L. MICHEL.

Prison de Versailles, octobre 71.

A NOS VAINQUEURS

On en est à ce point de honte,
De dégoût profond et vainqueur,
Que l'horreur ainsi qu'un flot monte,
Et l'on sent déborder son cœur.
Vous êtes aujourd'hui nos maîtres,
Notre vie est entre vos mains,
Mais les jours ont des lendemains,
Et parmi vous sont bien des traîtres.
Passons, passons les mers, passons les noirs vallons,
Passons, passons,
Passons, que les blés mûrs tombent dans les sillons,
Etc.

Peu à peu nous apprenions par les prisonnières qui
arrivaient les détails des cruautés encore inconnues,
par exemple, l'exécution de Tony Moillin qui n'avait

jamais que parlé dans les réunions publiques ; il avait
demandé pour éviter des ennuis à sa femme à régulariser son mariage avant l'exécution. Cette demande
lui ayant été accordée, ils attendirent ensemble l'heure
au poste près duquel il devait être passé par les armes, sans qu'aucun détail de l'exécution échappât à
la malheureuse femme.

Nous eûmes aussi connaissance de la mort de certaines gens *partisans de Versailles* tombés avec les autres
à l'abattoir du Châtelet. Là aussi on fusilla des hommes restés chez eux, parce que leurs femmes passaient
pour favorables à la Commune. Ainsi fut assassiné
monsieur Tynaire.

L'une des femmes qui le plus avaient penché pour
les moyens de conciliation entre Paris et Versailles,
madame Manière, fut la dernière arrestation que je vis
à la correction avant mon transfèrement à la prison
d'Arras.

Un matin on m'appela au greffe ; je réclamais depuis
longtemps ma mise en jugement, pensant qu'une
exécution de femme pourrait perdre Versailles ; je
m'imaginais être appelée pour quelque formalité à ce
sujet, c'était pour mon départ à la prison d'Arras ; on
me jugerait quand on aurait le temps, j'étais punie
d'abord.

J'ai pensé pendant longtemps, que cette noirceur
était due à Massé ; j'ai su depuis que c'était au vieux
Clément.

En partant, j'écrivis une protestation sur le livre du
greffe et je recommandai qu'on voulût bien prévenir
ma mère qui devait venir me voir le lendemain, jour
de visites. On était en novembre, et l'hiver vint de très
bonne heure cette année-là ; il y avait de la neige
déjà depuis plusieurs jours.

On oublia de la prévenir, et elle se sentit pendant
plusieurs années du froid qu'elle avait éprouvé pen-

dant le voyage de Paris à Versailles, pour ne trouver personne.

Suivirent le jugement de Rossel, condamné à mort pour avoir passé de l'armée régulière à l'armée fédérée.

Bourgeois, sous-officier, fut condamné à mort pour le même fait.

Le procès de Rochefort fut encore retardé ; on l'envoya attendre au fort Bayard.

A Versailles, de belles jeunes filles traversèrent souvent les sombres corridors de la justice, la prison d'état de 71, Marie Ferré avec ses grands yeux noirs et ses lourds cheveux bruns, la fille de Rochefort toute jeune alors ; les deux sœurs de Rossel, Bella et Sarah.

A Paris, étaient deux femmes dont l'une fièrement pensait à son frère mort, l'autre toujours dans l'anxiété du doute ; la sœur de Delescluze, la sœur de Blanqui.

La nuit du 27 au 28 novembre, à la prison d'Arras, on m'appela et on me dit de me tenir prête pour partir à Versailles.

Je ne sais pas à quelle heure on partit, c'était encore nuit, il y avait beaucoup de neige, deux gendarmes m'accompagnaient ; on prit le chemin de fer après avoir attendu longtemps à la gare où les imbéciles venaient me regarder comme un animal curieux et essayer d'entrer en conversation. Avec la manière dont je leur répondais le même n'y revenait pas deux fois, mais restait à une petite distance, me regardant les yeux effarés.

— Je crois, me dit l'un de ces gens, qu'il y aura dès le matin, des exécutions à Satory.

— Tant mieux ! lui dis-je, cela hâtera celles de Versailles.

Les gendarmes m'emmenèrent dans une autre salle.

— On attendit encore longtemps le départ.

A Versailles, je rencontrai à la gare Marie Ferré, pâle comme une morte, sans larmes, elle venait réclamer le corps de son frère.

Les gendarmes qui m'accompagnaient furent destitués pour nous avoir laissées communiquer ensemble Marie et moi.

Le journal *la Liberté* du 28 novembre raconte ainsi l'exécution de Satory.

Les condamnés sont vraiment très fermes. Ferré a lossé à son poteau jette son chapeau sur le sol ; un sergent s'avance pour lui bander les yeux, il prend le bandeau et le jette sur son chapeau. Les trois condamnés restent seuls, les trois pelotons d'exécution qui viennent de s'avancer font feu.

Rossel et Bourgeois sont tombés sur le coup ; quant à Ferré, il est resté un moment debout et est tombé sur le côté droit.

Le chirurgien-major du camp, M. Dejardin se précipite vers les cadavres ; il fait signe que Rossel est bien mort et appelle les soldats qui doivent donner le coup de grâce à Ferré et à Bourgeois.

*La Liberté*.

28 novembre 1871.

Une lettre adressée par Ferré à sa sœur quelques instants avant de mourir était ainsi conçue.

> Maison d'arrêt cellulaire de Versailles, n° 6. Mardi 28 novembre 1871, cinq heures et demie du matin.

Ma bien chère sœur,

Dans quelques instants je vais mourir. Au dernier moment ton souvenir me sera présent ; je te prie de demander mon corps et de le réunir à celui de notre malheureuse mère.

Si tu peux, fais insérer dans les journaux l'heure de mon inhumation, afin que des amis puissent m'accompagner. Bien entendu aucune cérémonie religieuse ; je meurs matérialiste comme j'ai vécu.

Porte une couronne d'immortelles sur la tombe de notre mère.

Tâche de guérir mon frère et de consoler notre père ; dis-leur bien à tous deux combien je les aimais.

Je t'embrasse mille fois et te remercie mille fois des bons soins que tu n'as cessé de me prodiguer ; surmonte la douleur et comme tu me l'as souvent promis, sois à la hauteur des événements. Quant à moi je suis heureux, j'en vais finir avec mes souffrances et il n'y a pas lieu de me plaindre. Tous mes papiers, mes vêtements et autres objets doivent être rendus, sauf l'argent du greffe que j'abandonne aux détenus moins malheureux.

TH. FERRÉ.

Le juge Merlin était à la fois du conseil de guerre et de l'exécution.

La province comme Paris fut couverte de sang des exécutions froides.

Le 30 novembre, deux jours après les assassinats de Satory, Gaston Crémieux de Marseille fut conduit dans la plaine qui borde la mer et qu'on appelle le Pharo ; déjà on y avait fusillé un soldat nommé Paquis, passé dans les rangs populaires.

Crémieux commanda lui-même le feu ; il voulut crier vive la République! mais la moitié du mot seulement passa ses lèvres. Les soldats après chaque exécution défilaient devant les corps. Au son des fanfares ils le firent au Pharo, comme ils l'avaient fait à Satory.

Un peu plus tard, le père Etienne eut sa condamnation à mort commuée en déportation à perpétuité.

Des registres étaient couverts de signatures à la porte de Gaston Crémieux. Cette manifestation fit une impression de crainte au gouvernement. Se voyant

19

savoué par les consciences, il voulut en imposer par la terreur.

Près d'un an après la Commune, le 22 février, à sept heures, les poteaux de Satory furent de nouveau ensanglantés. Lagrange, Herpin Lacroix, Verdaguer, trois braves et vaillants défenseurs de la Commune, payèrent de leur vie comme tant d'autres la mort des deux généraux Clément Thomas et Lecomte que Herpin Lacroix avait voulu sauver et qui avaient préparé eux-mêmes leur fatalité.

Le 29 mars, Préau de Vedel; le 30 avril, Genton, se traînant sur des béquilles à cause de ses blessures, mais fièrement debout au poteau.

Le 25 mai, Serizier, Bouin et Boudin, pour avoir pendant les jours de mai tué un individu qui s'opposait à la défense.

Le 6 juillet, Baudouin et Rouillac pour l'incendie de Saint-Éloi, et la lutte devant les barricades.

Arrivés au poteau, ils brisèrent les cordes et luttèrent contre les soldats, ils furent massacrés comme des bœufs à l'abattoir.

— C'est avec cela qu'ils pensaient, dit l'officier qui commandait, en remuant du bout de la botte les cervelles répandues à terre.

Comme s'étaient amoncelés les cadavres on entassait les condamnations; après le délire du sang il y avait le délire des jugements. Versailles crut faire avec la terreur le silence éternel.

Des écrivains furent condamnés à mort pour des articles de journaux : ainsi Maroteau, condamné à mort pour des articles de la *Montagne*.

La profession de foi de ce journal n'était que l'exact compte-rendu des faits. Maroteau y disait en parlant de la réaction :

« Quand ils sont à bout de mensonges et de calomnies, quand leur langue pend, pour se remettre ils se trempent le nez dans l'écume du verre de sang de mademoiselle de Sombreuil.

» Ils sortent de sa tombe le général Bréa, agitant le suaire de Clément Thomas.

» Assez !

» Vous parlez de vos morts, mais comptez donc les nôtres. Compère Favre, retrousse ta jupe pour ne pas la franger de rouge et entre, si tu l'oses, dans le charnier de la révolution.

» Les tas sont gros.

» Voici Prairial et Thermidor, voici Saint-Merry, Transnonain, Tiquetonne.

» Que de dates infâmes et que de noms maudits !

» Et sans remonter si haut, sans fouiller la cendre des ans passés, qui donc a tué hier et qui tue encore aujourd'hui ?

Qui donc a enrôlé Charette et Failly ? qui donc a battu le rappel en Vendée, lancé sur Paris la Bretagne ?

» Qui donc a mitraillé au vol un essaim de fillettes à Neuilly ?

» Bandits !

» Mais aujourd'hui c'est la victoire, non la bataille qui marche derrière le drapeau rouge. La ville entière s'est levée au son des trompettes. Nous allons, vautours, aller vous prendre dans votre nid, vous apporter tout clignotants à la lumière.

» La Commune vous met ce matin en accusation, vous serez jugés et condamnés, il le faut !

» Heindrech passe ton couperet sur la pierre noire.

» Oui !

» En fondant la *Montagne*, j'ai fait le serment de Rousseau et de Marat : mourir s'il le faut, mais dire la vérité.

» Je le répète, il faut que la tête de ces scélérats tombe ! »　　　　　» Gustave Maroteau. »

Qui donc s'étonnerait qu'on se fût indigné des crimes de Versailles?

Le numéro 19 de la *Montagne* (presque le dernier, ce
journal, je crois, n'en ayant eu qu'une vingtaine) causa
le verdict de mort de Maroteau, qu'on n'osa cependant
exécuter. Il fut commué aux travaux forcés à perpétuité, il me reste de cet article, les passages incriminés.
C'était après le refus de Versailles d'échanger Blanqui
contre l'archevêque de Paris et plusieurs prêtres.

*La Montagne* n° 19, par Gustave Maroteau.

### MONSEIGNEUR L'ARCHEVÊQUE DE PARIS

« En 1848, pendant la bataille de juin, un prélat fut
tué, sur une barricade : c'était monseigneur Affre, archevêque de Paris.

» Il était monté là, dit-on, sans parti pris, en apôtre
prêcher l'évangile, pour lever du bout de sa crosse d'or
le canon fumant des fusils.

» Cette mort excusait pour elle les craintes de Cavaignac. On feignit de trouver dans les mains qui saignaient
sous le fer du bagne des lambeaux de robe violette.

» C'était faux ! on ignore encore aujourd'hui de quel
côté vint le coup. On ne sait pas si la balle partait du
fusil d'un soldat ou de la canardière d'un insurgé.

» Les républicains baissèrent la tête comme des maudits sous cette aspersion de sang bénit.

» L'instruction nous a rendus sceptiques; c'est fini,
nous ne croyons plus à Dieu, la Révolution de 71 est
athée, notre République a un bouquet d'immortelles
au corsage.

» Notre grand acte de travail proscrit les paresseux
et les parasites.....

» Partez, jetez vos frocs aux orties, retroussez vos
manches, prenez l'aiguillon, poussez la charrue; chanter aux bœufs est mieux que des psaumes.

» Et ne me parlez pas de Dieu, le croquemitaine ne

nous effraie plus, il y a trop longtemps qu'il n'est plus que prétexte à pillage et à assassinat.

» C'est au nom de Dieu que Guillaume a bu à plein casque le plus pur de notre sang, ce sont les soldats du pape qui bombardent les Ternes, nous biffons Dieu.

» Les chiens ne vont plus se contenter de regarder les évêques, ils les mordront. Nos balles ne s'aplatiront pas sur les scapulaires; pas une voix ne s'élèvera pour nous maudire le jour où l'on fusillera l'archevêque Darbois.

» Nous avons pris Darbois comme otage et si on ne nous rend pas Blanqui, il mourra.

» La Commune l'a promis; si elle hésitait, le peuple tiendrait le serment pour elle et ne l'accusez pas.

» — Que la justice des tribunaux commence, disait Danton au lendemain des massacres de septembre et celle du peuple cessera.

» Ah! j'ai bien peur pour Monseigneur l'archevêque de Paris.

» Gustave MAROTEAU. »

Maroteau avait écrit au premier numéro de la *Montagne*, j'ai fait le serment de Rousseau et de Marat: mourir s'il le faut, mais dire la vérité. Cette vérité était qu'il était impossible dans les circonstances horribles créées par Versailles d'écrire comme d'agir autrement.

Il est étrange qu'à l'instant où je citais les paroles de Rousseau, dont Maroteau s'était fait une loi, on ouvrait les cercueils de Rousseau et de Voltaire pour s'assurer si leur dépouille aujourd'hui vénérée y gît encore.

Oui, elles y sont, la tête de Voltaire nous rit au nez de son rire incisif, pour avoir avancé, si peu. Le squelette de Rousseau calme se croise les bras.

Maroteau fut condamné surtout pour avoir dit la vérité, mais pour lui, comme pour Cyvoct vingt ans après on n'osa exécuter la sentence commuée aux travaux forcés à perpétuité; il fut envoyé au bagne de l'île Nou.

Maroteau, malade de la poitrine, avant son départ, mourut le 18 mars 1875 à l'âge, je crois, de 27 ans.

Il avait une maladie de poitrine qu'il traînait depuis près de six ans, mais la fin était venue, on attendait sa mort dès le 16 mars, l'agonie étant commencée.

Tout à coup il se soulève et s'adressant au médecin : — « La science, dit-il, ne peut donc pas me faire vivre jusqu'à mon anniversaire, le 18 mars ?

— Vous vivrez, dit le médecin qui ne put cacher une larme. »

Maroteau en effet mourut le 18 mars.

Longtemps ses yeux parurent vivants regardant au fond de l'ombre venir la justice populaire.

Alphonse Humbert fut également condamné aux travaux forcés à perpétuité pour des articles de journaux. On prétendit que le n° du *Père Duchêne* du 5 avril, avait provoqué l'arrestation de Chaudey dont il n'était pas même parlé dans les passages incriminés. En voici quelques fragments.

« C'est la première fois que le *Père Duchêne* fait un post-scriptum à ses articles bougrement patriotes.

» C'est aussi que jamais le *Père Duchêne* n'aura été si joyeux oui, nom de noms.

» Comme les affaires de la sociale vont bien et comme les jean-foutre de Versailles sont foutus plus que jamais.

» Enfin tous les vœux du *Père Duchêne* sont comblés, et il peut dès à présent mourir.

» Les battements de son cœur auront pour la 3ᵉ fois en moins de 15 jours salué la Révolution sociale triomphante.

» Et savez-vous pourquoi le *Père Duchêne* est si content bien qu'il y ait eu aujourd'hui une centaine de bons bougres de ses amis de tués ?

» C'est que malgré toutes les excitations des mauvais jean-foutre, nous avons été attaqués les premiers par les hommes de Versailles.

» Ce sont eux, j'en appelle à la juste histoire de l'an 79 de la République française, ce sont eux qui ont ouvert la guerre civile.

» Il y a il est vrai des patriotes qui sont morts pour le salut de la nation.

» Gloire à eux !

» La nation est sauvée !

» Et l'honneur de la race future est sauf comme le nôtre.

» Nous baiserons vos plaies, ô patriotes qui êtes morts pour la nation et pour la Révolution sociale.

» Et nous nous souviendrons que la couleur du drapeau rouge a été rajeunie dans votre sang. »

*Le Père Duchêne*, 5 avril 1871.

Rochefort fut condamné à la déportation dans une enceinte fortifiée, aussi pour des articles de journaux, mais surtout pour la part immense qu'il avait eue à la chute de l'Empire.

Les articles parus après les premiers bombardements dans le *Mot d'Ordre* avaient exaspéré Versailles.

« Le *Mot d'Ordre* a été supprimé par le fuyard Vinoy, aujourd'hui grand crachat de la légion d'honneur, sous prétexte que mes collaborateurs et moi prêchions la guerre civile. La circulaire Dufaure nous apprend que désormais les journaux seront punis quand ils prêcheront la conciliation. Les misérables écrivains qui trouveront mauvais que les femmes soient renversées par des obus dans les avenues qu'elles traversent pour aller faire leurs provisions et qui proposeront un moyen quelconque, fût-il excellent, de faire cesser les hostilités sont dès aujourd'hui assimilés par le ministre de la justice versaillaise aux criminels les plus endurcis.

» Vous êtes parti pour Versailles, mais votre père

est resté à Paris, le jour où vous apprenez qu'une bombe venue du Mont-Valérien a pénétré dans sa chambre et l'a coupé en deux dans son lit. Vous devez demander à grands cris la continuation de la guerre civile sous peine d'être considéré par l'honnête Dufaure comme un ennemi de la propriété et même de la famille.

» Nous l'avons remarqué souvent, il n'y a que les modérés pour être impitoyables. Si encore ils n'étaient que féroces, mais ils sont stupides, c'est du reste ce qui nous sauve. Pas un des soi-disant ministres qui ont assisté à l'élaboration du manifeste qui fait aujourd'hui la joie de tous les amis de la franche gaieté n'a songé que la province à qui il est adressé allait s'écrier comme un seul département :

» Comment! Voilà un mois qu'ils éventrent Paris, qu'ils trouent les monuments publics et les propriétés privées, et si par hasard quelqu'un avait l'idée de leur faire observer qu'en voilà peut-être assez, ils déclarent d'avance que ce criminel sera puni selon la rigueur des lois. Ce ministère-là a donc été recruté dans les cages du jardin des plantes?

» Henri Rochefort. »

Les deux fragments suivants surtout, allumèrent les colères de Versailles.

« Blanqui condamné à mort par contumace est découvert et arrêté, soit. Il ne reste plus au gouvernement qui l'arrête qu'à le conduire devant ses juges pour l'y faire juger contradictoirement. Mais les amants de la légalité casernés à Versailles ont trouvé plus commode, après avoir refusé à leur prisonnier même le conseil de guerre auquel il a droit, de le calfeutrer dans un cachot quelconque et de l'y laisser tellement au secret que personne ne sait dans quelle prison on le détient, et s'il y est mort ou tout simplement moribond.

» Voilà qui passe toutes les bornes de la folie furieuse, la loi qui autorise cette chose monstrueuse et inutile, qu'on appelle le secret n'a jamais, à aucune époque et sous aucun pouvoir quelque féroce qu'il fût, permis la suppression, c'est-à-dire la disparition de l'accusé. Celui-ci doit toujours être représenté, dit le code, à la première réquisition de la famille, afin qu'il soit constaté au besoin qu'il n'a pas été assassiné dans sa prison par ceux qui auraient intérêt à sa mort.

» Or, à la lettre si touchante de la sœur de Blanqui demandant sinon à voir son frère, du moins à savoir dans quel tombeau et sous quelle pierre sépulcrale les geôliers versaillais avaient bien pu l'ensevelir vivant, le jurisconsulte Thiers, flanqué du jurisconsulte Dufaure, a répondu qu'il refusait toute communication avec son détenu et tout renseignement sur sa situation avant que l'ordre fût rétabli.

» Eh bien! Et l'article du code qui est formel et la loi que vous invoquez à tout bout de champ et que vous reprochez tant de méconnaître au gouvernement de l'Hôtel-de-Ville? il n'y a pas deux façons d'apprécier la conduite de M. Thiers à l'égard de Blanqui : le cas a été prévu par les législateurs, elle constitue le fait qualifié crime, et la réponse du chef du pouvoir exécutif à la demande de la famille le rend tout bonnement passible des galères.

» H. ROCHEFORT. »

L'autre fragment frappait plus encore peut-être en plein cœur bourgeois, il s'agissait de ce trou à rats de la place Saint-Georges que le premier soin du vieux gnome fut de faire, aux frais de l'Etat, rebâtir comme un palais.

Le *Mot d'Ordre* du 4 avril publiait cette juste appréciation.

« M. Thiers possède rue Saint-Georges un merveil-

19.

leux hôtel, plein d'œuvres d'art de toutes sortes.

» M. Picard a sur le pavé de Paris qu'il a déserté, trois .
maisons d'un formidable rapport et M. Jules Favre
occupe, rue d'Amsterdam, une habitation somptueuse
qui lui appartient. Que diraient ces propriétaires hommes d'Etat si, à leurs effondrements le peuple de Paris répondait par des coups de pioches et si, à chaque
maison de Courbevoie touchée par un obus, on abat-
tait un pan de mur du palais de la place Saint-Georges
ou de l'hôtel de la rue d'Amsterdam ?

                         » H. ROCHEFORT. »

Un peu de granit émietté pour sauver tant de poitrines humaines était un crime si grand pour les possé-
dés de Versailles, que leur haine n'avait pas de bornes
quand la vérité leur cinglait la face.

Il fut d'abord question d'envoyer Rochefort à une
cour martiale, puis d'arrêter ses enfants qui, d'abord
cachés par le libraire de la gare d'Arcachon à Paris,
furent emmenés par Edmond Adam.

La rage de Foutriquet Versailles momentanément
apaisée par les condamnations à mort, au bagne, à la
déportation des membres de la Commune ; la recons-
truction plus belle de sa maison ; il avait réfléchi que
si elle n'eût pas été démolie, l'Etat ne la lui aurait pas
reconstruite, et comme il attribuait à l'article de Rochefort une grande part à cette démolition, il désira
qu'on se contentât, pour des articles aussi criminels,
de la déportation aux antipodes, ce qui ferait éclater
sa mansuétude. Donc le 20 septembre 1871, Rochefort,
Henri Maret et Mourot, comparurent sous les formidables accusations qui suivent :

Journal frappé de suspension, — fausses nouvelles
publiées de mauvaise foi et de nature à troubler la
paix publique, — complicité d'attentat ayant pour but
d'exciter à la guerre civile, complicité par provocation

au pillage et à l'assassinat ! — offenses envers le chef du gouvernement ! — offenses envers, l'assemblée nationale !

Le président Merlin prit à partie tous les articles du *Mot d'Ordre*, celui du 2 avril prévenant Foutriquet que l'on emploiera contre lui tous les engins mortifères qu'on pourra inventer, celui du 3 qui traite de guignols les membres du gouvernement, ceux sur Blanqui, sur la maison de la place Saint-Georges, sur la colonne, de façon à épouvanter Gaveau, prononça le réquisitoire ; ses hallucinations ne réussirent qu'à la déportation perpétuelle, enceinte fortifiée pour Rochefort.

Moureau, secrétaire de rédaction, à la même perpétuité déportation simple.

Henri Maret, à cinq ans de prison.

Lockroy ayant poussé un peu trop loin une promenade en dehors Paris, fut gardé en prison à Versailles jusqu'à l'entrée des troupes. Foutriquet lui avait donné à choisir entre cette prison et son siège de député inviolable à l'assemblée, il avait préféré rester.

Madame Meurice qui vint me voir en prison me dit que son mari avait été également incarcéré.

Versailles aurait voulu arrêter toute la terre.

Quelques jours après le jugement de Rochefort, Gaveau que toutes les idées remuées devant lui avait achevé de détraquer devint tout à fait fou.

On jugea des petits enfants, les pupilles de la Commune ; ils avaient huit ans, onze ou douze ans, les plus grands quatorze ou quinze.

Combien moururent, en attendant la vingt-unième année dans les maisons de correction !

Comme l'Angleterre, la Suisse, refusa de rendre les fugitifs de la Commune ; elle garda Razoua que réclamait Versailles ; la Hongrie refusa de rendre Frankel.

Roques de Filhol, maire de Puteaux, homme intègre, fut condamné au bagne, peut-être par dérision !

Fontaine, directeur des domaines sous la Commune, d'une honnêteté absolue eut vingt ans de travaux forcés pour des bibelots perdus dans l'incendie des Tuileries : l'argenterie et les *censés objets d'art* de la maison Thiers furent retrouvés au garde-meuble et dans les musées, ils avaient été surfaits et n'avaient comme art nulle valeur.

La dernière exécution à Satory eut lieu le 22 janvier 1873. Philippe, membre de la Commune, Benot et Decamps pour avoir participé à la défense de Paris par l'incendie des Tuileries.

Ils tombèrent en criant : Vive la révolution sociale, vive la Commune !

En septembre avaient été fusillés pour faits semblables, Lolive, Demvelle et Deschamps : A bas les lâches ! crièrent-ils en tombant, vive la république universelle !

Comme elle paraissait belle debout au poteau où l'on mourait pour elle.

Satory pendant ces deux ans but du sang pour que la terre en fût arrosée.

La Commune était morte, mais la révolution vivait. Cette incessante éclosion de tous les progrès dans lesquels à chaque époque a évolué l'humanité, compose d'âge en âge une forme nouvelle.

Le 4 décembre, Lisbonne se soutenant à peine sur les béquilles, qu'au bagne il traîna dix ans, comparut devant le conseil de guerre, qui le condamna à mort; la peine fut commuée en une mort plus lente, les travaux forcés à perpétuité dont il sortit pourtant.

Puis Heurtebise, secrétaire du Comité de salut public.

Tous ceux qui avaient écrit contre Versailles furent recherchés.

Lepelletier, Peyrouton, eurent des années de prison.

Si nous eussions voulu, nos jugements eussent pu

être annulés, les conseils de guerre se servant sans y rien changer de feuilles imprimées, sous l'empire, où nous nous trouvions inculpés d'après le *rapport* et les *conclusions* DE M. LE COMMISSAIRE IMPÉRIAL!

Mais les conseils de guerre étaient la seule tribune où l'on pût acclamer la Commune devant ses meurtriers et ses détracteurs, et nous ne chicanions pas.

Enfin le 11 décembre je reçus mon assignation pour le 16 courant à 11 h. 1/2 du matin. En voici copie, avec la formule déjà citée M. le commissaire impérial.

FORMULE N° 10

## PREMIÈRE DIVISION MILITAIRE

### Articles 108 et 111 du Code de justice militaire

#### MISE EN JUGEMENT

Le général commandant la 1re division militaire,

Vu la procédure instruite contre la nommée Michel Louise, institutrice à Paris.

Vu le rapport et l'avis de M. le rapporteur, et les conclusions de M. le COMMISSAIRE IMPÉRIAL, tendant au renvoi devant le conseil de guerre ;

Attendu qu'il existe contre ladite Michel prévention suffisamment établie d'avoir, en 1871, à Paris, dans un mouvement insurrectionnel porté des armes apparentes, étant vêtue d'un uniforme et fait usage de ces armes, crime prévu et réprimé par l'article 5, de la loi du 24 mai 1834 ;

Vu les articles 108 et 111 du code de justice militaire ;

Ordonne la mise en jugement de ladite Michel susqualifiée ;

Ordonne en outre que le conseil de guerre appelé à statuer sur les faits imputés, à ladite Michel,

Sera convoqué pour le 16 décembre, à 11 heures 1/2 du matin.

Fait au quartier général à Versailles le 11 décembre 1871.

Le général commandant la 1re division militaire,

APPERT.

P. C. C. et signification à l'accusée

Le commandant GARIANO.

ARULLYES.

Cette dernière signature illisible.

Je trouve dans le numéro 756 du journal *le Voleur*, série illustrée, 44° année, 29 décembre 1871, mon jugement précédé d'une sorte de présentation.

« Comment dire en si .peu de pages qui me restent notre histoire à tous, et à toutes l'histoire sombre des geôles après l'histoire horrible du coupe-gorge. Je prends pour mon jugement, les quelques lignes qui le précèdent (d'après le journal), *le Droit*) dans le journal *le Voleur*, moins venimeux que je ne l'aurais cru alors.

» *La Justice militaire.*

» 6° Conseil de guerre à Versailles.

### » LA NOUVELLE THÉROIGNE

» Nous avons annoncé brièvement dans notre dernier numéro la condamnation de la *fille Louise Michel*, une des héroïnes de la Commune, qui ose faire face à l'accusation, et ne se réfugie pas derrière les dénégations et les circonstances atténuantes.

» Cette affaire mérite mieux qu'une mention succincte et nous sommes certains que nos lecteurs ne seront pas fâchés de faire plus ample connaissance avec Louise Michel, dont nous donnons plus loin le portrait dessiné d'après la photographie Appert.

» Il y a entre elle et Théroigne de Méricourt, la

*bacchante furieuse* de la Terreur des points de ressemblance qui n'échapperont pas à ceux qui vont lire les débats du 6ᵉ conseil de guerre.

» Louise Michel est le type révolutionnaire par excellence, elle a joué un grand rôle dans la Commune; on peut dire qu'elle en était l'inspiratrice, sinon le souffle révolutionnaire.

» Comme institutrice, Louise Michel a reçu une instruction supérieure. Elle était établie rue Oudot, 24; — dans les derniers temps, le nombre de ses élèves s'élevait à 60. Les familles étaient satisfaites des soins et de l'instruction qu'elle donnait aux enfants qui lui étaient confiés.

» Cette femme était dans l'exercice de ses fonctions d'institutrice, aimée et estimée dans le quartier, on la savait etc. Je passe tout ce qui semble flatteur.

» Ses aptitudes etc.

» Au 18 mars, sans abandonner son institution qu'elle négligea pourtant en laissant la direction aux sous-maîtresses, Louise Michel, d'une imagination exaltée, se livre avec ardeur à la politique, elle fréquente les clubs où elle se distingue par un langage qui rappelle les énergumènes de 93; ses idées et ses théories sur l'émancipation du peuple fixent sur elle l'attention des hommes à la tête du mouvement insurrectionnel, elle est admise au sein de leur conseil et prend part à leurs délibérations.

C'était justement depuis le 18 mars, que j'avais vu le moins souvent les camarades avec lesquels je combattais depuis si longtemps, déjà pour les idées auxquelles j'avais consacré ma vie depuis que je pensais et que je voyais les crimes de la société. Depuis le 3 avril, jusqu'à l'entrée des troupes de Versailles, je n'avais quitté les compagnies de marche, que deux fois pendant quelques heures pour venir à Paris. — Quand le 61ᵉ bataillon auquel j'appartenais rentrait, j'allais avec d'autres, les enfants perdus, les éclaireurs, les artilleurs de Montmartre, tantôt à la gare de Clamart, à Montrouge, au fort d'Issy, dans les Hautes-Bruyères, à Neuilly. — Si les juges ne se trompaient pas, ce ne serait pas la peine qu'ils fissent de si longues instructions : ceux-là du reste reconnaissaient que j'avais de toutes mes forces et de tout mon cœur servi la Commune, ce qui était vrai. — J'ai vu depuis, pire que les juges du conseil de guerre.

» Continuons le journal.

» Tel est en résumé le rôle que l'accusée a joué, rôle qu'elle va à l'audience accentuer en lui donnant un cachet tout particulier d'énergie et de virilité.

» Louise Michel est amenée par des gardes. C'est une femme âgée de trente-six ans, d'une taille au dessus de la moyenne.

Elle porte des vêtements noirs ; un voile dérobe ses traits à la curiosité du public fort nombreux ; sa démarche est simple et assurée, sa figure ne recèle aucune exaltation.

» Son front est développé et fuyant ; son nez, large à la base, lui donne un air peu intelligent ; ses cheveux sont bruns et abondants.

» Ce qu'elle a de plus remarquable, ce sont ses grands yeux d'une fixité presque fascinatrice. Elle regarde ses juges avec calme et assurance, en tout cas avec une impassibilité qui déjoue et désappointe l'esprit d'observation, cherchant à scruter les sentiments du cœur humain.

» Sur ce front impassible on ne découvre rien, sinon la résolution de braver froidement la justice militaire, devant laquelle elle est appelée à rendre compte de sa conduite ; son maintien est simple et modeste, calme et sans ostentation.

» Pendant la lecture du rapport, l'accusée qui écoute attentivement, relève son voile de deuil qu'elle rejette

sur ses épaules. Tout en tenant ses regards braqués sur
le greffier, on la voit sourire comme si les faits articu-
lés contre elle éveillaient un sentiment de protestation, ou étaient contraires à la vérité.

Voici d'après le rapport ce que publiait le *Cri du
Peuple* à la date du 4 avril.

« Le bruit qui a couru que la citoyenne Louise Michel, qui a combattu si vaillamment a été tuée au fort
d'Issy, est controuvé.

» Heureusement, pour elle, ainsi que nous nous em-
pressons de le reconnaître, l'héroïne de Jules Vallès
est sortie de cette brillante affaire avec une simple
entorse.

» Louise Michel, en effet, avait attrapé une entorse
en sautant un fossé et n'avait nullement été atteinte
par un projectile.

» Le rapport mentionne le premier couplet d'une
chanson intitulée : les *Vengeurs*, qu'elle avait composée.

> La coupe déborde de fange,
> Pour la laver il faut du sang.
> Foule vile, dors, bois et mange,
> Le peuple est là, sinistre et grand,
> Là-bas les rois guettent dans l'ombre,
> Pour venir quand il sera mort.
> Déjà depuis longtemps il dort,
> Couché dans le sépulcre sombre.

Le *Voleur* (d'après le *Droit*, 29 décembre 1871), pages 1083 et 1086.

Ici j'abandonne le compte-rendu du *Voleur* d'après le
*Droit* pour prendre le résumé de Lissagaray :

« Je ne veux pas me défendre, je ne veux pas être
défendue, s'écrie Louise Michel ; j'appartiens tout entière à la révolution sociale et je déclare accepter la
responsabilité de tous mes actes ; je l'accepte sans res-

triction. Vous me reprochez d'avoir participé à l'exécution des généraux : à cela je répondrai : ils ont
voulu faire tirer sur le peuple je n'aurais pas hésité
à faire tirer sur ceux qui donnaient des ordres semblables.

» Quant à l'incendie de Paris, oui, j'y ai participé,
je voulais opposer une barrière de flammes aux envahisseurs de Versailles; je n'ai point de complices,
j'ai agi d'après mon propre mouvement.

» Le rapporteur Dailly requiert la peine de mort.

» ELLE. — Ce que je réclame de vous qui vous affirmez
conseil de guerre, qui vous donnez comme mes juges,
mais qui ne vous cachez pas comme la commission des
grâces, c'est le champ de Satory où sont déjà tombés
nos frères; il faut me retrancher de la société, on vous
a dit de le faire. Eh bien! le commissaire de la république a raison. Puisqu'il semble que tout cœur qui
bat pour la liberté n'a droit qu'à un peu de plomb,
j'en réclame ma part. Si vous me laissez vivre, je ne
cesserai de crier vengeance et je demanderai à la vengeance de mes frères les assassins de la commission des
grâces.

» LE PRÉSIDENT. — Je ne puis vous laisser la parole.

» LOUISE MICHEL. — J'ai fini ! Si vous n'êtes pas des
lâches, tuez-moi.

» Ils n'eurent pas le courage de la tuer tout d'un
coup. Elle fut condamnée à la déportation dans une
enceinte fortifiée.

» Louise Michel ne fut pas unique dans ce genre.
Bien d'autres parmi lesquelles il faut dire madame Lemel, Augustine Chiffon, montrèrent aux Versaillais,
quelles terribles femmes sont les Parisiennes, même
enchaînées. »

(LISSAGARAY, *Histoire de la Commune de 1871*, pages
434 et 435.)

Augustine Chiffon en arrivant à la centrale d'Aube-

rive, ancien château devenu maison de force et de correction, où nous attendions le navire de l'État, qui
devait nous emporter en Nouvelle-Calédonie, Augustine Chiffon cria: Vive la Commune! en mettant sur
son bras son numéro du bagne. — Je me souviens que
le mien était 2182. Quelles terribles files que ces 2181
qui avaient passé là avant moi!

Madame Lemel, ne fut jugée que très tard; ne voulant pas survivre à la Commune, elle s'était enfermée
dans sa chambre avec un réchaud de charbon. — Comme
on vint l'arrêter, elle fut sauvée de la mort pour le
conseil de guerre.

On l'avait mise, en attendant son assignation, dans
un hospice où plusieurs fois elle refusa l'évasion qu'on
lui offrit.

Lorsque madame Lemel arriva à Auberive, elle y fut
reçue par nous toutes, au cri de : Vive la Commune!
Nous en avions fait autant pour Excoffon, madame Poirier, Chiffon, et une vieille qui avait déjà combattu à
Lyon, au temps où les canuts écrivaient sur leur drapeau: Vivre en travaillant, ou mourir en combattant. Elle
avait, de toutes ses forces, combattu pour la Commune;
elle s'appelait madame Deletras.

Quelques jours de cachot et tout était dit. — Dans
ce cachot, par un soupirail on apercevait une grande
partie du pays. Le règlement étant les jours de procession d'aller au cachot ou à la procession, nous y
allâmes le jour de la fête Dieu, ce qui désappointa fort
les curieux accourus pour nous voir de tous les coins
du département de l'Aube.

FIN DE LA QUATRIÈME PARTIE

# CINQUIÈME PARTIE

## DEPUIS

---

## I

PRISONS ET PONTONS — LE VOYAGE NEW-CALÉDONIEN — ÉVASION DE ROCHEFORT — LA VIE EN CALÉDONIE — LE RETOUR

> Pour que soit libre enfin la terre,
> Les braves lui donnent leur sang ;
> Partout est rouge le suaire
> Et la mort va le secouant.
>
> (L. M.)

C'est là qu'il faut serrer les lignes, pour dire en peu de mots des souvenirs si nombreux.

Je revois Auberive avec les étroites allées serpentant sous les sapins, les grands dortoirs, où soufflait le vent comme dans des navires. Les files silencieuses de prisonnières avec la coiffe blanche et le fichu plissé sur le cou par une épingle, pareilles à des paysannes d'il y a cent ans.

Nous y étions venues à vingt, de Versailles, en voiture cellulaire qu'on monta sur les rails et qu'on attela suivant les trajets à parcourir.

Ayant été averties seulement la nuit du départ, nous n'avions pu prévenir nos familles, le lendemain était jour de visites, tout comme à mon départ pour la prison d'Arras, beaucoup d'autres, comme ma mère vinrent à Versailles, et reçurent la réponse que nous étions parties en centrale attendre la déportation.

De cette nouvelle plutôt encore que du froid, ma mère revint glacée à Paris, je ne sus que plus tard, quand elle vint habiter chez sa sœur à Clefmont, pour être plus près de moi, qu'elle avait été dangereusement malade. Sans communications avec le dehors, autres que les visites, très rares et très courtes de nos proches parents, nous étions seules avec l'idée.

Je serai forcée de parler plus souvent de nous et même de moi, puisque nos seuls événements étaient les arrivées de nouvelles prisonnières, sachant moins que nous, peut-être. De temps à autre, le tambour du village criait quelque décision du gouvernement sur la place, s'arrêtant dans les rues pour recommencer la même lecture. Quand les fenêtres de ce côté étaient ouvertes et que le vent portait, nous entendions aussi bien que les habitants du village, ce qui était lu par ordre officiel.

Les manifestes des Thiers, des Mac-Mahon, des Broglie, nous apprenaient que c'était toujours la même chose, dans la pire des Républiques.

Des ouvrages écrits à Auberive il ne me reste que quelques vers et quelques fragments.

De *la femme à travers les âges*, publié dans l'*Excommunié* de Henri Place, quelque temps après le retour, quelques feuillets seulement.

La *Conscience*, et le *Livre des morts* sont perdus, j'ignore où se trouve le manuscrit du *Livre du bagne*, dont la première partie, signée le n° 2182, fut écrite à Auberive et la seconde avec tout l'océan entre les deux fut écrite à la Centrale de Clermont quelques années après le retour et signée le n° 1327.

Est-ce que les œuvres et la vie de ceux qui luttent pour la liberté, ne restent pas ainsi, par lambeaux sur le chemin?

Une immense étendue de neige, épaisse et blanche, c'était ce qu'on voyait des fenêtres d'Auberive; les salles sont grandes et sonores, l'aspect est celui d'une demeure de rêve hantée des morts.

La *Danaé* était partie en mai 72, la *Guerrière*, la *Garonne*, le *Var* étaient partis ; la *Sibylle*, l'*Orne*, le *Calvados;* nous n'avions pas encore l'ordre du départ.

Nous attendions, laissant les événements disposer de notre destinée ; calmes, comme ceux qui ont vu la mort d'une ville, sans cesser de sentir l'idée vivante.

Quelques vers, restes de cette époque, expriment les impressions d'alors :

### HIVER ET NUIT

Centrale d'Auberive, 28 novembre 1872

Soufflez, ô vents d'hiver, tombe toujours, ô neige,
On est plus près des morts sous tes linceuls glacés.
Que la nuit soit sans fin et que le jour s'abrège :
On compte par hivers sur les froids trépassés.

> J'aime sous les sombres nuées,
> O sapins, vos sombres concerts,
> Vos branches du vent remuées
> Comme des harpes dans les airs.
> Ceux qui sont descendus dans l'ombre
> Vers nous ne reviendront jamais.
> D'hier ou bien de jours sans nombre
> Ils. dorment dans la grande paix.
>
> Quand donc, comme on roule un suaire
> Aux morts pour les mettre au tombeau,
> Sur nous tous verra-t-on notre ère
> Se replier comme un manteau?
> Pareil au grain qui devient gerbe,
> Sur le sol arrosé de sang,
> L'avenir grandira superbe
> Sous le rouge soleil levant.

Soufflez, ô vents d'hiver, tombe toujours, ô neige,
On est plus près des morts sous tes linceuls glacés.

Que la nuit soit sans fin et que le jour s'achève:
On compte par hivers chez les froids trépassés.

Le n° 2182.

L'hiver, dans les sentiers du jardin, sous les sapins verts, sonnaient tristement les sabots, aux pieds fatigués des prisonnières, ils frappaient en cadence la terre gelée, tandis que la file silencieuse passait lentement.

L'hiver est rude dans cette contrée, la neige épaisse, les branches qu'elle alourdit s'inclinent vers le sol, pareilles à des rameaux de pierre.

Dans la vaste salle, où nous étions ensemble, les prisonnières de la Commune venaient peu à peu de toutes les prisons où elles avaient été transférées, après leur jugement ; celles qui vaillamment avaient combattu, d'autres qui avaient fait peu de chose ; madame Lemel, Poirier, Excoffons, Maria Boire, madame Goulé, madame Deletras et autres ne se plaignaient pas, ayant servi la Commune.

Madame Richoux ne se plaignait pas non plus, mais sa condamnation était inique.

Voici ce qu'elle avait fait : une barricade place Saint-Sulpice, était si peu haute, qu'elle servait plutôt contre, que pour les combattants ; elle, avec son calme de femme bien élevée, prise de pitié, s'en alla tout simplement hausser et faire hausser la barricade avec tout ce qui se pouvait ; une boutique de statues pour les églises, était ouverte je ne sais pourquoi ; elle fit porter en guise de pavés, qui manquaient, les saints, d'assez de poids, pour cela ; on l'avait arrêtée, très bien vêtue, gantée, prête à sortir de chez elle, elle sortit en effet pour ne rentrer qu'après l'amnistie.

— C'est vous qui avez fait porter sur la barricade les statues des saints?

— Mais certainement, dit-elle, les statues étaient de pierre et ceux qui mouraient étaient de chair.

Condamné pour le fait à la *déportation enceinte for-tifiée*, sa santé était si chancelante qu'on ne put l'embarquer.

Une autre, madame Louis, déjà vieille, n'avait rien fait, mais ses enfants eux, s'étaient battus contre Versailles, elle avait tout laissé dire contre elle, à son jugement, s'imaginant que sa condamnation les sauvait; elle le crut jusqu'à sa mort, arrivée en Calédonie, et personne de nous n'osa jamais lui dire, que suivant toute probabilité, ses enfants étaient morts. Ils ne pouvaient, pensait-elle, lui donner de leurs nouvelles. Une autre, madame Rousseau Bruteau, que nous appelions : la Marquise, à cause de son profil régulier et jeune sous ses cheveux blancs, relevés comme au temps des coiffures poudrées, était là surtout, à cause de la similitude de nom, d'un de ses parents. Elle n'était certainement pas hostile à la Commune, mais elle devint beaucoup plus révolutionnaire après le voyage de Calédonie qu'elle ne l'était avant.

Madame Adèle Viard était dans les mêmes conditions, on la crut parente du membre de la Commune Viard, elle n'avait que soigné les blessés.

Elisabeth Retif, Suétens, Marchaix, Papavoine, commuées de la peine de mort aux travaux forcés, avaient uniquement soigné les blessés; elles n'en allèrent pas moins toutes quatre à Cayenne, d'où Rétif ne revint jamais.

Le mardi 24 août 1873, à six heures du matin, on nous appela pour le voyage de la déportation.

J'avais vu ma mère la veille, et remarqué pour la première fois que ses cheveux avaient blanchi, pauvre mère !

Elle avait encore deux de ses frères et deux de ses sœurs; tous l'aimaient beaucoup, l'une de ses sœurs assez à son aise, devait la prendre avec elle. Beaucoup d'autres n'étaient pas aussi tranquilles que moi sur le compte des leurs; je n'avais donc pas à me plaindre.

On nous appela en suivant la liste envoyée par le gouvernement, élimination faite des malades, qui furent plus malheureuses en prison que nous en Calédonie, et des âgées; nous étions vingt, dans l'ordre suivant je crois.

N° 1. Louise Michel. 2. Madame Lemel. 3. Marie Caieux. 4. Madame Leroy. 5. Victorine Gorget. 6. Marie Magnan. 7. Elisabeth Deghy. 8. Adèle Desfossés femme Viard. 9. Madame Louis. 10. Madame Bail. 11. Madame Taillefer. 12. Théron. 13. Madame Leblanc. 14. Adélaïde Germain. 15. Madame Orlowska. 16. Madame Bruteau. 17. Marie Broum. 18. Marie Smith. 19. Marie Caieux. 20. Madame Chiffon et Adeline Régissard vinrent seulement un an ou deux après.

On comptait, à l'époque de notre départ, 32,905 décisions de la justice de Versailles, parmi lesquelles déjà 105 condamnations à mort, dont heureusement, 33 par contumace; cela continuait toujours.

46 enfants au-dessous de 16 ans furent placés dans des maisons de correction, pour les punir de ce que leurs pères avaient été fusillés, ou de ce qu'ils avaient été adoptés par la Commune.

Beaucoup de ceux qui avaient été emprisonnés, étaient morts; le gouvernement avoua 1,179 de ces décès.

En 1879, la justice de Versailles fit le recensement général de ce qu'elle reconnaissait officiellement, il y avait eu 5000 soldats et 36,309 citoyens entre leurs mains.

Les condamnations à mort se montaient alors à 270 dont 8 femmes.

Ce recensement général est ainsi exposé (*Histoire de la Commune* de Lissagaray, en la date du 1er janvier 1871.)

Peine de mort, 270, dont 8 femmes.

Travaux forcés, 410, dont 29 femmes.

Déportation dans une enceinte fortifiée, 2989, dont 20 femmes.

Déportation simple, 3507 dont 16 femmes et 1 enfant.

Détention, 1269, dont 8 femmes.

Réclusion, 64, dont 10 femmes.

Travaux publics, 29.

3 mois de prison et au-dessous, 432.

Emprisonnement de 3 mois à un an, 1622, dont 90 femmes et 1 enfant.

Emprisonnement de plus d'un an, 1344, dont 15 femmes et 4 enfants.

Surveillance de la haute police, 147, dont une femme.

Amende, 9.

Enfants au-dessous de 16 ans envoyés en correction, 56.

Total 13,450, dont 197 femmes.

Ce rapport ne mentionnait ni les condamnations prononcées par les conseils de guerre hors de la juridiction de Versailles, ni celles des cours d'assises.

Il faut ajouter 15 condamnations à mort, 22 aux travaux forcés, 28 à la déportation dans une enceinte fortifiée, 29 à la déportation simple, 74 à la détention, 13 à la réclusion, un certain nombre à l'emprisonnement. Le chiffre total des condamnés à Paris et en province dépassait 13,700 parmi lesquels 170 femmes et 60 enfants.

(Lissagaray, *Histoire de la Commune de Paris*.)

La première étape de notre voyage eut lieu dans une vaste voiture, nous ne devions trouver qu'à Langres la voiture cellulaire qui nous conduisit jusqu'à Larochelle.

Lorsque notre voiture traversa Langres, près de la place des Boulets, je crois, des ouvriers au nombre de cinq ou six, sortirent d'un atelier; leurs bras nus étaient noirs : ils devaient être des forgerons, ils nous saluèrent en ôtant leurs casquettes.

L'un d'eux, à la tête toute blanche, jeta un cri, que je crus reconnaître pour celui de : Vive la Commune! malgré le roulement plus rapide de la voiture, qu'un violent coup de fouet avait enlevée

La nuit, nous arrivâmes à Paris; on couchait dans la voiture cellulaire.

Le mercredi, vers quatre heures de l'après-midi, nous étions à la maison d'arrêt de Larochelle.

La *Comète* nous transporta de Larochelle à Rochefort, où nous montâmes à bord de la *Virginie*.

Des barques amies avaient tout le jour accompagné la *Comète;* de ces barques, on nous saluait de loin, on répondait comme on pouvait, agitant des mouchoirs; je pris mon voile noir pour leur dire adieu, le vent ayant emporté mon mouchoir.

Pendant cinq ou six jours on côtoya les côtes, puis plus rien. Vers le quatorzième jour, disparurent les derniers grands oiseaux de mer, deux nous accompagnèrent quelque temps encore.

Nous étions, dans les batteries basses de la *Virginie*, une vieille frégate de guerre à voiles, belle sur les flots.

La plus grande cage de tribord arrière était occupée par nous, et les deux petits enfants de madame Leblanc; le garçon de six ans, la fille de quelques mois, née à la prison des Chantiers.

Dans la cage en face de la nôtre étaient Henri Rochefort, Henri Place, Henri Menager, Passedouet, Wolowski, et un de ceux qui n'ayant rien fait, furent tout de même déportés et qui s'appelait Chevrier.

Il était expressément défendu de se parler de cage à cage, mais on le faisait tout de même.

Rochefort et madame Lemel commencèrent à être malades, dès le premier instant et finirent au dernier; il y en eut, parmi nous qui le furent aussi, mais aucune pendant tout le voyage; pour moi, j'échappais au mal

de mer comme aux balles, et je me reprochais vraiment de trouver le voyage si beau, tandis que dans
leurs cadres Rochefort ni madame Lemel ne jouis-
saient de rien.

Il y avait des jours où la mer étant forte, le vent
soufflant en tempête, le sillage du navire faisait
comme deux rivières de diamants se rejoignant en un
seul courant qui scintillait au soleil un peu loin encore.

Le 19 septembre, un bâtiment étrange est par moments en vue, tantôt forçant de voiles, tantôt dimi-
nuant ; dans la soirée il y a une manœuvre, deux coups
de canon à blanc, le bâtiment disparaît, c'est la nuit,
on revoit les voiles blanches au fond de l'ombre ; il ne
revient plus. — Ce navire voulait il nous délivrer?

Le 22 septembre des hirondelles de mer se posent
sur les mâts.

Voici les Canaries. Nous sommes en vue de Palma.

Bien souvent j'ai pensé aux continents, engloutis
sous les mers, qui sans doute nous couvriront en quittant leurs lits, laissant un tombeau pour en sceller un
autre, sans arrêter le progrès éternel.

Des baies ouvertes aux vents, au loin le pic de Téné-
riffe.

Plus loin encore, un sommet bleu perdu dans le
ciel. Est-ce le Mont-Caldera ou des sommets de nuages ?

Les maisons de Palma semblent sortir des flots, toutes blanches comme des tombes; au nord, sur une
colline c'est la citadelle.

Les habitants qui viennent apporter des fruits sur
le navire, sont magnifiques. Peut-être, ce sont ces
Gouanches dont les aïeux habitaient l'Atlantide?

Puis Sainte-Catherine Brésil où, la *Virginie* chas-
sant sur ses ancres, nous pouvions découvrir tout le
demi cercle de hautes montagnes dont les sommets se

mêlent aux nuages. D'un côté, à droite, des navires qui entrent dans le port, une forteresse assise. Sur la hauteur d'un des côtés de notre cage, on voyait par les sabords, il y avait aussi l'heure de promenade sur le pont où l'on voyait mieux encore.

La haute mer du Cap fut pour moi un ravissement.

Je n'avais jamais vu avant la Commune, que Chaumont et Paris, et les environs de Paris avec les compagnies de marche de la Commune, puis quelques villes de France, entrevues des prisons et j'étais maintenant, moi qui toute ma vie avais rêvé les voyages, en plein océan, entre le ciel et l'eau, comme entre deux déserts où l'on n'entendait que les vagues et le vent.

Nous vîmes la mer polaire du Sud où, dans une nuit profonde, la neige tombait sur le pont.

Comme de partout il m'en resta quelques strophes.

### DANS LES MERS POLAIRES

La neige tombe, le flot roule,
L'air est glacé, le ciel est noir,
Le vaisseau craque sous la houle
Et le matin se mêle au soir.

Formant une ronde pesante,
Les marins dansent en chantant :
Comme un orgue à la voix tonnante,
Dans les voiles souffle le vent.

De peur que le froid ne les gagne,
Ils disent au pôle glacé
Un air des landes de Bretagne,
Un vieux bardit du temps passé.

Et le bruit du vent dans les voiles,
Cet air si naïf et si vieux,
La neige, le ciel sans étoiles,
De larmes emplissent les yeux.

20.

Cet air est-il un chant magique?
Pour attendrir ainsi le cœur,
Non, c'est un souffle d'Armorique,
Tout rempli de genêts en fleur,

Et c'est le vent des mers polaires,
Tonnant dans ses trompes d'airain
Les nouveaux bardits populaires,
De la légende de demain.

Sur la Virginie. L. Michel.

Je n'étais pas la seule à dire comme l'idée m'en venait
en dessin ou en vers, l'impression des régions que nous
traversions. Rochefort m'envoya un jour ceux qui
suivent dont j'eus un double plaisir, parce que c'était
la preuve qu'il avait encore la force d'écrire malgré
le mal de mer.

### A MA VOISINE DE TRIBORD ARRIÈRE

« J'ai dit à Louise Michel
Nous traversons pluie et soleil,
Sous le cap de Bonne Espérance,
Nous serons bientôt tous là-bas.
Eh bien, je ne m'aperçois pas
Que nous ayons quitté la France.

» Avant d'entrer au gouffre amer
Avions-nous moins le mal de mer?
Mêmes efforts sous d'autres causes
Quand mon cœur saute à chaque bond,
J'entends le pays qui répond :
Et moi suis-je donc sur des roses?

» Non loin du pôle où nous passons,
Nous nous heurtons à des glaçons
Poussés par la vitesse acquise,
Je songe alors à nos vainqueurs.
Ne savons-nous pas que leurs cœurs
Sont aussi durs que la banquise?

» Le phoque entrevu ce matin
M'a rappelé dans le lointain,
Le chauve Rouher aux mains grasses,
Et ces requins qu'on a pêchés
Semblaient des membres détachés
De la commission des grâces.

» Le jour, jour de grandes chaleurs,
Où l'on déploya les couleurs
De l'artimon à la misaine,
Je crus, dois-je m'en excuser,
Voir Versailles se pavoiser
Pour l'acquittement de Bazaine.

» Nous allons voir sur d'autres bords
Les faibles mangés par les forts.
Tout comme le prêchent nos codes
La loi, c'est malheur au vaincu.
J'en étais déjà convaincu
Avant d'aller aux antipodes.

» Nous avons, êtres imprudents,
Bravé bien d'autres coups de dents,
Car ceux dont la main s'est rougie
Dans les massacres de Karnak.
Donneraient au plus vieux Kanak
Des leçons d'anthropophagie.

» Ira-t-on comparer jamais
L'osage qui se fait des mets
Des corps morts trouvés dans les havres
A ces amis de feu César
Qui pour le moindre Balthazar
S'offrent trente mille cadavres.

» L'osage, on ne peut le nier,
Assouvit sur son prisonnier
Des fringales souvent fort vives.
Mais avant de le cuire à point,
Il lui procure un embonpoint
Qui fait honneur à ses convives.

» Je connais un Pantagruel
Non moins avide et plus cruel.
Les enfants, les vieillards, les femmes
Que tu guettes pour ton dîner,
Avant de les assassiner
O Mac-Mahon, tu les affames.

» Puisque le vaisseau de l'état
Vogue de crime en attentat
Dans une mer d'ignominie,
Puisque c'est là l'ordre moral,
Saluons l'océan austral
Et restons sur la *Virginie*.

» Il y fait trop chaud ou trop froid.
Je ne prétends pas qu'elle soit
Précisément hospitalière
Quand on marche dans le grésil
Près d'un soldat dont le fusil
Menace l'avant et l'arrière.

» Ce mât qu'un grain fait incliner,
Le vent peut le déraciner,
Le flot peut envahir la cale.
Mais ces ducs déteints et pâlis,
Crois-tu qu'ils n'aient aucun roulis
Sur leur trône de chrysocale ?

» Que nous soyons rêveurs ou fous,
Nous allons tout droit devant nous,
Tandis, et c'est ce qui console,
Qu'à les regarder s'agiter,
On devine à n'en pas douter
Qu'ils ont détraqué leur boussole.

» Nous pouvons sombrer en chemin,
Mais je prévois qu'avant demain,
Sans me donner pour un oracle
Leur sort sera peu différent.
Qui veut défier les courants,
Est emporté par la débâcle. »

Henri Rochefort.

Novembre 1873, à bord de la *Virginie*.

Combien de lettres et de vers furent échangés sur la
*Virginie*, car la défense de correspondre quand on est
si près — ne compte pas.

Il y avait des récits simples et grands, de bien des
déportés, des vers dont la pensée, sous une forme
abrupte était superbe.

Une dédicace écrite par un camarade trop zélé protestant, sur le premier feuillet d'une Bible avait un
parfum de myrrhe : j'ai gardé la dédicace, mais envoyé
par dessus bord la Bible, aux requins.

Tous ces fragments, à part les vers de Rochefort,
retrouvés entre les feuillets d'un livre ont disparu dans
les perquisitions, après le retour de Calédonie.

Ceux que je lui envoyai ne me sont pas restés non
plus ; je cite le fragment dans le voyage.

A BORD DE LA *Virginie*.

Voyez des vagues aux étoiles
Poindre ces errantes blancheurs.
Des flottes sont à pleines voiles
Dans les immenses profondeurs ;
Dans les cieux des flottes de mondes,
Sur les flots les facettes blondes
De phosphorescentes lueurs.

Et les flottantes étincelles,
Et les mondes au loin perdus
Brillent ainsi que des prunelles.
Partout vibrent des sons confus.
Au seuil des légendes nouvelles
Le coq gaulois frappe ses ailes
Au guy l'an neuf Brennus Brennus.

L'aspect de ces gouffres enivre,
Plus haut, ô flots, plus fort, ô vents!
Il devient trop cher de vivre,
Tant ici les songes sont grands,

Il vaudrait bien mieux ne plus être
Et s'abîmer pour disparaître
Dans le creuset des éléments.

Enflez les voiles, ô tempêtes
Plus haut, ô flots, plus fort, ô vent!
Que l'éclair brille sur nos têtes,
Navire en avant, en avant!
Pourquoi ces brises monotones?
Ouvrez vos ailes, ô cyclones,
Traversons l'abîme béant.

A bord de la *Virginie*, 14 septembre 73.

J'ai raconté bien des fois comment pendant le voyage
de Calédonie je devins anarchiste.

Entre deux éclaircies de calme où elle ne se trouvait
pas trop mal, je faisais part à madame Lemel de ma
pensée sur l'impossibilité que n'importe quels hommes
au pouvoir pussent jamais faire autre chose que commettre des crimes, s'ils sont faibles ou égoïstes; être
annihilés s'ils sont dévoués et énergiques; elle me
répondit : « C'est aussi ce que je pense! » J'avais
beaucoup de confiance en la rectitude de son esprit,
et son approbation me fit grand plaisir.

La chose la plus cruelle que j'aie vue sur la *Virginie*,
fut le long et épouvantable supplice qu'on fait subir
aux albatros, qui aux environs du Cap de Bonne-Es-
pérance venaient par troupeaux autour du navire.
Après les avoir pêchés à l'hameçon, on les suspend par
les pieds pour qu'ils meurent sans tacher la blancheur
de leurs plumes. Pauvres moutons du Cap! que tristement et longtemps ils soulevaient la tête, arrondissant
le plus qu'ils pouvaient leurs cous de cygnes afin de
prolonger la misérable agonie qu'on lisait dans l'épouvante de leurs yeux aux cils noirs.

Je n'avais rien vu encore d'aussi beau que la mer
furieuse du Cap, les courants déchaînés des flots et du
vent. Le navire, plongeant dans les abîmes, montait

sur la crête des vagues qui le battaient en brèche. La vieille frégate que pour nous on avait remise à flots, demi-brisée, se plaignait, craquait comme si elle allait s'ouvrir; s'en allant à cape sèche comme un squelette de navire, et debout pareille à un fantôme, son mât de misaine plongé dans le gouffre.

Enfin la Nouvelle Calédonie fut en vue.

Par la plus étroite des brèches de la double ceinture de corail, la plus accessible, nous entrons dans la baie de Nouméa.

Là, comme à Rome, sept collines bleuâtres, sous le ciel d'un bleu intense; plus loin, le Mont-d'Or, tout crevassé de rouge terre aurifère.

Partout des montagnes, aux cimes arides, aux gorges arrachées, béantes d'un cataclysme récent; l'une des montagnes a été partagée en deux, elle forme un V dont les deux branches, en se réunissant, feraient rentrer dans l'alvéole les rochers qui pendent d'un côté à demi-arrachés, tandis que leur place est vide de l'autre.

Comme on cherche toujours bêtement à faire aux femmes un sort à part, on voulait nous envoyer à Bourail, sous prétexte que la situation y est meilleure; mais pour cela même nous protestons énergiquement et avec succès.

Si les nôtres sont plus malheureux à la presqu'île Ducos, nous voulons être avec eux!

Enfin nous sommes conduites à la presqu'île sur la chaloupe de la *Virginie;* tout autre transport ne nous inspire nulle confiance, le commandant l'a compris; et sur sa parole seulement nous consentons à quitter la *Virginie*. Nous avions fait le projet, madame Lemel et moi, de nous jeter à la mer si on s'obstinait à nous faire conduire à Bourail, et d'autres, je crois, l'eussent fait aussi.

Les hommes, débarqués depuis plusieurs jours, nous

attendaient sur le rivage avec les premiers arrivés.

Nous trouvons là le père Malezieux, ce vieux de juin dont la tunique, au 22 janvier, avait été criblée de balles.

Lacour, celui qui, à Neuilly, était si furieux contre moi à cause de l'orgue.

Il y a, chez le cantinier, un beau et intelligent cana-que qui (pour apprendre ce que savent les blancs) s'est fait garçon cantinier.

Nous retrouvons Cipriani, Rava, Bauër. Le père Croiset, de l'état-major de Dombrowski, notre ancien ami Collot, Olivier Pain, Grousset, Caulet de Tailhac, Grenet, Burlot du comité de vigilance, Charbonneau, Fabre, Champy, une foule d'amis un peu de partout, des groupes Blanquistes, de la Corderie du Temple des compagnies de marche. Rochefort, Place, tous ceux de la *Virginie* sont casés chez les premiers arrivés.

Nous avions reçu un premier courrier sur la *Vir-ginie*, il nous parvint intact; le commandant nous fit même constater que nos lettres n'avaient point été ouvertes : les marins, disait-il, n'étant pas des policiers. A la presqu'île Ducos, on recommença à visiter les correspondances. Ne demandez plus jamais une longue lettre à ceux qui, pendant des années, ont écrit ainsi à lettre ouverte.

Je songeais, en débarquant à la presqu'île, à l'un de mes plus anciens amis, Verdure. — Où donc est Ver-dure? demandai-je, étonnée de ne pas le voir avec les autres; il était mort.

Les correspondances restant naturellement trois et quatre mois en chemin, avaient été longtemps à se régulariser. Verdure ne recevant de lettres de per-sonne, prit un chagrin dont il mourut; un paquet de lettres qui lui avaient été adressées, arriva quelques jours après sa mort.

Une fois les courriers régularisés, on pouvait avoir

au bout de six à huit mois, une réponse à chaque lettre ; il y avait un courrier tous les mois, mais ce qu'on recevait en avait trois ou quatre de date.

Et pourtant, quelle joie que l'arrivée du courrier ! On montait à la hâte la petite butte au-dessus de laquelle était la maison du vaguemestre, près de la prison, et comme un trésor on emportait les lettres.

Quand elles avaient été, au départ, en retard d'un jour, ou d'une heure, il fallait attendre au mois suivant.

Les déportés avaient fait fête à Rochefort et à nous. Pendant huit jours, on se promena dans la presqu'île comme en partie de plaisir ; il y eut ensuite, chez Rochefort, c'est-à-dire chez Grousset et Pain, où sa chambre en torchis avait été préparée, un dîner où Daoumi vint en chapeau à haute forme, ce qui donnait une touche burlesque à son profil de sauvage ; il chanta, de cette voix grêle des canaques, une chanson du pays de Lifon, avec les quarts de tons étranges, que plus tard il voulut bien me dicter.

#### CHANSON DE GUERRE

Ka kop... très beau, très bon,
Méa moa... rouge ciel,
Méa ghi... rouge hache,
Méa iep... rouge feu,
Méa rouia... rouge sang,
Auda dio poura... salut adieu,
Matels matels kachmas... hommes braves.

Ce couplet seul m'est resté.

Il y avait à ce dîner une petite fille d'une douzaine d'années, Eugénie Piffaut, avec ses parents.

Elle avait de si grands yeux d'un bleu pareil au ciel calédonien, qu'ils éclairaient tout son visage ; elle dort au cimetière des déportés, entre un rocher de granit rose et la mer. Henri Sueren fit pour elle un monument de terre cuite que peut-être ont respecté les cyclones.

Ceux qui mouraient là-bas avaient pour les accompagner le long cortège des déportés, vêtus de toile blanche, ayant à la boutonnière une fleur rouge de cotonnier sauvage, qui ressemble à de l'immortelle ; ce défilé, par les chemins de la montagne, était vraiment beau.

Le cimetière était déjà peuplé et fleuri ; sur le tertre de Passedouet étaient des couronnes venues de France.

Sur celui qui recouvre un petit enfant, Théophile Place, croît un eucalyptus. Il y avait pendant la déportation des fleurs sur toutes les tombes ; un suicidé, Meuriot. dort sous le niaouli.

Le premier qui était mort s'appelait Beuret, le cimetière garda son nom ; la baie de l'Ouest a gardé celui de baie Gentelet, du premier qui y bâtit son gourbi.

La ville de Numbo, qui faisait penser à la ville de Troie, se bâtissait peu à peu, chaque nouvel arrivant y ajoutant sa case de briques de terre séchées au soleil.

Numbo dans la vallée avait la forme d'un C dont la pointe Est était la prison, la poste, la cantine ; la pointe Ouest, une forêt dont l'avancée sur de petits mamelons était couverte de plantes marines, en train de se faire terrestres ; la transformation avait pu s'accomplir grâce aux flots qui les baignaient de temps à autre. Au milieu du C, c'était la ville s'adossant à une hauteur à l'extrémité de laquelle était la forêt Nord ; sur la route demeurait la famille Dubos.

L'hospice dominait les maisons, placé au-dessus de deux baraques en planches face à face l'une de l'autre ; l'une était pour les femmes, l'autre n'avait pas encore de destination.

Je lui en trouvai une, en y réunissant quelques jeunes gens à qui Verdure avait commencé à donner des leçons ; certains avaient des aptitudes réelles : Sénéchal, Mousseau, Meuriot, qui tout à coup fut pris de nostalgie et voulut mourir, étaient des poètes.

Il y a entre la forêt ouest et la mer une ligne de rochers volcaniques, les uns debout, pareils à des menhirs gigantesques; les autres, semblables à des monstres couchés sur le rivage; de grandes dalles de lave couvrent une partie du rivage.

Le mât des signaux domine la forêt ouest; les hirondelles le couvrent d'un nuage noir.

Deux fois par an, les lianes qui couvrent la forêt se chargent de fleurs, presque toutes blanches, ou jaunes; les feuilles ont toutes les formes possibles. Celles du tarot sont en fer de flèche, d'autres en forme de feuilles de vigne. La liane à pommes d'or fleurit comme l'oranger. La liane fuchsia couvre le sommet des arbres d'une neige de pendants d'oreilles d'un blanc de lait.

Une liane à feuilles de trèfle fleurit en corbeilles suspendues à un fil et pareilles à la fleur vivante du corail. Une autre liane a pour fleurs des milliers de pendants d'oreilles rouges.

Des arbustes sont couverts de minuscules œillets blancs. La pomme de terre arborescente est un arbuste ayant de petits tubercules à sa racine. La fleur et la graine sont semblables à celles des pommes de terre.

Le haricot arborescent dont la fleur bleue est ombrée de noir, est la seule peut-être qui ne soit pas jaune, blanche ou rouge.

La couleur violette est représentée par des minuscules pensées sauvages qui croissent parmi de petits liserons roses et de grands résédas sans odeur.

Du ricin partout, dans les forêts, sur les rochers, dans les brousses; pendant les derniers jours, alors qu'on allait revenir, ayant demandé depuis longtemps des vers à soie de ricin, j'aperçus bon nombre de ricins qui en étaient couverts.

Dans ce pays les plantes à coton sont multiples, les insectes qui filent sont en grand nombre; l'araignée à soie, tend dans les bois ses gros fils argentés.

Là, nul animal n'a de venin, mais beaucoup fascinent leur proie : le scorpion attire à lui les insectes, la mouche bleue fascine le cancrelat, le flatte, le charme et l'emmène dans un trou où elle le suce.

Chaque arbre a son insecte pareil à son écorce ou à sa fleur.

La chenille du niaouli ne se distingue pas de la branche, d'innombrables familles de punaises (chaque arbre a la sienne,) y brillent comme des pierres précieuses (elles sont sans odeur). Comme en nos bois les fraises, les forêts de Calédonie sont rouges de petites tomates, grosses comme des cerises, odorantes et fraîches.

Des milliers d'arbustes aux fleurs d'héliotrope, au bois blanc, et creux comme le sureau, ont une baie semblable aux mûres de ronces pressées, elles donnent une goutte de jus, pareil au vin de Madère.

La graine guillochée d'une liane à fleurs jaunes trouvait jadis son analogie dans une tortue dont la race a disparu, la carapace était décorée des mêmes guillochures, l'animal vivait sans membres, autres que le cou et la tête, sous les mers où se trouvent les carapaces vides, vers les rives.

Sur un morne émerge une algue marine aux raisins violets ; elle s'étend plus vivante encore que dans les flots, elle se fait terrestre s'attachant peu à peu au sol.

C'est bien ainsi que se forment et se développent de la plante à l'être des organes nouveaux suivant les milieux.

Ainsi, nous ne savons pas nous servir encore de l'organe rudimentaire de la liberté, vienne le cyclone qui fera le monde nouveau, l'être s'y acclimatera comme ces fucus s'acclimatent à la terre après l'onde mouvante.

La mouche feuille (la psilla) qui vole pareille à un bouquet de feuilles, et quelquefois la mouche fleur plus

rare encore me sont apparues, l'une quatre fois en dix
ans, l'autre deux dans les bois. Quand un niaouli dont
nul ne sait l'âge, s'effondre tout à coup, on aperçoit
dans la poussière qui fut l'arbre, des insectes plus étranges encore dont la race a disparu, et qui se multipliaient
sous le triple feuilletage de la blanche écorce, depuis
des siècles sur des siècles; ils meurent au contact de
l'air qui n'est pas le leur.

Deux fois par an, tombe apportée par les vents des
déserts, la neige grise des sauterelles.

Quand ces abeilles des sables ont passé: plantations,
feuilles des forêts, herbe des brousses, tout est dévoré,
les troncs d'arbres même ont des morsures.

Peut-être en les balayant dans des fosses profondes,
on obtiendrait des engrais nécessaires à la mince couche de terre végétale.

Les sauterelles n'attaquent qu'en dernier lieu les
ricins, qui longtemps restent verts sur le desséchement
général.

J'ai raconté que j'avais demandé des œufs de vers à
soie de ricin ou même de mûrier pour les acclimater
au ricin. Mais les savants à qui je me suis adressée les
faisaient d'abord venir à Paris au lieu de me les faire
envoyer directement de Sydney, qui est à huit jours
de la Calédonie. Dans les diverses pérégrinations ils
étaient toujours éclos. J'aurais dû penser qu'ayant
l'arbre il y avait l'insecte et chercher avec plus de
persévérance.

Au milieu de la forêt ouest, dans une gorge entourée
de petits mamelons, encore imprégnés de l'odeur âcre
des flots, est un olivier dont les branches s'étendent
horizontalement comme celles des mélèzes; jamais aucun insecte ne vole sur ces feuilles vernies, au goût
amer. Ses fruits, de petites olives, sont vernies aussi et
d'un vert sombre.

Quelle que soit l'heure et la saison, une fraîcheur de

grotte est sous son ombre, la pensée y éprouve, comme le corps, un calme soudain.

Eh bien, en introduisant sous l'écorce d'un arbre chargé d'insectes, de la sève de celui-là, par des injections elle se mêle à la sève de l'arbre, les insectes ne tardent pas à le quitter.

On peut dans ce pays où la sève est puissante traiter les plantes comme les êtres ; il m'est arrivé une année où à la presqu'île Ducos tous les papayers mouraient de la jaunisse, d'en vacciner ainsi quelques-uns, avec la sève des papayers malades : quatre ont survécu sur cinq, tous ceux de la presqu'île sont morts.

Vers le milieu de la forêt ouest était un figuier banian, qui fut coupé peu avant notre départ.

Jamais je ne vis insectes plus étranges que ceux qui se cachaient à l'ombre de ce banian dans les multiples crevasses du rocher, de gros vers blancs comme les larves des hannetons, mais ayant sur la tête des cornes à ramures pareilles à celles des rennes.

Une espèce de bourgeon noir est au commencement recouvert d'une sorte de linceul ; c'est la première étape de quelque insecte inconnu, peut-être des psillas.

Si l'alcool ne nous eût été interdit, on eût pu conserver de ces étranges insectes en voie de transformations.

Entre la forêt ouest et Numbo des niaoulis tordus par les cyclones, se suivent espacés comme des files de spectres, leurs troncs blancs dans les grands clairs de lune apparaissent étranges, les branches pareilles à des bras de géants se lèvent, pleurant l'asservissement de la terre natale.

Quand les nuits sont obscures, on voit sur les niaoulis une phosphorescence. La chenille du niaouli est de la couleur des branches ; elle se métamorphose en une sorte de demoiselle, dont les ailes et le corps se confondent avec les feuilles de l'arbre.

La feuille du niaouli donne une sorte de thé amer ;

sa fleur, plus que l'opium, plus que le haschisch procure un sommeil aux rêves fantastiques, bercés par un rythme pareil à celui des flots.

Les takatas, prêtres, médecins, sorciers des Canaques prennent de l'infusion de fleurs de niaouli pour se donner la vision du pays des blancs et d'autres, regardées comme prophétiques. Le niaouli est l'arbre sacré.

Les seuls animaux sont l'oiseau à lunettes assez familier pour lorgner de tout près ce qu'on fait, le cagou, le notou pigeon au rugissement de fauve, quelques tortues sur la grande terre, des lézards partout, de grands serpents d'eau, dont les crochets sont trop courts; du reste nulle plante, nul animal n'ont de venin en Calédonie. Le vampire calédonien (la roussette, grande chauve-souris à tête de renard) ne boit pas même de sang, elle se nourrit de cocos plus souvent que de petits oiseaux. Les grenouilles abondent, croassant avec des voix formidables. Mouches bleues, guêpes, crancrelats, deux fois par an la neige grise des sauterelles et toujours les moustiques par nuées, une multitude de poissons de toutes sortes et de toutes les couleurs, quelques chats sauvages, descendants de ceux qui y furent laissés par Cook devenus pêcheurs et qui, à force de s'appuyer sur les pattes de derrière en sautant, ont pris quelque analogie avec la forme du lapin, pas d'autres bêtes dangereuses que les requins, telle est à peu près toute la faune calédonienne. N'oublions pas l'énorme rat venu de quelques épaves de navires. Je disais que les animaux calédoniens sont sans venin; s'ils n'en ont point pour l'homme, entre eux il en est autrement: la mouche bleue pique le cancrelat avant de lui crever les yeux; il est probable qu'elle lui injecte une sorte de curare. La guêpe, qui mure dans son nid d'autres mouches, les anestésie, pour qu'elles servent vite encore à la nourriture de ses petits qu'elle pond autour des victimes.

Parmi les bruyères roses au sommet des mamelons de la forêt ouest dans des rocs écroulés, comme des ruines de forteresse, des lianes aux feuilles transparentes, et fragiles, aux fleurs embaumées, sont la retraite de grands mille pieds, qui s'enlacent comme des serpents autour d'autres insectes après les avoir attirés; dans ces mêmes bruyères roses une araignée brune velue comme un ours, dévore son mari une fois qu'il ne lui plaît plus, ayant eu soin de l'attacher dans sa toile.

Un autre monstre, d'insecte, une araignée, encore laisse travailler à sa toile des araignées plus petites, que sans doute elle mange à son loisir.

La troisième année seulement de notre séjour à la presqu'île Ducos, nous avons vu des papillons blancs. Sont-ils triannuels ou serait-ce le résultat de la nourriture nouvelle, apportée aux insectes par les plantes d'Europe semées à la presqu'île?

Souvent je revois ces plages silencieuses, où tout à coup sous les palétuviers on entend sans rien voir, clapoter l'eau sous quelque combat de crabes, où la nature sauvage et les flots déserts semblent vivre.

Tous les trois ans dans les cyclones, les vents et la mer hurlent, rauquent, mugissent les bardits de la tempête; il semble alors que la pensée s'arrête, et qu'on soit porté par les vents et les flots entre la nuit du ciel et la nuit de l'océan. Parfois un éclair immense et rouge déchire l'ombre, d'autres fois il est livide.

Le bruit formidable de l'eau qui se verse par torrents, les souffles énormes du vent et de la mer, tout cela se réunit en un chœur magnifique et terrible.

Les cyclones de nuit sont plus beaux que les cyclones de jour.

La mer a des phosphorescences superbes par les nuits calédoniennes, où dans le bleu intense du ciel les constellations semblent tout près, il n'y a point de crépuscule en Calédonie, mais un instant où le soleil, en disparaissant embrase la mer.

La case de Rochefort était sur la hauteur, celle de Grenet dans un trou de rocher, entourée d'un jardin qui tenait la moitié de la montagne. Quand l'ennui le prenait, il attaquait à grands coups de pioche la terre marâtre, faisant concurrence à Gentelet qui retournait l'autre flanc des hauteurs, tout un côté du crève-cœur.

En tournant un peu sur le chemin de Tendu, c'était la case de l'Heureux, où il jouait de la guitare ; elle avait été fabriquée à la presqu'île même, en bois de rose, par le père Croiset, dont la case était sur le même chemin ; de l'autre côté, encore non loin de la poste, sur une petite hauteur la case de Place, où naquirent son aîné mort tout petit, et ses deux filles ; en descendant celle de Balzen qui, sous prétexte qu'il était de l'Auvergne, changeait en ustensiles à notre usage les vieilles boîtes de conserves ; il se livrait aussi à la chimie, faisant de l'essence de niaouli de concert avec le vieux blanquiste Chaussade.

Une case toute couverte de lianes, près de la baraque des femmes, c'était celle de Penny ayant avec lui sa femme et ses enfants, l'une, Augustine née à la presqu'île.

Plus loin, la forge du père Malezieux où il nous fait avec des vieux bouts de fer des serpes, des outils de jardin, une foule de choses.

La case de Lacourt tout auprès, puis celle de Provins, l'un des tambours des fédérés qui le plus furieusement battit la générale aux jours où Paris devait être debout.

Avec deux ouvertures qui ont l'air de fenêtres, une belle corbeille d'euphorbes, devant l'entrée et dedans quelque chose qui ressemble à une bibliothèque : c'est la case de Bauër.

Celle de Champi, toute petite, est sur la hauteur de

21.

Numbo. Un jour que nous étions sept ou huit autour de la table, on pensa la défoncer en appuyant chacun de son côté; au nord aussi est la maison à ogives vertes, de Regère.

Il y a encore la grande case de Kervisik, du côté de l'hospice où demeure Passedouet en attendant sa femme. Celle de Burlot toute seule en haut du côté du père Royer, le vieux Mabile au bord de la mer, à Tendu, je les revois toutes. L'énumération tiendrait un volume, toutes ces pauvres cases de brique crue, couvertes en paille des brousses qui vues des hauteurs avaient l'air d'une grande ville des temps antiques.

L'évasion de Rochefort et de cinq autres déportés, Jourde, Olivier Pain, Paschal Grousset, Bullière et Granthille, affola l'administration Calédonienne. Un conseil de guerre fut réuni, le gouverneur Gautier de la Richerie était en voyage d'exploration, sur un des navires, qui gardaient les déportés; le second navire était à l'île des Pins, il y avait déjà quarante-huit heures que les évadés étaient partis, tous les gardiens tremblaient de peur d'être révoqués; ils étaient d'autant plus furieux que la gaieté était plus grande à la presqu'île Ducos.

Les surveillants virent en faisant l'appel, que Rochefort, Olivier Pain, Granthille manquaient; la vérité ne fut pas de suite comprise, les déportés l'ayant saisie plus vite, répondaient des choses telles que ceci : à l'appel de Bastien Granthille quelqu'un s'écria : il a des bottes, Bastien, il est allé les mettre.

Et comme on appelait désespérément Henri Rochefort, les uns dirent : il est allé allumer sa lanterne; d'autres, il a promis de revenir, d'autres encore : Va-t'en voir s'ils viennent.

Trop inquiets pour pouvoir punir en ce moment, les autorités se réservaient pour plus tard. Le spectacle de la franche gaieté qui régnait parmi les déportés met-

tait les chiourmes dans une telle rage qu'ils déchirè-
rent des rideaux bien innocents de tout cela, en allant
reconnaître s'ils ne trouveraient à la case des évadés
rien qui les mît sur *la trace*.

Personne n'avait vu les fugitifs depuis le jeudi ; on
était au samedi, ils étaient sauvés.

Le cantinier Duserre dont la barque avait été employée par Granthille pour venir au devant des évadés
de la presqu'île, eut quinze jours de cachot, la malheureuse barque quoique plongée à l'aide de grosses pierres dans la mer, s'étant tout à coup retournée par l'effort des flots et s'étant remise à flotter, ce qui avait
paru démontrer la complicité de Duserre.

Tout est bien qui finit bien : la barque non seulement
fut payée, mais le brave homme obligé de partir pour
Sydney, y devint plus à son aise qu'il n'eût pu l'être
à Nouméa où le commerce est peu de chose, à part la
traite des naturels sous forme d'engagements.

Quelques pages de mes *Mémoires*, chez Roy éditeur,
rue Saint-Antoine, contiennent des lettres racontant la
conduite du gouvernement colonial de Calédonie, à
l'occasion de l'évasion de Rochefort.

Après l'évasion de Rochefort, MM. Alcyron et Ribourt
envoyés pour terrifier la déportation, probablement
afin d'y faire revenir Rochefort, eurent le ridicule d'envoyer pendant un certain temps sur les hauteurs autour
de Numbo des factionnaires qui avaient l'air de jouer
la *Tour de Nesle* avec décors grandioses.

On entendait à intervalles réguliers au sommet des
montagnes : sentinelle, garde à vous ! et par les nuits
claires les silhouettes noires des factionnaires se dessinaient sur les cimes dans le clair de lune intense.

Quelques-uns de ces factionnaires avaient de belles
voix : c'était charmant. On sortait sur les portes des
cases pour les entendre et les voir.

Puis les voix s'enrouèrent ; on était blasé sur les

silhouettes; cela devint moins attrayant, mais c'était toujours joli.

Après les choses ridicules il y eut les choses odieuses : les déportés furent privés de pain. Un malheureux à demi insensé par l'effroi des choses vues, fut visé comme on aurait fait d'un lapin, parce qu'il rentrait un peu après l'heure dans sa concession.

On ne se privait pas sous Aleyron et Ribourt de faire passer en fraude des lettres où leur conduite était mise au grand jour par les revues de Sydney ou celles de Londres.

Il me reste quelques lettres de celles qui furent insérées ainsi :

Presqu'île Ducos, 9 juin 1875.

» Chers amis,

» Voici les pièces officielles du transfèrement dont je vous ai parlé.

» Transfèrement auquel nous n'avons consenti qu'après qu'il eut été fait droit à nos protestations : 1° sur la forme dans laquelle l'ordre avait été donné ; 2° sur la manière dont nous habiterions ce nouveau baraquement.

» Il est de fait qu'occuper un coin ou l'autre de la presqu'île nous est fort indifférent, mais nous ne pouvions supporter l'insolence de la première affiche, nous devions poser nos conditions et ne consentir au changement de résidence qu'une fois ces conditions remplies.

» C'est ce qui a été fait.

» Voici copie de la première affiche posée le 19 mai 1879 à Numbo ; c'est sous forme d'affiches que les ordres du gouvernement nous sont transmis ; et avec la formule le déporté un tel, n° tant, qu'on répond.

DÉCISION

19 mai 1875.

» Par ordre de la direction, les femmes déportées

dont les noms suivent quitteront le camp de Numbo le 20 du courant pour aller habiter dans la baie de l'ouest le logement qui leur est affecté : Louise Michel n° 1 ; Marie Smith n° 3 ; Marie Cailleux n° 4 ; Adèle Desfossés n° 5 ; Nathalie Lemel n° 2 ; la femme Dupré n° 6.

» Voici nos protestations :

Numbo, 20 mai 1875.

» La déportée Nathalie Duval, femme Lemel, ne se refuse pas à habiter le baraquement que lui assigne l'administration, mais elle fait observer :

1° Qu'elle est dans l'impossibilité d'opérer elle-même son déménagement.

2° Qu'elle ne peut se procurer le bois nécessaire à la cuisson de ses aliments et le débiter ;

» 3° Qu'elle a construit deux poulaillers et cultivé une portion de terrain ;

» 4° En vertu de la loi sur la déportation qui dit : les déportés pourront vivre par groupes ou par familles et leur laisse le choix des personnes avec lesquelles il leur plaît d'établir des rapports ; la déportée Nathalie Duval, femme Lemel, se refuse à la vie commune si ce n'est dans ces conditions.

» Nathalie Duval, femme Lemel, n° 2.

» Protestations :

Numbo, 26 mai 1875.

» La déportée Louise Michel n° 1 proteste contre la mesure qui assigne aux femmes déportées un domicile éloigné du camp comme si leur présence y était un scandale. La même loi régit les déportés, hommes ou femmes. On ne doit pas y ajouter une insulte non méritée.

» Pour ma part, je ne puis me rendre à ce nouveau domicile sans que les motifs pour lesquels on nous y envoie étant honnêtes, soient rendus publics par affiche ainsi que la manière dont nous y serons traitées.

» La déportée Louise Michel déclare que dans le cas où les motifs seraient une insulte, elle devra protester jusqu'au bout, quoi qu'il lui en arrive.

Louise MICHEL, n° 1.

» Le lendemain de nos protestations, on nous prévint à déménager dans la journée; chose que nous nous empressâmes de ne pas faire, ayant bien résolu de ne pas quitter Numbo avant qu'on eut fait droit à nos justes protestations et déclaré que nous étions prêtes jusque là à aller en prison si on voulait, mais nullement à nous déranger pour déménager.

» Affirmant, du reste, qu'une fois l'affiche insolente réparée et nos logements disposés à la baie de l'ouest de façon à ne pas nous gêner les unes les autres, nous n'avions nulle raison pour préférer une place à l'autre.

» Allées et venues, menaces du gardien-chef qui fort embêté revint à cheval vers le soir pour nous paraître plus imposant, pétarades du cheval qui s'ennuyant de la longue pause de son maître devant nos cases, le remporte plus vite qu'il ne veut au camp militaire.

» Arrivée, trois ou quatre jours après, du directeur de la déportation accompagné du commandant territorial qui promettent par une seconde affiche de faire droit à nos réclamations et de séparer en petites cases où nous pourrions habiter par deux ou trois comme nous voudrions le baraquement de la baie de l'ouest, de façon à laisser se grouper celles dont les occupations étaient semblables.

» Une partie des engagements fut d'abord remplie, mais tant qu'ils ne le furent pas complètement il fut impossible de nous faire quitter Numbo, et comme il n'y avait pas de places pour nous à la prison on se décida à aller jusqu'au bout.

» Nous sommes maintenant à la baie de l'ouest et c'est triste pour madame Lemel qui ne peut guère marcher tant elle est souffrante ; c'est pourquoi je n'ose me réjouir du voisinage de la forêt que j'aime beaucoup.

» Tel est sans passion ni colère le récit de notre transfèrement de Numbo presqu'île Ducos à la baie de l'ouest, également presqu'île Ducos.

» Louise MICHEL, n° 1 »

Baie de l'ouest, 9 juin 1873.

La lettre qui suit aurait dû être la première par ordre de date, elle parvint plus tard à la revue australienne où elle fut insérée.

18 avril 1876, Numbo.

New Caledonia.

Chers amis,

Par les différentes évasions qui ont eu lieu depuis peu, vous devez connaître à peu près la situation où se trouvent les déportés, c'est-à-dire les vexations, abus d'autorité, etc., dont MM. Ribourt, Aleyron et consorts se sont rendus coupables.

Vous savez que sous l'amiral Ribourt le secret des lettres fut ouvertement violé, comme si les quelques hommes qui ont survécu à l'hétacombe de 71 fissent peur aux assassins à travers l'océan.

Vous savez tous que sous le colonel Aleyron, le héros de la caserne Lobeau, un gardien tira sur un déporté, *chez ce déporté* : il avait, sans le savoir, enfreint les limites pour aller chercher du bois ; quelque temps auparavant un autre gardien avait tiré sur le chien du déporté Croiset qu'il blessa entre les jambes de son maître. Visait-on l'homme ou le chien ?

Que de choses depuis ! il me semble que j'en vais beaucoup oublier tant il y en a, mais on se retrouvera.

Vous avez su déjà qu'on privait de pain ceux qui, se

conformant simplement à la loi de la déportation se présentent aux appels sans se ranger militairement sur deux lignes. La protestation à ce sujet fut énergique, montrant que malgré les divisions introduites parmi nous par des gens complètement étrangers à la cause, et qu'on y a jetés à dessein, les déportés n'ont point oublié la solidarité.

On a depuis privé de vivres à l'exception du pain, du sel et des légumes secs, quarante-cinq déportés comme s'étant montrés hostiles à un travail qui n'existait que dans l'imagination du gouvernement.

Quatre femmes ont été également privées comme *laissant à désirer sous le rapport de la conduite, et de la moralité*, ce qui est faux. Le déporté Langlois, mari d'une de ces dames, ayant répondu énergiquement pour sa femme qui ne lui a jamais donné aucun sujet de mécontentement, a été condamné à dix-huit mois de prison et *3,000 francs d'amende*.

Place, dit Verlet, ayant également répondu pour sa compagne dont la conduite mérite le respect de toute la déportation, à six mois de prison et 500 francs d'amende et, de plus, ce que rien au monde ne pourrait lui rendre, son enfant né pendant sa prison préventive est mort par suite des tourments éprouvés par sa mère qui le nourrissait.

Il ne lui fut pas permis de voir son enfant vivant.

D'autres déportés ont été condamnés. Cipriani dont la dignité et le courage sont connus, à dix-huit mois de prison et 3,000 francs d'amende. Fourny condamnation à peu près semblable pour lettres insolentes bien méritées par l'autorité.

Dernièrement le citoyen Malezieux, doyen de la déportation, se trouvant assis le soir devant sa case en compagnie des déportés qui travaillent avec lui, un gardien ivre l'accusa de tapage nocturne, le frappa, et il fut de plus mis en prison.

Chez nos aimables vainqueurs le plaisant se mêle au
sévère; les gens qui ont le plus travaillé depuis leur
arrivée sont sur la liste des retranchés. Un déporté se
trouve porté à la fois sur les deux listes.

Le journal officiel de Nouméa en fait preuve. Sur
l'une, comme puni pour refus de travail, sur l'autre
comme récompensé pour son travail.

Je passe une provocation faite à l'appel du soir quelques jours avant l'arrivée de M. de Pritzbuer. Un gardien connu pour son insolence menaçait les déportés, son
revolver à la main, le plus profond mépris fit justice
de cette provocation et de bien d'autres. Depuis MM.
Alcyron et Ribourt cherchèrent à se justifier.

Il est probable que d'autres listes de retranchés vont
faire suite à la première, et comme le travail n'existe
pas, toutes les communications ayant été coupées depuis trop longtemps pour qu'on ait rien tenté, et, de
plus le métier d'un certain nombre de déportés exigeant
de premiers frais qu'il leur est impossible de faire, vous
pouvez juger de la situation.

Dans tous les cas ces choses auront servi à dévoiler
complètement jusqu'où peut descendre la haine des
vainqueurs; il n'est pas mauvais de le savoir, non pour
les imiter, nous ne sommes ni des bourreaux ni des
geôliers, mais pour connaître et publier les hauts faits
du parti de l'ordre afin que sa première défaite soit
définitive.

Au revoir, à bientôt peut-être si la situation exige
que ceux qui ne tiennent pas à leur vie la risquent
pour aller raconter là-bas les crimes de nos seigneurs
et maîtres.

Louise MICHEL, n° 1.

On comprendra sans peine d'après ces quelques
faits, pourquoi à la demande de déposition qui me fut
faite au retour, je répondis comme suit.

Chambre des députés.

Commission n° 10.

A monsieur le président de la commission d'enquête sur le régime disciplinaire de la nouvelle Calédonie.

Paris, 2 février 1881.

Monsieur le président,

Je vous remercie de l'honneur que vous me faites de m'appeler en témoignage sur les établissements pénitenciers de la Nouvelle Calédonie.

Mais tout en approuvant la lumière que nos amis jettent sur les tourmenteurs lointains, je n'irai pas en ce moment, tandis que M. de Gallifet que j'ai vu faire fusiller des prisonniers, est le chef de l'état, y déposer contre les bandits Aleyron et Ribourt.

S'ils privaient de pain les déportés, s'ils les faisaient provoquer à l'appel par des surveillants le revolver au poing, si on tirait sur un déporté rentrant le soir dans sa concession, ces gens-là n'étaient pas envoyés là-bas pour nous mettre sur des lits de roses.

Quand Barthélemy Saint-Hilaire est ministre, Maxime du Camp de l'Académie;

Quand il se passe des faits comme l'expulsion de Cipriani, celle du jeune Morphy et tant d'autres infamies; quand M. de Gallifet peut de nouveau étendre son épée sur Paris et que la même voix qui réclamait toutes les sévérités de la loi contre les *bandits de la Villette* s'élèvera pour absoudre et glorifier Aleyron et Ribourt, j'attends l'heure de la grande justice.

Recevez, monsieur le président, l'assurance de mon respect.

Louise MICHEL.

Lorsque vers 77, l'extrême gauche demanda au ministre Baïaut, je crois, pourquoi tant d'hommes honorables étaient exclus de l'amnistie, il répondit que certains exclus avaient repoussé la grâce, et revendiqué leur responsabilité. Pourquoi, répliqua Clémenceau voulez-vous que ceux qui ont été frappés oublient les horreurs de la répression ? Vous dites : nous n'oublions pas ; si vous n'oubliez rien, vos adversaires se souviendront. Il avait raison, Clémenceau. Nous repoussions la grâce, parce qu'il était de notre devoir de ne point abaisser la révolution pour laquelle Paris fut noyé de sang.

La fin de ma lettre du 18 avril avait trait à un projet que nous entretenions, madame Rastoul et moi, au moyen d'une boîte allant pleine de fil ou autres objets de ce genre de la presqu'île Ducos à Sydney où elle demeurait.

Les lettres étaient entre deux papiers collés au fond de la boîte.

Il s'agissait qu'une nuit après l'appel je pouvais par les sommets des montagnes gagner le chemin de la forêt nord après les postes de gardiens et par la forêt nord par le pont des Français où en fait d'eau il n'y a le plus souvent qu'une boue marine, arriver en observant quelques précautions à Nouméa par le cimetière.

De là, quelqu'un que madame Rastoul devait prévenir m'eut aidée à gagner le courrier qu'elle eût payé.

Une fois à Sydney, j'aurais tâché d'émouvoir les Anglais par le récit des hauts faits d'Aleyron et de Ribourt, et nous espérions qu'un brick monté par de hardis marins reviendrait avec moi chercher les autres.

Faute de quoi je serais moi-même revenue, car nous n'étions que vingt femmes déportées : il fallait les vingt ou personne.

Ce fut notre boîte qui ne revint pas — j'ai su en passant à Sydney à mon retour que c'était au moment même où je devais recevoir l'avertissement convenu pour effectuer notre projet que lettre et boîte avaient été livrées.

L'administration de New Caledonia ne me parla jamais de ce projet surpris au moment de la réussite.

(*Mémoires de Louise Michel* de 304 à 313.)

Soixante-neuf femmes de déportés étaient venues sur le transport *le Fénelon* partager courageusement la misère de leurs maris.

Quelques mariages eurent lieu à la presqu'île. Henri Place y épousa Marie Cailleux, jeune fille d'une grande douceur, qui vaillamment s'était battue aux barricades pendant les jours de mai.

Langlais avait épousé Elisabeth de Ghy. Les ménages de déportés étaient assez nombreux. Mesdames Dubos, Arnold, Pain, Dumoulin, Delaville, Leroux, Piffaut et plusieurs autres avaient refait à leurs mains une vie de famille ; des petits enfants grandissaient sous les niaoulis, plus heureux que ceux dont le seul asile avait été la maison de correction parce qu'ils étaient fils de fusillés.

Les déportés simples à l'île des Pins privés plus que nous de correspondances puisqu'ils étaient à vingt lieues en mer, sans autres communications possibles que lettres par l'administration.

Les uns devenaient fous comme Albert Grandier, rédacteur du *Rappel,* dont le crime était quelques articles ; les autres perdaient patience, devenaient irascibles. Quatre furent condamnés à mort et exécutés pour avoir frappé un de leurs délégués, l'un d'eux n'était que l'ami des autres, et n'avait pris part à rien.

On les fit passer devant leurs cercueils, ce qu'ils firent en souriant, délivrés de la vie.

Le peloton d'exécution tremblait, les condamnés durent rassurer les soldats.

Ils saluèrent les déportés et attendirent sans pâlir.

L'administration ne voulut pas rendre leurs cadavres. On peignit les poteaux en rouge et ils demeurè-

rent à la même place pendant le reste de la déportation.

Les déportés de l'île des Pins, lorsqu'ils étaient
condamnés à la prison, venaient subir leur peine à la
presqu'île Ducos ; ainsi nous savions la tristesse de
leur vie.

Le 11 mars 75, vingt déportés de l'île des Pins,
tentèrent sur une barque construite par eux-mêmes,
de s'enfuir vers l'Australie, *le* 18 *mars* de la même
année les débris de l'embarcation furent jetés à la
côte ; pas un vêtement, pas un bout de couverture,
pas un cadavre.

Ont-ils été dévorés par les requins ou les naturels
de quelqu'un de ces archipels d'îlots dont l'océan est
constellé ; les auront-ils emmenés si loin parmi ces
îlots ignorés qu'ils n'auraient pu gagner d'autres terres ? Ces vingt se nommaient.

Rastoul, Sauvé, Savy, Demoulin, Gasnié, Berger,
Chabrouty, Roussel, Saurel, Ledru, Leblanc Louis,
Masson, Duchêne, Galut, Guignes, Adam, Barthélemy,
Palma, Gilbert, Edat.

Ce même 18 mars où furent trouvés les débris de
leur barque mourait Maroteau à l'hospice de l'île Nou.

L'île Nou, c'est le plus sombre cercle de l'enfer.

Là étaient Allemane, Amouroux, Brissac, Alphonse
Humbert, Levieux, Cariat, Fontaine, Dacosta, Lisbonne,
Lucipia, Roques de Filhol, Trinquet, Urbain, etc., étant
les plus éprouvés, ils nous étaient les plus chers ; mis
à la double chaîne, traînant le boulet près de ceux
qui étaient réputés les pires criminels, ils subirent
d'abord leurs insultes, puis s'en firent respecter.

Deux bras qui s'arrondissent en face l'un de l'autre
au-dessus non pas d'une tête, mais d'une petite rade,
c'est la presqu'île Ducos et l'île Nou entre les deux
épaules, c'est Nouméa au fond de la rade.

De la baie de l'ouest on voit les bâtiments de l'île

Nou, la ferme, une batterie de canons du même côté.
Combien longtemps on restait sur le rivage contem-
plant cette terre désolée !

Vers la fin de la déportation, ceux de l'île Nou vinrent habiter la presqu'île Ducos. Ce fut une joyeuse
fête, la seule qu'on eut depuis 71, mais elle compta
largement.

L'administration se sert contre les évasions, de canaques plus brutes que les autres, dressés à attacher
les évadés à un bâton qu'ils portent à deux les bras et
les jambes liés ensemble, de la même façon qu'ils font
pour les porcs ; c'est ce qu'on appelle la *police indigène*.
Il est surprenant qu'on n'en ait pas encore fait venir
à Paris quelques compagnies disciplinées pour les aider
et réciproquement qu'on n'en envoie pas en France.

Tous les Canaques ne sont pas corrompus de cette
manière, ils ne purent supporter les vexations qu'on
leur faisait endurer et engagèrent une révolte qui
comprenait plusieurs tribus.

Les colons (ceux que protégeait l'administration,
s'entend) avaient enlevé une femme canaque. Leurs
bestiaux allaient pâturer jusque sur la porte des cases, on leur distribuait des terres ensemencées par
les tribus — la plus brave de ces tribus, celle du grand
chef Ataï, entraîna les autres.

On envoya les femmes porter des patates, des taros,
des ignames, dans les cavernes, la pierre de guerre
fut déterrée et le soulèvement commença ; du côté des
Canaques, avec des frondes, des sagaies, des casse-
tête ; du côté [des blancs, avec des obusiers de montagne, des fusils, toutes les armes d'Europe.

Il y avait près d'Ataï un barde d'un blanc olivâtre,
tout tordu, et qui chantait dans la bataille ; il était
takata, c'est-à-dire médecin, sorcier, prêtre. Il est
probable que les prétendus Albinos vus par Cook dans
ces parages étaient quelques représentants d'une race

à sa fin, peut-être Arias, égarés au cours d'un voyage, ou surpris par une révolution géologique et dont Andia était le dernier.

Andia le takata, qui chantait près d'Ataï, fut tué dans le combat; son corps était tordu comme les troncs des maoulis, mais son cœur était fier.

Circonstance étrange ! *Une cornemuse* avait été faite *par Andia*, d'après les *traditions de ses ancêtres*. Mais sauvage comme ceux avec qui il vivait, il l'avait faite de la peau d'un traître. Andia, ce barde à la tête énorme, à la taille de nain, aux yeux bleus pleins de lueurs, mourut pour la liberté de la main d'un traître.

Ataï lui-même fut frappé par un traître.

Suivant la loi canaque, un chef ne peut être frappé que par un chef ou par procuration.

Nondo, chef vendu à l'administration, donna sa procuration à Segon en lui remettant l'arme qui devait tuer Ataï.

Entre les cases nègres et Amboa, Ataï avec quelques-uns des siens regagnait son campement quand se détachant de la colonne des blancs, Segon indiqua le grand chef reconnaissable à la blancheur de neige de ses cheveux.

Sa fronde roulée autour de sa tête, tenant de la main droite un sabre conquis sur les gendarmes, de la gauche un tomahowk, ses trois fils autour de lui et avec eux le barde Andia, qui se servait de la sagaie comme d'une lance, Ataï fit face à la colonne des blancs.

Il aperçut Segon. — Ah ! dit-il, te voilà.

Le traître chancela sous le regard du vieux chef, mais voulant en finir, il lui lance une sagaie qui lui traverse le bras droit. Ataï alors lève le tomahowk qu'il tenait du bras gauche. Ses fils tombent l'un mort, les autres blessés. Andia s'élance, criant : Tango ! tango ! Maudit, maudit ! et tombe frappé à mort.

Alors à coups de hache comme on abat un chêne,

Segon frappe Ataï. Le vieux chef porte la main à sa tête à demi-détachée, et ce n'est qu'après plusieurs coups encore qu'il devient immobile.

Le cri de mort fut alors poussé par les Canaques, allant comme un écho à travers les montagnes.

A la mort de l'officier français Gally Passeboc, les Canaques saluèrent leur ennemi de ce même cri de mort parce qu'avant tout, ils aiment les braves.

La tête d'Ataï fut envoyée à Paris; je ne sais ce que devint celle d'Andia.

Que sur leur mémoire chante ce bardit d'Ataï.

Le takata dans la forêt a cueilli l'adouéke, l'herbe de guerre, la *branche des spectres.*

Les guerriers se partagent l'adouéke qui rend terrible et *charme* les blessures.

Les esprits soufflent la tempête, les esprits des pères, ils attendent les braves amis ou ennemis; les braves sont les bienvenus par delà la vie.

Que ceux qui veulent vivre s'en aillent. Voilà la guerre, le sang va couler comme l'eau; il faut que l'adouéke aussi soit rouge de sang.

                    *Mémoires de Louise Michel,*
                        Chez Roy, éditeur.

Ataï aujourd'hui est vengé; le traître qui prit part à la révolte avec les blancs, dépossédé, exilé, comprend son crime.

Parmi les déportés les uns prenaient parti pour les Canaques, les autres contre. Pour ma part j'étais absolument pour eux. Il en résultait entre nous de telles discussions qu'un jour, à la baie de l'Ouest, tout le poste descendit pour se rendre compte de ce qui arrivait. Nous n'étions que deux criant comme trente.

Les vivres nous étaient apportés dans la baie par les domestiques, des surveillants qui étaient Canaques; ils étaient très doux, se drapaient de leur mieux dans de mauvaises guenilles et on aurait pu facilement les confondre pour la naïveté et la ruse avec des paysans d'Europe.

Pendant l'insurrection canaque, par une nuit de tempête, j'entendis frapper à la porte de mon compartiment de la case. Qui est là? demandai-je. — Taïau, répondit-on. Je reconnus la voix de nos Canaques apporteurs des vivres (taïau signifie ami).

C'étaient eux, en effet; ils venaient me dire adieu avant de s'en aller à la nage par la tempête rejoindre les leurs, pour battre méchants blancs, disaient-ils.

Alors cette écharpe rouge de la Commune que j'avais conservée à travers mille difficultés, je la partageai en deux et la leur donnai en souvenir.

L'insurrection canaque fut noyée dans le sang, les tribus rebelles décimées; elles sont en train de s'éteindre, sans que la colonie en soit plus prospère.

Un matin, dans les premiers temps de la déportation, nous vîmes arriver dans leurs grands burnous blancs, des Arabes déportés pour s'être, eux aussi, soulevés contre l'oppression. Ces orientaux emprisonnés loin de leurs tentes et de leurs troupeaux, étaient simples et bons et d'une grande justice; aussi ne comprenaient-ils rien à la façon dont on avait agi envers eux. Bauër, tout en ne partageant pas mon affection pour les Canaques, la partageait pour les Arabes, et je crois que tous nous les reverrions avec grand plaisir. Ils avaient gardé une affection enthousiaste pour Rochefort.

Hélas, il en est qui sont toujours en Calédonie et n'en sortiront probablement jamais!

L'un des rares qui sont revenus, El Mokrani, étant venu à l'enterrement de Victor Hugo, vint à Saint-Lazare, où j'étais alors, et croyait pouvoir me parler; mais ne s'étant pas muni d'une permission, cela fut impossible.

Pendant les dernières années de la déportation, ceux dont les familles étaient restées en France et à qui la

**22**

séparation semblait longue, ceux surtout qui avaient
des petits enfants, recevaient des lettres où on leur
parlait d'une amnistie prochaine. Le temps se passait
sans que l'amnistie arrivât; les malheureux qui y
avaient cru sur la foi d'amis imprudents, mouraient
promptement, nombreux et souvent on s'en allait en
longues files par les chemins de la montagne vers le
cimetière qui s'emplissait largement. De ce temps encore quelques vers me sont restés :

> Par les clairs de lune superbes,
> Les niaoulis aux troncs blancs,
> Se tordent sur les hautes herbes
> Tourmentés par l'effort des vents.
> Là des profondeurs inconnues,
> Les cyclones montent aux nues
> Et l'âpre vent des mers pleurant toutes les nuits,
> De ses gémissements couvre les froids proscrits.
>       Les niaoulis, etc.,
> Sur les niaoulis gémissent les cyclones.
> Sonnez, ô vents des mers, vos trompes monotones.
>       Il faut que l'aurore se lève,
>       Chaque nuit recèle un matin,
>       Pour qui la veille n'est qu'un rêve.
>       Les flots roulent, le temps s'écoule,
>       Le désert deviendra cité.
>       Sur les mornes que bat la houle,
>       S'agitera l'humanité.
>
>       Nous apparaîtrons à ces âges
>       Comme nous voyons maintenant
>       Devant nous ces tribus sauvages
>       Dont les rondes vont tournoyant,
>       Et de ces races primitives
>       Se mêlant au vieux sang humain
>       Sortiront des forces actives,
>       L'homme montant comme le grain.

> Sur les niaoulis gémissent les cyclones,
> Sonnez, ô vents des mers, vos trompes monotones.

## II

Ceux qui avaient passé cinq ans à la presqu'île Ducos pouvaient, s'ils avaient un état qui pût les nourrir, aller à Nouméa à condition que l'administration ne leur donnât plus ni vivres, ni vêtements.

On vous remettait un permis de séjour sur la grande terre, portant votre état-civil, votre signalement et au verso :

(Service de la déportation) dont voici la teneur :

Permis de séjour sur la grande terre.

Par une décision du gouverneur, en date du 24 janvier 1879, le déporté fortifié un tel, n°   , a été autorisé à s'établir sur la grande terre à Nouméa chez......

Le déporté est tenu de se présenter au bureau de la direction le jour du départ du courrier d'Europe à 7 heures du matin, pour y faire constater sa présence ; il peut circuler librement dans un rayon de huit kilomètres autour de sa résidence et ne pourra changer cette résidence sans une nouvelle autorisation.

Le déporté n'a plus droit aux objets d'habillement et de couchage, ainsi qu'aux vivres de l'administration. En cas de maladie, il sera admis dans les hôpitaux de la déportation sous la condition de payer les frais de son traitement.

Le sous-directeur du service de la déportation,

ORAUER.

Cette carte depuis m'a servi plusieurs fois de certificat d'identité.

Ayant mes diplômes d'institutrice, j'eus d'abord comme élèves les enfants des déportés de Nouméa, avec

quelques autres de la ville, puis M. Simon, maire de
Nouméa, me confia pour le chant et le dessin les écoles
de filles de la ville ; j'avais en outre, de midi à deux
heures et dans la soirée, un assez grand nombre de
leçons en ville.

Le dimanche, du matin au soir, ma case était pleine
de Canaques apprenant de tout leur cœur à condition
que les méthodes fussent mouvementées et très simples. Ils sculptaient assez gracieusement en relief sur
de petites planchettes que nous donnait M. Simon, des
fleurs de leur pays. Les personnages avaient les bras
raides, mais en accentuant un peu l'expression du mo-
dèle, ils la saisissaient bien. Leur voix d'abord très
grêle prenait au bout de quelque temps de solfège un
peu plus d'ampleur. Jamais je n'eus d'élèves plus do-
ciles et plus affectionnés : ils venaient de toutes les
tribus. Là je vis le frère de Daoumi, un véritable sauvage celui-là, mais qui venait apprendre l'œuvre inter-
rompue par la mort de Daoumi (apprendre pour sa
tribu).

Le pauvre Daoumi avait aimé la fille d'un blanc ;
quand son père l'eut mariée, il mourut de chagrin.
C'était pour elle autant que pour les siens qu'il avait
commencé cette œuvre de géant : apprendre ce que
sait un blanc. Il s'essayait à vivre à l'européenne.

Les taiaus me racontèrent pourquoi dans la révolte,
malgré *les dix sous* qu'ils prélèvent éternellement sur
les Canaques et multiplieront tant que les Canaques
vivront en domestiques autour de la mission, ils ont
respecté les pères maristes, c'est que les pères leur
montrent à lire.

Leur montrer à lire ! est pour eux un bienfait qui
efface toutes les exactions.

A Nouméa je trouvai le bon vieux Etienne, l'un des
condamnés à mort de Marseille commués à la déportation. M. Malato père, pour lequel le maire, M. Simon,

avait une grande vénération, et au comptoir colonial
l'un de nos marins de la Commune, l'enseigne de vaisseau Cogniet, madame Orlowska qui fut pour nous
comme une mère, Victorine ayant sous sa direction
les bains de Nouméa et nous en offrant tant que nous
voulions. Là-bas, on fraternisait largement.

Lorsque je quittai la presqu'île Ducos pour Nouméa,
Burlot portant sur sa tête jusqu'au bateau la boîte contenant mes chats, nous rencontrâmes Gentelet qui nous
attendait. — Est-ce que vous allez entrer à Nouméa
avec des godillots? me dit-il. — Mais certainement. —
Eh bien non, dit-il en me tendant un papier gris qui
contenait une paire de souliers d'Europe.

Gentelet, chaque fois qu'il avait du travail, faisait
ainsi des cadeaux aux déportés et achetait, l'une après
l'autre, pour le 18 mars, des bouteilles de vin qu'il
enterrait en attendant dans la brousse.

Le dernier 14 juillet passé là-bas, entre les deux
coups de canon du soir (c'est le canon qui annonce les
jours et les nuits), sur la demande de M. Simon, nous
allâmes, madame Penaud, directrice du pensionnat de
Nouméa, un artilleur et moi, chanter la *Marseillaise*
sur la place des Cocotiers.

En Calédonie il n'y a ni crépuscule ni aurore ; l'obscu-
rité tombe tout à coup.

Nous sentions autour de nous remuer la foule sans la
voir. Après chaque couplet, le chœur de voix grêles des
enfants nous répondent, repris à son tour par les cuivres.

Nous entendions les Canaques pleurer dans le bruis-
sement léger des branches de cocotiers.

M. Simon nous envoya chercher et entre deux haies
de soldats on nous conduisit à la mairie. Mais là, les
Canaques aussi m'envoyèrent chercher pour voir le
pilon, et en m'excusant près des blancs, je m'en allai
avec les noirs (chargée de pétards et autres choses du
même genre de la part de M. Simon).

22.

Chaque tribu qui y avait consenti avait son feu dans un immense champ qui les réunissait tous. La tribu d'Ataï décimée avait aussi son feu, mais lorsque commença la danse, les survivants, cinq ou six montèrent sur le foyer, l'éteignirent avec leurs pieds en signe de deuil.

Le pilon est étrange surtout quand tous sur une seule file passent à travers le feu. Mais cette circonstance fut vraiment grande. Les autres consentirent à donner à la tribu en deuil ce que nous avions pour eux tous.

Peu après, on avertit pour les derniers bateaux, l'amnistie était faite. J'appris en même temps que ma mère avait eu une attaque de paralysie. Avec mes leçons et les cent francs par mois que j'avais pour les écoles, il m'avait été possible de recueillir une centaine de francs, cela me servit à prendre le courrier jusqu'à Sydney afin d'arriver plus vite et de la voir encore.

Avant mon départ de Nouméa et prenant le courrier sur le rivage je trouvai la fourmilière noire des Canaques. Comme je ne croyais pas à l'amnistie si proche, je devais aller fonder une école dans les tribus; ils me le rappelaient avec amertume en disant : toi viendras plus! Alors, sans avoir l'intention de les tromper, je leur dis : si, je reviendrai..

Tant que je pus la voir du courrier, je regardai la fourmilière noire sur le rivage et moi aussi je pleurais. (Qui sait si je ne les reverrai pas?) Voilà comment je vis Sydney avec son port si magnifique de grandeur, que je ne crois pas avoir encore rien vu d'aussi splendide. Des rochers de granit rose pareils à des tours géantes laissant entre eux une porte comme pour les Titans, comme à Nouméa, comme à Rome, sept collines bleu pâle sous le ciel. On ne peut se lasser de regarder tant c'est un magique décor.

Là mes papiers n'étaient pas suffisants (je pouvais, disait-on, les avoir trouvés), cela pouvait ne pas être moi, et il fallut que Duser, établi à Sydney, certifiât que c'était réellement moi. Sous prétexte qu'il avait eu déjà des ennuis à l'évasion de Rochefort, il consentit à cette nouvelle aventure dont il n'eut aucun désagrément, Sydney étant colonie anglaise.

Sous prétexte aussi que j'étais venue de mon plein gré, le consul, une sorte de pot-à-tabac, sorti d'un tableau flamand, ne voulait me rapatrier avec les dix-neuf autres déportés qui étant venus travailler à Sydney pouvaient, eux, partir de là. Mais avec le sang-froid que j'ai dans ces occasions-là, je lui dis que j'étais satisfaite de connaître de suite sa décision, parce que je pouvais gagner mon passage en faisant quelques conférences.

— Sur quel sujet? demanda-t-il.

— Sur l'administration française à Nouméa, cela inspirera peut-être quelque curiosité.

— Et que direz-vous?

— Je raconterai ce que Rochefort n'a pas pu dire parce qu'il ne l'a pas vu, toutes les infamies commises par Aleyron et Ribourt, aussi les causes de la révolte canaque, la traite des noirs qui se fait au moyen d'engagements. Je ne sais ce que je lui dis encore. Alors le vieux pot à tabac me regarda d'un œil qu'il voulait faire terrible, et écrasant sa plume sur le papier qu'il me donna, il dit : — Vous partirez avec les autres! J'ai toujours cru qu'au fond, il n'était pas hostile. — Voilà comment nous fîmes le voyage de Sydney en Europe à vingt embarqués sur le *John Helder* en partance pour Londres, le bateau passa à Melbourne d'aspect moins beau que Sydney, mais une grande et large ville répandue en damier dans la plaine.

Ainsi nous avons fait le tour du monde par le canal de Suez. — En face de la Mecque, mourut un pauvre

arabe amnistié presque mourant et — qui avait promis d'offrir ce pèlerinage à Allah s'il revenait. Allah
se montre peu généreux à son égard, tandis qu'à
nous, les ennemis des dieux, était donnée jusqu'à la
fin, la vue de la Mer Rouge, du Nil où frissonnent les
papyrus, tandis que sur les rives les chameaux des
caravanes, couchés, allongent leurs cous sur le sable.

Quelle vue étrange, les rochers aux formes de sphinx,
et, à perte de vue, la grande étendue des sables.

Il nous restait la surprise d'errer huit jours dans
la Manche à la fin du voyage.

Par un brouillard intense où l'on ne voyait que les
phares du *John Helder* pareils à des étoiles errant
au son de la cloche d'alarme, avec le gémissement
continuel de la sirène. On eût dit un rêve.

L'opinion générale était que nous étions perdus et
quand enfin nous arrivâmes à l'embouchure de la Ta-
mise, les amis, venus à notre rencontre sur des barques, pleuraient de joie.

On nous reçut à bras ouverts, nous trouvions là
Richard, Armand Moreau, Combault, Varlet, Prenet,
le vieux père Maréchal, un autre bien plus vieux encore qui étant boulanger avait dans les premiers
temps de l'exil offert l'abri de son four et du pain
aux premiers échappés de l'abattoir, le père Charen-
ton.

Au dîner chez madame Oudinot, je vois encore
comme aujourd'hui Dacosta, nous attendant en haut
de l'escalier, des larmes plein les yeux.

Beaucoup étaient partis déjà, mais nous pouvions
dire à ceux qui restaient combien nous avions été
heureux là-bas, au temps d'Aleiron de recevoir à travers tout le hardi manifeste des communeux de Londres (Voir à l'appendice, n° 3, page 413.)

On nous chanta comme il y avait dix ans, la chanson du bonhomme.

Bonhomme, bonhomme,
Il est temps que tu te réveilles !

Que de souvenirs, que de choses à se raconter !

Comme on pensait à ceux qui dorment sous la terre.

On nous conduisit au club de Rose Street, les camarades anglais, allemands, russes, nous souhaitèrent la
bienvenue et nous accompagnèrent jusqu'à la gare de
New Haven, — les amis de Londres payant notre
voyage que le consul n'avait pris aux frais de son gouvernement que jusqu'à Londres où s'arrêtait le *John
Helder*.

A Dieppe nous trouvâmes Marie Ferré, avec madame
Bias, vieille amie de Blanqui, puis à Paris la foule,
la grande foule houleuse qui se souvient.

Je revis ma mère, mon vieil oncle, ma vieille tante —
ceux qui ne connaissent pas les révolutionnaires s'i-
maginent qu'ils n'aiment pas les leurs, parce qu'ils les
sacrifient toujours à l'idée, ils les aiment bien plus au
contraire de toute la grandeur du sacrifice.

Une vie révolutionnaire renaissait, l'idée aussi grandissait de toutes les douleurs souffertes.

Nous qui avions été à la presqu'île six anarchistes,
nous trouvions des groupes ayant fait le même chemin,
il n'y avait nul besoin que M. Andrieux imaginât pour
nous perdre de faire un journal anarchiste. Ce qui est
tout de même un drôle de moyen pour un homme intelligent. Nous aurions sans cela mis nos idées à jour.

Aujourd'hui que vingt-six ans ont passé sur l'hécatombe à travers la misère et l'écrasement de plus en
plus terribles des travailleurs sous la force, nous
voyons de plus en plus proche le monde nouveau.

Comme la vigie habituée à distinguer au loin dans
les nuées le grain qui sera la tempête, nous reconnaissons ce que déjà nous avons vu.

Il est impossible de dire dans les quelques feuilles

qui restent à ce livre les événements accomplis depuis
le retour. Un volume ne serait pas trop : il suivra, si
les événements permettent de s'attarder à regarder en
arrière ce passé qui aujourd'hui vieillit si vite.

Minute par minute, le vieux monde s'enlise davantage, l'éclosion de l'ère nouvelle est imminente et fatale, rien ne peut l'empêcher, rien que la mort.

Seul un cataclysme universel empêcherait l'éocène
qui se prépare.

Les groupes humains en sont arrivés à l'humanité
consciente et libre : c'est l'aboutissement.

Les juges vendus peuvent recommencer les procès
de malfaiteurs pour les plus honnêtes, faire asseoir
des innocents au prétoire, en laissant les vrais coupables comblés de ce qu'on appelle les honneurs, les di-
rigeants peuvent appeler à leur aide tous les inconscients esclaves, rien, rien n'y fera, il faut que le jour
se lève ! il se lèvera.

C'est parce que c'est la fin que les choses deviennent pires, elles ont tellement empiré depuis la loi
du 29 juillet 1881, dite loi scélérate, qu'on n'osa pas
alors l'appliquer et qu'elle l'est aujourd'hui.

Dans le *Courrier de Londres et de l'Europe* du 13
janvier 1894, je trouve le rapport sur les dites lois
scélérates, que je crois intéressant de reproduire ici,
peu de personnes en ayant pris connaissance complète,
(pour la raison qu'on ne les croyait pas applicables).

# LES NOUVELLES LOIS

## CIRCULAIRE DU GARDE DES SCEAUX

M. Antonin Dubost, garde des sceaux, ministre de la justice, adresse la circulaire suivante aux procureurs généraux :

Monsieur le procureur général,

Les lois qui viennent d'être votées par les deux Chambres ne modifient pas la politique générale du gouvernement, qui reste conforme à la tradition républicaine et aux tendances libérales et progressives de la nation. Elles sont destinées à rendre plus efficaces les moyens qu'il est devenu indispensable d'employer pour défendre la sécurité publique menacée par de prétendues doctrines, dont l'anarchisme poursuit la réalisation à l'aide des attentats les plus odieux ; elles ont donc pour but unique le maintien de l'ordre qui est la condition du progrès.

Il me paraît utile d'appeler votre attention sur les principales dispositions et sur l'application que vous devrez en faire avec vigilance et fermeté.

### L'APOLOGIE DES CRIMES

La loi du 29 juillet 1881 laissait impunie la provocation au vol et aux crimes énoncés dans l'article 435 du code pénal. La provocation directe aux crimes de meurtre, de pillage et d'incendie était punissable, mais l'apologie de ces crimes échappait à toute répression.

Désormais, ceux qui feront l'apologie du vol, du meurtre, du pillage, de l'incendie et des autres crimes énoncés dans l'article 435 du code pénal, aussi bien que ceux qui les auront provoqués directement, seront frappés de peines que la loi nouvelle a élevées, de manière à assurer une répression en rapport avec la gravité des infractions commises. Le législateur a assimilé l'apologie à la provocation, parce qu'en effet l'apologie d'actes criminels constitue, sous une forme détournée, une excitation à les commettre, aussi dangereuse que la provocation directe.

### L'ARTICLE 49 DE LA LOI 1881

L'innovation la plus importante de la loi du 13 décembre 1893 consiste dans la modification à l'article 49. Les individus qui se rendront coupables des infractions énumérées ci-dessus, aussi bien que ceux qui auront provoqué des militaires à la désobéissance, seront placés sous le régime du droit commun au point de vue de la saisie des écrits et de l'arrestation préventive. Aucune raison sérieuse ne peut être invoquée pour soustraire à l'application des règles du Code d'instruction criminelle les délinquants vis-à-vis desquels la justice doit pouvoir agir avec promptitude et efficacité.

Dans un intérêt d'ordre public, qui n'est plus à démontrer, il importe que ces dispositions nouvelles soient appliquées toutes les fois que des infractions seront commises et que, dans ce but de concert avec l'autorité administrative, vous exerciez la plus active surveillance, notamment sur certaines réunions publiques qui sont devenues des foyers d'agitation et de désordre, où se produisent les excitations les plus coupables à commettre des crimes, et où la propagande par le fait est ouvertement conseillée. Vous n'omettrez pas non plus de faire constater et de poursuivre les provocations à des militaires dans le but de les détourner de leurs devoirs et de l'obéissance. Dans des cas semblables, réprimer c'est défendre la patrie.

### LES ASSOCIATIONS DE MALFAITEURS

Si la loi du 29 juillet 1881 était impuissante à réprimer les excitations à commettre des crimes, lorsque ces excitations se dissimulaient sous la forme d'une apologie, notre législation pénale ne fournissait, d'autre part, aucun moyen légal pour entraver la préparation de ces crimes.

C'est ainsi que, bénéficiant d'une trop longue impunité, des groupes anarchistes ont pu se constituer, qui, reliés entre eux par une idée commune, se livrent à la préparation d'une série interminable d'attentats. L'entente s'établit ensuite entre un nombre considérable d'adhérents, et l'exécution des crimes conçus est laissée parfois à la libre initiative d'individus qui procèdent isolément, pour se dérober plus facilement aux recherches de la justice.

Pour atteindre tous les coupables, il était indispensable de modifier les articles 265 et suivants du code pénal sur les associations de malfaiteurs. Les dispositions nouvelles punissent à la fois l'association formée, quelle que soit sa durée ou le nombre de ses membres, et même toute entente établie dans le but de commettre ou de préparer des attentats contre les personnes ou les propriétés.

En introduisant dans le nouvel article 265 les mots « entente établie, » le législateur a voulu laisser aux magistrats le soin d'apprécier, suivant les circonstances, les conditions dans lesquelles un accord pourrait être considéré comme intervenu entre deux ou plusieurs individus pour commettre ou préparer les attentats. Le crime pourra ainsi être caractérisé, abstraction faite de tout commencement d'exécution.

### LA RÉLÉGATION

Outre les peines édictées, l'article 266 permettra

23

désormais d'appliquer aux condamnés la peine de la
rélégation. Il ne vous échappera pas, monsieur le procureur général, que, dans bien des cas, cette peine
constituera un efficace moyen de défense sociale. Il
importe, en effet, d'écarter de notre société des hommes dont la présence en France, à l'expiration de leur
peine, pourrait constituer un danger pour la sécurité
publique.

### DÉTENTION D'EXPLOSIFS

Enfin, pour compléter les mesures prises contre les
partisans de la propagande par le fait, il était indispensable de modifier l'article 3 de la loi du 19 juin 1871,
relatif à la détention des engins meurtriers ou incendiaires. Tout individu qui détient, sans motifs légitimes, des engins de cette nature, est déjà justement
soupçonné. Mais la loi de 1871 n'avait pu prévoir tous
les nouveaux moyens de destruction.

Le nouvel article 3 permettra d'atteindre, non seulement la détention, sans motif légitime et sans autorisation, de tout engin ou de toute poudre fulminante,
mais encore la détention sans motifs légitimes de toute
substance quelconque manifestement destinée à entrer
dans la composition d'un explosif.

### RECOMMANDATIONS

Telles sont, monsieur le procureur général, les dispositions nouvelles que les Chambres ont introduites
dans notre législation pénale pour vous mettre en état
de concourir, d'une manière efficace, à la défense des
institutions et de l'ordre. Vous les appliquerez avec
résolution. Aucune infraction ne devra demeurer impunie. L'autorité administrative mettra au service de
la justice tous les moyens dont elle dispose.

Vous vous concerterez avec elle en toute circonstance, en vous pénétrant de cette idée qu'il n'y a de

gouvernement véritable et que le gouvernement ne peut exercer une action féconde que si tous les services publics sont unis entre eux par une étroite solidarité.

Je ne doute pas que l'accord ne soit facile entre des magistrats et des fonctionnaires, les uns et les autres dévoués à leurs devoirs et conscients de leur responsabilité.

Dans le cas d'urgence, ou quand les infractions seront évidentes, vous n'hésiterez pas à prendre l'initiative des poursuites, sauf à m'en référer chaque fois que l'affaire vous paraîtra l'exiger. Dans la plupart des cas, une prompte répression est seule véritablement utile. Vous veillerez en conséquence, à ce que les poursuites soient toujours conduites avec la plus grande célérité, et vous provoquerez des sessions extraordinaires d'assises toutes les fois que cela vous paraîtra nécessaire.

Le gouvernement espère que l'application énergique et persistante des lois nouvelles suffira pour mettre un terme à une propagande criminelle. Le pays attend de nous une protection efficace. Notre devoir est de la lui donner par tous les moyens que les lois mettent à notre disposition.

Recevez, monsieur le procureur général, l'assurance de ma considération très distinguée.

Le garde des sceaux,<br>Ministre de la justice.<br>Antonin Dubost.

Ce qu'on n'osait pas en 74, on l'ose aujourd'hui et comme aux plus beaux jours de Versailles un article de journal peut être la déportation ou la mort, — la condamnation d'Etievent en fut une preuve cette semaine et si l'honneur des nations voisines ne leur défendait l'extradition pour semblable sujet, il irait remplacer Cyvoct au bagne où mourut Marioteau.

Mais la science que rien n'arrête va si vite, que
bientôt tous les mensonges disparaîtront devant elle.

La race prochaine dont les adolescents en sauront
davantage que les plus savants d'entre nous, aura-t-elle
l'horreur des mensonges et le respect de la vie humaine, elle n'ira pas semer de ses os les Madagascar
ni y fusiller les indigènes à son plaisir sans avoir l'ex-
cuse comme Gallifet ou Vacher de la rage du sang.

On ne l'emploiera pas cette jeunesse-là, à garder
paisible le boucher Abdul-Hamid pendant sa hideuse
besogne. On ne l'enverra pas, comme les soldats d'Espagne, assassiner à Cuba ceux qui se révoltent pour
la liberté ou faire le service des tortureurs de Montjuick.

Nous sommes aujourd'hui plus asservis que le jour
où l'assemblée de Versailles trouva trop libéral le
gnome Foutriquet, mais l'idée se fait plus libre et plus
haute toujours.

Qu'on se souvienne du cri de la jeunesse des écoles
l'année dernière.

Haut les cœurs !

Pour la sainte indépendance, camarades, levons-
nous !

Attendons la terrible envergure que l'exposition
de 1900 va donner aux connaissances humaines.

Aujourd'hui 2 janvier 1898 où je termine ce livre,
la photographie ouvre la route, les rayons X qui permettent de voir à travers les chairs ce qui tue la vi-
visection au moment où disparaît la férocité chez les
peuples, pense-t-on que la volonté, l'intelligence humaine ne sera pas libre ? — Voilà plus de six ans de
cela, il me souvient d'un soir, salle des Capucines, où
laissant aller ma pensée, je regardais en avant, je ha-
sardai cette idée que la pensée étant de l'électricité, il
serait possible de la photographier et comme elle n'a
pas de langue, elle serait tracée en signes pareils à

des sillons d'éclairs, les mêmes pour tous les dialectes, une sorte de sténographie.

Déjà on peut voir à travers les corps opaques, rien n'empêche d'aller jusqu'au bout.

Les mondes aussi, grâce à la science, livreront leurs secrets et ce sera la fin des dieux. L'éternité avant et après nous dans l'infini des sphères poursuivant comme les êtres leurs transformations éternelles. Courage, voici le germinal séculaire.

Que cela paraisse ou non possible à ceux qui ne veulent pas voir voguer dans nos tourmentes les premiers rameaux verts arrachés à la rive nouvelle, la désagrégation de la vieille société se hâte.

Avant que sur le livre de pierre ou sur la tombe de Pottier on ait gravé ses vers terribles :

> Je suis la vieille anthropophage
> Travestie en société,
> Vois mes mains rouges de carnage,
> Mon œil de luxure injecté.
> J'ai plus d'un coin dans mon repaire
> Plein de charogne, et d'ossements,
> Viens les voir : j'ai mangé ton père
> Et je mangerai tes enfants.
>
> POTTIER.

Oui, avant même que la malédiction soit gravée, la vieille société ogresse peut-être sera morte, l'heure étant venue de l'humanité juste et libre, elle a trop grandi pour rentrer dans son sanglant berceau.

Paris, 20 mai 1898.

# APPENDICE

## I. — Récit de Béatrix Excoffons

Béatrix OEuvrie, femme Excoffons, me confia, il y a quelques années, le récit de sa vie pendant la Commune et après sa condamnation. Les dimensions de ce volume ne me permettent de citer que les pages se rapportant à l'armée des femmes, drapeau rouge déployé, au fort d'Issy. Ce simple récit fait bien comprendre combien les Parisiennes marchaient courageusement pour la liberté.

« Le 1er avril 1871, dit Béatrix Excoffons, une voisine surprise de me voir, me demanda si j'avais lu le journal qui annonçait, place de la Concorde, une réunion de femmes. Elles voulaient aller à Versailles pour empêcher l'effusion du sang.

» J'informai ma mère de mon départ, j'embrassai mes enfants et en route.

» A la place de la Concorde, à une heure et demie, je me joignis au défilé. Il y avait sept à huit cents femmes ; les unes parlaient d'expliquer à Versailles ce que voulait Paris, les autres parlaient de choses d'il y a cent ans, quand les femmes de Paris étaient allées déjà à Versailles pour en ramener le boulanger, la boulangère et le petit mitron, comme on disait dans ce temps-là.

» Nous allons ainsi jusqu'à la porte de Versailles. Là, nous rencontrons des parlementaires francs-maçons qui revenaient.

» La citoyenne de S. A. qui avait organisé la sortie, se trouvant rendue de fatigue, propose de se réunir quelque part.

» Nous nous rabattons sur la salle Ragache. Là, il fallut nommer une autre citoyenne pour reprendre l'expédition, la fatigue de madame de S. A. après une aussi longue marche ayant dégénéré en intolérables douleurs dans les jambes.

» Je fus désignée pour la remplacer, alors on me fit monter sur un billard et je dis ma pensée que n'étant plus assez nombreuses pour aller à Versailles, nous l'étions assez pour aller soigner les blessés aux compagnies de marche de la Commune.

» Les autres se rangèrent de mon avis et notre départ fut convenu pour le lendemain. Il eut lieu quelques jours après. La citoyenne de S. A. put encore nous accompagner jusqu'à l'état-major de la garde nationale.

» A l'état-major le chef prit mon nom et me donna un laisser-passer moi et les citoyennes qui m'accompagneraient.

» Je demandai alors de quel côté il fallait nous diriger; on me conseilla de partir par Neuilly. Le Mont Valérien avait tonné la veille, nous voulions voir s'il ne serait pas resté des blessés non découverts dans les champs.

» Il se trouva vingt femmes pour m'accompagner.

» Nous voilà parties pour la porte de Neuilly. En chemin beaucoup de personnes nous donnèrent de la charpie et des bandes ; j'achetai chez un pharmacien les médicaments nécessaires et nous voilà fouillant Neuilly pour voir s'il ne restait pas des blessés et ne nous doutant pas que nous étions en plein dans l'armée de Versailles.

» Arrivées à un certain endroit, nous apercevons des gendarmes et, sentant le danger, nous nous arrêtons. Mais il était impossible de passer.

» — Laissez-nous passer, disions-nous; nous voulons aller soigner les blessés. Nous entendions bien gronder le canon, mais sans bien nous rendre compte où c'était.

» Je fis couper une branche d'arbre par un gamin à qui je donnai quelques sous et avec cela nous nous croyions invincibles.

» Il fut convenu qu'on ne parlerait pas du laisser-passer de la Commune et de plus mes compagnes me dirent de plier le drapeau. Mais comme je voulais le garder tel, nous nous trouvons tout à coup sur un pont entouré de gendarmes auxquels nous demandons à passer, ce qui nous fut refusé.

» On envoya chercher un chef de poste, un lieutenant, qui nous demanda ce que nous allions faire avec ce drapeau rouge. Je lui répondis que nous allions soigner les blessés et que nous avions voulu passer sur le pont parce que cela nous rapprochait de l'endroit où l'on entendait le canon.

» Il y eut un moment d'hésitation et pendant ce temps-là, l'une des nôtres oubliant ce qui avait été convenu, — se mit à dire que nous avions un laisser-passer.

» — Comment pouvez-vous dire cela, lui dis-je, puisque nous n'en avons pas?

» Alors elle comprit et reprit : — J'ai voulu dire que si monsieur voulait nous en donner un.

» Enfin le lieutenant finit par dire aux gendarmes de nous laisser aller, que nous n'étions que des femmes sans armes.

» Arrivées de l'autre côté du pont, le canon grondait toujours. Une femme qui passait nous dit que cela devait être à Issy, et comme nous lui demandions comment il fallait faire pour y arriver, elle nous dit d'aller plus loin et d'appeler le batelier qui était dans l'île.

» — Mais, dit-elle, il faut dire que vous êtes des fem-

23.

mes de la Commune. Sans cela il ne vous passerait pas
dans son bateau.

» Toutes ces choses se passaient dans tout le commencement, quand la terreur n'était pas encore aussi
grande chez les habitants des environs de Paris, ni
les tueries aussi faciles.

» Nous appelons le batelier en lui disant que nous
allons soigner nos frères blessés ; le brave homme nous
fit entrer chez lui, nous obligea à nous rafraîchir et,
coupant une longue branche d'arbre, y ajusta le drapeau et me le remit entre les mains.

» Quand je me reporte à ce temps-là et que je revois
en mémoire ce batelier, presque un vieillard, usant
pour nous toutes les provisions de sa cabane joyeuse-
ment, par la seule raison que noue allions défendre
nos idées, cela me rappelle mon père à Cherbourg.
Quand revenaient de malheureux déportés, toute la
maison était en l'air pour leur trouver ce dont ils pouvaient avoir besoin et dans ces victimes quelquefois il
retrouvait des amis, ayant lui-même été arrêté à Cherbourg au coup d'Etat de 51.

» Lorsqu'il fut relâché, on continua pendant neuf
ans à lire au rapport des casernes qu'il était défendu
d'aller chez l'horloger Oeuvrie sous peine d'un mois
de salle de police. La haine de l'Empire l'avait pour-
suivi comme m'a poursuivie celle de Versailles.

» On me reprocha au conseil de guerre d'être la fille
d'un révolutionnaire de 51, mais on n'ajouta pas que
cette violence de l'Empire n'avait pu même jamais
obtenir de subventions comme les autres.

» Je reviens à mon récit. Je m'étais mise à l'avant
du bateau, tenant mon drapeau haut et fier.

» Là nous eûmes la certitude que les gendarmes
n'avaient pas l'intention de nous laisser aborder, car
ils nous envoyèrent plus de 50 balles qui ne nous attei-
gnirent pas.

» Arrivées à l'autre bord, le bon batelier nous dit qu'il était heureux que nous ayons reçu aussi heureusement le baptême du feu ; il nous serra la main à toutes, ajoutant que si nous avions besoin de lui il était entièrement à notre disposition.

» Ainsi nous arrivâmes au fort d'Issy. Là, un garde national me reconnut et me dit que mon mari était aussi au fort.

» Combien j'étais heureuse avec mon mari à mon côté en racontant comment le sort nous avait été favorable ! J'avais l'illusion que rien ne pouvait plus nous atteindre qu'ensemble et que nous serions réunis même dans la mort.

» Je retrouvai aussi au fort d'Issy Louise qui était partie avec le 61e de Montmartre, et je restai une quinzaine de jours au fort comme ambulancière des enfants perdus.

» Vers ce temps-là, il fallut réorganiser le comité de vigilance des femmes de Montmartre, mais Louise qui l'avait commencé au temps du siège, avec les citoyennes Poirier, Blin, d'Auguet, moi et autres, ne voulant pas rentrer des compagnies de marche, je retournai à Paris pour le comité de vigilance où nous nous occupions des ambulances, où il fallait organiser tous les secours pour les blessés, envois d'ambulancières, etc.

» J'allai dans tous les clubs faire signer la pétition par laquelle la Commune réclamait Blanqui en échange de l'archevêque.

» A notre ambulance de l'Elysée Montmartre, le comité de vigilance des femmes envoyait des députations aux enterrements, s'occupait des veuves, des mères, des enfants de ceux qui mouraient pour la liberté ; il resta sur la brèche jusqu'à la fin.

» La veille de la prise de Montmartre, le comité était réuni dans ma maison. Nous nous attachâmes surtout à détruire tout ce qui pouvait compromettre qui que ce soit.

» Après avoir été mise trois fois en joue pour être fusillée, on m'envoya à Satory où j'arrivai une des premières, et pendant quatre jours je couchai dans la cour sur des cailloux.

» Je passai à la commission mixte avec ma mère, qui avait été arrêtée pour moi, ce qui mettait en double ma personnalité.

» On nous fit monter dans une sorte de grenier près du magasin à fourrages; il était nuit, il pleuvait comme un déluge.

» Alors Louise arriva avec les vêtements gouttants comme un parapluie, étant aussi prisonnière. Je les tordis sur son dos et comme j'avais une paire de bas dans ma poche, je les lui donnai en place des siens que nous avions bien de la peine à retirer, tandis qu'elle nous racontait qu'on devait la fusiller le lendemain matin.

» On parlait de cela comme on aurait parlé de n'importe quoi, on était heureuses de se revoir surtout.

» On avait dit de ne pas fouiller Louise en entrant parce qu'on allait la fusiller; c'était sans doute à cela que je devais aussi de ne pas l'avoir été. J'avais pas mal de papiers; elle en avait quelques-uns aussi, entre autres un ordre de faire délivrer un des petits orgues de Notre-Dame et le faire transporter pour les leçons du chant de l'école.

» Nous étions sept : ma mère, M. et madame Millière, madame Dereure, moi, Louise et la sous-maîtresse de son école, Malvina Poulain. Une femme vint me demander mes papiers de la part des officiers, mais je répondis que je n'en avais pas et en silence, à nous sept, nous commençâmes à les mâcher, ce qui n'était pas une petite entreprise.

» Quand arriva un lieutenant de gendarmerie qui, à son tour, réclama les papiers, ils n'étaient plus reconnaissables. Je lui tendis alors deux ou trois feuillets restés dans le portefeuille et qu'il me rendit en disant très bas : Vous êtes une brave petite femme et si tout le monde était comme vous, il n'y aurait pas tant de victimes.

» Il y eut aussi parmi les gendarmes quelques hommes moins durs que les autres, peut-être se souvenaient-ils de leurs femmes et de leurs enfants nourris par la Commune.

» Lorsque je passai devant la commission mixte, cet homme me sauva la vie, car ne voyant plus que mon mari et mes enfants dont j'étais séparée, mon vieux père malade et que peut-être pouvait sauver la liberté de ma mère, je prenais sur moi tout ce que je pouvais et même ce que je n'avais pas fait. Il me fit enlever et mettre à part en disant : Mais, malheureuse, vous allez vous faire fusiller.

» Depuis, que de choses! Nous avons été tenus partout. J'ai perdu mon père, ma mère, les aînés de mes enfants, mon mari dont la mort a fait autour de moi un [effondrement général; mais je n'en retrouve pas moins au fond de ma mémoire les horribles drames de Satory.

» La veille de notre départ pour les Chantiers de Versailles, à 11 heures du soir, on avait fusillé un malheureux garde national devenu fou, qui croyait s'échapper en traversant une mare.

» Son dernier cri avait été : Mes enfants, ma femme!

» La séparation, la perte de ceux qui nous sont chers, n'est-ce pas la suprême douleur?

» Combien de celles qui avaient des frères, pères ou maris, croyaient dans leur folie reconnaître la voix de ceux qu'elles aimaient!

» Sept femmes [des nôtres devinrent folles en une

seule nuit; d'autres donnèrent avant terme naissance à des enfants tués par les douleurs des mères, les plus fortes survécurent.

» Béatrix OEUVRIE, Vᵛᵉ EXCOFFONS. »

---

Terminons par la lettre d'un détenu de Brest :

## II. — Lettre d'un détenu de Brest

» Après la prise de Châtillon, on nous disposa en cercle sur le plateau et on fit sortir de nos rangs les soldats qui s'y trouvaient. On les fait mettre à genoux dans la boue et sur l'ordre du général Pellé, on fusille impitoyablement sous nos yeux ces malheureux jeunes gens au milieu des lazzi des officiers qui insultaient à notre défaite par toutes sortes de propos atroces et stupides.

» Enfin, après une bonne heure employée à ce manège, on nous forme en lignes et nous prenons le chemin de Versailles entre deux haies de chasseurs à cheval. Sur notre chemin nous rencontrons le capitulard Vinoy, escorté de son état-major. Sur son ordre et malgré la promesse formelle faite par le général Pellé, que nous aurions tous la vie sauve, nos officiers qu'on avait placés en tête du cortège et à qui on avait violemment arraché les insignes de leur grade, allaient être fusillés, quand un colonel fit observer à M. Vinoy la promesse faite par son général. Le complice du 2 décembre épargna nos officiers, mais ordonna qu'on passât immédiatement par les armes le général Duval, son colonel d'état-major et le commandant des volontaires de Montrouge. Ces trois braves moururent au cri de : Vive la République! Vive la Commune! Un cavalier arracha les bottes de notre infortuné général,

qu'il promena comme un trophée triomphal. Là-dessus,
le féroce Vinoy s'éloigna et nous reprîmes notre marche douloureuse et humiliante, tantôt marchant, tantôt courant, au gré de nos conducteurs littéralement
abreuvés d'indignités jusqu'à notre arrivée à Versailles.

» Ici la plume nous tombe des mains. Il est, en effet,
impossible de décrire l'accueil que nous reçûmes dans
la cité des ruraux. Cela dépasse en ignominie tout ce
qu'il est possible d'imaginer. Bousculés, foulés aux
pieds à coups de poings, à coups de bâton au milieu
des huées et des vociférations, on nous fit faire deux
fois le tour de la ville en calculant les haltes à dessein pour nous exposer d'autant mieux aux atrocités
d'une population de mouchards et de policiers qui bordaient des deux côtés les rues que nous traversions.

» On nous mena d'abord devant le dépôt de cavalerie
où nous fîmes une halte d'au moins vingt minutes. La
foule nous arrachait nos couvertures, nos képis, nos
bidons. Enfin rien n'échappait à la rage de ces énergumènes, ivres de haine et de vengeance. On nous
traitait de voleurs, de brigands, d'assassins, de canailles, etc. De là nous allâmes à la caserne des gardes
de Paris.

» On nous fit entrer dans la cour où nous trouvâmes
ces messieurs qui nous reçurent par une horrible bordée d'injures infâmes et qui, sur l'ordre de leurs chefs,
armèrent bruyamment leurs chasse-pots, nous disant
avec force rires qu'ils allaient nous fusiller tous comme
des chiens. C'est au milieu de l'escorte de cette vile
soldatesque que nous prîmes le chemin de Satory, où
on nous enferma au nombre de 1685 dans un magasin
à fourrages, épuisés de fatigue et de besoin, dans l'impossibilité de nous coucher tellement nous étions serrés
les uns contre les autres; nous passâmes là deux nuits
**et deux jours debout, nous relevant à tour de rôle pour**

nous coucher un peu, chacun sur un brin de paille humide, n'ayant d'autre nourriture qu'un peu de pain et de l'eau infecte à boire, que nos gardiens allaient puiser à une mare dans laquelle ils ne se gênaient pas pour faire leurs ordures. C'est épouvantable, mais c'est ainsi.

» Après nous avoir dépouillés de tout, on nous dirigea sur le chemin de fer de l'Ouest.

» On nous entassa quarante dans des wagons à bestiaux hermétiquement fermés et privés de lumière, nous donnant pour tout potage un peu de biscuit et quelques bidons d'eau. Nous restâmes ainsi jusqu'au samedi matin quatre heures, où nous débarquâmes à Brest au nombre de six cents; les autres prisonniers avaient été dirigés sur différentes prisons. Vainement en route avions-nous supplié nos gardiens de nous donner de l'eau et de l'air, ils restèrent sourds à nos supplications, nous menaçant de leurs revolvers à la moindre tentative de révolte. Plusieurs d'entre nous étaient devenus fous. Pensez donc! trente-et-une heures de chemin de fer, enfermés dans des conditions pareilles. Quoi d'étonnant à ces cas de folie, et n'est-il pas surprenant qu'il n'en soit pas résulté pour un nombre plus considérable d'entre nous de plus grands malheurs?

» A notre descente du train, on nous embarqua aussitôt pour le fort de Kelern, où nous sommes toujours internés, privés de toute communication avec le dehors et presque sans nouvelles de nos familles dont les lettres ne nous parviennent que décachetées, exactement comme les nôtres qui ne partent qu'après avoir passé par la censure. Confinés dans des casemates humides et couchés sur une méchante paillasse, nous manquons en outre de nourriture et la plupart d'entre nous endurent les souffrances de la faim. Nous n'avons pas même deux gamelles pleines de soupe et à peine une livre et demie de pain par jour. En fait de boisson rien que de l'eau.

» Le citoyen Elisée Reclus, bien connu dans le monde de la science qui se trouve parmi nous, contribue puissamment à nous rendre plus supportable notre triste séjour dans des conférences quotidiennes aussi intéressantes qu'instructives et toujours empreintes au plus haut point de l'idée du droit et de la justice. Il soutient notre foi républicaine, et plusieurs d'entre nous lui devront de sortir de prison meilleurs qu'ils n'y étaient entrés.

» Qu'il reçoive ici l'expression de notre gratitude pour ses nobles efforts et de l'estime profonde que nous lui portons. »

*La Liberté.*

Bruxelles, avril 71.

---

# AUX COMMUNEUX

### III. — Publié par les proscrits de Londres en 1874

Après trois ans de compression, de massacres, la réaction voit la terreur cesser d'être entre ses mains affaiblies un moyen de gouvernement.

Après trois ans de pouvoir absolu, les vainqueurs de la Commune voient la Nation, reprenant peu à peu vie et conscience, échapper à leur étreinte.

Unis contre la Révolution, mais divisés entre eux, ils usent par leurs violences et diminuent par leurs dissensions, ce pouvoir de combat, seul espoir du maintien de leurs privilèges.

Dans une société, où disparaissent chaque jour les conditions qui ont amené son empire, la bourgeoisie cherche en vain à le perpétuer; rêvant l'œuvre impossible d'arrêter le cours du temps, elle veut immobiliser dans le présent, ou, faire rétrograder dans le passé, une nation que la Révolution entraîne.

Les mandataires de cette bourgeoisie, cet état-major de la réaction installé à Versailles, semblent n'avoir d'autre mission, que d'en manifester la déchéance par leur incapacité politique, et d'en précipiter la chute par leur impuissance. Les uns appellent un roi, un empereur, les autres déguisent du nom de République la forme perfectionnée d'asservissement, qu'ils veulent imposer au peuple.

Mais quelle que soit l'issue des tentatives versaillaises, monarchie ou République bourgeoise, le résultat sera le même : la chute de Versailles, la revanche de la Commune.

Car nous arrivons à l'un de ces grands moments historiques, à l'une de ces grandes crises, où le peuple, alors qu'il paraît s'abîmer dans ses misères et s'arrêter dans la mort, reprend avec une vigueur nouvelle sa marche révolutionnaire.

La victoire ne sera pas le prix d'un seul jour de lutte, mais le combat va recommencer, les vainqueurs vont avoir à compter avec les vaincus.

Cette situation crée de nouveaux devoirs pour les proscrits. Devant la dissolution croissante des forces réactionnaires, devant la possibilité d'une action plus efficace, il ne suffit pas de maintenir l'intégrité de la Proscription en la défendant contre les attaques policières, mais il s'agit d'unir nos efforts à ceux des communeux de France, pour délivrer ceux des nôtres tombés entre les mains de l'ennemi, et préparer la revanche.

L'heure nous paraît donc venue pour ce qui a vie dans la proscription, de s'affirmer, de se déclarer.

C'est ce que vient faire aujourd'hui le groupe : LA COMMUNE RÉVOLUTIONNAIRE.

Car il est temps que ceux-là se reconnaissent qui athées, communistes, révolutionnaires, concevant de même la Révolution dans son but et ses moyens, veulent reprendre la lutte et pour cette lutte décisive reconstituer le parti de la Révolution, le parti de la Commune.

Nous sommes *Athées*, parce que l'homme ne sera jamais libre, tant qu'il n'aura pas chassé Dieu de son intelligence et de sa raison.

Produit de la vision de l'inconnu, créée par l'ignorance, exploitée par l'intrigue et subie par l'imbécillité cette notion monstrueuse d'un être, d'un principe en dehors du monde et de l'homme, forme la trame de toutes les misères dans lesquelles s'est débattue l'humanité, et constitue l'obstacle principal à son affranchissement. Tant que la vision mystique de la divinité obscurcira le monde, l'homme ne pourra ni le connaître ni le posséder ; au lieu de la science et du bonheur, il n'y trouvera que l'esclavage de la misère et de l'ignorance.

C'est en vertu de cette idée d'un être en dehors du monde et le gouvernant, que se sont produites toutes les formes de servitude morale et sociale: religions, despotismes, propriété, classes, sous lesquelles gémit et saigne l'humanité.

Expulser Dieu du domaine de la connaissance, l'expulser de la société, est la loi pour l'homme s'il veut arriver à la science, s'il veut réaliser le but de la Révolution.

Il faut nier cette erreur génératrice de toutes les autres, car c'est par elle que depuis des siècles l'homme
est courbé, enchaîné, spolié, martyrisé.

Que la Commune débarrasse à jamais l'humanité de
ce spectre de ses misères passées, de cette cause de
ses misères présentes.

Dans la Commune il n'y a pas de place pour le prêtre : toute manifestation, toute organisation religieuse
doit être proscrite.

Nous sommes *Communistes*, parce que nous voulons
que la terre, que les richesses naturelles ne soient
plus appropriées par quelques-uns, mais qu'elles ap-
partiennent à la Communauté. Parce que nous voulons
que, libres de toute oppression, maîtres enfin de tous
les instruments de production : terre, fabriques, etc..
les travailleurs fassent du monde un lieu de bien-être
et non plus de misère.

Aujourd'hui, comme autrefois, la majorité des hommes est condamnée à travailler pour l'entretien de la
jouissance d'un petit nombre de surveillants et de
maîtres.

Expression dernière de toutes les formes de servitude, la domination bourgeoise a dégagé l'exploitation
du travail des voiles mystiques qui l'obscurcissaient :
gouvernements, religions, famille, lois, institutions du
passé, comme du présent se sont enfin montrés, dans
cette société réduite aux termes simples de capitalistes
et de salariés, comme les instruments d'oppression au
moyen desquels la bourgeoisie maintient sa domination, contient le Prolétariat.

Prélevant pour augmenter ses richesses tout le surplus du produit du travail, le capitaliste ne laisse au
travailleur que juste ce qu'il lui faut pour ne pas mourir de faim.

Maintenu par la force dans cet enfer de la production capitaliste, de la propriété, il semble que le travailleur ne puisse rompre ses chaînes.

Mais le Prolétariat est enfin arrivé à prendre conscience de lui-même : il sait qu'il porte en lui les éléments de la société nouvelle, que sa délivrance sera le prix de sa victoire sur la bourgeoisie et que, cette classe anéantie, les classes seront abolies, le but de la Révolution atteint.

Nous sommes Communistes, parce que nous voulons arriver à ce but sans nous arrêter aux moyens termes, compromis qui, ajournant la victoire, sont un prolongement d'esclavage.

En détruisant la propriété individuelle, le Communisme fait tomber une à une toutes ces institutions dont la propriété est le pivot. Chassé de sa propriété, où avec sa famille comme dans une forteresse il tient garnison, le riche ne trouvera plus d'asile pour son égoïsme et ses privilèges.

Par l'anéantissement des classes, disparaîtront toutes les institutions oppressives de l'individu et du groupe dont la seule raison était le maintien de ces classes, l'asservissement du travailleur à ses maîtres.

L'instruction ouverte à tous, donnera cette égalité intellectuelle sans laquelle l'égalité matérielle serait sans valeur.

Plus de salariés, de victimes de la misère, de l'insolidarité, de la concurrence, mais l'union de travailleurs égaux, répartissant le travail entre eux, pour obtenir le plus grand développement de la Communauté, la plus grande somme de bien-être pour chacun. Car chaque citoyen trouvera la plus grande liberté, la plus grande expansion de son individualité, dans la plus grande expansion de la Communauté.

Cet état sera le prix de la lutte et nous voulons cette lutte sans compromis ni trève, jusqu'à la destruction de la bourgeoisie, jusqu'au triomphe définitif.

Nous sommes Communistes, parce que le Communisme est la négation la plus radicale de la société que nous voulons renverser, l'affirmation la plus nette de la société que nous voulons fonder.

Parce que, doctrine de l'égalité sociale, elle est plus que toute doctrine la négation de la domination bourgeoise, l'affirmation de la Révolution. Parce que, dans son combat contre la bourgeoisie, le Prolétariat trouve dans le Communisme l'expression de ses intérêts, la règle de son action.

Nous sommes *Révolutionnaires*, autrement Communeux, parce que voulant la victoire, nous en voulons les moyens. Parce que, comprenant les conditions de la lutte, et voulant les remplir, nous voulons la plus forte organisation de combat, la coalition des efforts, non leur dispersion, mais leur centralisation.

Nous sommes révolutionnaires, parce que pour réaliser le but de la Révolution, nous voulons renverser par la force une société qui ne se maintient que par la force. Parce que nous savons que la faiblesse, comme la légalité, tue les révolutions, que l'énergie les sauve. Parce que nous reconnaissons, qu'il faut conquérir ce pouvoir politique que la bourgeoisie garde d'une façon jalouse, pour le maintien de ses privilèges. Parce que dans une période révolutionnaire, où les institutions de la société actuelle devront être fauchées, la dictature du prolétariat devra être établie et maintenue jusqu'à ce que, dans le monde affranchi, il n'y ait plus que des citoyens égaux de la société nouvelle.

Mouvement vers un monde nouveau de justice et d'égalité, la Révolution porte en elle-même sa propre loi et tout ce qui s'oppose à son triomphe doit être écrasé.

Nous sommes révolutionnaires, nous voulons la Commune, parce que nous voyons dans la Commune future,

comme dans celles de 1793 et de 1871, non la tentative égoïste d'une ville, mais la Révolution triomphante
dans le pays entier : la République communeuse. Car
la Commune c'est le Prolétariat ré olutionnaire armé
de la dictature, pour l'anéantissement des privilèges,
l'écrasement de la bourgeoisie.

La Commune, c'est la forme militante de la Révolution sociale. C'est la Révolution debout, maîtresse de
ses ennemis. La Commune, c'est la période révolutionnaire d'où sortira la société nouvelle.

La Commune, ne l'oublions pas non plus, nous qui
avons reçu charge de la mémoire et de la vengeance
des assassinés, c'est aussi la revanche.

———

Dans la grande bataille, engagée entre la bourgeoisie
et le Prolétariat, entre la société actuelle et la Révolution, les deux camps sont bien distincts, il n'y
a de confusion possible que pour l'imbécillité ou la
trahison.

D'un côté tous les partis bourgeois : légitimistes,
orléanistes, bonapartistes, républicains conservateurs
ou radicaux, de l'autre, le parti de la Commune, le
parti de la Révolution, l'ancien monde contre le nouveau.

Déjà la vie a quitté plusieurs de ces formes du passé,
et les variétés monarchiques se résolvent, en fin de
compte, dans l'immonde Bonapartisme.

Quant aux partis qui, sous le nom de république
conservatrice ou radicale, voudraient immobiliser la
société dans l'exploitation continue du peuple par la
bourgeoisie, directement, sans intermédiaire royal,
radicaux ou conservateurs, ils diffèrent plus par l'éti-
quette que par le contenu; plutôt que des idées diffé-

rentes, ils représentent les étapes que parcourra la bourgeoisie, avant de rencontrer dans la victoire du peuple sa ruine définitive.

Feignant de croire à la duperie du suffrage universel, ils voudraient faire accepter au peuple ce mode d'escamotage périodique de la Révolution; ils voudraient voir le parti de la Révolution entrant dans l'ordre légal de la société bourgeoise par là même cesser d'être, et la minorité révolutionnaire abdiquer devant l'opinion moyenne et falsifiée de majorités soumises à toutes les influences de l'ignorance et du privilège.

Les radicaux seront les derniers défenseurs du monde bourgeois mourant; autour d'eux seront ralliés tous les représentants du passé, pour livrer la lutte dernière contre la Révolution. La fin des radicaux sera la fin de la bourgeoisie.

A peine sortis des massacres de la Commune, rappelons à ceux qui seraient tentés de l'oublier que la gauche versaillaise, non moins que la droite, a commandé le massacre de Paris, et que l'armée des massacreurs a reçu les félicitations des uns comme celles des autres. Versaillais de droite et Versaillais de gauche doivent être égaux devant la haine du peuple; car contre lui, toujours, radicaux et jésuites sont d'accord.

Il ne peut donc y avoir d'erreur et tout compromis, toute alliance avec les radicaux doivent être réputés trahison.

Plus près de nous, errant entre les deux camps, ou même égarés dans nos rangs, nous trouvons des hommes dont l'amitié, plus funeste que l'inimitié, ajournerait indéfiniment la victoire du peuple s'il suivait leurs conseils, s'il devenait dupe de leurs illusions.

Limitant plus ou moins, les moyens de combat à ceux de la lutte économique, ils prêchent à des degrés divers l'abstention de la lutte armée, de la lutte politique.

Erigeant en théorie, la désorganisation des forces populaires, ils semblent en face de la bourgeoisie armée, alors qu'il s'agit de concentrer les efforts pour un combat suprême, ne vouloir qu'organiser la défaite et livrer le peuple désarmé aux coups de ses ennemis.

Ne comprenant pas que la Révolution est la marche consciente et voulue de l'humanité, vers le but que lui assignent son développement historique et sa nature, ils mettent les images de leur fantaisie au lieu de la réalité des choses et voudraient substituer au mouvement rapide de la Révolution, les lenteurs d'une évolution dont ils se font les prophètes.

Amateurs de demi-mesures, fauteurs de compromis, ils perdent les victoires populaires qu'ils n'ont pu empêcher ; ils épargnent sous prétexte de pitié les vaineus ; ils défendent sous prétexte d'équité les institutions, les intérêts, d'une société contre lesquels le peuple s'était levé.

Ils calomnient les Révolutions quand ils ne peuvent plus les perdre.

Ils se nomment communalistes.

Au lieu de l'effort révolutionnaire du peuple de Paris pour conquérir le pays entier à la République Communeuse, ils voient dans la Révolution du 18 mars un soulèvement pour des franchises municipales.

Ils renient les actes de cette Révolution qu'ils n'ont pas comprise, pour ménager sans doute les nerfs d'une bourgeoisie, dont ils savent si bien épargner la vie et les intérêts. Oubliant qu'une société ne périt que quand elle est frappée aussi bien dans ses monuments, ses symboles, que dans ses institutions et ses défenseurs, ils veulent décharger la Commune de la responsabilité de l'exécution des otages, de la responsabilité des incendies. Ils ignorent, ou feignent d'ignorer, que c'est par la volonté du Peuple et de la Commune unis

jusqu'au dernier moment, qu'ont été frappés les otages, prêtres, gendarmes, bourgeois et allumés les incendies.

Pour nous, nous revendiquons notre part de responsabilité dans ces actes justiciers qui ont frappé les ennemis du Peuple, depuis Clément Thomas et Lecomte
jusqu'aux dominicains d'Arcueil; depuis Bonjean jusqu'aux gendarmes de la rue Haxo; depuis Darboy
jusqu'à Chaudey.

Nous revendiquons notre part de responsabilité dans
ces incendies qui détruisaient des instruments d'oppression monarchique et bourgeoise ou protégeaient les
combattants.

Comment pourrions-nous feindre la pitié pour les
oppresseurs séculaires du Peuple, pour les complices
de ces hommes qui depuis trois ans célèbrent leur
triomphe par la fusillade, la transportation, l'écrasement de tous ceux des nôtres qui ont pu échapper au
massacre immédiat.

Nous voyons encore ces assassinats sans fin, d'hommes, de femmes, d'enfants; ces égorgements qui faisaient couler à flots le sang du Peuple dans les rues,
les casernes, les squares, les hôpitaux, les maisons.
Nous voyons les blessés ensevelis avec les morts; nous
voyons Versailles, Satory, les pontons, le bagne, la
Nouvelle-Calédonie. Nous voyons Paris, la France,
courbés sous la terreur, l'écrasement continu, l'assassinat en permanence.

Communeux de France, Proscrits, unissons nos efforts contre l'ennemi commun; que chacun, dans la
mesure de ses forces, fasse son devoir!

Le Groupe: *La Commune Révolutionnaire*. ABERLEN,
BERTON, BREUILLÉ, CARNÉ, JEAN CLEMENT, F. COUR-
NET. CH. DACOSTA, DELLES, A. DEROUILLA, E. EUDES,
H. GAUSSERON, E. GOIS, A. GOULLÉ, E. GRANGER, A.

Huguenot, E. Jouanin, Ledrux, Léonce, Luillier, P. Mallet, Marguerittes, Constant-Martin, A. Moreau, H. Mortier, A. Oldrini, Pichon, A. Poirier, Rysto, B. Sachs, Solignac, Ed. Vaillant, Varlet. Viard.

Londres, juin 1874.

# TABLE DES MATIÈRES

24.

## TROISIÈME PARTIE

### LA COMMUNE

## QUATRIÈME PARTIE

### L'HÉCATOMBE

## CINQUIÈME PARTIE

**DEPUIS**

### APPENDICE

**FIN DE LA TABLE DES MATIÈRES**

Imprimerie Générale de Châtillon-sur-Seine. — A. Pichat.

Imprimerie Générale de Châtillon-sur-Seine. — A. Pichat.

Lightning Source UK Ltd.
Milton Keynes UK
UKHW022052300123
416213UK00005B/66